中国智库索引

Chinese Think Tank Index (CTTI)

李刚 王斯敏 丁炫凯 主编

南京大学出版社

《中国智库索引》编辑委员会名单

出版说明

高效的宏观治理体制是实现中国特色新型智库建设的关键目标之一。世界各国智库的宏观治理体制大致分为两类：一是美国的“法律规制＋政策思想市场竞争”体制。美国税法和NGO管理的相关法律是规范美国智库运行的主要法律。在美国，像布鲁金斯学会这类社会智库法律上属于私立机构，但因为它们是为公共利益服务的，只要符合美国国内税法法典501(c)(3)条款规定的要求，就可以和其他非营利性、非政府组织一样得到免税待遇。为避免它们滥用这种免税权利，就必须通过税法强制它们像上市公司一样履行信息披露义务，公开财政情况，接受公共监督。想获得免税资格的智库就必须在国税局(IRS)网站上填写990表格，如实公开每年的收入与支出，公开高层管理人员的薪金。因此，美国以智库之名谋个人和团体私利的情况较少，非营利性智库和以营利为目的咨询公司界限是非常清晰的，美国对智库的管理也相对严格。第二类是德国的强制评估体制。作为德国政策研究机构，想优先获得政府研究资助，就必须加入莱布尼茨协会；作为莱布尼茨协会成员，每7年得接受一次正式评估。这种正式评估，不仅保证了政策研究机构的水平，而且使合格的政策研究机构获得了准官方智库身份，实际上形成了第三方认证制度和准官方智库目录。当然，以上两类宏观治理体制的客体主要是社会智库。

欧美国家和日韩等国都存在一定数量的官办政策研究机构或官助民办政策研究机构，依照相对宽松的定义，它们都是智库。比如美国的联邦资助研发中心(Federally Funded Research and Development Centers, FFRDCs)。FFRDCs是一种混合型组织，其经费全部来源于国防部等部门的公共资金，但由私人机构进行管理。作为非营利性组织，FFRDCs的职责就是完成联邦政府的指令性研究。FFRDCs多执行国防安全项目，并不用申报990表，但是它必须接受适用于大学和公司的《联邦法规总览》第48章35节35.017条款的规制，受到比社会智库更严格的评估和淘汰。1969年极盛时期，FFRDCs共有中心74所，逐步淘汰之后，目前只余42所。

可见，世界各国对智库并非放任自流，而是有着相当严格的宏观管理。中国特色新型智库建设还在起步阶段，宏观管理体制尚在摸索之中。中办发〔2014〕65号文《关于加强中国特色新型智库建设的意见》虽然提出了中国特色新型智库管理体制的建设目标，但如何落地尚不明确。我们认为，中国特色新型智库宏观管理体制建设应立足中国、放眼世界，在坚持中国特色、中国立场的原则下，适度汲取世界各国的先进经验。首先，贯彻落实党管智库的原则。各级各类智库都必须坚持党的领导，把握正确政治导向，始终以维护国家利益和人民利益为根本出发点。对于财政全额拨款的事业单位型智库，更应明确党委在智库治理结构中的主体地位。其次，对于接受部分财政资助的智库，比如高校智库等，应该学习美国FFRDCs的评估管理体制，对不合格的智库坚决予以淘汰。再次，对于社会智库，应该主要依靠法律法规来调节，制定专门的智库管理条例，或者对现行的相关管理条例进行修改，实现智库管理的法律规制化。最后，建议学习德国莱布尼茨协会的管理方法，尽快成立全国智库协会，编制中国智库目录，把符合标准的各类智库纳入其中，便于政府和社会明确了解、清晰识别正规智库，有效避免一些机构滥用智库概念，浑水摸鱼、谋求私利的情况。

《中国智库索引》收录了“中国智库索引”系统（CTTI）598家来源智库的基本信息。全书力争以简洁的字段对这些来源智库的基本信息进行描述，不仅可以满足用户一般的智库检索需求，还可以作为工具引导用户检索CTTI在线系统，获取更为深入全面的数据。

《中国智库索引》遵循严格的遴选程序。教育部直属高校智库多经过各校科研管理部门审查确认；各省市智库绝大部分经当地智库建设主管部门审查推荐。预审通过的智库在线填报数据，经过数据审核后，提交专家委员会评审，最终确定入选智库。可以说，《中国智库索引》是一部初步的全国性智库目录，是中国特色新型智库共同体共建共享的成果。

关于《中国智库索引》相关信息作两点说明：

一、智库分类与排序

按照《CTTI 来源智库 MRPA 测评报告》，我们将智库分为党政部门智库、社科院智库、党校行政学院智库、高校智库、军队智库、科研院所智库、企业智库、社会智库和媒体智库。每个类别下的智库机构按照智库名称拼音首字母顺序排列。本书最后附有按照字母顺序排列的智库机构索引。

二、机构信息来源

数据来源主要有三个方面：一是由智库填写、反馈并经过编写组审核的《智库基本信息调查表》中的信息；二是 CTTI 系统中存储的信息；三是智库官网提供的信息。

本书由南京大学中国智库研究与评价中心和光明日报智库研究与发布中心联合编辑。编写组投入了大量的人力、物力和财力，尽可能如实反映智库机构的实际情况。在此，也要特别感谢为信息收集、编辑工作付出辛勤汗水的老师和同学们。他们是：董成颖、朱沁娟、卞玉洁、范紫芊、刘基伟、裴星悦、田婉颖、邱子欣、张禄松、沈国中、黄启宁、董萍、刘嘉麒、骆蓉、李冈鸿、郭梦昕、倪文文、沈世磊、吴祎璠、张佳新、冯屈力纯、伏世静、杨月祥、董付琴、谭紫润、张鞠敏、王茹、殷鑫、徐建梅、陈佳璐、唐星曜、黄丽璀、周贤楷、汪梦、蔡雨辰、罗烨、蒋柯、瞿叶童。在这里，我们要对他们的辛勤劳动表示感谢。编写过程中难免存在疏漏和错误，敬请各智库谅解并指正，我们将在后续版本中予以更正。

李　刚　王斯敏　丁炫凯

2017 年 11 月 2 日

目　录

（首批国家高端智库建设试点单位，标注双星“★★”；

国家高端智库建设培育单位，标注单星“★”）

T

—

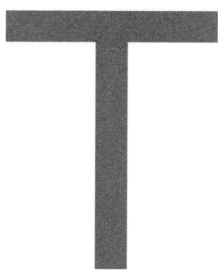

党政部门智库

1 北京市信访矛盾分析研究中心

英文名称:Beijing Institute of Letters to Government

智库地址:北京市东城区建国门内大街 28 号民生金融中心 D 座 3 层

邮编:100743

办公电话:010－63087787

传真:010－63087792

成立时间:2009 年 11 月

关系信息:隶属于北京市信访办

官方网址:http://www. bjrcsc. gov. cn/simplechinese/index. html

微信公众号:bimba-pku

机构宗旨:作为政府的智库,研究中心以“以数字反映矛盾规律,以规律促进科学决策”为宗旨,以大量翔实的信访数据和资料为基础,对社会矛盾和社会问题进行深层次的分析和研究,为政府科学决策提供支持和参考

政策研究领域:司法政策、城乡建设政策、就业政策、网络安全政策、劳动政策、人口政策、监察政策、环境政策、消费政策、社会保障政策、医疗卫生政策

涉及学科:法学、经济学、管理学

智库类型:党政部门智库

组织机构代码:57908500－6

智库负责人:张宗林

管理团队:张宗林、郑广淼、吴镝鸣

首席专家:石亚军、陈小君、张宗林、王浦劬、李路路、沈原、谢立中、朱维究

全职研究员数:20 人

兼职研究员数:87 人

行政职员数:3 人

2016 年度预算:700 万元

智库荣誉:第三届中国法治政府奖、第七届全国信访系统优秀集体、2016 年中国最具影响力的 105 家智库之一(上海社科院智库中心评选)、91 家国家级代表性官方智库之一(中国网评选)

代表性成果:

图书:《社会矛盾指数研究——创新信访工作的新路径》(中国民主法制出版社,2013)

课题:① "科学编制'十二五规划'、'十三五规划',减少经济发展的社会代价"分析了北京市历次五年国民经济和社会发展(国民经济发展)规划(计划)的内容,发现历次五年规划(计划)经济发展占据主导性地位,社会发展目标模糊,社会发展被定位为经济发展的辅助措施;② "信访指数研究"通过对北京市近十年信访数据的实证分析,建立了信访指标体系与社会风险之间的直观联系;③ "信访立法可行性研究"分为十个部分(第一部分阐述研究背景;第二部分梳理了 1951 年至今的信访制度和信访工作简要历史;第三部分对现行信访制度规范体系进行了重新梳理;第四部分是对现行信访机构的说明;第五部分对 2005 年《信访条例》进行评估;第六部分阐述当前中国信访矛盾的类型及特点;第七部分指出当前信访的现状与制度困境;第八部分是制定统一信访法的必要性;第九部分是制定统一信访法的可行性;第十部分是信访立法需要解决的主要问题)

品牌活动:"全国法治信访进步奖"评选活动(两年一次)、全国信访理论与实践研讨会(每年一次)、社会矛盾预防与应对国际论坛、社会公共治理亚洲论坛、中法西班牙人民权益保护制度论坛等

2 财政部关税政策研究中心

智库地址：北京市西城区三里河南三巷3号

邮编：100820

办公电话：010－68551114

邮箱：webmaster@mof.gov.cn

成立时间：2003年

关系信息：隶属于中华人民共和国财政部

官方网址：http://gss.mof.gov.cn/

微信公众号：mofczb

微博：mofczb

机构宗旨：负责起草关税和船舶吨税法律、行政法规草案及实施细则；研究提出进出口关税税目、税率调整建议；研究提出关税和进口税收政策建议；拟订关税谈判方案，承担有关关税谈判工作；研究提出征收特别关税的建议

政策研究领域：进出口关税、进口环节税、关税政策

智库类型：党政部门智库

管理团队：冯晋平（司长）、方霞（副司长）、徐珑（副司长）、陈晓武（副主任）、梅迎春（副主任）、叶绿（副巡视员）

智库负责人：冯晋平

3 财政部国际财经中心

英文名称：International Economics and Finance Institute

智库地址：北京市西城区三里河南三巷3号

邮编：100045

办公电话：010－68141100

传真：010－68527620

成立时间：2007年7月

关系信息：隶属于财政部

官方网址：http://iefi.mof.gov.cn/

微信公众号：mofczb

机构宗旨：国际财经中心（原“亚太财经与发展中心北京分部”）作为财政部国际财经智库，主要开展国际国内财经问题研究，为财政部及其他政府部门提供决策参考；开展国际交流与合作，与外国政府部门、多边国际机构、国内外知名智库和学术团体建立合作关系，加强知识交流，促进经验分享

政策研究领域：财政政策

涉及学科：经济学

智库类型：党政部门智库

管理团队：周强武（主任）、陈茜（综合处负责人）、胡振虎（研究处负责人）、周波（外联处负责人）

智库负责人：周强武

智库荣誉：全国青年文明号（中央级）、国务院办公厅信息报送工作先进单位和先进个人、中央国家机关青年文明号

品牌活动：国际财经年度论坛

4 重庆市经济信息中心（重庆市综合经济研究院）

英文名称: Economical Information of Chongqing

智库地址:重庆市渝北区黄龙路18号

邮编:401147

成立时间:1984年

关系信息:隶属于重庆市发展和改革委员会

官方网址:http://www.cq.cei.gov.cn/

机构宗旨:求实进取，开拓创新，服务地方发展

政策研究领域:产业政策

智库类型:党政部门智库

智库负责人:易小光

管理团队:易小光(院长)、白和金(副院长)、李大珊(副院长)、丁瑶(总经济师)、鲁英杰(总工程)

研究员数(含全职、兼职):100余人

智库荣誉:《成渝经济区发展规划研究》获2009年度国家发展和改革委员会优秀研究成果奖二等奖、《促进重庆市区域经济协调发展研究》获2006年度国家发展和改革委员会优秀研究成果奖二等奖等

5 当代世界研究中心

英文名称: China Center for Contemporary World Studies

智库地址:北京市海淀区复兴路4号

邮编:100860

办公电话:010 - 83909039

传真:010 - 83909359

邮箱:cccws@cccsw. org. cn

成立时间:1994 年

关系信息:隶属于中共中央对外联络部

微信公众号:SRTA20150408

官方网址:http://www. cccws. org. cn/

机构宗旨:主要从事国际形势、世界政党政治、国外政治制度、中国对外战略、社会主义理论、社会政治思潮、发展模式比较等方面的研究;积极开展同国外政党智库、研究机构的交流活动与学术研讨

涉及学科:政治学、经济学、法学、社会学

政策研究领域:国际形势、世界政党政治、国外政治制度、中国对外战略、社会政治思潮、各国发展模式思潮

智库类型:党政部门智库

智库负责人:金鑫

管理团队:金鑫(主任)、许永权(副主任)、王立勇(副主任)

研究员数(含全职、兼职):116 人

智库荣誉:"一带一路"智库联盟发起和牵头单位;增进"一带一路"民心相通国际智库合作项目牵头单位

代表性成果(图书):《"一带一路"跨境通道蓝皮书》(ISBN 978 - 7 - 5097 - 9355 - 8)、《中共十八大:中国梦与世界》(ISBN 978 - 7 - 119 - 08465 - 7)、《中国梦与世界》(ISBN 978 - 7 - 5161 - 9355 - 6)、《中国特色政党外交》(ISBN 978 - 7 - 5201 - 0056 - 4)、"当代世界研究丛书"(此书是中联部当代世界研究中心为帮助广大党员干部了解世界形势,推动相关国际问题研究而编写的系列丛书)、《推动中国民间组织积极参与

“一带一路”建设》(在实施“一带一路”构想的过程中，中国民间组织应作为公共外交的主体之一，扮演好民间友谊使者的重要角色，引导沿线国家的民意和舆论，承担好培育沿线国家知华友华的重要任务，把“一带一路”建设成一条“民心之路”)、《“一带一路”民心相通研究报告》、《中国与“一带一路”沿线国家民心相通研究报告》、《“一带一路”热点问答》、《世界热点怎么看》(2012、2013、2014、2015、2016、2017)、“瞻前顾后”看世界书系、*Dialogue on Silk Road Think Tank Association Conference*，*Year Book of Contemporary World Studies*，*The Party and The World Dialogue*(2014、2015)、*China's Reform: The Role of The Party*，《中俄学者纵论“一带一路”》

品牌活动：当代世界多边对话会、“一带一路”智库论坛

6 福建省人民政府发展研究中心

英文名称：Development Research Center of Fujian Provincial People's Government

智库地址：福建省福州市华林路 76 号省政府大院 8 号楼

邮编：350003

办公电话：0591－87855618

传真：0591－878226001

邮箱：yzzx6363@163.com

成立时间：1983 年

关系信息：隶属于福建省人民政府

官方网址：http://www.fjdrc.org.cn/

机构宗旨：围绕福建省国民经济、社会发展和改革开放中的发展战略及重大问题，开展具有前瞻性、针对性、实效性、储备性的研究，定期研究分析全省经济发展情况，为省委、省政府提供政策咨询意见；参与开展重大政策解读工作，构建智库信息交

流平台，做好省政府顾问团联系服务，组织各类智库为全省各级政府、有关部门和企事业单位提供决策咨询服务

智库类型：党政部门智库

研究领域：产业经济、财政金融、社会发展

智库负责人：李强

管理团队：李强（主任）、黄端（副主任）、胡建荣（副主任）、廖荣天（副主任）、卓祖航（副巡视员）

代表性成果（期刊）：《发展研究》（ISSN 1003－0670，CN 35－1041/F）

7 公安部公安发展战略研究所

英文名称：Public Security Development Strategy Research Institute of the Ministry of Public Security

智库地址：北京市西城区木樨地南里1号中国人民公安大学

邮编：100038

办公电话：010－83901114

成立时间：2015年9月

关系信息：隶属于公安部、中国人民公安大学

微信公众号：公安部公安发展战略研究所

机构宗旨：为公安工作和公安队伍建设提供战略性、全局性、基础性问题的研究，提出公安机关维护国家安全和社会稳定、推进公安工作改革和公安队伍建设的重要工作思路，为公安部制定实施公安工作发展规划和作出重大部署提供决策咨询服务

涉及学科：公安学、公安技术学、法学、管理学

智库类型：党政部门智库

法人代表：曹诗权

组织机构代码：1210000040000289XU

智库负责人：曹诗权

管理团队：汪勇、田全华、张光、王孟、王欣、赵亚东、王平原

首席专家：曹诗权、汪勇、张光、梅建明、吴绍忠、刘为军、王存奎、陈刚、李玫瑾、秦立强、田全华、朱旭东、任士英、台运启、毕惜茜

全职研究员数：3 人

兼职研究员数：45 人

行政职员数：1 人

2016 年度预算：30 万元

代表性成果：平安中山建设的理论与实践

品牌活动：人类安全论坛、打击网络恐怖主义论坛

8 公安部现代警务改革研究所

英文名称：Institute of Modern Policing Reform Ministry of Public Security

智库地址：南京市浦口区江苏警官学院现代警务研究中心

邮编：210031

办公电话：025－52881589

传真：025－52881581

成立时间：2015 年 9 月

关系信息：隶属公安部、江苏警官学院

官方网址：http://www.jwyj.jspi.cn/

微信公众号：gonganbuzhiku-impr

机构宗旨:围绕公安部党委中心工作和公安工作重大需求,加强现代警务机制改革、公安队伍管理机制改革及警务治理能力现代化进程中的重大理论问题和现实问题的研究,提出专业性、针对性和建设性的政策建议,为公安部及各级公安机关实施创新驱动发展战略和深化公安工作改革提供决策咨询服务

政策研究领域:公安政策

涉及学科:公安学、政治学、法学、社会学、管理学等

智库类型:党政部门智库

法人信息:江苏警官学院

法人代表:张兰青

智库负责人:张兰青、薛宏伟、殷建国

首席专家:殷建国

全职研究员数:11 人

兼职研究员数:30 人

行政职员数:13 人

2016 年度预算:450 万元

智库荣誉:江苏省公安厅三等功、被江苏教育工委评为先进集体

代表性成果:警务辅助人员管理等系列研究、平安中国示范区建设系列研究社会治安防控体系建设等系列研究、现代警务改革与发展等系列研究、民警职业生涯管理等系列研究、国外警务研究年度报告、智库专报、现代警务研究丛书等

品牌活动:中国现代警务改革论坛、中外警务合作智库论坛、“一带一路”警务合作智库联盟

9 国家发展和改革委员会国际合作中心

英文名称： International Cooperation Center for National Development and Reform Commission

智库地址： 北京市西城区白云路1号7层

邮编： 100045

办公电话： 010－63269862

传真： 010－63264390

成立时间： 1993年1月

关系信息： 隶属于国家发展和改革委员会

官方网址： http://www.icc-ndrc.org.cn/

微信公众号： ICC-NDRC

机构宗旨： 紧密围绕国家重大战略和国家发展改革委员会中心工作，不断拓展全球视野，把握大形势、研究大问题、推进大战略，创造性地落实和拓展国家重要双边、多边合作机制，积极探索“一带一路”建设和国际产能合作的机制与平台建设，在帮助中国企业“走出去”中发挥桥梁和纽带作用

政策研究领域： 经济社会发展战略、“一带一路”与国际合作、区域规划、产业规划、国际贸易与投资、国际金融、能源政策、国际关系与国际战略

涉及学科： 经济学、管理学、社会学、公共管理、统计学等

智库类型： 党政部门智库

法人代表： 曹文炼

智库负责人： 曹文炼

管理团队： 曹文炼、宋功美、刘建兴、牟雄兵、焦天立、杨玉英

全职研究员数： 78人

兼职研究员数：27 人

行政职员数：31 人

2016 年度预算：5 700 万元

代表性成果（图书）：《创造公平、开放与可持续发展的社会》（ISBN 978 - 7 - 5092 - 1010 - 9）、《中国双向投资发展报告（2014）》（ISBN 978 - 7 - 5092 - 1336 - 0）、《创造公平、开放与可持续发展的社会——财税改革再出发》（ISBN 978 - 7 - 5092 - 1212 - 7）

品牌活动："一带一路"国际合作高峰论坛、夏季达沃斯论坛、中国区域经济 50 人论坛、新莫干山会议、新巴山轮会议、全球化大讲坛、国合 · 耶鲁高端培训等

10 国家海洋局海洋发展战略研究所

英文名称：China Institute for Marine Affairs

智库地址：北京市丰台区马官营家园三号

邮编：100161

办公电话：010 - 68047756

传真：010 - 68030767

邮箱：cima@cima. gov. cn

成立时间：1987 年 7 月

关系信息：隶属于国家海洋局

官方网址：http://www. cima. gov. cn/_d1479. htm

机构宗旨：参加各类双边与多边海洋法律事务的外交磋商，为政府相关部门提供法律与政策咨询服务；积极参加国际和地区性学术交流与合作，为海洋发展战略、政策、法律、权益和海洋经济、环境资源提供保障

政策研究领域:海洋政策

涉及学科:法学、经济学

智库类型:党政部门智库

法人代表:贾宇

智库负责人:贾宇

管理团队:贾宇(副所长)、商乃宁(副所长)、于建(副所长)

11 国家教育发展研究中心

英文名称:Chinese Education Development Research Center

智库地址:北京市西城区西单大木仓胡同37号

邮编:100816

办公电话:010-66097042

传真:010-66097042

成立时间:1986年10月

关系信息:隶属于国家教育部

官方网址:http://www.ncedr.edu.cn/

机构宗旨:开展国家教育发展战略和体制改革的重大决策研究,承担国家哲学社会科学和部委级的重点研究课题,重点研究教育宏观结构体系调整与体制创新,进行国际教育政策比较研究及对外合作研究,追踪和分析教育政策热点问题,为国家层面重大教育决策提供理论参考和咨询服务

政策研究领域:高等教育政策

涉及学科:哲学、教育学

智库类型:党政部门智库

法人代表：陈子季

管理团队：张力（主任）、韩民（副主任）、杨银付（副主任）、马涛（副主任）

首席专家：杨银付、张力

12 国家开发银行研究院（金融研究发展中心）★

英文名称：China Development Bank Center for Financial Research & Development

智库地址：北京市西城区复兴门内18号

邮编：100031

办公电话：010－68306688

传真：010－68306699

成立时间：2010年6月30日

关系信息：隶属于国家开发银行

官方网址：http://www.cdb.com.cn/

微信公众号：国家开发银行

微博：国家开发银行

机构宗旨：国家开发银行研究院履行国开行“增强国力、改善民生”的崇高使命，为国民经济重大中长期发展战略服务

政策研究领域：经济政策、金融政策

涉及学科：经济学、金融学

智库类型：企业智库

智库层次：国家高端智库建设培育单位

智库负责人：刘勇

智库荣誉：全球50家最安全银行

品牌活动：“金融知识进万家”

13 国家税务总局税收科学研究所

英文名称：Taxation Institute of State Administration of Taxation

智库地址：北京市海淀区羊坊店西路5号

邮编：100038

办公电话：010－63417402

传真：010－63417992

成立时间：1998年10月

关系信息：隶属于国家税务总局

机构宗旨：坚持“四个面向”和“三个服务”的工作方针，即面向实际，面向地方，面向基层，面向企业；坚持为税制改革服务，为税收中心工作服务，为领导决策服务。主要承担国家税务总局和各有关部门下达的重点课题的研究任务，为国家宏观经济决策提供税收方面的科学依据和参考意见

政策研究领域：税收理论、税收政策、税收制度、税收管理、国外税收理论、政策、制度和管理

智库类型：党政部门智库

法人代表：曾国祥

智库负责人：曾国祥

14 国家体育总局体育科学研究所

英文名称:China Inatitute of Sport Science

智库地址:北京市东城区体育馆路11号

邮编:100061

办公电话:010-87182527

传真:010-87182600

成立时间:1985年1月

关系信息:隶属于国家体育总局

官方网址:http://www.ciss.cn/

机构宗旨:引领和推动我国体育科技事业发展,把握国际体育科学前沿领域和未来体育事业发展中的重大科技问题,以国民体质监测和健身方法研究、优秀运动员竞技能力研究、体育政策研究、体育工程技术研究等领域为主要方向,开展基础研究和应用研究,为我国群众体育、竞技体育和体育产业的可持续发展及国际竞争力的提高提供科技支持和服务

智库类型:党政部门智库

法人代表:张良

智库负责人:张良

管理团队:张良(所长)、冯连世(副所长)、廉森(副所长)

代表性成果(期刊):《体育科学》(ISSN 1000-677X,CN 11-1295/G8)、《中国体育科技》(ISSN 1002-9826)

品牌活动:"科学健身　全民健康"全国运动健身科学指导系列活动

15 国家统计局统计科学研究所

英文名称:National Statistical Society of China

智库地址:北京市西城区月坛南街 75 号

邮编:100045

办公电话:010－68576320

成立时间:1980 年

官方网址:http://www.stats.gov.cn/

机构宗旨:针对社会经济中的热点难点问题进行调查研究,开展宏观经济运行情况的监测和预警分析

政策研究领域:财政政策

涉及学科:经济学

智库类型:党政部门智库

智库负责人:万东华

16 国家卫生计生委卫生发展研究中心

英文名称:China National Health Development Research Center

智库地址:北京市市海淀区学院路 38 号

邮编:100191

办公电话:010－82805576

传真:010－82805576

邮箱:hr@nhel.cn

成立时间:1991 年 1 月

关系信息:隶属于中华人民共和国国家卫生和计划生育委员会

官方网址:http://www.nhei.cn/

机构宗旨:开展国家卫生改革与发展战略研究,参与卫生改革发展实践工作;开展卫生管理领域的研究与实践;开展卫生政策与技术评估的研究与实践工作;开展卫生经济与卫生管理基础理论与方法学研究及实践工作;开展与国民健康相关的公共卫生政策研究,为国家制定卫生政策提供咨询与建议

政策研究领域:医疗卫生政策

涉及学科:医学

智库类型:党政部门智库

法人代表:傅卫

智库负责人:傅卫

17 国家卫生计生委医院管理研究所

英文名称:National Institute of Hospital Administration

智库地址:北京市海淀区学院路 38 号

邮编:100191

成立时间:1991 年 8 月

关系信息:隶属于国家卫生和计划生育委员会

官方网址:http://www.niha.org.cn:8089/hwaciis/index.jsp

政策研究领域:医疗卫生政策

涉及学科:医学

智库类型:党政部门智库

法人代表:叶全富

智库负责人:叶全富

管理团队:叶全富(所长)、张旭东(副所长)

18 国家新闻出版广电总局广播影视发展研究中心

英文名称: China Communication Research Center, State Administration of Press, Publication, Radio, Film and Television

智库地址:北京市西城区真武庙二条9号中国广播电视音像资料馆9层

邮编:100045

办公电话:010-86093298

成立时间:2004年4月

官方网址:http://www.sapprft.gov.cn/

政策研究领域:广播影视宏观政策、广播影视发展战略、广播影视法律法规、广播影视体制改革、广播影视产业发展、新媒体发展

智库类型:党政部门智库

19 国家应对气候变化战略研究和国际合作中心

英文名称: National Center for Climate Change Strategy and International Cooperation

智库地址:北京市西城区木樨地北里甲11号国宏大厦B座18层/C座6层

邮编:100038

传真:010-63909213

成立时间:2012 年 6 月

关系信息:隶属于国家发展和改革委员会

官方网址:http://www.ncsc.org.cn/

政策研究领域:环境政策、能源政策

智库类型:党政部门智库

管理团队:徐华清(副主任)、马爱民(副主任)

代表性成果(图书):《中国能源发展的环境约束问题研究》(ISBN 978-7-5111-0865-4)、《中国应对气候变化的政策与行动 2015 年度报告》(ISBN 978-7-5111-2815-7)、《论全球气候治理》(ISBN 978-7-5182-0287-4)

20 国家知识产权局知识产权发展研究中心

英文名称: Intellectual Property Development Research Center of the State Intellectual Property Office

智库地址:北京市海淀区蓟门桥西土城路 6 号

邮编:100088

办公电话:010-62083816

传真:010-62083849

官方网址:http://www.sipo-ipdrc.org.cn/

成立时间:2001 年 5 月

关系信息:隶属于国家知识产权局

机构宗旨:通过研究与实践,为政府有关部门制定与完善相关法律和政策提供参考,为国内有关行业、产业和企业掌握国内外知识产权法律与市场竞争状况、提升企业核心竞争力提供支持

政策研究领域：司法政策

涉及学科：法学

智库类型：党政部门智库

21 国土资源部油气资源战略研究中心

英文名称：Strategic Research Center of Oil and Gas Resources，MLR

智库地址：北京市西城区兵马司胡同19号

邮编：100034

办公电话：010－66558875

传真：010－66558867

邮箱：youqizhongxin@163.com

成立时间：2002年1月

关系信息：隶属于国土资源部

官方网址：http://www.sinooilgas.com/

机构宗旨：进行油气资源战略规划研究，为政府决策和宏观调控及矿产资源管理提供支撑服务

政策研究领域：资源政策、能源政策

智库类型：党政部门智库

管理团队：谢承祥（主任）、赵先良（副主任）、吴裕根（副主任）、韩征（副主任）、张应红（副主任）

代表性成果（图书）：《全国页岩气资源潜力调查评价》（ISBN 978－7－1160－7656－3）、《全国油气资源战略选区调查与评价》（ISBN 978－7－1160－8502－2）、《新一轮全国油气资源评价》（ISBN 978－7－8024－6270－0）

22 国务院发展研究中心★★

英文名称:Development Research Center of The State Council

智库地址:北京市东城区朝内大街 225 号

邮编:100010

办公电话:010 - 65230008

传真:010 - 65598271

成立时间:1980 年

关系信息:国务院直属事业单位

官方网址:http://www.drc.gov.cn/

机构宗旨:研究中国国民经济、社会发展和改革开放中的全局性、战略性、前瞻性、长期性以及重点、难点问题,开展对重大政策的独立评估和客观解读,为党中央、国务院提供政策咨询建议

政策研究领域:围绕国民经济、社会发展和改革开放中的全局性、战略性、前瞻性、长期性以及热点、难点问题进行研究,开展对重大政策的独立评估和客观解读。主要包括:研究国民经济的发展动态,分析宏观经济形势,对宏观经济政策的综合运用提出意见和建议;研究产业经济发展和产业政策,对产业机构、投资结构、企业组织结构、所有制结构的调整方向,对国民经济发展的技术选择、技术创新和高新技术发展政策提供咨询意见和建议;研究农业和农村经济结构调整、农村经济制度变迁、农村经济和社会管理及城乡统筹发展问题;研究我国对外开放的新情况、新问题,对外贸易政策以及利用外资政策,结合世界经济发展的趋势及其经验教训,提出对策建议,为我国改革和发展提供借鉴;研究国民经济和社会发展中的人力资源开发、收入分配与社会保障政策以及自然资源的合理开发与利用、生态平衡与环境保护政策

涉及学科:管理学、经济学、法学、历史学

智库类型:党政部门智库

智库层次:首批国家高端智库建设试点单位

法人信息:国务院发展研究中心

法人代表:李伟

智库负责人:李伟

代表性成果:国务院发展研究中心研究丛书(年度发行)

品牌活动:中国发展高层论坛、丝路国际论坛

23 河北省财政科学与政策研究所

智库地址:河北省石家庄市中华南大街48号

邮编:050051

办公电话:0311－66651315

成立时间:1984年

关系信息:隶属于河北省财政厅

官方网址:http://hbsczkxyjs.93soso.com/

机构宗旨:结合河北省实际,从事经济、财政税收体制综合改革问题的科学研究,为制定正确的财政税收政策措施提供参考,提高财政工作科学化、精细化水平服务

政策研究领域:金融政策、财政政策

智库类型:党政部门智库

智库负责人:高致立

24 河北省发展和改革委员会宏观经济研究所

英文名称:Macroeconomic Research Institute in Hebei Province Development and Reform Committee

智库地址:河北省石家庄市中山西路469号

邮编:050051

办公电话:0311-87801875

传真:0311-87801897

成立时间:1995年8月

关系信息:隶属于河北省发展和改革委员会

官方网址:http://www.hbjj.net.cn/index.aspx

机构宗旨:围绕经济社会运行中的热点、难点问题开展调研,向省委、省政府提供情况分析报告和决策建议;就全省重大发展和改革事项开展前期研究,为省委、省政府制定相关政策提供依据;协助省发改委研究制定相关规划和政策;为省直有关部门、市县及企业提供决策咨询服务。

政策研究领域:产业政策、科技政策、资源政策、财政政策、环境政策、城乡建设政策及其他

涉及学科:经济学、管理学

智库类型:党政部门智库

法人信息:河北省发展和改革委员会

法人代表:陈永久

组织机构代码:40170733-0

智库负责人:李岚

管理团队:李岚(所长)、高智(副所长)、罗静(副所长)、王素平(副所长)

首席专家:李岚、高智、王素平、罗静

全职研究员数:19 人

兼职研究员数:2 人

行政职员数:4 人

2016 年度预算:577 万元

智库荣誉:河北软科学研究基地;河北省产业发展研究基地

代表性成果:《京津冀协同发展研究》亚洲开发银行技术发援助项目成果

品牌活动:全国发展改革系统研究院(所)长会议暨成果交流会

25 环境保护部环境与经济政策研究中心

英文名称:Policy Research Center for Environment and Economy, Ministry of Environmental Protection, P. R. China

智库地址:北京市朝阳区育慧南路 1 号

邮编:100029

办公电话:010 - 84665771

传真:010 - 84634063

成立时间:1989 年

关系信息:隶属于环境保护部

官方网址:http://www.prcee.org/

微信公众号:MEPPRCEE

机构宗旨:开展环境战略、环境政策、环境法律法规和体制、国际环境问题与政策等全局性、综合性重大问题的研究,参与环境保护部重要文件和材料的起草工作,为环境管理提供政策咨询和决策支持

政策研究领域：产业政策、资源政策、环境政策

智库类型：党政部门智库

智库负责人：夏光（主任）

管理团队：夏光（主任）、原庆丹（副主任）、温英民（党委副书记）

26 机械工业经济管理研究院

英文名称：Research Institute of Machinery Industry Economic & Management

智库地址：北京市西城区广安门外大街甲 397 号

邮编：100055

办公电话：010－83069019

传真：010－83069020

成立时间：1982 年 1 月

关系信息：隶属于中国机械工业联合会

官方网址：http://www.miem.org.cn/

微信公众号：机械工业经济管理研究院

机构宗旨：深入研究国际国内工业、装备制造业、生产性服务业发展动态及国家、地方政策，包括财政政策、税收政策、货币政策、政府投资政策、对外开放政策等，为国家及地方政府部门制定产业政策、发展区域经济提供参考，给决策者提供解决问题的有效信息、政策方案和可操作建议

政策研究领域：工业政策、产业政策、科技政策、对外贸易政策、金融政策

涉及学科：经济学、管理学、机械工程

智库类型：党政部门智库

法人信息：机械工业经济管理研究院

法人代表：徐东华

组织机构代码：40082389－0

智库负责人：徐东华

管理团队：徐东华（院长、党委书记）、史仲光（副院长、党委副书记兼纪委书记）、聂秀东（副院长、党委委员）

首席专家：王淀佐、张晓林、李永安、冀朝铸、高德柱、昝云龙、汪懋华、马忠智、孙晓华

行政职员数：12 人

智库荣誉：承担的国家发改委全委层面重大课题——"新时期东北振兴重大改革、创新举措研究"，于 2015 年 12 月 31 日经中央政治局审议通过，荣获 2016 年度国家发展改革委员会机关优秀研究成果三等奖

代表性成果（图书）：《装备制造业蓝皮书：中国装备制造业发展报告（2015）》、《遥感监测绿皮书：中国可持续发展遥感监测报告（2016）》（ISBN 978－7－5201－0240－7）

品牌活动："中国制造业上市公司创造价值 100 强"发布会暨互联网＋中国制造 2025 研讨会（2015）、先进制造业创新论坛（2016）；中国制造 2025 与装备制造业高峰论坛（2015、2016、2017）；中国制造 2025 人才发展论坛（2016、2017）；中国众创大会（2015、2016、2017）；"中国工业品牌新丝路之旅"外交家座谈会；中欧、中韩国际经济交流会

27 吉林省人民政府发展研究中心

英文名称：Development Research Center，the People's Government of Jilin Province

智库地址：吉林省长春市人民大街 1485 号

邮编：130051

办公电话:0431－88906681

邮箱:fzzx_xxc@mail. jl. gov. cn

成立时间:1983 年 5 月

关系信息:隶属于吉林省人民政府

官方网址:http://fzzx. jl. gov. cn/

机构宗旨:研究吉林省国民经济发展中的重大问题;对重大的经济社会政策进行效果预测,对执行结果进行分析,并提出可行的对策建议,承担吉林省政府交办的调研工作

政策研究领域:工业政策、农业政策、产业政策、金融政策、财政政策、民政政策、高端制造业政策

涉及学科:经济学、管理学、法学

智库类型:党政部门智库

智库负责人:李寅权(主任)

管理团队:李寅权(主任)、杨力天(副主任)、柳涛(副主任)、马利彪(副主任)、邵静野(副主任)、梁占田(副主任、党组成员)

全职研究员数:60 人

2016 年度预算:1 447.86 万元

代表性成果:战略性新兴产业发展研究(韩栗君、高祥涛);加快推动汽车租赁业规范发展的研究

28 江苏省人民政府研究室

英文名称:Research Institute of People's Government of Jiangsu Province

智库地址:江苏省南京市鼓楼区北京西路 68 号

邮编:210024

办公电话:025－83396766

传真:025－83396485

成立时间:1996年1月

关系信息:隶属于江苏省人民政府

机构宗旨:围绕全省经济社会发展中一些重大问题,组织力量深入开展调查研究,有针对性地提出政策建议

政策研究领域:产业政策、财务政策、金融政策、市场政策、就业政策、消费政策、社会保障政策、交通政策、医疗卫生政策、民政政策、文化政策、人口政策、食品政策、安全政策、基础教育政策、科技政策、住房政策、高等教育政策

智库类型:党政部门智库

智库负责人:郑焱

管理团队:郑焱(主任)、刘惟蓝、沈和

首席专家:郑焱

2016年度预算:1 280.08万元

29 教育部高等学校社会科学发展研究中心

智库地址:北京市海淀区中关村大街35号

邮编:100080

办公电话:010－62514703

传真:010－62514703

电子信箱:ktsb@moe.edu.cn

成立时间:1986年11月

关系信息:隶属于教育部

官方网址:http://shekzx. moe. edu. cn/

机构宗旨:研究高校理论队伍建设问题,引导高校社会科学研究方向,推动和促进高校理论队伍建设;指导和协调教育系统学习、研究邓小平理论、"三个代表"重要思想和科学发展观等重大战略思想

政策研究领域:哲学社会科学理论、中国特色社会主义理论

智库类型:党政部门智库

法人信息:中华人民共和国教育部

智库负责人:王炳林

管理团队:王炳林(主任)、赵军(副主任)、杨海英(副主任)、江嵩(副主任)

代表性成果(期刊):《中国高校社会科学》(CN 10-1136/C)

30 辽宁省人民政府发展研究中心

英文名称:Development Research Center of Liaoning Provincial Government

智库地址:辽宁沈阳市北陵大街 45-7 号

邮编:110032

办公电话:024-86892409

电子邮件:fyh@lndrc. gov. cn

成立时间:1981 年 6 月

关系信息:隶属于辽宁省人民政府

官方网址:http://www. lndrc. gov. cn/

机构宗旨:对辽宁省经济社会发展中具有全局性、综合性、战略性的问题进行调查研究,提出咨询报告;对经济发展和改革开放中的重大政策问题进行可行性研究与

论证，提出研究报告和实施建议；分析研究经济发展形势，提出科学预测和对策，为政府实施宏观调控提供信息和依据；向省政府和综合部门提供经济社会发展资料和信息

政策研究领域：农业政策、产业政策、市场政策、对外贸易政策、民政政策

智库类型：党政部门智库

全职研究员数：68 人

2016 年度预算：1 988.51 万元

代表性成果（内刊）：《研究报告》着重关注目前辽宁省经济社会发展所面临的主要问题

品牌活动：辽宁僵尸产业处置路径与对策研究（马喆、李占芳、张晓明）；辽宁乡村旅游提质升级研究（刘晓丹）

31 民政部政策研究中心

英文名称：Ministry of Civil Affairs of the People's Republic of China

智库地址：北京市东城区北河沿大街 147 号

邮编：100721

办公电话：010－58123114

电子邮箱：mzbbgb@168.com

成立时间：1998 年 6 月

关系信息：隶属于中华人民共和国民政部

官方网址：http://zyzx.mca.gov.cn/

机构宗旨：以民为本、为民解困、为民服务、促进公平

政策研究领域：社会保障政策、民政政策

涉及学科：管理学

智库类型：党政部门智库

智库负责人：王杰秀

管理团队：王杰秀（主任）、刘更光（副主任）、付长良（副主任）、邹波（副主任）

32 南京大屠杀史与国际和平研究院

英文名称：The Research Institute of Nanjing Massacre History & International Peace

智库地址：江苏省南京市水西门大街 418 号

邮编：210017

办公电话：025－86898653

传真：025－86501033

电子邮箱：396515261@qq. com

成立时间：2016 年 3 月

关系信息：隶属于中共江苏省委宣传部、南京大学

官方网址：http://www. nj1937. org/zkzx/

微博公众号：jng1937

微博：侵华日军南京大屠杀遇难同胞纪念馆

机构宗旨：研究历史真相、还原战争记忆、维护亚太秩序、服务政府决策

涉及学科：历史学

智库类型：党政部门智库

法人代表：张建军

组织机构代码：42580295－7

智库负责人：张宪文

执行院长：张建军

管理团队：张宪文(院长)、艾德林(院务办公室主任)、袁志秀(院务办公室副主任)

首席专家：张宪文、朱庆葆、胡德坤、刘永江、朱成山、张建军、刘金田

全职研究员数：24 人

兼职研究员数：27 人

行政职员数：15 人

代表性成果：

图书：《国家公祭——解读南京大屠杀死难者国家公祭日资料集》(ISBN 978－7－5533－0572－1)、《人类记忆：南京大屠杀实证》(内容分为中方、日方、第三方以及战后审判四个方面，采用以图证史、以档案史料传承记忆的叙事方式)、“南京不会忘记”丛书(共 10 本，记录了 16 位西方人士在南京的亲历亲见亲闻，其中就包括获得紫金草国际和平纪念章的 6 位国际友人；书信、日记、图片等一手资料，还原了人类历史上这次浩劫的真相)

期刊：《日本侵华史研究》秉承真实、客观、理性的办刊理念，围绕学科前沿，保持专业特色，恪守学术规范，坚持以打造日本侵华史研究领域最为权威的刊物为目标

33 内蒙古自治区发展研究中心

英文名称：Development Research Center of Inner Mongolia Autonomous Region

智库地址：内蒙古自治区呼和浩特市赛罕区敕勒川大街发展大厦 C 座

邮编：010098

办公电话：0471－6659186

传真：0471－6659186

成立时间：1979 年 4 月

官方网址：http://www.nmgfzyj.com/

机构宗旨：围绕自治区经济和社会发展中的热点和难点问题，及国民经济社会发展和改革开放中的全局性、综合性、战略性、长期性问题开展跟踪研究和超前研究；为制定内蒙古自治区中长期发展规划和区域发展政策提出建议；及时向党委、政府等综合经济管理部门提出决策建议和咨询意见

政策研究领域：产业政策、资源政策、对外贸易政策、社会保障政策、环境政策、能源政策、人口政策

智库类型：党政部门智库

法人代表：杨臣华

组织机构代码：46002214－7

智库负责人：蔡常青

管理团队：蔡常青（党委书记）、包思勤（副主任）、赵云平（总经济师）、张永军（副主任）

首席专家：杨臣华（内蒙古自治区发展研究中心主任）

全职研究员数：46 人

行政职员数：42 人

代表性成果（图书）：《内蒙古经济形势与展望（2017）》（ISBN 978－7－5046－7468－5）、《内蒙古与丝绸之路经济带建设研究》（思路明确、方法科学，同时也为新常态下内蒙古发展提供了有益探索和实践参考）、《内蒙古适应气候变化战略评估》（ISBN 978－7－5023－8506－4）

品牌活动："中蒙俄智库国际论坛"、"内蒙古发展改革论坛"

34 农业部农村经济研究中心

英文名称: Research Center for Rural Economy

智库地址:北京市西城区西四砖塔胡同 56 号

邮编:100810

办公电话:010－66115901

传真:010－66171013

成立时间:1990 年 7 月

官方网址:http://www.rcre.agri.cn/

机构宗旨:为国家制定农村经济政策、农村经济发展战略和深化农村经济体制改革提供决策咨询和对策建议

政策研究领域:农业政策

涉及学科:农学

智库类型:党政部门智库

智库负责人:宋洪远

管理团队:宋洪远(主任)、魏琦(副主任)、李杰人(副主任)、陈良彪(副主任)、王忠海(副主任)

全职研究员数:85 人

代表性成果(图书):《中国农村研究报告(2016)》(ISBN 978－7－5095－7575－8)、《中国食糖产业发展战略研究》(ISBN 978－7－1092－0249－8)、《气候变化与土地利用/覆被变化的水文响应》(ISBN 978－7－1221－9671－2)、《当代中国经济转型与农村发展研究》(ISBN 978－7－1091－8635－4)

35 山东省宏观经济研究院

智库地址:山东省济南市省府前街1号

邮编:250011

办公电话:0531－86062322

成立时间:2011年11月

官方网址:http://www.sdfgw.gov.cn/

机构宗旨:注重研究的理论性和前瞻性，不断发展创新精神，不断解放思想，更新观念，加强学习，以敢闯敢试、敢为人先的胆识和气魄，抓住世界最前沿的问题，创造性地开展宏观经济的研究工作

政策研究领域:财政政策、金融政策、市场政策、产业政策

智库类型:党政部门智库

智库负责人:刘冰

管理团队:刘冰(院长)、杨自力(副院长)、袁保瑚(副院长)、于吉海(副院长)

全职研究员数:15人

兼职研究员数:25人

行政职员数:18人

2016年度预算:1 000万元

智库荣誉:国家发展和改革委员会优秀成果二等奖、国家发展和改革委优秀研究成果三等奖、山东省社科优秀研究成果二等奖、山东省社科优秀研究成果三等奖、山东省科技进步三等奖等

代表性成果:山东宏观经济研究报告(2011—2016)

品牌活动:山东加快经济发展系列论坛

36 商务部国际贸易经济合作研究院★★

英文名称：Chinese Academy of International Trade and Economic Cooperation

智库地址：北京市安定门外东后巷 28 号

邮编：100710

办公电话：010－64249741

传真：010－64212175

成立时间：1948 年 8 月

官方网址：http://www.caitec.org.cn/index.shtml

机构宗旨：秉持“格物致知、弘道养正”的院训理念，以“为政府决策服务、为地方经济服务、为企业发展服务”为宗旨，为政府部门、企业、各类社会团体提供国际经济、贸易、投资、流通与消费等领域的理论与政策、市场与战略等方面的决策咨询服务，在全面推进中国特色社会主义事业、深化改革、扩大开放、发展与世界各国的经贸关系过程中发挥重要作用

政策研究领域：对外贸易政策

涉及学科：经济学

智库层次：首批国家高端智库建设试点单位

智库类型：党政部门智库

智库负责人：顾学明

管理团队：顾学明（党委书记）、张威、赵宏、李刚

全职研究员数：116 人

行政职员数：117 人

2016 年度预算：16 063.54 万元

智库荣誉：《中国（上海）自由贸易试验区研究——全球治理事业的新一轮开放尺

度:上海自贸区观察》获 2014 年上海金融业改革发展优秀研究成果一等奖、《中国沿边开放战略研究》获 2014—2015 年度商务发展研究成果奖著作类一等奖、《建设和完善全国汽车现代流通体系研究》获 2014—2015 年度商务发展研究成果奖报告类一等奖、《公益性流通设施识别细分及政府介入》获 2014—2015 年度商务发展研究成果奖论文类二等奖、《我国商务领域落实互联网+行动计划的路径及措施》获 2015 年商务部"十三五"规划征文一等奖

代表性成果:

图书:《我国外商投资负面清单管理模式研究》(ISBN 978 - 7 - 5103 - 1457 - 5)、《澳门中葡平台优势及合作机会研究》(ISBN 978 - 7 - 5103 - 1645 - 6)、《跨太平洋伙伴关系协定 TPP 百问》(ISBN 978 - 7 - 5103 - 1476 - 6)

论文:《推动海外农业投资的对策和建议》、《2016 年中国外贸发展形势展望》

期刊:《国际贸易》(ISSN 1002 - 4999,CN 11 - 1600/F)、《商业周刊/中文版》(ISBN 1005 - 5649,CN 11 - 33191/F)

品牌活动:中国开放与发展论坛、上海合作组织经济论坛、推进"一带一路"建设工作座谈会

37 上海国际问题研究院

英文名称: Shanghai Institutes for International Studies

智库地址:上海市徐汇区田林路 195 弄 15 号

邮编:200233

办公电话:021 - 54614900

传真:021 - 64850100

成立时间:1960 年 4 月

关系信息：隶属于上海市人民政府

官方网址：http://www.siis.org.cn/

微信公众号：CIIS_since_1956

机构宗旨：从战略和政策角度对当代国际政治、经济和安全问题及中国的对外关系进行跨学科研究，为中国的对外政策和上海的经济社会发展建言献策；通过共同举办学术研讨会、进行合作课题研究和互派访问学者，与海内外相关研究机构建立沟通、合作机制，加强相互了解；通过媒体，帮助广大公众更好地了解当今世界的发展趋势及重大热点问题

政策研究领域：外交政策、财政政策、金融政策

涉及学科：政治学、经济学

智库类型：党政部门智库

法人信息：上海市人民政府外事办公室

法人代表：陈东晓

智库负责人：陈东晓

管理团队：陈东晓（院长）、杨剑（副院长）、严安林（副院长）

首席专家：杨洁勉

全职研究员数：71 人

兼职研究员数：3 人

行政职员数：15 人

2016 年度预算：4 155 万元

代表性成果（期刊）：《国际展望》（CN 31－1041/D）、*China Quarterly of International Strategic Studies*（本书定位是战略视野、中国视角、政策视域，主要探讨中国的国际战略、中国外交政策、世界经济、全球治理、区域合作、领域外交等问题）

品牌活动：“民间外交与全球治理”研讨会

38 上海市发展改革研究院

英文名称: Shanghai Academy of Development and Reform

智库地址:上海市发展改革研究院

邮编:200032

办公电话:021－54236056

成立时间:2007 年 12 月

官方网址:http://www.shadr.gov.cn/

机构宗旨:重点围绕市委、市政府确定的中心任务，以及全市经济社会发展和改革领域的战略性、全局性问题开展研究；承担国家、市委、市政府以及市发展改革委等部门下达的政府决策咨询研究项目，提供各类咨询研究报告和政策建议

政策研究领域:财政政策、市场政策、金融政策、就业政策、社会保障政策

智库类型:党政部门智库

法人代表:阮青

智库负责人:肖林

管理团队:肖林(院长)、王硕佟(副院长)、汪胜洋(副院长)、齐峰(副院长)、唐忆文(总经济师)、马海倩(副总经济师)

全职研究员数:37 人

兼职研究员数:15 人

2016 年度预算:4 756.20 万元

39 上海市教育科学研究院

英文名称: Shanghai Academy of Educational Sciences

智库地址:上海市徐汇区茶陵北路 21 号

邮编:200032

办公电话:021－64167677

传真:021－64167677

成立时间:1995 年

官方网址:http://www.cnsaes.org/homepage/

机构宗旨:弘扬“求实、创新、合作、奋进”的核心价值观,以加强教育决策智库建设为核心,以“坚持一个中心,做好两个服务,加强三个建设”为工作目标,加强一流学科、一流平台、一流团队建设,立足上海,服务全国,面向世界,把教科院建设成为全国领先、国际一流的教育科研机构和智库

政策研究领域:基础教育政策、高等教育政策

智库类型:党政部门智库

法人代表:陈国良

智库负责人:陈国良

管理团队:陈国良(院长)、王刚(副院长)、陆勤(党委副书记)、张钰(副院长)、胡卫(副院长)、陆璟(副院长)、沙军(副院长)

全职研究员数:123 人

代表性成果(期刊):《教育发展研究》(ISSN 1008－3855,CN 31－1772/G4)、《思想理论教育》(ISSN 1007－192X,CN 31－1220/G4)、《上海教育科研》(ISSN 1007－2020,CN 31－1059/G4)

40 上海市浦东改革与发展研究院　中国（上海）自由贸易试验区研究院

英文名称：Shanghai Pudong Academy of Reform and Development

智库地址：上海市浦东新区张江路39号4号楼

邮编：201203

办公电话：021-50893955

传真：021-50893955

电子邮箱：xujian@pudong.gov.cn

成立时间：1993年10月

官方网址：http://www.pdard.cn/

机构宗旨：坚持以立足浦东、研究浦东、服务浦东为己任，根据浦东改革开放各个阶段的不同特点、重点和难点，精心组织和参与重要课题的研究，为政府领导和相关部门提供决策咨询意见，努力发挥参谋助手作用

政策研究领域：产业政策、财政政策、金融政策、市场政策、对外贸易政策、服务业政策、高端制造业政策、社会保障政策、城乡建设政策

涉及学科：经济学、管理学

智库类型：党政部门智库

智库负责人：朱金海

管理团队：朱金海（院长）、袁智勇（书记）、徐建（副书记）

首席专家：朱金海（院长）

全职研究员数：25人

兼职研究员数：10人

行政职员数：30人

41 上海市人民政府发展研究中心

英文名称: The Development Research Center of Shanghai Municipal People's Government

智库地址:上海市黄浦区人民大道 200 号

邮编:201203

办公电话:021 - 23111111

成立时间:1980 年 12 月

官方网址:http://www. fzzx. sh. gov. cn/

机构宗旨:为市政府决策服务,承担本市决策咨询的研究、组织、协调、管理和服务

政策研究领域:人口政策、社会保障政策、市场政策、消费政策、劳动政策、财政政策、就业政策、金融政策

智库类型:党政部门智库

法人信息:周振华

法人代表:周振华

全职研究员数:28 人

42 水利部发展研究中心

英文名称: Development Research Center of the Ministry of Water Resources of P. R. China

智库地址:北京市海淀区玉渊潭南路 3 号

邮编:100038

办公电话:010－63204243

传真:010－63205083

成立时间:2000 年 8 月

官方网址:http://www.waterinfo.com.cn/

微信公众号:水利部发展研究中心

机构宗旨:负责水利发展战略、政策法规经济等全局性、综合性重大问题的研究和决策咨询,组织承担水利部及水利行业各部门委托的水利软科学研究项目,面向社会开展水利软科学及工程建设等咨询服务,为水利改革与发展提供对策支撑

政策研究领域:水利发展战略、水利发展政策法规、水利经济、国际水利、水利统计、河长制

涉及学科:水利工程、法律、经济学、统计学

智库类型:党政部门智库

法人代表:杨得瑞

组织机构代码:71780060－3

智库负责人:杨得瑞

全职研究员数:109 人

行政职员数:11 人

2016 年度预算:6 600 万元

代表性成果(图书):《怎样搞好水利政策研究》(ISBN 978－7－5170－1717－2)、《中国水利发展报告》(ISBN 978－7－5170－4252－5)、《不确定性和风险条件下的水管理》(共三卷)(ISBN 978－7－5170－1623－6)

43 司法部预防犯罪研究所

英文名称：Ministry of Justice Crime Prevention Research Institute

智库地址：北京市朝阳门南大街6号

邮编：100020

办公电话：010－65153508

成立时间：1984年9月

官方网址：http://www.moj.gov.cn/yffzyjs/node_422.htm

政策研究领域：司法政策、预防犯罪、罪犯矫治、监狱与劳动教养理论以及国外刑事司法等

涉及学科：法学

智库类型：党政部门智库

智库层次：司法部直属的正局级科研事业单位

首席专家：方文晖

44 浙江省发展规划研究院

英文名称：Zhejiang Development & Planning Institute (ZDPI)

智库地址：浙江省杭州市莫干山路423—429号瑞祺大厦2—4层

邮编：310012

办公电话：0571－28936800、0571－28936918

传真：0571－28936810

成立时间：1985年1月

关系信息：浙江省人民政府批准设立的省直事业单位

官方网址：http://www.zdpi.org.cn/

微信公众号：zdpi_2017

微博：浙江省发展规划研究院

机构宗旨：承担全省经济社会发展战略研究、规划编制和政府重大投资项目的咨询评估，为省委省政府及其省级有关部门和地方政府决策提供科学依据

政策研究领域：产业政策、资源政策、能源政策、海洋政策、环境政策、健康政策、医疗卫生政策、科技政策、城乡建设政策、财政政策

涉及学科：经济学、工学、管理学

智库类型：党政部门智库

智库层次：浙江省高端智库建设试点单位之一

法人代表：何中伟

组织机构代码：47002933－4

智库负责人：何中伟

首席专家：朱李鸣、周世锋、潘毅刚、秦诗立、童相娟、范玲、柴贤龙、郑启伟

全职研究员数：105 人

行政职员数：40 人

智库荣誉：浙江省 5 家高端智库建设试点单位之一

代表性成果：

报告：《全国工程咨询行业智库建设指导意见》、《浙江省能源发展十三五规划》、《浙江省提高资源产出率研究》、《开化县"多规合一"试点方案》、《浙江省主体功能区规划》、《杭州城西科创大走廊规划》、《落实长三角城市群规划重大问题研究》、《浙江省"十五～十三五"规划基本思路研究》、《舟山自贸区建设建议方案研究》、《浙江省高新技术产业发展和布局研究》、《杭州湾经济区战略谋划布局》、《分享经济发展态势与政府策应思路》、《浙江沿海湾区开发中应重视的几个问题》、《浙江省深入实施新型城

市化发展战略研究》

期刊:《决策咨询》围绕全省经济建设和社会发展的中心任务,主要依托我院从事的各类咨询业务,从热点、重点、难点等问题入手,内容涵盖经济发展、社会管理、海洋经济、产业建设、能源环境、城乡建设等领域;《发展规划研究》坚持理论与实践相结合,重点围绕省委、省政府的中心工作,及时报道经济发展、社会管理、文化建设、生态文明等领域发展规划工作的最新动态,为专家学者、业内人士提供观点探讨、经验交流、理论涵养、风采展现的载体,力求选题新、内容精、理论深、形式美

图书:《我与规划院》(ISBN 978-7-5182-0234-8)、《五个统筹谋发展》、《谋划布局三十年》(ISBN 978-7-5073-3490-6)、《转型发展求索》(ISBN 978-7-5017-8217-8)

45 中共中央编译局★★

英文名称:Central Compilation & Translation Bureau

智库地址:北京市西城区西斜街36号

邮编:100032

办公电话:010-55626606

成立时间:1953年1月

官方网址:http://www.cctb.net/

机构宗旨:为马克思主义经典著作编译、中央文献对外翻译、马克思主义理论与重大现实问题研究、马克思主义文献信息资源建设,以及马克思主义理论的宣传普及

政策研究领域:意识形态政策

智库类型:党政部门智库

智库层次:首批国家高端智库建设试点单位

智库负责人:贾高建

管理团队:贾高建(局长)、魏海生(副局长)、陈和平(副局长)、柴方国(副局长)、季正聚(副局长)、崔友平(副局长)

全职研究员数:100 余人

代表性成果(期刊):《马克思主义与现实》(ISSN 1004 - 5961,CN 11 - 3040/A)、《当代世界与社会主义》(ISSN 1005 - 6505,CN 11 - 3404/D)、《经济社会体制比较》(ISSN 1003 - 3947,CN 11 - 1591/F)、《国外理论动态》(CN 11 - 4507/D)、《国外理论动态》(CN 11 - 4507/D)等

品牌活动:"当代国外马克思主义研究"研讨会、马列著作编译论坛(定期举行)等

46 中共中央编译局马克思主义研究部

英文名称:The Research of Marxism of Central Compilation & Translation Bureau

智库地址:北京市西城区西斜街 36 号

邮编:100032

办公电话:010 - 55626606

成立时间:1953 年 1 月

关系信息:中共中央编译局

官方网址:http://www.cctb.net/zzjg/sjs/jj/

机构宗旨:研究马克思主义基本理论、国外马克思主义、世界政党、世界社会主义、国际共运史以及中国特色社会主义的重大理论与实践问题

政策研究领域:意识形态政策

智库类型:党政部门智库

智库负责人:冯雷

管理团队:冯雷(主任)、张文红(副主任)、林进平(副主任)

代表性成果(期刊):《马克思主义与现实》(ISSN 1004-5961,CN 11-3040/A)

47 中共中央编译局世界发展战略研究院

英文名称:World Development Strategy Research of Central Compilation & Translation Bureau

智库地址:北京市西城区西斜街 36 号

邮编:100032

办公电话:010-55626706

成立时间:2011 年 9 月

关系信息:隶属于中共中央编译局

官方网址:http://www.cctb.net/

机构宗旨:坚持学术研究为中央决策服务、为社会主义现代化建设服务的方向,坚持翻译与研究并重、基本理论研究与重大现实问题研究并重、理论研究的深入和理论普及的提高并重的宗旨

政策研究领域:文化政策

涉及学科:哲学、经济学

智库类型:党政部门智库

智库负责人:陈家刚

管理团队:陈家刚(主任)、徐向梅(副主任)、丁开杰(副主任)

代表性成果:《国外理论动态》(CN 11-4507/D)

48 中国财政科学研究院★

英文名称:Chinese Academy of Fiscal Sciences

智库地址:北京市海淀区阜成路甲 28 号

邮编:100142

办公电话:010-88191091

传真:010-88191181

成立时间:1956 年

关系信息:隶属于中华人民共和国财政部

官方网址:http://www.chineseafs.org/

机构宗旨:创建国际一流高端财政智库,更好地为决策服务

政策研究领域:财经理论和政策研究

涉及学科:经济学、管理学

智库类型:党政部门智库

智库层次:国家高端智库建设试点培育单位

法人信息:中国财政科学研究院

法人代表:刘尚希

组织机构代码:40001328-1

智库负责人:中国财政科学研究院

管理团队:刘尚希、罗文光、白景明、傅志华等

首席专家:刘尚希

全职研究员数:99 人

行政职员数:60 人

2016 年度预算:6 536 万元

智库荣誉:第十一届上海市决策咨询成果二等奖、2016年发改委决策咨询一等奖、2016年财政部三优论文一等奖

代表性成果(期刊):《财政科学》(ISSN 2096-1391,CN 10-1368/F)

品牌活动:"降成本"全国大型调研、"地方财政经济运行"全国大型调研、新知大讲堂、财政与国家治理论坛、会计与国家治理论坛、中日财政智库研讨会、气候公共支出分析与评估研究成果发布暨研讨会、"营改增试点改革"第三方评估报告发布暨研讨会、PPP立法研究成果发布暨研讨会等

49 中国城市和小城镇改革发展中心

英文名称:China Center for Urban Development

智库地址:北京市西城区三里河东路5号中商大厦8层

邮编:100088

办公电话:010-68535028

传真:010-62003408

成立时间:1957年1月

关系信息:隶属于国家发展和改革委员会

官方网址:http://www.ccud.org.cn/2013-09-26/113350533.html

政策研究领域:城乡建设政策

智库类型:党政部门智库

智库负责人:徐林

管理团队:徐林(主任)、李铁(理事长)、邱爱军(副主任)、沈池(副室主任)、乔润林(副理事长)

品牌活动:中欧城市研究交流会

50 中国东北振兴研究院

英文名称：China Academy of Northeast Revitalization

智库地址：辽宁省沈阳市浑南区创新路195号东北大学

邮编：110167

办公电话：024－83656509

传真：024－83689000

成立时间：2015年10月

官方网址：http://www.neu.edu.cn/

机构宗旨：为中央政府和东北地区各地方政府提供政策咨询

政策研究领域：体制机制、产业政策、科技政策、社会建设与社会政策等

涉及学科：经济学

智库类型：党政智库

法人信息：东北大学

法人代表：赵继

智库负责人：赵继、迟福林

管理团队：赵继、迟福林、熊晓梅、殷仲义、李凯

首席专家：刘世锦、赵继、迟福林、常修泽、曹远征、李凯

全职研究员数：4人

兼职研究员数：30人

行政职员数：4人

2016年度预算：250万元

品牌活动：承办每年一届的东北振兴论坛；组织东北振兴重大难点热点问题的交流研讨活动，创建东北振兴大讲堂；开展与振兴东北老工业基地相关的国际学术交流合作活动

51 中国国际问题研究院★

英文名称:China Institute of International Studies

智库地址:北京市东城区台基厂头条3号

邮编:100005

办公电话:010-85119705

传真:010-85119513

成立时间:1956年11月

关系信息:隶属于外交部

官方网址:http://www.ciis.org.cn/

微信公众号:CIIS_sinc_1956

机构宗旨:主要对当前国际政治和世界经济等领域的重大问题进行中长期战略研究,亦对国际事务中重要的现实和热点问题做出及时分析,提出意见和建议,以供决策参考

政策研究领域:国际政治、经济、安全、外交政策

智库类型:党政部门智库

智库层次:国家高端智库建设培育单位

法人信息:苏格

法人代表:苏格

智库负责人:苏格

管理团队:苏格(院长)、阮宗泽(常务副院长)、徐坚(副院长)、荣鹰(副院长)、董漫远(副院长)、杨易(副院长)

全职研究员数:147人

行政职员数:26人

2016 年度预算：4 547.9 万

智库荣誉：2015 年 1 月被授予先进外交工作集体称号（授予单位：人力资源和社会保障部、外交部）

品牌活动：年度全国性学术研讨会“国际形势与中国外交”

52 中国国土资源经济研究院

英文名称：Chinese Institute of Land and Resources Economy

智库地址：河北省三河市燕郊技术开发区京榆大街 689 号

邮编：101149

办公电话：010－61595915

传真：010－61592117

成立时间：2009 年 2 月

关系信息：隶属于国土资源部

官方网址：http://yjgthu002.coal.org.cn/

机构宗旨：开展国土资源政策法规、战略规划、市场配置、资源经济、环境经济、产业经济、技术与经济标准、节约与综合利用、矿业权管理等基础和应用研究，为国土资源管理提供基础业务支撑和决策咨询服务

政策研究领域：资源政策

涉及学科：经济学、管理学

智库类型：党政部门智库

智库负责人：张新安

管理团队：兰平和（党委书记）、张新安（党委副书记）、付英（副院长）、贺冰清（副院长）、贺明玉（纪委书记）、梁凯（副院长）

代表性成果(期刊):《中国国土资源经济》(ISSN 1672-6995,CN 11-5172/F)

53 中国宏观经济研究院(国家发改委宏观经济研究院)★★

英文名称:Academy of Macroeconomic Research of National Development and Reform Commission

智库地址:北京市西城区木樨地北里甲11号国宏大厦

邮编:100038

办公电话:010-63908039

传真:010-63908173

成立时间:1995年1月

关系信息:隶属于国家发展和改革委员会

官方网址:http://www.amr.gov.cn/

微信公众号:国宏高端智库

机构宗旨:关大事、谋大局、出大策

政策研究领域:宏观经济、产业、投资、区域经济、对外经济、社会发展、能源、运输和体制改革等

涉及学科:宏观经济学、产业经济、世界经济、劳动经济学、能源经济、运输经济等

智库类型:党政部门智库

智库层次:首批国家高端智库建设试点单位

法人信息:中国宏观经济研究院(国家发展与改革委员会宏观经济研究院)

法人代表:陈东琪

组织机构代码:40000481-X

智库负责人：王昌林

管理团队：王昌林、吴晓华、任伟民、毕吉耀

首席专家：陈东琪

全职研究员数：410 人

行政职员数：110 人

2016 年度预算：1 800 万元

智库荣誉：中国宏观经济研究院获上海社科院智库研究中心评选的"中国智库综合影响力第 5 名"；获光明日报评选的 2016 年度"十大智库"；中共中央对外联络部"一带一路"智库合作联盟理事单位

代表性成果：

《"十三五"时期经济社会发展的主要风险和应对机制研究》获国家发改委 2015 年度优秀成果三等奖；《消费引领、供给创新——"十三五"经济持续稳定增长的动力研究》在分析我国经济增长新旧动力转换期背景、界定经济持续增长动力的内涵和特征后，指出"十三五"时期我国要加快构建以消费需求、有效供给、科技创新和改革开放为支撑的"四动协同"经济增长新格局，并提出增强动力协同和转换接续的三大战略工程与五大行动计划；《"一带一路"战略下交通互联互通发展研究》介绍了"一带一路"建设进展、"一带一路"交通互联互通与中国多式联运发展、中蒙俄经济走廊建设以及中欧班列发展等情况，并就加强"一带一路"与俄罗斯国家战略对接、推动中俄合作开发远东地区、深化中国跨境运输走廊与俄滨海运输走廊建设合作等问题同与会代表进行深入交流；《深化财税体制改革研究》(ISBN 978－7－8016－8590－2)；等等

品牌活动："国宏宏观经济论坛"、"中法国际合作研讨会"、"国宏大讲堂"

54 中国教育科学研究院

英文名称:National Institute of Education Sciences

智库地址:北京市海淀区北三环中路46号

邮编:100088

办公电话:010－62003408

传真:010－62003408

邮箱:jiangzh@nies. net. cn

成立时间:1957年1月

关系信息:隶属于中华人民共和国教育部

官方网址:http://www. nies. net. cn/

机构宗旨:服务国家决策

政策研究领域:基础教育政策、高等教育政策、外交政策、社会建设与社会政策

涉及学科:教育学、管理学、经济学、法学、历史学

智库类型:党政部门智库

智库负责人:田慧生

管理团队:田慧生(院长)、陈子季(副院长、副书记)、曾天山(副院长)、史习琳(副书记)、刘建丰(副院长)

首席专家:田慧生

智库荣誉:全国百佳出版单位、全国教育科学研究成果奖一等奖

代表性成果(期刊):《教育研究》(ISSN 1002－5731,CN 11－1281/G4)、《教育文摘周报》(CN 11－0180)、《中国德育》(ISSN 1673－3010,CN 11－5338/G4)

55 中国劳动保障科学研究院

英文名称:Chinese Academy of Labour and Society Security

智库地址:北京市朝阳区惠新西街17号

邮编:100029

办公电话:010-64915566

成立时间:1993年12月

关系信息:隶属于人力资源和社会保障部

官方网址:http://www.calss.net.cn/n16/n1627/n2767/index.html

机构宗旨:开展劳动和社会保障基础理论、决策支持和应用技术开发研究;参与劳动和社会保障领域的政策研究、制定与评估;开展劳动和社会保障理论与政策咨询服务;研究、开发、推广劳动和社会保障科研成果;培养劳动和社会保障科研及科技经营管理人才;提供劳动和社会保障科研网络信息服务

政策研究领域:劳动政策

涉及学科:管理学

智库类型:党政部门智库

智库负责人:刘燕斌

管理团队:刘燕斌(院长)、韩兵(副院长)、赵越(副院长)

代表性成果(期刊):《中国劳动》(ISSN 1007-8746,CN 11-3892/F)

56 中国老龄科学研究中心

英文名称:China Research Center on Aging

智库地址:北京市西城区广安门南街48号中彩大厦

邮编:100054

办公电话:010－64237348

邮箱:crcabjb@126.com

成立时间:1989年3月

关系信息:隶属于全国老龄工作委员会办公室

官方网址:http://www.crca.cn/

机构宗旨:旨在调查研究人口老龄化问题,提出适合中国经济发展水平和传统文化的解决老龄问题的战略对策,为政府和有关部门制定老龄政策提供依据;协调和开展社会老年学、老年心理学、老年生物学等基础理论的研究;协助国家制定老年科学研究的中长期规划;开展国际多边和双边合作研究与交流

政策研究领域:社会保障政策

涉及学科:经济学、医学

智库类型:党政部门智库

智库负责人:王深远

管理团队:王深远、党俊武、刘芳

代表性成果(报告):《老年人社会生活状态研究》、《中日城市老年人口日常生活状况比较研究》

57 中国旅游研究院

英文名称：China Tourism Academy

智库地址：北京市建国门内大街甲九号 2 号楼 10－11 层

邮编：100005

办公电话：010－85166009

传真：010－85166055

邮箱：lyyjy@cnta. gov. cn

成立时间：2008 年 6 月

关系信息：隶属于国家旅游局

官方网址：http：//www. ctaweb. org/

机构宗旨：促进中国旅游产业发展和国际交流

政策研究领域：旅游产业发展、旅游发展规划

涉及学科：经济学

智库类型：党政部门智库

智库负责人：戴斌

管理团队：戴斌（院长）、张栋（副院长）

代表性成果（图书）：《中国旅游景区发展报告》（ISBN 978－7－5032－2728－8）、《中国休闲发展年度报告》（ISBN 978－7－5637－2771－1）

58 中国青少年研究中心

英文名称: China Youth & Children Research Center

智库地址:北京市西三环北路 25 号

邮编:100089

办公电话:010－68466893

传真:010－68466893

成立时间:1991 年 9 月

关系信息:隶属于共青团中央

官方网址:http://www.cycs.org/

微信公众号:chinaycrc

微博:中国青少年研究中心

机构宗旨:从事青少年现状及发展趋势研究,青少年工作及政策研究,青年运动史研究,国外青少年研究;为国家及有关部门制定青少年政策、法律、法规和发展战略,为青少年工作机构决策和发展青少年事业,提供理论依据和信息服务

政策研究领域:青少年发展,青少年工作

涉及学科:政治学、教育学、社会学、心理学、法学

智库类型:党政部门智库

法人信息:王义军(主任)

法人代表:王义军

组织机构代码:40000808－7

智库负责人:王义军

管理团队(机构部门):青年研究所、少年儿童研究所、青少年法律研究所、共青团工作研究所、家庭教育研究所、青年运动史研究所(团中央青运史档案馆)、中国青少

年研究会(代管)、中国预防青少年违法犯罪研究会(代管)

首席专家:刘俊彦(青年发展研究)、张良驯(青年政策研究)、邓希泉(青年研究)、孙宏艳(少年儿童研究)、郭开元(青少年法律研究)、杨守建(共青团工作研究)、刘秀英(家庭教育研究)、胡献忠(青运史研究)

全职研究员数:24 人

兼职研究员数:5 人

行政职员数:23 人

2016 年度预算:1 500 万元

代表性成果(期刊):《中国青年研究》(ISSN 1002-9931,CN 11-2579/D),《少年儿童研究》(ISSN 1002-9915,CN 11-1748/D)

59 中国人民银行研究局★

英文名称: The People's Bank of China Research Bureau

智库地址:北京市西城区成方街 32 号

邮编:100800

办公电话:010-66194114(中国人民银行总机)、010-66195380

传真:010-66195370

关系信息:隶属于中国人民银行

官方网址:http://www.pbc.gov.cn/yanjiuju/124427/index.html

机构宗旨:围绕货币政策决策,对经济增长及运行进行分析与预测;研究金融法律、法规、制度,跟踪了解其执行情况;跟踪研究我国产业政策和工业、农业、财税、外贸等部门经济动态以及货币信贷、利率、汇率、金融市场等重大政策的执行情况,并提出建议

政策研究领域:金融政策、经济政策

涉及学科:金融学、经济学

智库类型:党政部门智库

智库层次:国家高端重点培育智库

智库负责人:徐忠

代表性成果(研究刊物):《金融研究》(CN 11－1268/F,ISSN 1002－7246)

60 中国人事科学研究院

英文名称: Chinese Academy of Personnel Science

智库地址:北京市朝阳区育慧里 5 号院 1 号楼

邮编:100101

办公电话:010－84658600

成立时间:1994 年 7 月

关系信息:隶属于人力资源和社会保障部

官方网址:http://www.rky.org.cn/cn/index.html

政策研究领域:人事政策

涉及学科:管理学

智库类型:党政部门智库

法人信息:中国人民大学公共管理学院

智库负责人:余兴安

管理团队:余兴安(院长)、唐志敏(副院长)、蔡学军(副院长)、柳学智(副院长)、柏良泽(党委副书记)、李建忠(副院长)

首席专家:柏良泽、李维平

行政职员数：6 人

代表性成果(图书)：《专业技术人员的职业发展》(ISBN 978-7-5150-1130-1)、"国外人才发展"丛书(主要研究国外人才战略、政策和典型案例的发展，探讨对我国实施人才强国战略的启示)

品牌活动：大数据与公共服务研讨会

61 中国文化遗产研究院

英文名称：Chinese Academy of Cultural Heritage

智库地址：北京市朝阳区北四环东路高原街 2 号

邮编：100029

办公电话：010-84642221

传真：010-84659724

邮箱：cachbgs@sina. com

成立时间：1973 年

关系信息：隶属于国家文物局

官方网址：http://www. cach. org. cn/default. aspx

机构宗旨：开展国家文化遗产资源的调查、登录工作；承担国家水下文化遗产保护相关工作；承担文化遗产科学的基础研究、专项研究，开展文化遗产保护应用技术研究，推广科学技术研究成果；承担国家重要文化遗产保护规划编制、维修及展示方案设计

政策研究领域：文化政策

涉及学科：历史学

智库类型：党政部门智库

智库负责人：柴晓明

管理团队：柴晓明（院长）、马清林（副院长）、许言（副院长）、乔云飞（副院长）

代表性成果（期刊）：《中国文物科学研究》（ISSN 1674－9677，CN 11－5285/K）

品牌活动：中国政府援助柬埔寨吴哥窟古迹保护工程、中意合作文物保护修复项目

62 中国现代国际关系研究院★★

英文名称：China Institutes of Contemporary International Relations

智库地址：北京市海淀区万寿寺甲 2 号

邮编：100081

办公电话：010－68418631

传真：010－68418641

成立时间：1980 年

官方网址：http://www.cicir.ac.cn/chinese/

政策研究领域：世界各国各地区的政治、经济、外交、军事和社会问题；涉台港澳问题；国防战略、世界政治、世界经济、全球和地区安全问题

涉及学科：管理学、经济学、法学、历史学、军事学

智库类型：党政部门智库

智库层次：首批国家高端智库建设试点单位

智库负责人：季志业

管理团队：季志业（院长）、傅梦孜（副院长）、冯仲平（副院长）、袁鹏（副院长）、雷虹（副院长）、胡继平（院长助理）、张力（院长助理）、杜艳钧（院长特别助理）、李伟（院长特别助理）

代表性成果(期刊):《现代国际关系》(ISSN 000 - 6192,CN 11 - 1134/D)、*Contemporary International Relations*(ISSN 1003 - 3408)

63 中国新闻出版研究院

英文名称:Chinese Academy of Press and Publication

智库地址:北京市丰台区三路居路 97 号

邮编:100073

办公电话:010 - 52257011

传真:010 - 52257299

成立时间:1985 年 3 月

关系信息:隶属于国家新闻出版广电总局

官方网址:http://cips. chinapublish. com. cn/

机构宗旨:研究国内外出版业的现状、趋势与历史,为政府和业界提供全方位的决策咨询和智力支持;承担着组织制定出版业的相关标准,发布国内外出版资讯、组织或承办出版界大型行业活动等工作

政策研究领域:新闻出版、出版产业、数字出版、出版标准、出版政策、出版法规

涉及学科:文学、管理学

智库类型:党政部门智库

T

二

社科院智库

1 安徽省社会科学院

英文名称: AnHui Academy of Social Sciences

智库地址:安徽省合肥市安徽省社会科学院

邮编:230051

办公电话:0551－63438327

传真:0551－63438358

成立时间:1983 年 4 月

官方网址:http://www.aass.ac.cn/

微信公众号:anhui-sky

机构宗旨:致力于政府决策咨询,思考政府决策难点,提供政府决策依据,前瞻政府决策走势

政策研究领域:农业政策、工业政策、产业政策、就业政策、劳动政策、人口政策、社会保障政策、医疗卫生政策、城乡建设政策、意识形态政策、文化政策、党建政策、民政政策、服务业政策、财政政策

涉及学科:哲学、法学、经济学、文学、历史学、管理学

智库类型:社科院智库

智库层次:安徽省重点智库

法人信息:事业单位法人

法人代表:刘飞跃

组织机构代码:48500592－5

智库负责人:刘飞跃

管理团队:刘飞跃(院长)、施立业(副院长)、计永超(党组成员)、杨俊龙(副院长)、周之林(纪检组长)

首席专家:孙自铎、施立业、杨俊龙

全职研究员数:110 人

兼职研究员数:20 人

行政职员数:30 人

2016 年度预算:3 278.4 万元

智库荣誉:安徽省哲学与社会科学一、二、三等奖

品牌活动:安徽文化论坛

2 北京市社会科学院

英文名称:Beijing Academy of Social Sciences

智库地址:北京市朝阳区北四环中路 33 号

邮编:100101

办公电话:010－64877710

传真:010－64872765

成立时间:1978 年 8 月

官方网址:http://www.bass.gov.cn/

机构宗旨:决策智囊、学术高地、社会智库,以“四个建设好、一个努力”为基础,打造一流地方社科院

政策研究领域:产业政策、消费政策、住房政策、城乡建设政策

智库类型:社科院智库

智库负责人:王学勤

管理团队:王学勤(院长)、田淑芳(副院长)、赵弘(副院长)、杨奎(副院长)

全职研究员数:184 人

智库荣誉:北京市第十届哲学社会科学优秀成果奖、中宣部“五个一工程”奖

代表性成果(期刊):《北京社会科学》(ISSN 1002－3054,CN 11－1105/C)

3 重庆社会科学院重庆市政府发展研究中心

英文名称: Development and Research of Chongqing

智库地址:重庆市江北区桥北村 270 号

邮编:400020

办公电话:023－86856420

传真:023－86856414

成立时间:1987 年 3 月

官方网址:http://www. cqass. net. cn/、http://www. cqfz. org. cn/

微信公众号:重庆发展智库

微博:重庆社科院

机构宗旨:开展社会科学研究,促进社科发展;建一流智库,服务重庆发展

政策研究领域:哲学与政治学、文史、法学、社会学、产业经济与企业发展、城市建设与管理、城乡统筹发展、财政金融、商贸与物流、区域经济与三峡库区发展

涉及学科:哲学与政治学、文史、法学、社会学、经济学

智库类型:社科院智库

法人信息:重庆社会科学院

法人代表:陈全

组织机构代码:45038490－2

智库负责人:陈全

管理团队:陈全(常务副主任)、张波(副主任)、王胜(秘书长)、蒋朋桥、吴昌凡、

陈红

全职研究员数:78 人

行政职员数:48 人

2016 年度预算:3 124 万元

智库荣誉:近 5 年共有 45 项科研成果获得重庆市发展研究奖、重庆市社会科学优秀成果奖、重庆市科技进步奖、中国发展研究奖等省部级奖励,其中一等奖 5 项,二等奖 13 项、三等奖 27 项

代表性成果(报告):《共建渝蓉经济区,打造中国第四增长极》

4 创新型城市研究院(创新型城市发展与评估研究院)

英文名称: Institute for Innovative City

智库地址:江苏省南京市玄武区成贤街 43 号

邮编:210018

办公电话:025 - 83610587

成立时间:2016 年 7 月

关系信息:隶属于南京市社科院

官方网址:http://njass. nanjing. gov. cn/

微信公众号:创新型城市研究院

机构宗旨:服务党和政府决策

政策研究领域:产业政策、工业政策、农业政策、服务业政策、高端制造业政策、城乡建设政策、对外贸易政策、社会保障政策、文化政策、司法政策、财政政策、劳动政策、金融政策、住房政策、市场政策

涉及学科:经济学、社会学、文化学、法学、管理学

智库类型:社科院智库

智库层次:江苏省重点培育智库

法人代表:吴海瑾

智库负责人:叶南客

管理团队:叶南客(院长)、黄南、邓攀

首席专家:叶南客、李程骅

全职研究员数:22 人

兼职研究员数:13 人

行政职员数:5 人

2016 年度预算:100 万元

代表性成果:扬子江城市群发展战略研究、"一带一路"沿线城市创新型发展研究

5 福建省社会科学院

英文名称:Fujian Academy of Social Sciences

智库地址:福建省柳州市鼓楼区柳河路 18 号

邮编:350001

成立时间:1960 年 7 月

官方网址:http://fass.net.cn/

机构宗旨:旨在从福建实际出发,为地方领导决策服务,为地方经济社会发展服务,为实现祖国统一大业服务

政策研究领域:城乡建设政策、金融政策、文化政策、产业政策

智库类型:社科院智库

智库负责人:张帆

管理团队:张帆(院长)、陈祥健(副院长)、黎昕(副院长)、李鸿阶(副院长)

全职研究员数:165 人

行政职员数:15 人

2016 年度预算:6 938.35 万元

代表性成果(期刊):《福建论坛·人文社会科学版》(ISSN 1671-8402,CN 35-1248/C)、《福建论坛·社科教育版》(ISSN 1671-6922,CN 35-1258/C)

6 甘肃省社会科学院

英文名称:Gansu Academy of Social Sciences

智库地址:甘肃省兰州市安宁区健康路 143 号

邮编:730070

办公电话:0931-7631622

传真:0931-7768029

成立时间:1964 年

官方网址:http://www.gsass.net.cn/

微信公众号:gslyzk

机构宗旨:开展社会科学综合研究,为甘肃经济社会发展、深化改革提供智力产品,为甘肃省委省政府重大战略部署提供决策服务

政策研究领域:农业政策、文化政策、金融政策、民族政策、产业政策、社会保障政策、环境政策、城乡建设政策

涉及学科:哲学、经济学、法学、历史学、管理学

智库类型:社科院智库

法人代表:王福生

组织机构代码:43800028 - 3

智库负责人:王福生

管理团队:王福生(院长)、朱智文(副院长)、安文华(副院长)、马廷旭(副院长)、王俊莲(副院长)

首席专家:王福生

全职研究员数:104 人

行政职员数:46 人

2016 年度预算:3 143.33 万元

智库荣誉:甘肃省第十四次哲学社会科学优秀成果评奖获奖成果 11 项,其中一等奖 1 项、二等奖 1 项、三等奖 9 项;《甘肃社会科学》2016 年被甘肃省新闻出版广电局评为"甘肃省十佳期刊"

代表性成果(图书):《甘肃经济发展分析与预测》(ISBN 978 - 7 - 5201 - 0172 - 1)、《甘肃社会发展分析与预测》(ISBN 978 - 7 - 5201 - 0174 - 5)、《甘肃县域和农村发展报告》(ISBN 978 - 7 - 5097 - 8522 - 5)、《甘肃文化发展分析与预测》(ISBN 978 - 7 - 5201 - 0121 - 9)、《甘肃住房和城乡建设发展分析与预测》(ISBN 978 - 7 - 2260 - 4744 - 6)、《甘肃民族地区发展分析与预测》(ISBN 978 - 7 - 2260 - 4892 - 4)、《甘肃酒泉经济社会发展报告》(ISBN 978 - 7 - 2260 - 4884 - 9)、《甘肃商贸流通发展报告》(ISBN 978 - 7 - 5201 - 0173 - 8)

7 广东省社会科学院

英文名称: GuangDong Academy of Social Sciences

智库地址:广东省广州市天河北路 618 号

邮编:510635

办公电话:020－38866590

成立时间:1958年10月

官方网址:http://www.gdass.gov.cn/

微信公众号:广东省社会科学院、广东智库发布

微博:广东省社会科学院

机构宗旨:以成为省委、省政府信得过、靠得住、用得上的“思想库”和“智囊团”为目标,以“三贴近”(贴近实践、贴近决策、贴近社会)为特色

政策研究领域:经济政策、社会政策、文化政策、财政政策、金融政策、国际政策、市场政策、消费政策、产业政策、创新政策、环境政策、人才政策等

涉及学科:马克思主义、经济学、管理学、哲学、社会学、人口学、法学、历史学等

智库类型:社科院智库

法人代表:王珺

组织机构代码:45586027－7

智库负责人:王珺

管理团队:王珺(院长)、刘小敏(副院长)、周薇(副院长)、章扬定(副院长)、赵细康(副院长)、袁俊(副院长)

首席专家:王珺

全职研究员数:186人

兼职研究员数:10人

行政职员数:95人

2016年度预算:1.1亿元

品牌活动:广东智库论坛

8 广西社会科学院

英文名称: Guangxi Academy of Social Sciences

智库地址:广西壮族自治区南宁市青秀区新竹路 5 号

邮编:530022

办公电话:0771－5865753

成立时间:1977 年 9 月

关系信息:隶属于广西壮族自治区人民政府

官方网址:http://www.gass.gx.cn/

政策研究领域:民族政策、农业政策、工业政策、金融政策、文化政策

智库类型:社科院智库

智库负责人:李海荣

管理团队:李海荣(院长)、谢林城(副院长)、刘建军(副院长)、黄天贵(副院长)

全职研究员数:71 人

代表性成果(期刊):《学术论坛》(ISSN 1004－4434,CN 45－1002/C)、《东南亚纵横》(ISSN 1003－2479,CN 45－1176/D)、《经济与社会发展》(ISSN 1672－2728,CN 45－1319/C)、《沿海企业与科技》(ISSN 1007－7723,CN 45－1227/N)

9 贵州省社会科学院

英文名称: Guizhou Academy of Social Sciences

智库地址:贵州省贵阳市南明区西湖路梭石巷 19 号

邮编:550002

办公电话:0851 - 85929673

传真:0851 - 85625487

成立时间:1960 年 6 月

关系信息:隶属于贵州省人民政府

官方网址:http://www.gzass.net.cn/

微信公众号:gzskywxh

微博:贵州省社会科学院

机构宗旨:立足贵州,面向全国,着重探讨改革开放、社会主义现代化建设和富民兴黔事业的重大理论和实际问题,突出应用研究,重视基础研究,根据贵州特点,发展优长学科,为贵州改革开放和社会主义"两个文明"建设服务

政策研究领域:司法政策、宗教政策、互联网管理政策、农业政策、工业政策、林业政策、水利政策、产业政策、财政政策、金融政策、市场政策、就业政策、消费政策、资源政策、劳动政策、对外贸易政策、服务业政策、高端制造业政策、人口政策、社会保障政策、住房政策、能源政策、环境政策、食品政策、药品政策、医疗卫生政策、交通政策、健康政策、基础教育政策、高等教育政策、科技政策、统战政策、城乡建设政策、民政政策、人事政策、党建政策、意识形态政策、文化政策、新闻政策、出版政策、广播电视政策

涉及学科:哲学、法学、教育学、文学、历史学、经济学、农学、管理学、艺术学、马克思主义、政治学、新闻学与传播学

智库类型:社科院智库

法人代表:吴大华

组织机构代码:42920102 - 4

智库负责人:吴大华

管理团队:金安江(党委书记)、吴大华(党委副书记)、汤会琳(党委常委). 王朝新(党委常委)、唐显良(党委常委)、宋明(党委常委)、索晓震(党委常委)

首席专家：吴大华

全职研究员数：140 人

兼职研究员数：20 人

行政职员数：50 人

2016 年度预算：3 513 万元

代表性成果：

图书：《贵州蓝皮书系列(贵州发展报告)》(每年 10 余本)

课题："贵州省守住发展和生态两条底线实践研究"，介绍了全国其他省份开展马克思主义理论研究和建设工程的具体情况，就本项课题最终成果的时间节点和内容形式、课题工作期限和工作方法、课题经费使用和阶段性成果产出等方面进行了详细指示，明确指出课题开展采取"1＋8"(即 1 个总报告加 8 个子课题)工作模式，强调课题组近期主要工作任务是集中打磨阶段性成果在全国和省内主要媒体发表；"贵州省建设国家大数据综合型试验区实践研究"，课题组从研究目的、研究框架、子课题设定、工作进度和课题组成员及分工等五个方面，向与会专家详细介绍了课题研究大纲设计情况

报告：在第二届新经济智库大会上，"中国智库大数据评价研究"课题组和清华大学公共管理学院联合发布了《2016 中国智库大数据报告》

品牌活动：后发赶超论坛、甲秀智库论坛、甲秀智库青年论坛

10 海南省社会科学院

英文名称：Hainan Federation of Humanities and Social Sciences Circles

智库地址：海南省海口市海府路 49 号老省委第二办公楼三楼

邮编：570203

办公电话：0898－65398676

传真：0898－65378968

成立时间：2013年12月

关系信息：隶属于海南省人民政府

官方网址：http://www.hnskl.net/web/default/index.jsp

机构宗旨：坚持“为人民服务、为社会主义服务”的方向和“百花齐放、百家争鸣”的方针，坚持理论联系实际，积极推动理论创新，努力促进我省哲学社会科学大发展大繁荣，为党和政府科学决策服务，为海南全面加快国际旅游岛建设和社会主义现代化建设服务

政策研究领域：金融政策、审计政策、产业政策

智库类型：社科院智库

法人信息：海南省社会科学院

法人代表：张作荣

智库负责人：张作荣

管理团队：张作荣（院长）、祁亚辉（副院长）、詹兴文（副院长）、李星良（副院长）

2016年度预算：1 398.65万元

代表性成果（图书）：《海南国际旅游岛建设报告》（ISBN 978－7－5097－5932－5）

品牌活动：当代海南论坛

11 河北省社会科学院

英文名称：Hebei Academy of Social Sciences

智库地址：河北省石家庄市裕华西路67号

邮编：050051

办公电话:0311－83035746、0311－83080256

传真:0311－83018546

成立时间:1963 年 1 月

关系信息:隶属于河北省委省政府

官方网址:http://www.hebsky.org.cn/

微信公众号:hebzxzk

机构宗旨:顺应河北省经济社会发展新要求,以新型智库建设引领和带动各项工作协同发展,在为省委省政府科学决策、服务河北经济社会发展中发挥参谋助手作用

政策研究领域:农业政策、产业政策、社会保障政策、就业政策、人口政策、环境政策、城乡建设政策、新闻传播与引导、意识形态领域、党的建设、社会治理

涉及学科:经济学、哲学、文学、历史学、法学、管理学、理学、社会学、农村经济学

智库类型:社科院智库

法人信息:河北省社会科学院

法人代表:郭金平

组织机构代码:40170182－8

智库负责人:郭金平

管理团队:郭金平(院长)、杨思远(副院长)、彭建强(副院长)、刘月(副院长)

首席专家:彭建强(副院长)、王彦坤、方伟、朱文通、颜廷标、王文录、魏建震、王艳宁、李建国、田苏苏、刘来福、刘宝辉、陈璐

全职研究员数:136 人

行政职员数:114 人

2016 年度预算:7 300 万元

智库荣誉:2015 年中国特色社会主义理论文章评选(中央级)、2016 年中宣部舆情信息工作优秀单位

代表性成果:

图书:《河北经济社会发展报告》(ISBN 987 - 7 - 5097 - 8483 - 2)、《京津冀协同发展报告》(ISBN 978 - 7 - 5201 - 0080 - 9)、《河北法治发展报告》(ISBN 978 - 7 - 5201 - 0904 - 8)

文章:《在弘扬西柏坡精神中交出更加优异的答卷》、《在党建中贯穿以人民为中心的党建思想》、《不断改善民生是发展的根本目的》等研究成果在《人民日报》、《光明日报》、《经济日报》等大报大刊上发表

品牌活动:京津冀协同发展研讨会、河北省国际智库论坛

12 河南省社会科学院

英文名称:Henan Academy of Social Sciences

智库地址:河南省郑州市丰产路 21 号

邮编:450002

办公电话:0371 - 63936112

传真:0371 - 63933398

成立时间:1979 年 12 月

关系信息:隶属于河南省人民政府

官方网址:http://www.hnass.com.cn/

微信公众号:hnsky123

微博:中原智库网

机构宗旨:科研立院、人才强院、开放办院、和谐兴院

政策研究领域:意识形态政策、经济政策、农业政策、产业政策、金融政策、社会保障政策、城乡建设政策、文化政策、环境保护政策、民族与宗教政策

涉及学科:哲学、政治学、经济学、法学、教育学、文学、地理学、历史学、管理学、党史党建、环境科学、城市学

智库类型:社科院智库

智库层次:中共河南省委省人民政府重点智库

法人信息:河南省社会科学院

法人代表:张占仓

组织机构代码:41580182-X

智库负责人:魏一明(党委书记)、张占仓(院长)

管理团队:魏一明(党委书记)、张占仓(院长)、周立(副院长)、袁凯声(副院长)、王承哲(副院长)

首席专家:张新斌等12人

全职研究员数:165人

兼职研究员数:3人

行政职员数:46人

2016年度预算:5 100万元

代表性成果(图书):《中原文化大典》(ISBN 978-7-5348-3076-1)、《河南发展报告》(英文版)(ISBN 978-7-5201-0257-5)、《中英"一带一路"战略合作研究》(ISBN 978-7-5097-9846-1)、《中国戏曲通鉴》(ISBN 978-7-5348-2870-6)、"河南省蓝皮书"系列丛书

品牌活动:中原智库论坛、中英"一带一路"战略合作论坛、河洛文化研究论坛、河南省社会科学院青年学术论坛

13 黑龙江省社会科学院

英文名称: HeiLongJiang Provincial Academy of Social Sciences

智库地址:黑龙江省哈尔滨市道里区友谊路501号

邮编:150018

办公电话:0451－86497913

传真:0451－84627487

成立时间:1979年

关系信息:隶属于黑龙江省人民政府

官方网址:http://www.hlass.org.cn/

微信公众号:黑龙江智库

机构宗旨:以创建全国一流地方社会科学院和中国特色社会主义新型智库为目标,坚持科研强院、人才兴院、制度管院、开门办院、民主建院,激发内生动力,聚焦社会合力,提高服务全省发展贡献力,提升国内国际影响力和支撑创新保障力

政策研究领域:金融政策、财政政策、社会保障政策、外交政策、人口政策、意识形态政策

涉及学科:东北历史学、社会学、俄罗斯经济、俄国史、科学社会主义、农村经济学、政治学理论、东北地方文化历史学、亚太经济、中俄关系历史学、渤海国史、哈尔滨犹太历史学、区域经济学、工业经济学、黑龙江流域文明、旅游经济学、行政学、城市社会学

智库类型:社科院智库

法人信息:黑龙江省社会科学院

法人代表:朱宇

组织机构代码:41400014－X

智库负责人:朱宇

管理团队:新型智库建设与创新工程委员会

首席专家:朱宇、王爱丽、陈静、刘爽、笪志刚、马友军

全职研究员数:44人

兼职研究员数:27人

行政职员数：60 人

2016 年度预算：7 013 万元

代表性成果(图书)：《唯物史观与历史研究》(ISBN 978-7-5161-6480-8)、《渤海靺鞨民族源流研究》(ISBN 978-7-5097-7793-0)、《中国东北地区发展报告》(ISBN 978-7-5097-2670-9)、《黑龙江住房和城乡建设发展报告》(ISBN 978-7-5097-8576-8)、《黑龙江经济发展报告》(ISBN 978-7-5097-2044-8)

品牌活动：“中俄经济合作高层智库论坛”、“龙江全面振兴发展高层国际论坛”

14 湖北省社会科学院

英文名称：Hubei Provincial Academy of Social Sciences

智库地址：湖北省武汉市东湖路 165 号

邮编：430077

办公电话：027-86783511

传真：027-86783511

成立时间：1978 年 6 月

关系信息：隶属于湖北省人民政府

官方网址：http://www.hbsky.cn/

政策研究领域：经济、农村经济、长江流域经济、中部发展、财贸、马克思主义、政治学与法学、社会学、哲学、文史、楚文化、图书情报

机构宗旨：逐步建设成为多学科、多功能、信息化、开放型的全省社会科学综合研究机构，省委、省政府的思想库和智囊团

涉及学科：应用经济学、中国史、政治学与法学、马克思主义理论、企业管理、中共党史、社会学、财政学、金融学、哲学、情报学

智库类型：社科院智库

法人信息：湖北省社会科学院

法人代表：宋亚平

组织机构代码：42000036－5

智库负责人：宋亚平

管理团队：宋亚平（院长）、张忠家（副院长）、曾成贵（政协常委）、秦尊文（副院长）、杨述明（副院长）、魏登才（秘书长）

全职研究人员数：168 人

兼职研究人员数：20 人

行政职员数：44 人

2016 年度预算：6 459.77 万元

智库荣誉：期刊《江汉论坛》连续两届被评为湖北省“十大名刊”，学术论文转载率一直稳居全国前 10 名，并被评为首届湖北省出版政府奖，2012 年被国家社科基金办列为全国首批资助的 100 种学术期刊。大型文献纪录片《楚国八百年》获中宣部“五个一工程”奖

代表性成果：

图书：《三农中国》（ISBN 978－7－2160－3800－3）、《湖北省社会科学院文库》（ISBN 978－7－2160－7539－8）、《湖北省经济社会发展年度报告（2009—2014）》、蓝皮书系列、《要文摘报》、《决策咨询快报》、《中三角瞭望》、《智库成果要报》

期刊：《江汉论坛》（ISSN 2095－5766，CN 41－1425/F）

品牌活动：中国长江论坛、鄂韩合作论坛、荆楚社科大讲堂、湖北智库论坛、汉江论坛

15 湖南省社会科学院

英文名称: Hunan Academy of Social Sciences

智库地址:湖南省长沙市湖南省社会科学院

邮编:410003

办公电话:0731－84219150

传真:0731－84219173

成立时间:1956 年 8 月

官方网址:http://www.hnass.cn/

微信公众号:huxiangzhiku

机构宗旨:以马克思主义为指导,充分发挥哲学社会科学咨政建言、理论创新、舆论引导、社会服务、公共外交等智库功能,直面湖南经济社会建设主战场,主动研究现实生活中的重点、难点与热点问题,发挥思想库智囊团的重要作用

政策研究领域:湖湘文化研究、湖湘地方史研究、中国特色社会主义理论研究、区域经济、社会学、新型城镇化、三农问题、人力资源、绿色低碳、财政金融

涉及学科:文学、历史学、哲学、政治学、马克思主义、科学社会主义、经济学、社会学、人力资源管理学、公共管理学等

智库类型:社科院智库

智库层次:湖南省重点智库

法人信息:湖南省社会科学院

法人代表:刘建武

组织机构代码:44487682－0

智库负责人:刘建武

管理团队:周小毛(副院长)、贺培育(副院长)、刘云波(副院长);潘小刚(办公室

主任)、陈文胜(科研处长)、李铁明(人事处长)、陈军(后勤与财务处)、蔡玮(机关党委书记)、李军(离退休办)、卓今(文学研究所所长)、王国宇(历史研究所所长)、杨畅(哲学研究所所长)、刘险峰(经济研究所副所长)、谢瑾岚(区域经济与系统工程研究所所长)、邓子纲(产业经济研究所副所长)、黄海(中国马克思主义研究所所长)、童中贤(社会学研究所所长)、胡跃福(人力资源研究所所长)、尹向东(文献信息中心主任)、向志柱(期刊社长)、伍新林(湘学研究院办公室主任)、王毅(湖南文化创意产业研究中心办公室主任)、谢晶仁(美国问题研究中心办公室主任)

首席专家:陈文胜、胡跃福、马纯红、黄海、杨畅、李晖、谢瑾岚、童中贤、尹向东、刘险峰、王毅、郭钦、王国宇、卓今、伍新林等

全职研究人员数:115 人

行政职员数:83 人

2016 年度预算:3 000 万元

代表性成果:《亟需采取措施应对农村地下宗教加速蔓延》、《合乡并村的农村改革亟待纠错》、《改革完善中国特色智库评价体系》、《找准中国农业供给侧结构性改革的着力点》、《关于建立湘江、珠江、赣江"三江"源头流域生态补偿机制的建议》

品牌活动:湖湘智库论坛

16 吉林省社会科学院

英文名称: Jilin Academy of Social Sciences

智库地址:吉林省长春市自由大路 5399 号

邮编:130033

办公电话:0431-84638323

传真:0431-84638377

成立时间：1978 年 10 月

关系信息：隶属于中共吉林省委

官方网址：http://www.jlass.org.cn/

机构宗旨：以构建吉林省领先、东北地区一流、全国范围有较大影响、东北亚区域有一定声音的特色新型智库为目标，以省委省政府的中心工作和吉林经济社会发展中的重大理论问题与现实问题为主攻方向，优化基础理论研究、加强应用研究、突出对策研究，努力成为哲学社会科学创新的重要基地、国内外学术交流的主要平台和具有国内外重要影响力的高端智库

政策研究领域：产业政策、金融政策、资源政策、文化政策

智库类型：社科院智库

智库负责人：邵汉明

管理团队：邵汉明（党组书记）、刘信君（党组成员）、杨静波（党组成员）、郭连强（党组成员）

全职研究员数：180 人

行政人员数：90 人

品牌活动：东北亚智库论坛

17 江苏省社会科学院

英文名称：JiangSu Provincial Academy of Social Sciences

智库地址：江苏省南京市建邺路 168 号

邮编：210004

办公电话：025－83391405、025－83391493

成立时间：1980 年

关系信息：隶属于江苏省人民政府

官方网址：http://www.jsass.org.cn/

机构宗旨：从事哲学社会科学研究、经济社会发展决策咨询服务的专门机构

政策研究领域：农业政策、产业政策、民政政策、社会保障政策、对外贸易政策、市场政策

涉及学科：哲学、经济学、农学、历史学

智库类型：社科院智库

智库负责人：夏锦文

管理团队：夏锦文（院长）、陈爱蓓（副院长）、樊和平（副院长）、章寿荣（副院长）

代表性成果：

期刊：《江海学刊》（ISSN 1000－856X，CN 32－1013/C）

报告：《江苏供给侧结构性改革研究》、《江苏民生幸福工程的体制与机制创新研究》

18 江苏省社会科学院区域现代化研究院

英文名称：Institute of Modernization, Jiangsu Provincial Academy of Social Sciences

智库地址：江苏省南京市建邺路 168 号江苏省社会科学院

邮编：210004

成立时间：2015 年

关系信息：隶属于江苏省社会科学院

官方网址：http://www.jsass.org.cn/Category_488/Index.aspx

机构宗旨：服务省委省政府重大经济社会政策的前期预研、中期评估与后期完善提高，聚焦区域现代化理论与实践，力争建成集理论研究、战略谋划、决策服务、政策

评估“四位一体”的高端智库

政策研究领域：农业政策、司法政策、市场政策

涉及学科：经济学、政治学、管理学、社会学

智库类型：社科院智库

智库负责人：章寿荣

首席专家：王庆五（院长）

全职研究人数：20 人

代表性成果：《江苏率先实现全面建成小康社会目标的判断与建议》，获得了省委主要领导肯定性批示

19 江西省情研究中心

英文名称：Jiangxi Provincial Research Center

智库地址：江西省南昌市洪都北大道 649 号

邮编：330006

办公电话：0791－88592239

传真：0791－88592239

成立时间：1986 年

关系信息：江西省社会科学界联合会下属事业单位

官方网址：http://www.jxss.net.cn/

微信公众号：江西省情研究

机构宗旨：未来发展的瞭望者，科学决策的建言者，政策效果的评估者，社会舆论的引导者

政策研究领域：经济、政治、社会、文化、生态文明及党的建设

涉及学科:经济学、政治学、社会学、文学、生态学、党建、法学、历史学等

智库类型:社科院智库

法人信息:事业单位法人

法人代表:刘旭辉

组织机构代码:MB054565－X

智库负责人:刘旭辉

管理团队:刘旭辉、姚婷、刘忠林

首席专家:吴永明

全职研究员数:10 人

兼职研究员数:20 人

行政职员数:4 人

2016 年度预算:45 万元

代表性成果(论文):《找准突破口,探索新路径——加快中医药强省建设的思考与建议》(洪冰)

品牌活动:"百团进百县(市、区)"社科专家团服务地方发展活动

20 江西省社会科学院

英文名称:Jiangxi Academy of Social Sciences

智库地址:江西省南昌市洪都北大道 649 号

邮编:330077

办公电话:0791－88596284

传真:0791－88596284

成立时间:1984 年

关系信息:隶属于江西省人民政府

官方网址:http://www.jxsky.org.cn/

微信公众号:ganpozhiku

微博:江西省社会科学院

APP:入驻"一点资讯"APP,开通一点号——"赣鄱智库"

机构宗旨:以"服务省委省政府科学决策的新型智库"为目标,始终秉承"政治立院、开门办院、精品兴院、人才强院、制度治院"的理念,致力于为江西经济、政治、文化、社会、生态文明发展服务的应用对策研究,以及具有江西特色和优势的基础理论研究

政策研究领域:马克思主义中国化与执政党建设、生态经济与生态文明、区域经济、城市经济、应用社会学、法治与地方治理,以及中国苏区史与区域社会史、中国茶文化与中国农业文明史、宋代文献等区域历史文化研究

涉及学科:马列·科社、党史·党建、经济学、生态学、社会学、法学、政治学、管理学、哲学、历史学、文学

智库类型:社科院智库

法人代表:梁勇

组织机构代码:49101526-5

智库负责人:梁勇

管理团队:江西省社会科学院党组

首席专家:马雪松、孔凡斌、汤水清、汪玉奇、李志萌、姜玮、夏汉宁、高平、龚建文、麻智辉、梁勇、赖功欧

全职研究员数:100 人

兼职研究员数:45 人

行政职员数:40 人

2016 年度预算:965 万元

代表性成果(图书)《江西经济社会发展报告》(ISBN 978 - 7 - 5097 - 8106 - 7)、《江西民营经济发展报告》(ISBN 978 - 7 - 5097 - 8106 - 7)、《江西设区市发展报告》(ISBN 978 -7 - 2100- 7587 - 5)、《江西·智库报告》(ISBN 978 - 7 - 2100 - 8822 - 6)

21 辽宁社会科学院

英文名称: Liaoning Academy of Social Sciences

智库地址:辽宁省沈阳市皇姑区泰山路 86 号

邮编:110036

办公电话:024 - 86806061

传真:024 - 86806209

成立时间:1962 年

关系信息:隶属于辽宁省人民政府

官方网址:http://www. lass. net. cn/

机构宗旨:马克思主义坚强阵地,省委省政府新型智库,全省哲学社会科学研究的学术殿堂

政策研究领域:产业政策、文化政策、城乡建设政策、司法政策、农业政策、市场政策、社会保障

涉及学科:哲学、马克思主义、法学、历史、党史、经济、国际政治、社会学、文学等

智库类型:社科院智库

法人代表:姜晓秋

组织机构代码:46300214 - 1

智库负责人:刘兴伟、姜晓秋

全职研究员数:157 人

行政职员数:24 人

2016 年度预算:286 万元

22 南京市社会科学院

英文名称: Nanjing Academy of Social Sciences

智库地址:江苏省南京市成贤街 43 号

邮编:210018

办公电话:210018

传真:025 - 83614060

成立时间:1997 年 1 月

关系信息:隶属于南京市人民政府

官方网址:http://njass.nanjing.gov.cn/

微信公众号:金陵智库圈

微博:南京社科

机构宗旨:研究邓小平理论与中国现代化;研究经济社会文化城市发展中的重大课题;参与和组织各种学术活动与开展对外学术交流;向市委、市政府报送研究成果、对策性建议;承办市委、市政府交办的其他事项

政策研究领域:城乡建设政策、农业政策、工业政策、产业政策、财政政策、金融政策、市场政策、就业政策、消费政策、服务业政策、高端制造业政策、人口政策、社会保障政策、劳动政策、高等教育政策、住房政策、文化政策、意识形态政策、司法政策、宗教政策、健康政策、医疗卫生政策、党建政策、对外贸易政策、民政政策

涉及学科:哲学、经济学、法学、教育学、历史学、管理学、理学

智库类型:社科院智库

智库负责人:叶南客

管理团队:叶南客(院长)、石奎(副院长)、张石平(副院长)

首席专家:叶南客

代表性成果:《理论内参》(该刊贯彻理论性、前沿性和信息性的办刊方针,跟踪国内外社科理论的发展动态,着重为市委、市政府、各有关部门和区县党委政府领导提供社科理论前沿信息,为领导干部拓宽社科理论视野、运用理论指导工作实践发挥信息作用)

23 内蒙古自治区社会科学院

英文名称:Inner Mongolia Academy of Social Science

智库地址:内蒙古自治区呼和浩特市大学东街 129 号

邮编:010010

办公电话:0471 - 4964520

传真:0471 - 4964520

成立时间:1979 年 11 月

关系信息:隶属于内蒙古自治区人民政府

官方网址:http://www.nmgass.com.cn/

微信公众号:内蒙古社科联

微博:内蒙古社科联

机构宗旨:为汇集内蒙古自治区社会科学应用对策研究力量和成果、服务于自治区党委政府科学决策的重要平台

政策研究领域:产业政策、文化政策、农业政策、资源政策、就业政策

智库类型:社科院智库

法人信息：刘万华

法人代表：刘万华

智库负责人：刘万华

管理团队：刘万华（党委书记）、马永真（院长）、张志华（副院长）、毅松（副院长）、金海（副院长）、刘满贵（纪检委书记）

代表性成果（图书）："草原文化研究丛书"、《蒙古族通史》（ISBN 978－7－8064－4930－1）、《蒙古族文学史》（ISBN 978－7－2040－5542－5）

24 宁夏社会科学院

英文名称：Ningxia Academy of Social Sciences

智库地址：宁夏回族自治区银川市西夏区朔方路新风巷8号

邮编：750021

办公电话：0951－2077703

传真：0951－2077427

成立时间：1981年8月

关系信息：隶属于宁夏回族自治区人民政府

官方网址：http://www.nxass.com/

机构宗旨：坚持突出重点、发挥优势、体现特色的原则，积极开展重大现实问题和应用对策研究，以及回族伊斯兰教、西夏历史文化和地方历史文化研究

政策研究领域：民族政策、宗教政策、农业政策、文化政策、产业政策、市场政策、对外贸易政策

涉及学科：经济学、历史学、管理学、法学、文学、哲学

智库类型：社科院智库

法人代表：张廉

组织机构代码：45400013－6

管理团队：张进海（书记）、张廉（副书记）

首席专家：李范文、杨怀中、吴忠礼、尹旭、张进海、张廉、郭正礼、刘天明、段庆林

全职研究员数：71 人

兼职研究员数：13 人

行政职员数：30 人

2016 年度预算：500 万元

代表性成果：《宁夏生态文明蓝皮书（2017）》（ISBN 978－7－2270－6598－2）、《关于加快宁夏绿色金融发展，构建绿色金融体系的建议》、《关于创建全国生态文明试验区及编制宁夏实施方案的建议》、《我区设区市立法权实施中应注意的几个问题》、《把握大势　服务大局　倾力打造更有活力更具民族特色的中高端新型智库——民族地区建设新型智库研究》、《关于建设开放宁夏的报告》

品牌活动：宁夏经济社会发展重大现实问题研究活动

25 青海省社会科学院

英文名：Qinghai Academy of Social Sciences

邮编：810000

办公电话：0971－8459102、0971－8454679

传真：0971－8454679

成立时间：1978 年 5 月

关系信息：隶属于中共青海省委

官方网址：http://www.qhass.org/

机构宗旨：为青海地方经济和社会发展提供理论研究成果，着力解决社会实践中的重大理论问题，对关系全省的热点难点问题开展超前性研究；承担省委、省政府交办或委托的重要方针、政策的调研任务和重大现实问题的研究

政策研究领域：民族政策、宗教政策、文化政策、产业政策、环境政策、人口政策

涉及学科：经济学、生态学、民族学、宗教学、社会学、法学、历史学、党史、党建

智库类型：社科院智库

智库层次：青海省级重点智库

法人代表：陈玮

组织机构代码：44000069－6

智库负责人：陈玮

管理团队：陈玮（院长）、孙发平（副院长）、马起雄（副院长）

首席专家：陈玮、孙发平

全职研究员数：13 人

行政职员数：20 人

2016 年度预算：1 902.99 万元

代表性成果：

图书：《青海百科全书》（ISBN 978－7－5000－6148－9）、《青海通史》（ISBN 978－7－2250－5045－4）、《藏族部落制度研究》（ISBN 978－7－8005－7584－6）、《甘青藏传佛教寺院》（ISBN 978－7－2250－0389－4）、《青海经济史》（ISBN 978－7－2250－2501－8）

论文：蒲文成、何峰、穆兴天，《十世班禅大师的爱国思想》，《青海社会科学》，1995(05)；何玉邦，《设立三江源自然保护区的建议》，《青海社会科学》，2003，10(1)

报告：景晖，《青海研究报告》，青海省社会科学院，2005

品牌活动："共享发展与藏区精准脱贫"研讨会

26 山东社会科学院

英文名称: Shandong Academy of Social Sciences

智库地址:山东省济南市市中区舜耕路 56 号

邮编:250002

办公电话:0531－82704531

传真:0531－82704600

成立时间:1978 年 3 月

关系信息:隶属于中共山东省委、省人民政府

官方网址:http://www. sdass. net. cn/

微信公众号:sdthinktank

微博:山东社会科学院

APP:山东智库联盟客户端

机构宗旨:开展哲学社会科学理论研究,承担国家和省哲学社会科学重点研究课题,围绕山东经济社会发展开展应用对策研究,为省委、省政府科学决策提供理论支持;开展社科领域学术交流活动,承办省委、省政府交办的其他事项

政策研究领域:农业政策、互联网管理政策、人口政策、司法政策、网络安全政策、工业政策、产业政策、财政政策、金融政策、市场政策、就业政策、消费政策、劳动政策、资源政策、对外贸易政策、高端制造业政策、服务业政策、审计政策、社会保障政策、住房政策、海洋政策、医疗卫生政策、健康政策、民政政策、人事政策、党建政策、意识形态政策、文化政策

涉及学科:文学、历史学、哲学、政治学、经济学、社会学、法学、管理学

智库类型:社科院智库

法人代表:张述存

组织机构代码：49557071－7

智库负责人：唐洲雁、张述存

管理团队：唐洲雁（党委书记）、张述存（院长）、王兴国（副书记）、王志东（副院长）、袁红英（副院长）、杨金卫（副院长）、张少红（副院长）

首席专家：唐洲雁、张述存

全职研究员数：187 人

行政职员数：106 人

2016 年度预算：11 700 万元

智库荣誉：山东省省级文明单位、山东省调研先进单位

代表性成果（图书）：《新型智库建设理论与实践》（ISBN 978－7－0101－5609－5）、《山东蓝皮书：山东经济文化社会发展报告》（ISBN 978－7－5097－9398－5）

品牌活动：2016 年中国道路澳洲论坛、青年学术论坛、2015 年中国道路欧洲论坛、全国国外马克思主义研究论坛、新加坡国际学术研讨会、“地方财政治理现代化”学术研讨会

27 陕西省社会科学院

英文名称：Shaanxi Academy of Social Sciences

智库地址：陕西省西安市雁塔区含光南路 177 号

邮编：710000

邮箱：sassweb@126. com

成立时间：1979 年 1 月

关系信息：隶属于陕西省人民政府

官方网址：http：//www. sxsky. org. cn/

机构宗旨：以科学发展为主题，以改革创新为动力，大力实施“科研立院、人才兴院、管理强院”战略，地方特色鲜明、学科布局合理、研究优势突出的科研新格局日益形成，科研综合竞争力大幅提升；以研究陕西经济社会发展重大问题为主要抓手，秉承“课题来自实践中、成果写在大地上”的科研理念，取得了丰硕的研究成果，充分彰显了新智库功能

政策研究领域：就业政策、市场政策、人口政策、社会保障政策、住房政策、能源政策

涉及学科：哲学、法学、文学、经济学、历史学

智库类型：社科院智库

智库负责人：任宗哲

管理团队：任宗哲（院长）、刘卫民（机关党委书记）、白宽犁（副院长）、杨辽（副院长）、毛斌（副院长）

首席专家：任宗哲（院长，院学术委员会主任）

代表性成果（图书）：《儒学与马克思主义》（ISBN 978－7－2030－7805－0）

28 上海社会科学院★★

英文名称：Shanghai Academy of Social Sciences

智库地址：上海市淮海中路 622 弄 7 号

邮编：200020

办公电话：021－53060606

成立时间：1958 年

关系信息：上海市人民政府

官方网址：http://www.sass.org.cn/

机构宗旨:以构建国内一流、国际知名的社会主义新智库为目标,大力实施智库建设和学科发展的双轮驱动发展战略,努力成为哲学社会科学创新的重要基地,成为马克思主义中国化的坚强阵地,成为国内外学术交流的主要平台,成为具有国内外重要影响力的国家高端智库

政策研究领域:经济政策、就业政策、能源政策、城市与人口发展政策、社会保障政策

智库类型:社科院智库

智库层次:首批国家高端智库试点单位

管理团队:张道根(院长)、谢京辉(副院长)、王振(常务副院长)、何建华(副院长)、张兆安(副院长)、周伟(副院长)

全职研究员数:120 人

2017 年度预算:22 660 万元

代表性成果:

图书:《海外高层次科技人才流动与集聚问题研究》(ISBN 978 - 7 - 5520 - 2049 - 6)、《经济刑法论衡》(ISBN 978 - 7 - 3012 - 8609 - 8)、《日本社会观察》(ISBN 978 - 7 - 5520- 0857 - 9)

刊物:《证券市场研究》(CN 31 - 1659/F)、《上海文化》(CN 31 - 1655/G0)

报告:《中国智库报告》

品牌活动:世界中国学论坛、全球城市信息化论坛

29 四川省社会科学院

英文名称:Sichuan Academy of Social Sciences

智库地址:四川省成都市青羊区环路西一段 155 号

邮编:610071

办公电话:028-87016709

传真:028-87019971

成立时间:1978 年 6 月

关系信息:隶属于四川省人民政府

官方网址:http://www.sass.cn/

微信公众号:shekeyuan2014

微博:四川省社会科学院(腾讯微博)

机构宗旨:坚持以中国特色社会主义理论体系为指导,以科学发展观统领科研工作;准确把握国际国内经济、政治、文化和社会发展的大事,注重人才培养和人才使用,注重加快科研转型和推进社会主义新智库建设,加大为省委、省政府科学决策服务的力度,为全省经济社会发展提供理论支持和智力帮助

政策研究领域:司法政策、宗教政策、民族政策、农业政策、工业政策、产业政策、金融政策、财政政策、就业政策、劳动政策、服务业政策、人口政策、社会保障政策、环境政策、医疗卫生政策、城乡建设政策、文化政策

涉及学科:哲学、法学、经济学、教育学、文学、历史学、管理学、艺术学

智库类型:社科院智库

法人信息:四川省社会科学院

法人代表:侯水平

组织机构代码:45072170-2

智库负责人:李后强、侯水平

管理团队:李后强、侯水平、陈井安、郭晓鸣、李明泉、郑泰安

首席专家:周友苏、盛毅、杨钢、刘世庆、杨先农、张克俊、蓝定香、文兴吾、郭丹、张立伟、黄进、苏宁、廖祖君、方茜

全职研究员数:304 人

兼职研究员数:50 人

行政职员数:97 人

2016 年度预算:18 498.98 万元

智库荣誉:2016 年获四川省委、省政府“为第十六届中国西部国际博览会成功举办作出突出贡献”表彰

代表性成果(图书):《全球变暖时代中国城市的绿色变革与转型》(ISBN 978-7-5097-7187-7)、《统筹城乡发展与农村土地流转制度变革——基于成都“试验区”的实证研究》(ISBN 978-7-0303-5031-2)、《城乡经济社会一体化新格局战略研究》(ISBN 978-7-0303-9249-7)、《中国水权制度建设考察报告》(ISBN 978-7-5097-8599-7)

品牌活动:天府智库论坛、中印论坛

30 天津社会科学院

英文名称:Tianjin Academy of Social Sciences

智库地址:天津市南开区迎水道 7 号

邮编:300191

办公电话:022-23368739

传真:022-23362739

成立时间:1979 年 3 月

关系信息:隶属于天津市政府

官方网址:http://www.tass-tj.org.cn/Pages/index.aspx

机构宗旨:以研究中国社会的经济、政治、文化发展为重点,以改革开放和社会主义现代化建设的重大理论与实践问题为主攻方向,坚持改革开放、科学发展,“高举伟

大旗帜，深化内部改革，提高三个水平”，同时还提出建设高水平的天津社会科学院、努力走在全国前列的奋斗目标

政策研究领域：科技政策、社会保障政策

涉及学科：经济学、文学

智库类型：社科院智库

智库负责人：史瑞杰

管理团队：史瑞杰（院长）、吕春波（副院长）、钟会兵（副院长）、施琪（副院长）、张景诗（副院长）、李同柏（秘书长）

2016 年度预算：11 016.8 万元

31 西藏自治区社会科学院

英文名称：Tibetan Academy of Social Science，TAR

智库地址：西藏自治区拉萨市色拉路 4 号

邮编：850000

传真：0891－6324914

成立时间：1985 年 8 月

关系信息：隶属于西藏自治区人民政府

官方网址：http://www.xzass.org/

机构宗旨：以探索西藏的政治、经济、文化的历史发展规律和回答西藏经济建设中的现实问题为根本方向，把解决西藏改革开放和稳定中的重大理论问题和实践问题作为主要研究任务，从而为自治区党政领导工作决策提供咨询和参考

政策研究领域：宗教政策、财政政策

智库类型：社科院智库

智库负责人：白玛朗杰

管理团队：白玛朗杰（院长）、车明怀（副院长）、陈凡（副院长）、索林（副院长）、保罗（副院长）、王春焕（副院长）、吴坚（副院长）

代表性成果（图书）：《拉萨蓝皮书：拉萨法治发展报告（2015）》（ISBN 978-7-5097-7763-3）

品牌活动：根敦群培与恰白·次旦平措学术思想研讨会、西藏历史研究之口述史学术研讨会

32 新疆维吾尔自治区社会科学院

英文名称：XinJiang Academy of Social Sciences

智库地址：新疆维吾尔自治区乌鲁木齐市北京南路246号

邮编：830001

办公电话：0991-3824404

成立时间：1981年3月

关系信息：隶属于新疆维吾尔自治区人民政府

官方网址：http://www.xjskw.org.cn/

智库类型：社科院智库

品牌活动：昆仑名师讲坛

33 云南省社会科学院

英文名称：Yunnan Academy of Social Sciences

智库地址：云南省昆明市西山区环城西路577号

邮编：650034

办公电话：0871－64141310

传真：0871－64142394

成立时间：1980年

关系信息：隶属于云南省人民政府

官方网址：http://www.sky.yn.gov.cn/

机构宗旨：开展中国特色社会主义理论及路线、方针、政策的研究和宣传；开展云南跨越式发展中的重大现实性、战略性问题研究，为各级党委、政府部门、企业及社会组织提供决策咨询；开展南亚、东南亚及其相关的国际问题研究，服务于国家对外开放和发展战略；加强学术研究、开展学科建设及学术交流与合作，推动理论创新、知识创新、培养人才，促进云南社会科学事业的繁荣和发展

政策研究领域：社会保障政策、民族政策、农业政策、林业政策、文化政策、社会建设与社会政策、宗教政策、外交政策、产业政策、意识形态政策、党建政策

涉及学科：哲学、经济学、历史学、农学、文学、理学、管理学

智库类型：社科院智库

智库层次：云南省重点新型智库建设试点单位

法人代表：何祖坤

组织机构代码：43120284－3

智库负责人：何祖坤

管理团队：何祖坤（院长）、王国忠（副院长）、杨正权（副院长）、边杜明（副院长）、

王文成(副院长)

首席专家:何祖坤、任佳

全职研究员数:193 人

兼职研究员数:44 人

行政职员数:85 人

2016 年度预算:2 100 万

代表性成果(图书):《孟中印缅经济走廊》(ISBN 978-7-5161-5302-4)

品牌活动:中国—南亚东南亚智库论坛

34 浙江省社会科学院

英文名称: Zhejiang Academy of Social Sciences

智库地址:浙江省杭州市凤起路 620 号

邮编:310007

办公电话:0571-87057582

传真:0571-87053178

成立时间:1984 年 3 月

关系信息:隶属于浙江省人民政府

官方网址:http://www.zjss.com.cn/

微信公众号:浙江省社会科学院

机构宗旨:努力成为在国内具有较大影响力和知名度的综合性智库,加快建成国内一流省级社科院

政策研究领域:区域发展战略、产业政策、财政金融政策、法治政府建设、文化发展、公共政策与社会管理

涉及学科：经济学、哲学、社会学、文化、历史学、法学、政治学、公共政策、方志学

智库类型：社科院智库

智库层次：浙江省试点单位高端智库

法人代表：迟全华

组织机构代码：47000181－7

智库负责人：张伟斌

管理团队：张伟斌、迟全华、潘捷军、毛跃、陈柳裕、陈野

首席专家：陈柳裕、陈野、卢敦基、徐吉军、吴蓓、徐剑锋、黄宇、陈永革

全职研究员数：103 人

兼职研究员数：20 人

行政职员数：40 人

2016 年度预算：6 916.47 万元

代表性成果：

研究：G20 杭州峰会和"一带一路"与浙江发展研究、浙江省中国特色社会主义理论体系研究中心相关研究

论文：《全面深化改革与法治政府第三方评估》，《江汉论坛》，2016(11)；《十世班禅大师的爱国思想》，《青海社会科学》，1995(05)

期刊：《浙江学刊》(ISSN 1003－420X，CN 33－1005/C)

品牌活动：浙江省级高端智库建设试点单位研讨会、浙江省精神文明建设理论研讨会、浙江省马克思主义理论研讨会

35 中国社会科学院★★

英文名称: Chinese Academy of Social Sciences

智库地址:中国北京建国门内大街 5 号

邮编:100732

办公电话:010－85886805

邮箱:cssnenglish@cass. org. cn

成立时间:1977 年

官方网址:http://cass. cssn. cn/

机构宗旨:积极承担国家有关部门提出或委托的国家经济与社会发展中具有全局意义的重大理论问题和实际问题的研究任务

政策研究领域:哲学社会科学

智库类型:社科院智库

智库层次:首批国家高端智库试点单位

智库负责人:王伟光

管理团队:王伟光(院长)、王京清(副院长)、张江(副院长)、李培林(副院长)、张英伟(纪检组长)、蔡昉(副院长)

36 中国社会科学院财经战略研究院

英文名称: National Academy of Economic Strategy, CASS

智库地址:北京市朝阳区曙光西里 28 号中冶大厦 9/12 层

邮编:100028

办公电话：010－59868100

成立时间：1977 年

关系信息：隶属于中国社科院

官方网址：http://naes.org.cn/

政策研究领域：金融政策、财政经济、贸易经济、服务经济、综合经济战略

涉及学科：经济学

智库类型：社科院智库

智库负责人：何德旭

管理团队：聂永梅（行政办公室主任）、刘胜军（行政办公室主任科员）、杨林林（行政办公室副调研员）、铁维特（行政办公室副主任科员）、朱宇辰（行政办公室副主任科员）

专兼职研究员数：68 人

行政职员数：14 人

37 中国社会科学院当代中国马克思主义政治经济学创新智库

英文名称：Marxist Political Economy Innovation Think Tank in Contemporary China，CASS

智库地址：北京市西城区月坛北小街 2 号院

邮编：100836

办公电话：010－68035293

传真：010－68035293

成立时间：2016 年 8 月

官方网址：http://ie.cssn.cn/

微信公众号：中国政治经济学智库

机构宗旨：以贯彻“引领中国政治经济学方向，为中国经济发展贡献力量”为宗旨

政策研究领域：经济政策

涉及学科：经济学、经济史、哲学

智库类型：社科院智库

智库负责人：王立胜

管理团队：王立胜、郭冠清

首席专家：王立胜

全职研究员数：22 人

兼职研究员数：50 人

行政职员数：5 人

2016 年度预算：100 万元

代表性成果(图书)：《中国特色社会主义政治经济学探索》(ISBN 978 - 7 - 5161 - 8763 - 0)

品牌活动：中国特色社会主义政治经济学话语体系学术研讨会、智库名家论坛

38 中国社会科学院当代中国研究所

英文名称：The Institute of Contemporary China Studies

智库地址：北京市西城区地安门西大街旌勇里 8 号

邮编：100009

办公电话：010 - 83227357

成立时间：1990 年 6 月

关系信息：隶属于中国社会科学院

官方网址:http://www.iccs.cn/

机构宗旨:研究、编纂和出版中华人民共和国史,搜集和编辑有关国史资料,参与国史的宣传与教育,联系与协调各地区、各部门的国史研究

政策研究领域:文化政策

涉及学科:历史学

智库类型:社科院智库

智库负责人:荆惠民

管理团队:荆惠民(所长)、张星星(副所长)、武力(副所长)

全职研究员数:78 人

代表性成果(期刊):《当代中国史研究》(ISSN 1005-4952,CN 11-3200/K)

品牌活动:陈云与当代中国学术研讨会

39 中国社会科学院国家金融与发展实验室★★

英文名称:National Institution for Finance & Development

智库地址:北京市朝阳区呼家楼京广中心商务楼 9 层

邮编:100020

办公电话:010-65973508

传真:010-65973508

成立时间:2015 年 6 月

关系信息:隶属于中国社会科学院

官方网址:http://www.nifd.cn/

微信公号:国家金融与发展实验室

机构宗旨:为提高我国经济和金融研判、战略谋划和风险管理能力服务,为国家

制定货币金融政策和宏观经济政策服务，为各地区金融发展服务，为推动国内外金融学术交流和政策对话服务，为国内外科研组织、金融机构和工商企业提供应用性研究成果和咨询服务

政策研究领域：国内外货币金融政策、金融改革与发展、金融创新与监管、金融安全与风险管理、全球治理与政策协调等

涉及学科：经济学、金融学

智库类型：社科院智库

智库层次：首批国家高端智库建设试点单位

智库负责人：李扬

管理团队：李扬、殷剑峰、张平、张晓晶、胡滨、徐义国、程炼、骆立云

首席专家：李扬

全职研究员数：30 人

兼职研究员数：50 人

行政职员数：8 人

2016 年度预算：1 000 万

代表性成果：《中国的城镇化进程及其效率研究》、《国家资产负债表 2015》、《管理结构性减速过程中的金融风险》

品牌活动：金融与发展论坛、中国债券论坛、财富管理与发展论坛

40 中国社会科学院国家全球战略智库★★

英文名称：National Institute for Global Strategy, CASS

智库地址：北京市张自忠路 3 号(东院)亚太院

邮编：100007

办公电话:010－64019078

传真:010－64063041

成立时间:2015 年 12 月

关系信息:隶属于中国社会科学院

官方网址:http://nigscass.cssn.cn/

微信公号:国家全球战略研究

机构宗旨:主要从事重大、战略性、跨区域的国际问题研究并为政府部门提供决策咨询依据

政策研究领域:全球战略、“一带一路”和周边安全

涉及学科:国际政治、国际关系、世界经济

智库类型:社科院智库

智库层次:首批国家高端智库建设试点单位

法人信息:中国社会科学院

法人代表:王伟光

智库负责人:蔡昉、傅莹、王灵桂

管理团队:王灵桂、赵江林

首席专家:傅莹

全职研究员数:3 人

兼职研究员数:300 人

行政职员数:3 人

2016 年度预算:1 000 万

智库荣誉:中国社会科学院国家全球战略智库获选光明日报社 2016 年度“年度十大智库”称号，国家全球战略智库理事长、中国社会科学院副院长蔡昉和国家全球战略智库首席专家、全国人大外事委员会主任委员傅莹获选“年度十大智库人物”称号

代表性成果:王灵桂研究员主编的《全球战略观察报告——国外智库看"一带一路"》等系列13部、王灵桂研究员主编的"国外战略智库纵论中国的前进步伐"系列丛书10部、王灵桂、赵江林主编的"中外智库联合研究报告"系列丛书6部(中英文版)

品牌活动:"一带一路"沿线国家智库论坛

41 中国社会科学院欧洲研究所

英文名称:Institute of European Studies of Chinese Academy of Social Sciences

智库地址:北京市建国门内大街5号

邮编:100732

办公电话:010-85195736、010-85195734

传真:010-65125818

成立时间:1981年5月

关系信息:隶属于中国社科院

官方网址:http://ies.cass.cn/

微信公众号:cssn_cn

微博:中国社会科学网(腾讯微博)

APP:学术要闻

其他社交媒体:中国社会科学网人文社区

政策研究领域:欧洲政治、经济、外交、科技、法律、社会文化等

涉及学科:政治学、经济学、社会学、法学等

智库类型:社科院智库

智库负责人:黄平

管理团队:钱小平、蔡雅洁、王瑶

首席专家:黄平、周弘、程卫东、田德文、张敏、李靖堃、陈新、刘作奎

全职研究员数:51 人

行政职员数:16 人

2016 年度预算:1 500 万元

品牌活动:中欧大使论坛

42 中国社会科学院上海市人民政府上海研究院

英文名称: Shanghai Academy

智库地址:上海市延长路 149 号上海大学北大楼

邮编:200072

办公电话:021－56331961

传真:021－56332029

成立时间:2015 年 6 月

官方网址:http://www.shanghaiacademy.org/

微信公众号: ShanghaiAcademy

机构宗旨:紧紧围绕中国特色社会主义改革发展的重大理论和现实问题,借助中国社会科学院在科学研究和政策咨询方面的优势,立足上海,着眼全国,努力建设成为"四个高端":高端思想库(智库)、高端人才培养基地、高端国际交流合作平台和高端国情调研基地

政策研究领域:城市可持续发展、社会治理创新、自贸试验区、"一带一路"战略、科技创新中心、国际金融贸易、国际问题、核心价值观传播及文化发展、慈善研究

涉及学科:社会学、管理学、经济学、政治学、法学、文学、哲学、艺术学、历史学

智库类型:社科院智库

法人代表:金东寒

组织机构代码:425C2637 - X

智库负责人:李培林

管理团队:李培林(院长)、李友梅(第一副院长)、文学国(常务副院长)、周国平(副院长)

全职研究员数:9 人

兼职研究员数:30 人

行政职员数:17 人

2016 年度预算:6 000 万元

代表性成果:

报刊文章:李友梅,《社会组织改革发展刻不容缓》(《人民日报》);李友梅,《讲好有世界意义的中国故事》(《人民日报》);聂伟,《魔幻故事也有价值内涵》(《人民日报》);李友梅,《中国特色社会学学术话语体系构建的若干思考》(《社会学研究》);邓秉文,《扩大参与率:企业年金改革的抉择》(《中国人口科学》)

内参:《马来西亚前总理马哈蒂尔"批华"分析及应对建议》,《扩展一带一路沿途多元深层朋友圈的建议》(《中国社会科学院要报　中办专供信息》获中央领导批示)

品牌活动:世界考古论坛 · 上海、2015 全球城市论坛、长江三角洲城市群发展论坛等

43 中国社会科学院社会发展战略研究院

英文名称:National Institue of Social Development

智库地址:北京市西城区三里河东路 5 号中商大厦 8 层

邮编:100045

办公电话:010－65124193

成立时间:2011 年 12 月

关系信息:隶属于中国社会科学院

官方网址:http://www.nisd.cass.cn/

机构宗旨:遵循开门办院、开放办院的精神,采用小学术群体和大学术社区相结合的思路,从学科建设、科研管理、人才使用、对外合作、行政运作等各方面进行改革和创新

政策研究领域:社会保障政策

涉及学科:哲学、社会学、经济学、政治学

智库类型:社科院智库

智库负责人:黎元

管理团队:黎元、张晨曲、兰丽霞

全职研究员数:74 人

44 中国社会科学院世界经济与政治研究所

英文名称: Institute of World Economics and Politics

智库地址:北京市东城区建国门内大街 5 号中国社会科学院科研大楼 15 层

邮编:100083

成立时间:1964 年 5 月

关系信息:隶属于中国社会科学院

官方网址:http://www.iwep.org.cn/

机构宗旨:从事对策性和基础性研究,并承接政府部门交办和委托的研究课题

涉及学科:经济学

智库类型：社科院智库

法人信息：中国社会科学院

法人代表：陈国平

智库负责人：张宇燕

管理团队：邹治波、陈国平、王德迅、姚枝仲、宋泓

全职研究员数：74 人

行政职员数：56 人

代表性成果（图书）：《世界经济形势分析与预测》（ISBN 978－7－5097－0419－6）、《全球政治与安全报告》（ISBN 978－7－8014－9802－1）

45 中国社会科学院台湾研究所

英文名称：Taiwan Institute of Chinese Academy of Social Sciences

智库地址：北京市关村东路 21 号

邮编：100083

办公电话：010－82864900、010－82864910、010－82864911

传真：010－82864998

成立时间：1984 年 9 月

关系信息：隶属于中国社会科学院

官方网址：http://cass.its.taiwan.cn/

机构宗旨：本着"求真务实"的精神，紧紧围绕为中央对台工作服务、为促进祖国统一大业服务的宗旨，密切追踪和分析台湾局势及两岸关系出现的新问题、新情况，深入研究和掌握岛内的社情民意，加强对涉台重大现实问题进行"理论性、综合性、基础性、战略性"研究

政策研究领域:外交政策、安全政策、台湾政治、经济、对外关系、法律、社会历史、文化教育综合研究、两岸关系、对台方针政策

涉及学科:历史学、政治学、社会学

智库类型:社科院智库

法人信息:中国社会科学院

智库负责人:杨明杰

管理团队:杨明杰(所长)、朱卫东(副所长)、张冠华(副所长)、彭维学(所长助理)

代表性成果(期刊):《台湾研究》(ISSN 1006－6683,CN 11－1728/C)

46 中国社会科学院意识形态研究智库

英文名称:Ideological Research Institute of Chinese Academy of Social Sciences

智库地址:北京市建国门内大街 5 号

关系信息:隶属于中国社会科学院

政策研究领域:意识形态政策

涉及学科:哲学

47 中国社会科学院中国文化研究中心

英文名称:China National Center for Cultural Studies

智库地址:北京市建国门内大街 5 号

邮编:100732

办公电话:010－85195351、010－85195547

传真:010－85195547

成立时间:2015 年 5 月

关系信息:隶属于中国社会科学院

官方网址:http://www.cassrccp.com/

机构宗旨:以国家文化发展战略问题和文化政策问题为主要研究对象,以开展国情调研和前瞻性、针对性、储备性政策研究为主要研究任务,以服务党和政府文化建设领域科学民主依法决策为宗旨,努力为党和政府的文化决策提供学理支撑和专业化、建设性、切实管用的政策建议

政策研究领域:文化政策

涉及学科:文学、法学

智库类型:社科院智库

智库负责人:李景源

管理团队:李景源(主任)、贾旭东(副主任)、胡文臻(副主任)

48 中国社会科学院中国—中东欧国家智库交流与合作网络

英文名称:China-CEEC Think Tanks Network

智库地址:北京市建国门内大街 5 号

邮编:100732

办公电话:010－85195742

成立时间:2017 年 4 月

关系信息:隶属于中国社科院

官方网址:http://www.16plus1－thinktank.com/

机构宗旨:寻求制度创新,稳扎稳打,积极抓住"一带一路"和"16+1合作"的良好发展机遇,全力推动建设高端、专业、具有国际影响力的智库

政策研究领域:中东欧国家政策

智库类型:社科院智库

T

三

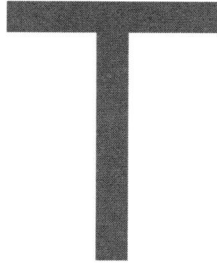

党校行政学院智库

三

1 安徽行政学院安徽省公共政策研究评估中心

智库地址:安徽省合肥市望江东路115号

邮编:230059

办公电话:0551-62817153

传真:0551-63442879

成立时间:1996年6月

关系信息:安徽行政学院

官方网址:http://www.ahsa.edu.cn/

机构宗旨:围绕安徽省经济社会发展和全面深化改革,承担公共政策研究与评估、决策咨询与论证、智库人才培训、社会服务与第三方评估等工作

政策研究领域:农业政策、网络安全政策、产业政策、财政政策、资源政策、市场政策、社会保障政策、住房政策、医疗卫生政策、民政政策、社会建设与社会政策

涉及学科:经济学、法学、管理学

智库类型:党校行政学院智库

智库层次:安徽省重点培育智库

组织机构代码:48500104-3

智库负责人:吴良仁

管理团队:袁维海、许跃辉

首席专家:江观伙、袁维海

全职研究员数:5人

兼职研究员数:44人

行政职员数:6人

2016年度预算:52万元

2 党的建设理论与实践创新研究院

英文名称：Research Institute of Party Building Theory and Practice Innovation

智库地址：江苏省南京市水佐岗49号中共江苏省委党校（省行政学院）

邮编：210009

办公电话：025－83380222

传真：025－83380222

成立时间：2016年7月

关系信息：隶属于中共江苏省委党校（省行政学院）

官方网址：http://www.sdx.js.cn/index.html

机构宗旨：研究党的建设理论与实践创新重大理论与现实问题，服务党委政府中心工作，为建设强富美高新江苏服务

涉及研究领域：党史党建

涉及学科：法学、历史学、哲学

智库类型：党校行政学院智库

智库负责人：桑学成

首席专家：桑学成、杨明

3 甘肃行政学院

英文名称：Gansu Institute of Public Administration

智库地址：甘肃省兰州市城关区雁滩路2926号

邮编：730010

办公电话:0931－8556171

成立时间:1990 年

关系信息:隶属于甘肃省人民政府

官方网址:http://www.gsxzxy.net.cn/

机构宗旨:培训公务员、培养公共管理人才和政策研究人员、开展社会科学研究和决策咨询,发挥教育培训公务员的主渠道作用、公共行政理论和政府管理创新研究的重要基地作用、政府决策咨询的思想库作用

政策研究领域:党建政策、意识形态政策、甘肃经济社会发展、文化战略

涉及学科:党史党建、哲学、经济学、政治学、文化学、历史学、管理学

智库类型:党校行政学院智库

法人代表:黄强

智库负责人:黄强

管理团队:黄强(院长)、刘进军(副院长)、管怀义(副院长)、辛焕新(副院长)、何元峰(副院长)、谢敏剑(纪委书记)、王伟(副巡视员)

全职研究员数:150 人

2016 年度预算:3 946.9 万元

4 国家行政学院★★

英文名称:Chinese Academy of Governance

智库地址:北京市海淀区长春桥路 6 号

邮编:100089

办公电话:010－62805444

成立时间:1994 年

关系信息：隶属于国务院

官方网址：http://www.nsa.gov.cn/web/

机构宗旨：培训公务员、高层次管理人才和政策研究人才，为中央提供决策咨询服务、开展科学研究特别是公共行政等领域理论研究的重要机构，发挥公务员教育培训主渠道作用、公共行政理论和政府管理创新研究的重要基地作用、政府决策咨询思想库作用

政策研究领域：当代世界经济、当代世界科技、当代世界法治、当代世界军事、当代世界思潮、当代世界民族宗教、党的建设、国际关系

涉及学科：公共行政学、行政法学、政府经济学、政策学、领导科学、社会管理学、应急管理学

智库类型：党校行政学院智库

智库层次：首批国家高端智库试点单位

管理团队：马建堂（党委副书记、常务副院长）、陈立（副院长）、杨克勤（副院长）、李季（副院长）

全职研究员数：500 余人

兼职研究员数：310 余人

5 国家行政学院电子政务研究中心

英文名称：E-Government Research Center of China National School of Administration

智库地址：北京市海淀区长春桥路 6 号

邮编：100089

办公电话：68929260

传真:010－68920038

成立时间:1998 年

关系信息:隶属于国家行政学院

机构宗旨:以电子政务研究为主线,充分发挥学院在政府管理领域的综合优势,研究和解决电子政务领域基础性、对策性、前瞻性的关键问题,推动政府管理和信息技术的相互融合,为电子政务建设提供政策咨询、需求分析、规划设计、决策支撑、教学培训服务

政策研究领域:领导人员考试测评、电子政务

涉及学科:管理学

智库类型:党校行政学院智库

6 国家行政学院发展战略与公共政策研究中心

英文名称:Research Center for Development Strategy and Public Policy of China National School of Administration

智库地址:北京市海淀区长春桥路 6 号

邮编:100089

邮箱:cag@nsa. gov. cn

成立时间:2014 年 11 月

关系信息:隶属于国家行政学院

机构宗旨:围绕党和国家中心开展工作,协调组织各方资源,开展决策咨询研究,发挥高水平、有影响力的高端智库平台作用;承担党中央、国务院交办重大问题的研究和有关重要文稿起草工作;围绕国家和社会发展中长期战略问题进行研究

政策研究领域:党建政策、劳动政策

智库类型:党校行政学院智库

智库负责人:杨正位

7 国家行政学院决策咨询部

英文名称: Advisory Committee for Policy Decision of China National School of Administration

智库地址:北京市海淀区长春桥路6号综合处

邮编:100089

办公电话:010－68929260

邮箱:cag@nsa. gov. cn

关系信息:隶属于国家行政学院

机构宗旨:研究国家改革开放和现代化建设中具有长远性、全局性、战略性的问题;研究经济社会发展中的热点、难点、重点问题;研究政府自身改革和建设问题;承担党中央、国务院交办的专题调研任务;负责学院决策咨询方面的组织协调和管理工作

政策研究领域:意识形态政策、党建政策

智库类型:党校行政学院智库

智库负责人:马宝成(主任)

8 河北行政学院

英文名称: Hebei Academy of Governance

智库地址: 河北省石家庄市槐中路 516 号

邮编: 050031

办公电话: 0311－85051931

传真: 0311－85070264

成立时间: 2000 年 4 月

关系信息: 隶属于河北省人民政府

官方网址: http://www.hebxzxy.gov.cn/

微信公众号: 河北行政学院

机构宗旨: 旨在培养公共管理人员和政策研究人员，为省委、省政府提供决策咨询服务、开展公共行政等领域理论研究，发挥公务员教育培训主阵地作用和政府参谋咨询的思想库作用

政策研究领域: 哲学社会科学、行政管理体制改革、科学行政、依法行政、社会管理、公共服务

涉及学科: 公共管理、区域经济、产业经济、政府经济、社会管理、文化建设、应急管理、电子政务、行政法学、领导科学

智库类型: 党校行政学院智库

法人信息: 河北行政学院

法人代表: 孙增武

组织机构代码: 40001066－2

智库负责人: 孙增武（河北行政学院党委书记、常务副院长）

管理团队: 袁桐利（院长）、孙增武（常务副院长）、吴云廷（副院长）、闻建波（副院

长)、赵印良(副院长)、张月军(副巡视员)

全职研究员数:96 人

行政职员数:77 人

2016 年度预算:92 万元

智库荣誉:河北省党委系统信息工作 2016 年度先进单位

代表性成果:《关于我省“去产能”工作中化解社会风险的三项建议》,时任省委、省政府领导给予多次批示;《创新大数据时代民主科学决策模式》得到了省政协领导肯定批示;《躬行阡陌　闻到畎亩　领导干部要用好调查研究这个传家宝》,省委主要领导批示;《千年大计　安全第一　雄安新区依法监管工程机械是当务之急》、《关于推动雄安新区绿色智慧新城功能落地的建议》得到了省委、省政府领导肯定性批示;《领导干部要善于“拿笔杆子”聚思想　树形象　转作风》,省委领导给予批示

9 全国党的建设研究会

英文名称: National Society for the CPC Building Studies

智库地址:北京市西长安街 80 号

邮编:100017

办公电话:010－58587103,010－58587160

传真:010－58305868

成立时间:1992 年

机构宗旨:承担着党建理论研究和创新的重任,担负着提高党的建设科学化水平的任务,是全国党建理论和实践的引领者,是全国党建的指向标

政策研究领域:党建政策

智库类型:党校行政学院智库

代表性成果(期刊):《党建研究》(ISSN 1002－6045,CN 11－2547/D)

10 山东行政学院

英文名称: Shandong Academy of Governance

智库地址:山东省济南市燕子山东路1号

邮编:250014

办公电话:0531－88513799

成立时间:1949年10月

关系信息:隶属于山东省人民政府

官方网址:http://www.sdai.gov.cn/

机构宗旨:开展多种形式的委托培训、国际合作培训、哲学社会科学研究、决策咨询工作,为党委、政府提供决策咨询

政策研究领域:文化政策、党建政策

智库类型:党校行政学院智库

法人信息:李群

法人代表:李群

智库负责人:李群

管理团队:李群(院长)、王卫东(副院长)

2016年度预算:20 719.41万元

11 陕西省行政学院

英文名称:Shanxi Academy of Governance

智库地址:陕西省西安市友谊西路 175 号

邮编:710068

办公电话:029－88419179

成立时间:1998 年

关系信息:隶属于陕西省人民政府

官方网址:http://www. sxsky. org. cn/

政策研究领域:社会保障政策、人口政策、就业政策、金融政策、财政政策

智库类型:党校行政学院智库

法人代表:陈国强

管理团队:陈国强(院长)、陈彦(常务副院长)、左贵元(党委副书记)、张贵孝(党委委员、副院长)、安锐(党委委员、副院长)、樊荣(党委委员、副院长)、王慧君(副巡视员)

全职研究员数:165 人

2016 年度预算:4 234.8 万元

智库荣誉:10 项成果获西安市第九次社会科学优秀成果奖

代表性成果(期刊):《人文杂志》(ISSN 0447－662X,CN 61－1005/C)、《新西部》(ISSN 1009－8607,CN 61－1368/C)

品牌活动:省社科界(2017)第十一届学术年汇"脱贫攻坚理论研讨会"、"陕西省社科界学习贯彻习近平总书记'726'重要讲话精神研讨会"、"一带一路"与大西安建设高层学术应用研讨会

12 中共安徽省委党校

英文名称: Anhui Provincial Committee Party School of CPC

智库地址:安徽省合肥市屯溪路 301

邮编:230022

办公电话:0551－62172114

传真:0516－83590185

成立时间:1951 年 11 月

关系信息:隶属于安徽省委

官方网址:http://www.ahdx.gov.cn/

机构宗旨:以科研为基础,积极推进教学科研和决策咨询一体化,加强对重大理论和现实问题的研究,大力实施课题引领战略和精品聚焦战略

政策研究领域:党建政策、意识形态政策

涉及学科:哲学、经济学、管理学、党史党建、法学

智库类型:党校行政学院智库

法人代表:信长星

管理团队:信长星(校长)、张永(常务副校长)、王正国(副校长)、邓玉明(副校长)、胡忠明(校委委员、教育长)、丁毅(副厅级组织员)

全职研究员数:282 人

2016 年度预算:6 896.57 万元

13 中共北京市委党校　北京行政学院

英文名称：Party School of CPC Beijing Municipal Committee，Beijing Administration College

智库地址：北京市西城区百万庄车公庄南街

邮编：100044

办公电话：010－68007014

传真：010－68006634

成立时间：1950年11月

关系信息：隶属于北京市委

官方网址：http://www.bac.gov.cn/

微信公众号：bjswdx-gzh

机构宗旨：旨在学习、研究、宣传马列主义、毛泽东思想和中国特色社会主义理论体系，是干部加强党性锻炼的熔炉，是开展社会科学研究和决策咨询的重要机构

政策研究领域：党建政策、文化政策

涉及学科：马克思主义理论、哲学、政治学、社会学、法学、经济学和管理学等

智库类型：党校行政学院智库

法人代表：王民忠

组织机构代码：40053526－6

智库负责人：韩久根

管理团队：北京市委党校决策咨询部

首席专家：韩久根、洪小良

全职研究员数：149人

行政职员数：144人

2016年度预算：54万元

14 中共重庆市委党校　重庆市行政学院

英文名称：Party School of Chongqing Provincial Committee of CPC，Chongqing Institute of Administration

智库地址：重庆市渝州路160号

邮编：400041

办公电话：023－68590624

成立时间：1997年

关系信息：隶属于中共重庆市委

官方网址：http://www.cqdx.gov.cn/

机构宗旨：坚持推进教学科研咨询“三位一体”，不断加强思想库建设

政策研究领域：党建政策、意识形态政策

智库类型：党校行政学院智库

法人代表：张国清

智库负责人：唐良智

15 中共福建省委党校　福建行政学院

英文名称：Fujian Provincial Committee Party School of CPC，Fujian Administration College

智库地址：福建省福州市鼓楼区柳河路61号

邮编:350000

办公电话:0591－22853456、0591－22853456、0591－22853456

成立时间:1950年6月

关系信息:隶属于福建省委

官方网址:http://www.fjdx.gov.cn/

机构宗旨:旨在培养党员领导干部和理论干部,是培训轮训党政领导干部的主渠道,是党的哲学社会科学研究机构;是培训公务员、培养公共管理人员和政策研究人员、开展社会科学研究和决策咨询的机构

政策研究领域:市场政策、就业政策、资源政策、党建政策

智库类型:党校行政学院智库

法人代表:胡昌升

管理团队:胡昌升(党校校长)、样贤金(行政学院院长)、陈雄(常务副校长、常务副院长)、姜华(副校长、副院长)、刘大可(副校长、副院长)、徐小佶(副校长、副院长)、魏良文(副校长、副院长)、杜丕谦(副校长、副院长)、温敬元(副校长、副院长)、林红(副校长、副院长)、顾越利(副巡视员)、詹楠(副巡视员)

全职研究员数:442人

16 中共甘肃省委党校

英文名称:Gansu Provincial Party School of CPC

智库地址:兰州市安宁区北滨河西路456号

邮编:730070

办公电话:0931－7768663

传真:0931－7768666

成立时间：1952 年 11 月

关系信息：隶属于甘肃省委

官方网址：http://www.gsdx.gov.cn/

机构宗旨：旨在为各级党委政府主要是为省委、省政府提供咨询服务

政策研究领域：党建政策、意识形态政策、甘肃经济社会发展、文化战略

涉及学科：党史党建、哲学、经济学、政治学、文化学、历史学、管理学

智库类型：党校行政学院智库

法人信息：事业法人

法人代表：范鹏

组织机构代码：43800201－9

智库负责人：范鹏

管理团队：智库工作站

首席专家：李含琳

全职研究员数：188 人

兼职研究员数：42 人

行政职员数：139 人

2016 年度预算：3 006 万元

智库荣誉：2016 年获甘肃省宣传思想文化工作创新奖（153 智库模式）

代表性成果：《什么是文博会、怎办好文博会》（魏立平）（获省委领导批示）、《甘肃应大力发展直销农业》（李含琳）（获省领导批示）

品牌活动：安宁智库联盟学术论坛

17 中共广东省委党校　广东行政学院

英文名称: Party School of the Guangdong Provincial Committee of CPC, Guangdong Institute of Public Administration

智库地址: 广东省广州市建设大马路 3 号

邮编: 510053

成立时间: 1950 年 3 月

关系信息: 隶属于广东省委

官方网址: http://www.gddx.gov.cn/

机构宗旨: 旨在建设一流省委党校、有特色高水平的行政学院,按照"质量立校、改革强校、特色建校、人才兴校、从严治校"的工作思路,扎实推进教学、科研、学科、学位、人才"五位一体"的发展战略,全面提升综合办学实力和干部培训质量

政策研究领域: 市场政策、产业政策、党建政策、就业政策

智库类型: 党校行政学院智库

法人代表: 邹铭

智库负责人: 邹铭

管理团队: 邹铭(党校校长、行政学院院长)、杨汉卿(党校常务副校长、行政学院常务副院长)、程志彪(党校副校长、行政学院副院长)、苟志效(党校副校长、行政学院副院长)、林栋才(党校副校长、行政学院副院长)、余甫功(党校教育长、行政学院教育长)、潘向阳(党校校委委员、行政学院院委委员)、方真(党校校委委员、行政学院院委委员)

全职研究员数: 380 人

行政职员数: 210 人

2016 年度预算: 15 024.18 万元

18 中共广西区委党校　广西行政学院

英文名称:Party School of Guangxi Autonomous Region Committee of CPC, Guangxi Institute of Public Administration

智库地址:广西南宁市荔滨大道18号

邮编:530021

办公电话:0771－5576680

成立时间:1950年5月

关系信息:隶属于广西自治区委

官方网址:http://www.gxdx.gov.cn/index_w.asp

机构宗旨:旨在建设全国一流省级党校,坚持以“增强责任感、提升学习力、开启新境界”为培训主旨,发挥政府决策咨询思想库的作用

政策研究领域:意识形态政策、党建政策

智库类型:党校行政学院智库

法人代表:孙大伟

管理团队:孙大伟(党校校长)、蓝天立(行政学院院长)、胡建华(党校常务副校长、行政学院常务副院长)、唐秀玲(党校副校长、行政学院副院长)、陈林杰(党校副校长、行政学院副院长)、李彦明(党校副校长、行政学院副院长)、韦日平(党校副校长、行政学院副院长)、卢家翔(党校副巡视员、行政学院副巡视员)

首席专家:陈学璞、刘小兵、陶建平、贺先平、唐秀玲、莫龙

全职研究员数:263人

19 中共贵州省委党校　贵州行政学院

英文名称：Guizhou Provincial Party School of CPC，Guizhou Administration College

智库地址：贵州省贵阳市花溪区桐木岭

邮编：550028

办公电话：0851－83602382、0851－83602549

传真：0851－83602382、0851－83602549

成立时间：1949年

关系信息：隶属于贵州省委

官方网址：http://www.gzdx.gov.cn/

机构宗旨：紧密结合贵州主基调、主战略和大扶贫、大数据战略行动，为守底线、走新路、奔小康培训更多高素质的中高级党政领导干部、国家公务员和理论人才，积极发挥好省委、省政府决策思想库的作用

政策研究领域：经济政策、社会政策、党建政策、文化政策、生态政策

涉及学科：哲学、经济学、政党建设、管理学、公共管理、历史学、法学、社会学、马克思主义

智库类型：党校行政学院智库

智库层次：省级高端智库

法人代表：袁惠民

组织机构代码：74113440－1

智库负责人：刘旭友

管理团队：发展研究院

首席专家：汤正仁

全职研究员数：120人

兼职研究员数：150 人

行政职员数：58 人

2016 年度预算：1.263 亿元

智库荣誉：智库成果在 2016 年全国党校系统决策咨询成果评选中获奖；智库成果在贵州社科评奖中多次获奖

代表性成果：《贵州决策咨询》、《资政・资治》、《研究报告》、《贵州党建》

品牌活动：贵州党校（行政学院）系统决策咨询工作会议

20 中共海南省委党校　海南省行政学院

英文名称：Hainan Provincial Party School of CPC，Hainan Institute of Public Administration

智库地址：海南省海口市红城湖路海南省委党校（省行政学院）

邮编：571100

成立时间：1988 年 6 月

关系信息：隶属于中共海南省委

官方网址：http://www.dx.hainan.gov.cn/

机构宗旨：为海南培训轮训党的领导干部、中高级公务员、党外代表人士，开展理论宣传和理论研究以及为海南省委、省政府提供决策服务的重要部门

政策研究领域：党建政策、人事政策

智库类型：党校行政学院智库

法人代表：李军

智库负责人：李军

管理团队：李军（党校校长）、王和平（党校常务副校长）、吴慕君（行政学院院长、

省委党校副校长、省社会主义学院副院长)、蒙晓灵(社会主义学院院长)、符宣国(社会主义学院副院长)、夏旭(党委委员、副校院长)、刘继云(党委委员、教育长)、云冠雄(副教育长)

首席专家:王和平、江彩云

全职研究员数:236 人

代表性成果(期刊):《新东方》(ISSN 1004-700X,CN 46-1023/D)

21 中共河北省委党校

英文名称: Hebei Provincial Party School of CPC

智库地址:河北省石家庄市五七路 9 号河北省委党校

邮编:0540000

办公电话:0311-85931966

成立时间:1949 年 8 月

关系信息:隶属于中共河北省委

官方网址:http://www.hebdx.com/

机构宗旨:旨在培养党员领导干部和理论干部,是党的哲学社会科学研究机构

政策研究领域:党建政策、科技政策、文化政策

涉及学科:哲学社会学、经济学、管理学

智库类型:党校行政学院智库

代表性成果(报纸、期刊):《领导之友》(ISSN 1671-198X,CN 13-1311/D)、《河北党校报》(CN 13-0831/(G))

22 中共河南省委党校　河南行政学院

英文名称： Henan Provincial Party School of CPC, Henan Academy of Governance

智库地址：河南省郑州市郑开大道 36 号中共河南省委党校（河南行政学院）

邮编：450018

办公电话：0371－69686169

传真：0371－69686019

成立时间：1949 年 7 月

关系信息：隶属于中共河南省委

官方网址：http://www.dangxiao.ha.cn/index.htm

微信公众号：henandangxiao

微博：henandangxiao

机构宗旨：加大智库建设力度，实行教学、科研和决策咨询的三位一体与相互促进，努力为改善政策质量和公众福利服务，由此不断提升自身的学术影响力、社会影响力和政策影响力

政策研究领域：产业政策、社会保障政策、党建政策、科技政策

涉及学科：哲学、法学、经济学、历史学、管理学、政治学、社会学

智库类型：党校行政学院智库

法人代表：焦国栋

组织机构代码：4150030－9

智库负责人：焦国栋

管理团队：焦国栋、胡隆辉

首席专家：焦国栋

全职研究员数：132 人

兼职研究员数：70 人

行政职员数：162 人

2016 年度预算：15 793. 90 万元

代表性成果：《进一步完善和促进河南省精准扶贫工作的对策建议》、《省直管县体制改革运行中出现的问题及对策》、《围绕战略定位加快郑洛新国家自主创新示范区建设的对策建议》等

23 中共黑龙江省委党校　黑龙江省行政学院

英文名称：Heilongjiang Provincial Party School of CPC, Heilongjiang Academy of Governance

智库地址：黑龙江省哈尔滨市南岗区延兴路 49 号

邮编：150080

办公电话：0451 - 86358222

成立时间：1948 年 5 月

关系信息：隶属于中共黑龙江省委

官方网址：http://www. hljswdx. org. cn/

机构宗旨：坚持党校姓党、从严治校方针，秉承"忠诚、求是、创新、卓越"的校（院）精神，坚持质量立校、人才强校，全面深化干部教育培训改革，全面提升干部教育培训质量，努力开创党校、行政学院事业发展新局面，为黑龙江全面振兴做出新的更大贡献

政策研究领域：党建政策、农业政策、金融政策、文化政策

涉及学科：经济学、法学、哲学、管理学、党史党建、政治学

智库类型：党校行政学院智库

法人代表：沙广华

组织机构代码：41400446－6

智库负责人：沙广华

管理团队：韩辉（副校院长）、韩健鹏（副校院长）、孟庆凯（副校院长）、周英东（教育长）

首席专家：姜国忠

全职研究员数：108 人

行政职员数：132 人

品牌活动：全省党校（行政学院）系统智库论坛

24 中共湖北省委党校　湖北省行政学院

英文名称：Hubei Provincial Party School of CPC，Hubei Academy of Governance

智库地址：湖北省武汉市万松园路 18 号

邮编：430022

办公电话：027－85306788

成立时间：1950 年

关系信息：隶属于中共湖北省委

官方网址：http：//www. hbdx. gov. cn/

机构宗旨：以邓小平理论、“三个代表”重要思想和科学发展观为中心，以习近平总书记系列重要讲话精神为重点，以理想信念教育、党性教育、能力培训为主要内容具有湖北地方特色的党校教学布局，以提高公务员素质和行政能力为核心，以公仆意识、政府治理、依法行政为重点

政策研究领域：党建政策

涉及学科:政治经济学、宪法学与行政法学、中共党史、科学社会主义与国际共产主义运动、马克思主义哲学(创新思维与科学决策、社会发展战略)、政治学、经济学、经济管理、公共管理、法学

智库类型:党校行政学院智库

智库负责人:陶良虎

管理团队:陶良虎(党校、行政学院常务副校院长,校院学位委员会主任)、黄俭(党校、行政学院副校院长)、刘光远(党校、行政学院副校院长)、肖卫康(党校、行政学院副校院长)、张继久(党校副校长、行政学员副院长)、马跃珍(党校、行政学院教育长、校务委员会委员)、马哲军

全职研究员数:266 人

代表性成果(期刊、报纸):《党政干部论坛》(ISSN 1003 - 837X,CN 42 - 1099/D)、《湖北行政学院学报》(ISSN 1671 - 7155,CN 42 - 1653/C)

25 中共湖南省委党校　湖南行政学院

英文名称:Party School of the Hunan Provincial Committee of CPC, Hunan Academy of Governance

智库地址:湖南省长沙市中共湖南省委党校(湖南行政学院)

邮编:410006

办公电话:0731 - 82780006

传真:0731 - 82780006

成立时间:1951 年 8 月

关系信息:隶属于湖南省委

官方网址:http://www.hnswdx.gov.cn/

微信公众号:hndx_wx

政策研究领域:公共政策

涉及学科:管理学、经济学、社会学、政治学、法学、党史党建、人口学、马克思主义理论等学科

智库类型:党校行政学院智库

法人信息:中共湖南省委党校湖南行政学院

法人代表:严华

组织机构代码:44487579 - 9

智库负责人:严华

管理团队:肖万春、王克修、张四梅、彭万力、豆小红、唐琼、瞿理铜、刘鑫

首席专家:王克修、杨正辉、艾理生、陈平其、肖万春、胡海、刘丹、丁丽琼、伍先禄、毛明芳、袁望冬、唐琦玉、戴军、覃正爱、彭劲杰、何隆德、霍修勇、林国标、王习贤、吴厚庆、张国骥、吴传毅、彭富国、黄高荣、曹建华、刘艺、严华、张思京

全职研究员数:123 人

兼职研究员数:58 人

行政职员数:200 人

2016 年度预算:10 000 万元

智库荣誉:多次在全国党校系统、行政学院优秀科研成果评选中获一、二、三等奖

代表性成果:获得国家级、省部级奖项的科研咨询成果近 200 项,获得国家、省部级领导批示近 150 项(次)。

《毛泽东之路　民族救星》,第八届中国图书奖,雷国珍;《正确认识收入差距,努力实现共同富裕》,第八届全国“五个一”工程奖,易炼红等;《筑牢执政为民的根基—从郑培民先进事件看贯彻“三个代表”重要思想的本质要求》,第九届全国“五个一”工程奖,刘华清等;《加强工商企业租赁农户承包地准入和监管制度建设面临的问题与对策建议》,《决策咨询要报》2014 年第 5 期(总第 47 期),袁准、肖万春、唐琼、卿树

涛,2014 年 5 月 31 日获得了湖南省省政府主要领导的重要批示;《加快湖南高铁经济带发展面临的制约因素与对策建议》,《决策咨询要报》2015 年第 1 期(总第 55 期),肖万春、王克修、豆小红,2015 年 4 月 16 日湖南省参事室《建言专报》转载,2015 年 4 月 26 日获得湖南省政府主要领导的重要批示

品牌活动:省情论坛

26 中共吉林省委党校　吉林省行政学院

英文名称: Party School of the Jilin Provincial Committee of CPC, Jilin Academy of Governance

智库地址:长春市朝阳区前进大街 1299 号

邮编:130012

办公电话:0431－81760370

传真:0431－81760251

成立时间:1948 年 5 月

关系信息:隶属于中共吉林省委

官方网址:http://www.jlswdx.gov.cn/

机构宗旨:立足吉林、服务吉林,为吉林省经济社会发展服务

政策研究领域:党的建设、经济建设、政治建设、文化建设、社会建设、生态文明建设

涉及学科:哲学、经济学、政治学、党史、党建、公共管理、法学、社会学

智库类型:党校行政学院智库

法人信息:中国共产党吉林省委员会党校(吉林省行政学院)

法人代表:刘曼抒

组织机构代码:41275705-0

智库负责人:宋文新

管理团队:关英菊、朱艳丽、吴秀红、费杰、金日出、付黎宏、李刚、高娜、霍然、代颖、黄宇慧、李春雷

首席专家:宋文新

全职研究员数:44 人

行政职员数:164 人

2016 年度预算:6 500 万元

智库荣誉:2016 年,项目《新型智库建设成效显著》被评为 2016 年度吉林省直机关建功"十三五"主题实践活动突出业绩一等奖

代表性成果:2013 年度调研报告集、2014 年度调研报告集、2015 年度调研报告集、2016 年度决策咨询成果汇编

品牌活动:吉林省高端智库论坛

27 中共江苏省委党校　江苏省行政学院

英文名称: Party School of the Jiangsu Provincial Committee of CPC

智库地址:江苏省南京市鼓楼区水佐岗路 49 号

邮编:210009

办公电话:025-83380313、025-83380311、025-83380222

成立时间:1953 年 1 月

关系信息:隶属于中共江苏省委

官方网址:http://www.sdx.js.cn/

机构宗旨:以把校院建设成为与江苏经济社会发展水平相适应、更好满足江苏干

部教育培训需要、在服务党委政府决策中有更大作为、办学整体水平居于全国省级党校行政学院系统前列的高水平校院为目标，不断推进教学培训、科研咨询、人才队伍、管理服务等工作转型升级和持续发展

政策研究领域：意识形态政策

涉及学科：哲学、法学、管理学

智库类型：党校行政学院智库

智库负责人：郭文奇

管理团队：郭文奇（党校校长）、黄莉新（行政学院院长）、桑学成（常务副校院长）、杨明（副校院长）、胡志军（副校院长）、孙乾贵（副校院长）、陈开颜（教育长）、朱成荣（巡视员）

首席专家：桑学成、杨明

全职研究员数：179 人

智库荣誉：多人获江苏省委党校科研成果奖

代表性成果（期刊）：《唯实》（ISSN 1004－1605，CN 32－1083/D）、《江苏行政学院学报》（ISSN 1009－8860，CN 32－1562/C）

品牌活动：第三届全国党校系统国际战略研讨会、中国行政管理学会教学研究会年会暨地方公共治理现代化研讨会、2008 年国际形势回顾与展望学术研讨会

28 中共江西省委党校　江西行政学院

英文名称：Party School of the Jiangxi Provincial Committee of CPC, Jiangxi Academy of Governance

智库地址：江西省南昌市八一大道 212 号

邮编：330003

办公电话:0791－86303201

传真:0791－86303862

成立时间:1950 年 4 月

官方网址:http://www.jxdx.gov.cn/

关系信息:隶属于中共江西省委

机构宗旨:以“建设富有江西特色、走在全国前列的一流党校”目标，努力提升政治站位、提升精神状态、提升能力水平、提升党校形象，不断增强使命意识、危机意识、进取意识、创新意识和实干意识，努力在服务全面从严治党和建设富裕美丽幸福江西中展现新作为

政策研究领域:意识形态政策、党建政策

涉及学科:哲学、法学、文学、管理学

智库类型:党校行政学院智库

法人代表:曾志刚

组织机构代码:49101500－3

智库负责人:黄世贤

管理团队:科研管理部

首席专家:黄世贤

全职研究员数:156 人

行政职员数:231 人

29 中共辽宁省委党校

英文名称:Party School of the Liaoning Provincial Committee of CPC

智库地址:辽宁省沈阳市五里河街 18 号

邮编:110004

办公电话:024－23981841

成立时间:1949 年 9 月

关系信息:隶属于中共辽宁省委

官方网址:http://www.lndx.gov.cn/

机构宗旨:以培养党员领导干部和理论干部为主,是学习、研究、宣传马列主义、毛泽东思想、邓小平理论的重要阵地和党性锻炼的熔炉,是全省各级党政领导干部培训轮训的主渠道

政策研究领域:党建政策、意识形态政策

智库类型:党校行政学院智库

管理团队:张鹏(常务副校长),周永生(副校长)、佟玉华(副校长)、郝春禄(副校长)、秦富(副校长)、李伟(副巡视员)、杨忠颖(副巡视员)、赵岩(副巡视员)

全职/兼职研究员数:58 人

2016 年度预算:8 469.8 万元

代表性成果(期刊):《党政干部学刊》(ISSN 1672－2426,CN 21－1254/D)、《辽宁党校报》(CN 21－0843/(G))

30 中共内蒙古自治区委员会党校　内蒙古行政学院

英文名称:Party School of Mongolia Autonomous Region Committee of CPC, Mongolia Academy of Governance

智库地址:内蒙古呼和浩特市赛罕区滨河南路东段

邮编:010070

办公电话:0471－4631850

传真:0471－4631850

成立时间:1948 年

关系信息:隶属于中共内蒙古自治区委员

官方网址:http://www.nmgdx.cn/

机构宗旨:以“研究内蒙古,服务内蒙古”为导向,以发展战略、公共政策为核心内容,为自治区富民强区、打造祖国北疆亮丽风景线提供智力支持

政策研究领域:内蒙古经济社会发展战略、党的建设、民族宗教理论

涉及学科:哲学、经济学、政治学、党史党建、公共管理、法学、民族理论、社会学

智库类型:党校行政学院智库

法人代表:张平江

智库负责人:孟根其其格

首席专家:安静赜、孙杰、吉尔嘎拉、王有星

全职研究员数:110 人

行政职员数:97 人

智库荣誉:荣获全国党校系统第十、第十一届课题在项目中标奖

代表性成果(图书):《蒙古文化中的人与自然关系研究》(ISBN 978－7－5497－0675－4);国家社科基金:新常态下我国西部地区经济结构转型升级研究、牧区土地(草原)制度改革与基层治理转型研究等;《长株潭协同创新模式对呼包鄂协同创新发展的启示》(获自治区党委李纪恒书记肯定性批示)、《实现我区行政审批制度改革法治化的几点建议》(获自治区布小林主席肯定性批示)

品牌活动:党校论坛(每两年、全区范围)

31 中共宁夏区委党校　宁夏行政学院

英文名称：Party School of Ningxia Hui Autonomous Region Committee of CPC, Ningxia Academy of Governance

智库地址：宁夏回族自治区银川市西夏区怀远西路155号

邮编：750021

办公电话：0951－2077624

传真：0951－2082542

成立时间：1949年10月

关系信息：隶属于中共宁夏区委

官方网址：http://www.nxdx.org.cn/

机构宗旨：以建设全国有特色、西部有地位、西北创一流院校为总目标，大力实施"六大战略"，着力建设"六个一流"，实现与自治区党的建设和经济社会发展要求相适应且具有较大社会影响的一所功能齐全、设施先进、师资力量雄厚、培训质量较高的全区干部教育的最高学府

政策研究领域：党建政策、意识形态政策

智库类型：党校行政学院智库

管理团队：蒋文龄（常务副校长、常务副院长）、王海如（副校长、副院长）、郝彤（副校长、副院长）、李培文（副校长、副院长）、贾晓丁（副校长、副院长）、马国军（教育长）、崔建民（副巡视员）

全职研究员数：103人

行政职员数：96人

32 中共青海省委党校　青海省行政学院

英文名称: Party School of the Qinghai Provincial Committee of CPC, Qinghai Academy of Governance

智库地址:青海省西宁市黄河路 2 号

邮编:810001

办公电话:0971－4396560

成立时间:1951 年 3 月

关系信息:隶属于中共青海省委

官方网址:http://www.qhswdx.com/

机构宗旨:培训和轮训各级党员领导干部,宣传马克思主义等党的基本理论和国家的方针、政策,研究党的建设发展理论,提供政府决策咨询,研究和宣传中国特色社会主义理论体系和党的统一战线理论、方针和政策,开展对港澳台以及海外文化交流等文化统战工作

政策研究领域:民族政策、环境政策、党建政策、宗教政策、统战政策、意识形态政策

涉及学科:哲学社会学、经济学、政治学(科学社会主义)、党史党建、公共管理、民族宗教学、法学、现代科技

智库类型:党校行政学院智库

法人代表:王予波

管理团队:刘宁(校长)、赵永祥(常务副校长)、渭洪(副校长)、马洪波(副校长)、马维胜(副校长)、毛玉金(副校长)、漆冠海(教育长)、桑才让(校委委员)、徐忠杰(校委委员)、肖玉兰(校委委员)

全职研究员数:113 人

行政职员数：96 人

2016 年度预算：7 697.9 万元

代表性成果（期刊）：《攀登》（ISSN 1001－5647；CN 63－1015/C）、《青海学习报》（CN 63－0801/（G））

33 中共山东省委党校

英文名称：Party School of the Shandong Provincial Committee

智库地址：山东省济南市历城区旅游路 3888 号

邮编：250103

成立时间：1938 年 10 月

关系信息：隶属于中共山东省委

官方网址：http://www.sddx.gov.cn/

政策研究领域：党建政策

涉及学科：哲学、经济学、科学社会主义、中共党史、党的建设、管理学、文史、政法

智库类型：党校行政学院智库

法人代表：王文涛

管理团队：王文涛（校长）、徐闻（常务副校长）、张占元（巡视员）、孙黎海（副校长）、魏恩政（副校长）、张明福（副校长）、孙建昌（副校长）、张云汉（副巡视员）

全职研究员数：187 人

代表性成果（期刊）：《理论学刊》（CN 37－1059/D）

品牌活动："学习习近平总书记重要讲话　弘扬传承沂蒙精神"理论研讨会

34 中共陕西省委党校

英文名称: Party School of the Shanxi Provincial Committee

智库地址:陕西省西安市小寨西路 119 号省委党校四号楼信息中心

邮编:710061

成立时间:1934 年

关系信息:隶属于中共陕西省委

政策研究领域:党建政策

智库类型:党校行政学院智库

法人代表:蔡钊利

管理团队:蔡钊利(校务委员、常务副校长)、魏文章(党校校务委员、副校长)、宦洁(校务委员、副校长)、吴铁(校务委员、副校长)、路光前(校务委员、副校长)、王永锋(校务委员、副校长)、纪昱专职校务委员、何永荣专职校务委员、周德金副巡视员、周向明副巡视员

全职研究员数:110 人

行政职员数:205 人

2016 年度预算:5 014.89 万元

35 中共上海市委党校　上海行政学院

英文名称: Shanghai Party Institute of CPC (SPI), Shanghai Administration Institute(SAI)

智库地址:上海市徐汇区虹漕南路 200 号

邮编：200233

办公电话：010－22880311

传真：021－64365752

成立时间：1949年6月

关系信息：隶属于中共上海市委

官方网址：http://www.sdx.sh.cn/

机构宗旨：旨在为上海市培训公务员、培养公共管理人员和政策研究人员、开展社会科学研究和决策咨询的机构，着力打造新型高端智库

政策研究领域：党建政策、意识形态政策、公共管理研究、社会建设与社会政策产业政策等

涉及学科：马列、党建、政治学、社会学、经济学

智库类型：党校行政学院

法人信息：中共上海市委党校

法人代表：沈炜

组织机构代码：42501301－8

智库负责人：郭庆松

管理团队：周敬青、陆怡清、郭小霞等

首席专家：刘宗洪、陈奇星、刘红凛、毛军权

全职研究员数：110人

兼职研究员数：102人

行政职员数：135人

2016年度预算：21 529万

智库荣誉：第十届上海市决策咨询研究成果奖二等奖、上海市第十一届中国特色社会主义理论体系研究和宣传优秀成果奖论文一等奖等（2015年以来，省部级及以上奖项25项）

品牌活动：上海行政学院年度国际论坛、上海市社联年会马克思主义研究专场

36 中共四川省委党校

英文名称：Party School of the Sichuan Provincial Committee of CPC

智库地址：四川省成都市青羊区光华村街 43 号

成立时间：1952 年 10 月

关系信息：隶属于中共四川省委

官方网址：http://www.scge.gov.cn/

政策研究领域：中共党史、政治经济学、科学社会主义

智库类型：党校行政学院智库

管理团队：黄建发（党校校长）、王宁（行政学院院长）、李新（常务副校院长）、李章忠（副校院长）、陈志全（副校院长）、肖敬军（副校院长）、裴泽庆（副校院长）、邓颖（副校院长）、王勇（副校院长）、郑勇（校院委委员、秘书长）、唐峭雪（校院委委员、机关党委书记）、吴志强（巡视员）

首席专家：裴泽庆、郭伟、周治滨、李翔宇、黄辉、曾繁亮、许彦、陈钊

全职研究员数：586 人

代表性成果（期刊）：《中共四川省委党校学报》（ISSN 1008－5955，CN 51－1540/D）、《四川行政学院学报》（ISSN 1008－6323，CN 51－1537/D）、《四川党校报》（CN 51－0834/G）

品牌活动：四川省《资本论》研究会 2017 年年会暨理论研讨会

37 中共天津市委党校　天津行政学院

英文名称: Party School of the Tianjin Municipal Committee of the CPC, Tianjin Academy of Governance

智库地址:天津市南开区育梁道 4 号

邮编:300191

办公电话:022 - 23679034

成立时间:1949 年 2 月

关系信息:隶属于中共天津市委

官方网址:http://www. tjdx. gov. cn/

政策研究领域:意识形态政策、党建政策

智库类型:党校行政学院智库

智库负责人:李鸿忠

管理团队:李鸿忠(校长)、段春华(院长)、孙大海(副校长)、饶华(副校长)、赵晓呼(副校长)、董礼宏(副校长)、刘勇(副校长)、徐中(副校长)、范志强(副校长)

2016 年度预算:36 804. 8 万元

代表性成果(期刊):《中共天津市委党校学报》(ISSN 1008 - 410X,CN 12 - 1285/D)、《天津行政学院学报》(ISSN 1008 - 7168,CN 12 - 1284/D)、《求知》(ISSN 1001 - 8239,CN 12 - 1162/D)

38 中共西藏自治区委党校　西藏自治区行政学院

英文名称：Party School of Tibet Autonomous Region Committee of CPC，Tibet Autonomous Region Academy of Governance

智库地址：西藏自治区拉萨市城关鲁定北路 9 号

邮编：850031

成立时间：1961 年

官方网址：http://www.xzqwdx.gov.cn/

政策研究领域：意识形态政策

智库类型：党校行政学院智库

智库负责人：邓小刚

管理团队：邓小刚（校长）、熊刚毅（副院长）、吴兰（副院长）、安保荣（副院长）、曹昌民（副院长）、孙向军（副院长）、房玉国（副院长）、扎西（副巡视员）

全职研究员数：590 人

39 中共新疆维吾尔自治区委党校　新疆维吾尔自治区行政学院

英文名称：Party School of Xinjiang Uygur Autonomous Region Committee of CPC，Xinjiang Uygur Autonomous Region Academy of Governance

智库地址：新疆维吾尔自治区乌鲁木齐市新疆自治区委党校（行政学院）

邮编：830002

办公电话：0991－2658273

成立时间：1950 年（2000 年成立新疆行政学院）

关系信息：隶属于中共新疆维吾尔自治区党委、新疆维吾尔自治区人民政府

官方网址：http://www.xjdx.gov.cn/

政策研究领域：意识形态政策

涉及学科：哲学、政治学、经济学、党史党建、法学、文化学、行政学、民族学

智库类型：党校行政学院智库

法人信息：刘全山

法人代表：刘全山

组织机构代码：45760032-1

智库负责人：刘全山

管理团队：科研处

首席专家：艾比布拉·阿布都沙拉木、丁守庆、贺萍、段良、李省龙、刘钊、热合木江·沙吾提、李艳、哈尔克木、周斌、刘仕国、申德英

全职研究员数：146 人

兼职研究员数：11 人

行政职员数：144 人

2016 年度预算：8 535.37 万元

40 中共云南省委党校　云南行政学院

英文名称：Party School of Yunnan Committee of CPC, Yunnan Academy of Governance

智库地址：云南省昆明市西山区碧鸡街道办事处杨家村 52 号

邮编：650111

办公电话：0871－68426603

成立时间：2016 年 6 月

关系信息：隶属于中共云南省委员会

官方网址：http://www.ynce.gov.cn/

微信公众号：ynceweb

机构宗旨：努力成为党委信任、政府倚重和社会满意的新型特色智库，更好地服务云南地方经济社会发展工作大局

政策研究领域：意识形态政策、党建政策、社会建设与社会政策、文化政策产业政策、市场政策、资源政策、科技政策、医疗卫生政策、交通政策、环境政策、社会建设与社会政策

涉及学科：哲学、经济学、公共管理、党建

智库类型：党校行政学院智库

智库层次：云南省首批重点培育新型智库（综合类智库）试点单位

法人信息：中共云南省委党校（云南行政学院）

法人代表：杨铭书

组织机构代码：43120280－0

智库负责人：欧黎明

管理团队：欧黎明、刘小龙、陈辞、谭鑫、郭旭初

首席专家：欧黎明、马金书、刘小龙

全职研究员数：30 人

行政职员数：2 人

2016 年度预算：8 000 万元

智库荣誉：全国党校系统第十一届优秀科研成果著作类二等奖、全国党校系统第十一届优秀科研成果著作类三等奖、云南省第十九次哲学社会科学优秀成果（著作）三等奖

代表性成果：中共云南省委督查室调研报告《保护坝区农田，建设山地城镇》；云南省高校毕业生就业创业各项政策措施落实情况第三方评估报告；《当前做好云南藏区维稳工作的六点建议》；《金融扶持农业龙头企业促进贫困户脱贫致富的建议》

品牌活动：2016 年中国亚洲太平洋学术年会暨“认识亚太新形势，应对区域新挑战”学术研讨会；2017 年第五届全国党校系统国际战略研讨会；云南省第十届社会科学学术年会学科专场“云南高原特色农业供给侧结构性改革研究”专题研讨会；中共云南省委党校（云南行政学院）“龙门论坛”

41 中共浙江省委党校　浙江行政学院

英文名称：Party School of Zhejiang Provincial Committee of CPC，Zhejiang Institute of Administration

智库地址：浙江省杭州市浙江省委党校（省行政学院）

邮编：311121

办公电话：0571－89085646、0571－89085060

传真：0571－89085060

成立时间：2003 年 1 月

主管单位：中共浙江省委

官方网址：http://www.zjdx.gov.cn/

微信公众号：dxzkqianlie（前列）

APP：hsxf-zjsedx（红色学府）

机构宗旨：以建设“高端智库”为目标，围绕中心，服务大局，主攻方向突出“一个重大、四个性”研究，即加强重大战略思想研究，深入研究马克思主义及其中国化最新成果，加强战略性、全局性、前瞻性、应用性问题的研究，努力建设中国特色新型智库

政策研究领域:马克思主义理论、意识形态政策、党建政策、公共管理、社会建设与社会政策、产业政策

涉及学科:哲学、经济学、法学、管理学

智库类型:党校行政学院智库

智库层次:省级高端智库

法人代表:陆发桃(常务副校长)

组织机构代码:47000061－1

智库负责人:陆发桃、徐明华

管理团队:任振鹤(校长)、冯飞(院长)、陆发桃(常务副校院长)、季盛清(副校院长)、黄华章(副校院长)、徐明华(副校院长)、何显明(副校院长)、陈立旭(教育长)

首席专家:徐明华

全职研究员数:116 人

兼职研究员数:12 人

行政职员数:11 人

2016 年度预算:1 000 万元

代表性成果:

决策咨询报告:《关于十月革命 100 周年舆情形势预警》、《当前乡镇干部队伍建设情况调研报告》、《领导干部对短板问题认识模糊需要引起重视》、《念好“拆治归”三字经　切实把“真经”悟深悟透》、《关于进一步给企业减负担降成本的调查与建议》等咨询报告获得国家和省部级领导批示,部分建议被相关文件吸收采纳

专著:《全面深化改革:马克思主义总体方法论创新发展》、《习近平主政浙江思想研究》、《习近平主政浙江区域发展思想研究》、《中国自信与浙江实践》、《新发展理念在浙江的实践与思考》、《“四个全面”战略布局在浙江的实践》

政策评估报告:《“推进环保行政执法与公众监督、舆论监督、司法监督相结合的环境监管制度改革”评估》、《关于 2006 年以来省委省政府政策文件在义乌落实情况

的评估》、《省级重大改革试点实施情况评估》等第三方政策评估报告

品牌活动:21世纪马克思主义论坛,每年举办一场高端智库论坛

42 中共中央党校★★

英文名称: Party School of the Central Committee of CPC

智库地址:北京市海淀区大有庄100号中共中央党校

邮编:10091

邮箱:tgwww@ccps. gov. cn

成立时间:1933年

关系信息:隶属于中共中央

官方网址:http://www. ccps. gov. cn/

政策研究领域:马列主义、毛泽东思想和中国特色社会主义理论体系

智库类型:党校行政学院智库

智库层次:首批国家高端智库建设试点单位

管理团队:何毅亭(常务副校长)、黄浩涛(副校长)、王东京(副校长)、甄占民(副校长)、黄宪起(副校长),罗宗毅(教育长)、黄浩涛(秘书长)

代表性成果(期刊):《学习时报》(CN 11-0137)、《中共中央党校学报》(ISSN 1007-5801,CN 11-3847/C)、《中国党政干部论坛》(ISSN 1006-0391,CN 11-3331/D)

43 中共中央党校党的建设教研部

英文名称: Department of Party Building, Party School of the Central Committee of CPC

智库地址:北京市海淀区大有庄 100 号

邮编:100091

办公电话:010－62805297

传真:010－62825196

关系信息:隶属于中央党校

官方网址:http://djb.ccps.gov.cn/

微信公号:正新云

机构宗旨:为中央决策提供智力支持,为各级党政机关、企事业单位、“两新”组织等机构党的建设提供咨询

研究领域:党的建设

涉及学科:党史(党建)、政治学、法学、管理学、社会学、经济学、哲学

智库类型:党校行政学院智库

法人信息:中共中央党校

法人代表:何毅亭

组织机构代码:00001846－2

智库负责人:张志明

管理团队:张志明、祝灵君、梁丽萍

首席专家:张志明、祝灵君、戴焰军、王长江、姜跃、张晓燕、张荣臣、谢峰

全职研究员数:31 人

兼职研究员数:3 人

行政职员数:2 人

智库荣誉:中央党校科研组织优秀集体奖

代表性成果:全面从严治党战略思想体系丛书、执政党年度报告

品牌活动:“用学术讲政治”论坛

44 中共中央党校国际战略研究院

英文名称: Institutes for International Strategic Studies

智库地址:北京海淀区大有庄 100 号中央党校

邮编:100091

办公电话:010 - 62805341

传真:010 - 62805341

成立时间:2000 年

关系信息:隶属于中共中央党校

官方网址:http://iiss.ccps.gov.cn/

机构宗旨:服务于中央对外战略与国家安全

政策研究领域:重大国际战略问题与中国对外政策

涉及学科:国际政治、国际关系、外交学、世界经济、国际政治经济学

智库类型:党校行政学院智库

法人信息:中共中央党校

法人代表:何毅亭

组织机构代码:00001846 - 2

智库负责人:刘建飞

管理团队:刘建飞、周天勇、高祖贵、李纪才、刘武萍、张仕荣、贾春华

全职研究员数:32 人

兼职研究员数:8 人

行政职员数:3 人

2016 年度预算:300 万

品牌活动:中国国际战略研讨会、全国党校系统国际战略研讨会、国际问题研究青年学者五十人论坛

45 中国浦东干部学院长江三角洲研究院

英文名称: Research Institute of Yangtze River Delta, China Executive Leadership Academy Pudong

智库地址:上海市浦东新区前程路 99 号

邮编:201204

办公电话:021 - 28288703

成立时间:2009 年 1 月

官方网址:http://www.celap.org.cn/

机构宗旨:以立足昆山、面向长三角、服务全国为宗旨,力争经过五到十年的努力,建设成为国内知名的长三角和东部国情研究基地,成为长三角发展的重要智库,为学院和昆山的长远发展提供智力支撑

政策研究领域:产业政策、市场政策、资源政策、科技政策、区域经济发展、金融风险防范、医疗卫生政策、交通政策、环境政策、社会建设与社会政策

涉及学科:经济学,政治学,社会学

智库类型:党校行政学院智库

法人信息:中国浦东干部学院

法人代表:周仲飞

组织机构代码:71780745－0

智库负责人:何立胜

管理团队:赵泉民,余佶,朱瑞博,楚天骄,毛新雅、李敏

首席专家:朱瑞博、余佶、陈元志

全职研究员数:20 人

行政职员数:1 人

2016 年度预算:60 万元

智库荣誉:上海市第八届决策咨询研究成果奖三等奖、上海市第十届哲学社会科学优秀成果奖二等奖

代表性成果(报告):《如何破解 PPP 模式"叫好不叫座"的尴尬?》(获中央领导批示)、《国有企业创新发展主体作用尚未完全发挥》、《机制和人才等因素对创新形成制约》、《以更合理的制度安排促国企创新能力》

品牌活动:中浦长三角论坛

46 中国浦东干部学院领导研究院

英文名称: Research Institute of Leadership, China Executive Leadership Academy Pudong

智库地址:上海市浦东新区前程路 99 号

邮编:201204

办公电话:021－28288000

成立时间:2009 年 6 月

关系信息:隶属于中国浦东干部学院

官方网址：http://www.celap.org.cn/

机构宗旨：提升领导干部的领导力

政策研究领域：习总书记领导思想与领袖人格研究、结合领导学基础理论进行领导理论、领导实践以及领导人才建设的开发研究和学术交流

涉及学科：领导学、教育学、心理学、管理学、传播学

智库类型：党校行政学院智库

智库层次：中央直属单位智库

法人信息：中国浦东干部学院

法人代表：周仲飞

组织机构代码：71780745－0

智库负责人：郑金洲

管理团队：赵世明、张素玲、王石泉、何丽君、林颖、林存华

首席专家：郑金洲、赵世明、张素玲

全职研究员数：7 人

兼职研究员数：10 人

行政职员数：1 人

2016 年度预算：60 万

智库荣誉：国家级科研成果奖的项目一等奖；省部级科研成果奖的项目二等奖；上海市第十二届哲学社会科学优秀成果奖二等奖；上海市第十一届教育科学研究优秀成果奖二等奖、三等奖；上海市第十届哲学社会科学优秀成果奖三等奖；全国组织工作重点调研成果一等奖

代表性成果：《创建中国特色世界先进干部教育培训体系研究》、《干部教育培训新途径新方法研究》

47 中国浦东干部学院中国特色社会主义研究院

英文名称:Research Institute of Socialism with Chinese Characteristics, China Executive Leadership Academy Pudong

智库地址:上海市浦东新区前程路99号中国浦东干部学院

邮编:201204

办公电话:021-28288000

成立时间:2009年6月

关系信息:隶属于中国浦东干部学院

官方网址:http://www.celap.org.cn/

机构宗旨:通过中国特色社会主义理论与实践的深入研究,为加强领导干部中国特色社会主义理论教育、增强"四个自信"服务,为对外传播中国道路、中国理念、中国经验、扩大中国特色社会主义的世界影响服务

政策研究领域:中国特色社会主义理论与实践、党的建设的理论与实践,以及与之相关的中央重大战略和方针政策

涉及学科:马克思主义理论、政治学、法学、社会学、经济学

智库类型:党校行政学院智库

法人信息:中国浦东干部学院

法人代表:周仲飞

组织机构代码:71780745-0

智库负责人:刘靖北

管理团队:刘靖北、刘献、于洪生、金信烨

首席专家:李君如、刘靖北、刘献

全职研究员数:10人

兼职研究员数：7 人

行政职员数：1 人

2016 年度预算：60 万元

智库荣誉：第八、第九、第十三届上海市哲学社会科学内部探讨和决策咨询成果奖，中组部优秀调研成果一、二、三等奖，全国党建优秀党建读物奖，中组部首届全国党员教育培训教材最高奖“精品教材”奖

代表性成果：中国特色社会主义论纲、新时期治国理政战略思想研究、党的先进性建设系列研究、全国基层党建创新优秀案例

品牌活动：当代世界与社会主义论坛、中国哲学社会科学话语体系建设、浦东论坛、“中国特色新型智库建设”高层论坛、全国基层党建创新论坛

48 中央社会主义学院统一战线高端智库

英文名称：Center for Studies of United Front and Chinese Civilization in Central Institute of Socialism

智库地址：北京市海淀区万寿寺甲 4 号中央社会主义学院

邮编：100081

办公电话：010－68706877、010－68706927

传真：010－68706347

成立时间：2016 年 7 月

关系信息：隶属于中央统战部、中央社会主义学院

官方网址：http://www.zysy.org.cn/

微信公号：中央社院

机构宗旨：旨在立足于中央社院科研资政传统优势，适应统战新形势，在“大统

战”和“大文化”双重视角下，充分对接统战决策需求，深入研究统战工作八大重点领域，打造兼具主导性和开放性、兼重创新性和共识性的学术交流平台，为建构政治共识、文化共识提供智力支持，为巩固和发展最广泛的爱国统一战线做出应有贡献

政策研究领域：中国特色社会主义民主政治、多党合作制度、统一战线、民族宗教、港澳台侨、新的社会阶层、非公有制经济代表人士、马克思主义中国化、文化自信文化共识与文化交流、统一战线人才教育培训体系

涉及学科：哲学、政治学、民族学、宗教学、法学、教育学等

智库类型：党校行政学院智库

法人信息：中央社会主义学院

法人代表：潘岳

智库负责人：潘岳

管理团队：郑钢淼、袁莎、朱沛丰、徐永全、李道湘

首席专家：潘岳

全职研究员数：35 人

兼职研究员数：116 人

行政职员数：12 人

2016 年度预算：460 万

代表性成果：《从社会流动性看发展非公经济的新作用》、《中央治港战略“顶层设计”问题研究》、《中华文明通论》、《给统战干部、民主党派和无党派、少数民族、非公经济、新的社会阶层、藏传佛教、伊斯兰教、基督教、港澳台侨、西方人士等十大群体代表人士“讲清楚中华文化”研究》

品牌活动：“中华文化”主题论坛（系列）

49 中央社会主义学院中国政党制度研究中心

智库地址:北京市海淀区万寿寺甲四号中央社会主义学院中国政党制度研究中心

邮编:100081

办公电话:010－68706927

成立时间:2003年7月

关系信息:隶属于中央社会主义学院

机构宗旨:着眼于中国共产党领导的多党合作和政治协商制度等相关难点、热点与疑点问题研究

政策研究领域:党建政策

智库类型:党校行政学院智库

T

四

高校智库

1 安徽财经大学安徽经济发展研究院

英文名称：Institute of Anhui Economic Development Research

智库地址：安徽省蚌埠市蚌山区宏业路255号

邮编：233041

办公电话：0552-3111482

传真：0552-3126631

成立时间：2002年10月

官方网址：http://ahjj.aufe.edu.cn/

微信公众号：gh_c8473beaac03

机构宗旨：打造成为立足安徽、面向全国的财经智库

政策研究领域：经济政策、生态环境政策、公共管理政策、政策评价

涉及学科：经济学、管理学

智库类型：高校智库

智库层次：安徽省重点智库、安徽省教育厅智库

法人代表：丁忠明

组织机构代码：48522371-1

智库负责人：张会恒

管理团队：张会恒、崔惠民、阮素梅

首席专家：丁忠明、周加来、张会恒

全职研究员数：8人

兼职研究员数：40人

行政职员数：4人

2016年度预算：265万元

代表性成果:《安徽财经智库成果要报》

品牌活动:安徽经济发展高层论坛、高校科研服务安徽经济社会发展研讨会

2 安徽财经大学安徽经济预警运行与战略协同创新中心

英文名称: Collaborative & Innovative Center for Anhui Economic Early Warning, Operation & Strategy

智库地址:安徽省蚌埠市蚌山区宏业路 255 号

邮编:233041

办公电话:0552 - 3111482

传真:0552 - 3126631

成立时间:2003 年 12 月

官方网址:http://xtcxzx. aufe. edu. cn/

机构宗旨:努力实现经济预警、运行和发展战略的理论基础、政策研究与实践应用的紧密结合,推动我省成为中国经济升级版中的样板

政策研究领域:产业政策、市场政策、财政政策、消费政策

涉及学科:经济学、法学、管理学

智库类型:高校智库

智库层次:省级"2011 协同创新中心"

管理团队:丁忠明、周加来、张会恒、胡登峰、杨俊龙、胡再生

首席专家:丁忠明、周加来

3 安徽大学创新发展研究院

英文名称：Innovative Development Institute，Anhui University

智库地址：合肥市肥西路 3 号安徽大学龙河校区主教楼教中 419 室

邮编：230039

办公电话：0551－65108360、0551－63861730

传真：0551－63861721

成立时间：2016 年 5 月

官方网址：http：//ahthinktank. ahu. edu. cn/

微信公众号：安徽大学创新发展研究院

机构宗旨：展开富有科学性、前瞻性、应用性的对策研究；积极进行体制改革和模式创新，致力成为安徽大学成果转化发布载体

政策研究领域：区域经济和城市发展、三农问题、国别和区域研究、社会发展和法治研究

涉及学科：经济学、管理学、法学、社会学和政治学等

智库类型：高校智库

法人信息：安徽大学

法人代表：匡光力

组织机构代码：12340000485002265R

智库负责人：程雁雷(院长)

管理团队：程雁雷(院长)、张启兵(常务副院长)、宋宏(副院长)、张治栋(副院长)、张德元、王国良、华国庆、田淑英、芮必峰、范和生、徐在国、方爱东、胡艳、江小角、张崇旺

首席专家：韦伟、刘奇、邱江辉、张武扬、朱士群

全职研究员数：21 人

兼职研究员数：40 人

行政职员数：4 人

2016 年度预算：420 万元

代表性成果：

内刊：《安大智库》、《农村改革前沿报告》

图书：《区域经济与城市发展研究报告》(ISBN 978－7－5096－4456－0)、《安徽社会发展报告》(ISBN 978－7－5201－0570－5)、《农业经济学刊》(ISBN 978－7－5201－0140－0)

品牌活动："治国理政　闯出新路"智库论坛

4 北京大学国际战略研究院

英文简称：Institute of International and Strategic Studies，Peking University

智库地址：北京市颐和园路 5 号

邮编：100871

办公电话：010－62756376

传真：010－62753063

成立时间：2013 年 10 月

官方网址：http://www.ciss.pku.edu.cn/

微信公众号：PKU-IISS

机构宗旨：促进世界政治、国际安全、国家战略等领域的学术研究和政策研究

政策研究领域：国防政策、安全政策、军事政策、外交政策

涉及学科：法学、经济学、国际关系学

智库类型：高校智库

法人代表：王缉思

智库负责人：关贵海

管理团队：王缉思、袁明、关贵海、于铁军、归泳涛

全职研究员数：10 人

代表性成果：

图书：《中美关系史上沉重的一页：1945—1955 年的中美关系》(ISBN 978－7－3010－0656－6)、《国际关系史》(ISBN 978－7－3010－2416－4)、《跨世纪的挑战：中国国际关系学科的发展》(ISBN 978－7－3011－2901－7)

品牌活动："危机时代中的中国、欧洲与联合国"中欧智库对话、北阁论衡

5 北京大学国家发展研究院★★

英文名称：National School of Development, Peking University

智库地址：北京市海淀区颐和园路 5 号北京大学

邮编：100871

办公电话：010－62756048

传真：010－62756048

成立时间：2008 年

官方网址：http://www.nsd.pku.edu.cn/

微信公号：北大国发院智库

机构宗旨：以国家发展为中心议题，以成为集结高水平综合性知识的新型高校智库为目标，以建章立制、完善组织形式和管理方式为重点，以前瞻性提出与国家发展有关的重大战略、制度、政策和基础理论问题为中心，坚持"短期与长期相结合、经济分析与非经济分析相结合、学术研究与政策研究相结合、国内与国际相结合"，完成了

一系列具有较深专业水平、较高政策价值和较大社会影响力的研究成果

涉及学科：金融学、经济学、企业管理、人口学和政治学

智库类型：高校智库

智库层次：首批国家高端智库建设试点单位

法人代表：林建华

组织机构代码：12100000400002259P

智库负责人：姚洋

管理团队：黄益平、陈平、陈春花、范保群、傅军、宫玉振、海闻、胡大源、黄卓、霍德明、雷晓燕、李玲、李力行、梁能、林双林、林毅夫、刘国恩、卢锋、吕晓慧、马浩、马京晶、闵维方、沈艳、宋国青、史文博、唐方方、汪丁丁、汪浩、王敏、王勋、王勇、巫和懋、席天扬、谢绚丽、徐佳君、徐建国、徐晋涛、薛兆丰、鄢萍、杨壮、易纲、余淼杰、余昌华、易剑东、曾毅、张丹丹、张帆、张黎、张维迎、张晓波、赵波、赵耀辉、周其仁等

首席专家：林毅夫

全职研究员数：3 人

兼职研究员数：51 人

行政职员数：1 人

2016 年度预算：1 000 万元

代表性成果（图书）：《中国奇迹：发展战略与经济改革》；《战胜命运：跨越贫困陷阱，创造经济奇迹》；《解读中国经济（增订版）》；《改革的逻辑》；《农村变革与中国发展》；《自生能力、经济发展与转型》；《作为制度创新过程中的经济改革》等

品牌活动：国家发展论坛、中美经济二轨对话、中美健康二轨对话、朗润格政、中国经济观察报告会等

6 北京大学国家治理协同创新中心

英文名称:Co-Innovation Center for State Governance, Peking University

智库地址:北京市颐和园路 5 号

邮编:100871

办公电话:8610 - 62767093

传真:010 - 62754257

成立时间:2013 年 12 月

官方网址:http://www.cicsg.pku.edu.cn/

微信公众号:国家治理研究

机构宗旨:探寻卓越国家治理之道

政策研究领域:治理政策、产业政策、财政政策、金融政策、社会政策、互联网政策

涉及学科:政治学、公共管理学、法学、经济学、社会学、新闻传播学

智库类型:高校智库

智库负责人:王浦劬

管理团队:周志忍、徐湘林、燕继荣

首席专家:王浦劬、关海庭、徐湘林、刘建军、李强、何艳玲、林尚立、倪星、沈岿、王磊、王锡锌、桑玉成、燕继荣、肖滨、龚六堂、黄桂田、贾康、刘尚希、马骏、王朝才、白景明、周光辉、高小平、周志忍、张宗林、竺乾威、张贤明、徐勇、俞可平、麻宝斌、时和兴、高鹏程、赵成根、沈明明

全职研究员数:34 人

兼职研究员数:34 人

行政职员数:6 人

2016 年度预算：40 万元

代表性成果：

图书：《国家治理研究丛书——国家治理的道与术》(ISBN 978-7-5161-5978-1)、《国家治理研究丛书——省级治理现代化》(ISBN 978-7-5161-8169-0)

期刊：《工作简报》、《专家建言》、《研究动态》

品牌活动：国家治理论坛

7 北京大学国家治理研究院

英文名称：Institute of State Governance Studies，Peking University

智库地址：北京市颐和园路 5 号

邮编：100871

办公电话：010-62767093

传真：010-62754257

成立时间：1999 年 7 月

官方网址：http://www.isgs.pku.edu.cn/

微信公众号：国家治理研究

机构宗旨：以国家治理现代化为研究主题，为中国特色社会主义国家治理现代化和哲学社会科学发展，不断创新思想理论，推进学科建设，提供咨政支持，展开人才培养

政策研究领域：治理政策、产业政策、财政政策、金融政策、社会政策、互联网政策

涉及学科：政治学、公共管理学、法学、经济学、社会学、新闻传播学

智库类型：高校智库

智库层次：教育部人文社会科学百所重点研究基地

智库负责人：王浦劬

管理团队：周志忍、徐湘林、燕继荣

首席专家：时和兴、高鹏程、赵成根、沈明明、燕继荣

全职研究员数：34 人

兼职研究员数：34 人

行政职员数：6 人

2016 年度预算：800 万元

代表性成果（图书）：《国家治理研究丛书》（ISBN 978－7－5161－8169－0）、《国家治理现代化研究》（ISBN 978－7－5203－0373－6）

品牌活动：国家治理论坛

8 北京大学文化产业研究院

英文名称：Institute for Cultural Industries，Peking University

智库地址：北京市海淀区颐和园路 5 号

邮编：100871

办公电话：010－62767249、010－62757216

成立时间：1999 年 10 月

官方网址：http：//www. icipku. org/

机构宗旨：推动知识创新，担当国家智库，服务国家战略；创新培养模式，传播产业理念，打造人才工程；举办文化沙龙，组织学术论坛，助推项目振兴

政策研究领域：文化政策

智库类型：高校智库

管理团队：叶朗、陈少峰、向勇

全职研究员数：31 人

9 北京大学宪法与行政法研究中心

英文名称：The Constitution and Administrative Law Research Center of Peking University

智库地址：北京市海淀区颐和园路 5 号北京大学法学院四合院

邮编：100871

办公电话：010 - 62760063

传真：010 - 62760063

成立时间：1999 年 12 月

官方网址：http://www.publiclaw.cn/

智库类型：高校智库

全职研究员数：15 人

兼职研究员数：14 人

10 北京大学中国都市经济研究基地

英文名称：Research Center for China Urban Economy, Peking University

智库地址：北京市颐和园路 9 号

邮编：100871

办公电话：010 - 62751390

传真：010 - 62751390

成立时间:2004 年 9 月

官方网址:http://ccue.pku.edu.cn/

机构宗旨:为实现创建世界一流大学经济学院的目标,多出"精品"成果,为大都市经济发展献计献策

政策研究领域:城市群研究、都市产业经济、都市公共政策

涉及学科:政治经济学、区域经济学、产业经济学、计量经济学

智库类型:高校智库

法人信息:北京大学

法人代表:林建华

智库负责人:张辉

管理团队:张辉、张禾裕

首席专家:刘伟

全职研究员数:15 人

兼职研究员数:16 人

行政职员数:2 人

2016 年度预算:92 万元

代表性成果:

图书:《中国都市经济研究系列报告》

电子期刊:《原富》

品牌活动:"创新创业系列"论坛、"宏观经济与房地产发展"论坛、"一带一路"论坛

11 北京第二外国语学院北京对外文化传播研究基地

英文名称：Beijing Research Institute of International Cultural Communication

智库地址：北京市朝阳区定福庄南里 1 号

邮编：100024

办公电话：010 - 65778783

传真：010 - 65778783

成立时间：2015 年

官方网址：http://www.bisu.edu.cn:9054/

机构宗旨：立足北京、研究北京、服务北京、辐射全国、走向世界

政策研究领域：传播学理论和范式研究、文化传播能力与路径研究、文化传播手段与媒介研究、文化传播效果与评价研究

涉及学科：语言学、文学、哲学、新闻传播学、政治学、经济学

智库类型：高校智库

法人信息：北京第二外国语学院

法人代表：曹卫东

组织机构代码：12110000400834979O

智库负责人：邱鸣

管理团队：江新兴、武光军、张喜华、郑承军、杨玲、申险峰

首席专家：邱鸣

全职研究员数：21 人

兼职研究员数：9 人

行政职员数：1 人

2017 年度预算：95.63 万元

代表性成果(报告):《国际化背景下首都文化贸易竞争力提升研究》、《一带一路智库报告》、《中国对外文化传播年度研究报告》、《中国周边国家文化外交——东北亚卷》、《日本隐居制度研究》等

品牌活动:"'一带一路'博士论坛""第二届跨文化背景下的中日民间交流国际研讨会"、"中国文化走出去的'三喜'与'三忧'"学术讲座、"中国文学与哲学的对外翻译与传播"讲座、"眼动仪应用技术培训讲座"等

12 北京第二外国语学院北京旅游发展研究基地

英文名称:Beijing Tourism Development Research Center

智库地址:北京市朝阳区定福庄南里 1 号

邮编:100024

办公电话:010-65778949

传真:010-65778949

成立时间:2004 年 1 月

官方网址:http://www.bjtourism.com/

微信公众号:北京旅游发展研究基地

机构宗旨:推动北京及我国旅游研究领域的拓展、研究方法的创新和研究水平的提高,有效拉升北京旅游教学、研究工作和旅游业发展在国际上的层次和地位

政策研究领域:旅游政策、旅游法规、旅游经济、休闲经济

涉及学科:经济学、文学、法学、管理学

智库类型:高校智库

智库负责人:计金标

管理团队:计金标、邹统钎、韩玉灵、李宏、谷慧敏、魏翔、王成慧、尹美群、厉新建、

秦宇、刘大可、王欣

首席专家：邹统钎

全职研究员数：50 人

行政职员数：3 人

2016 年度预算：90 万元

代表性成果(图书)：《北京旅游发展研究报告》(ISBN 978-7-5637-1140-6)

品牌活动：北京对话、青年论坛

13 北京第二外国语学院首都对外文化贸易研究基地

英文名称：Beijing Research Institute of Cultural Trade of Beijing International Studies University

智库地址：北京市朝阳区定福庄南里 1 号北京第二外国语学院(首都对外文化贸易基地)

邮编：100024

办公电话：010-65778155

传真：010-65778155

成立时间：2015 年 7 月

官方网址：http://nicdnews.bisu.edu.cn/

机构宗旨：服务于首都文化贸易发展，深入拓展国内外文化市场，成为国际文化贸易的理论研究高地

政策研究领域：对外贸易政策、文化政策

涉及学科：经济学、管理学、文学

智库类型：高校智库

法人信息:北京第二外国语学院

法人代表:曹卫东

组织机构代码:40083497－9

智库负责人:李小牧

管理团队:李小牧、李嘉珊、王丽君、姜孝豫

首席专家:李嘉珊

全职研究员数:30 人

兼职研究员数:80 人

行政职员数:2 人

2016 年度预算:100 万元

智库荣誉:全国商务发展研究成果优秀奖

代表性成果:

项目:《国际文化贸易本科应用型人才培养模式研究》(项目号:FIB070335－A11－17;主持人:李小牧)、《国有表演艺术院团改革及其国际化发展战略研究》(项目号:11BG0727;主持人:李嘉珊)、《国有表演艺术院团体制改革现状调查与发展路径研究》(批准号:13ZD05;主持人:李小牧)

图书:《复合人才之路——北京第二外国语学院 2014 年"复合人才社会调研促进计划"项目成果选》(ISBN 978－7－5637－3387－3)、《北京京剧百部经典剧情简介标准译本汉西对照》(ISBN 978－7－5637－3456－6)

品牌活动:创意产业及文化贸易论坛、第二届中国—中东欧国家文化创意产业论坛、中国—欧盟创意产业及文化贸易论坛、中国南非文化产业合作论坛

14 北京服装学院首都服饰文化与服装产业研究基地

英文名称：Research Center of Capital Garment Culture and Industry of Beijing Institute of Fashion Technology

智库地址：北京市朝阳区樱花东街甲 2 号首都服饰文化与服装产业研究基地（北京服装学院）

邮编：100029

办公电话：010－64288062、010－64281946

传真：010－64283599

成立时间：2004 年 9 月

官方网址：http://jd.bift.edu.cn/

机构宗旨：旨在培养高级专门人才，开展服饰文化与服装产业的理论和应用研究，服务于首都的经济建设和社会发展，为北京市政府相关部门提供智力支持

政策研究领域：产业政策、市场政策

涉及学科：经济学、工学、艺术学、管理学

智库类型：高校智库

法人信息：北京服装学院

法人代表：刘元风

组织机构代码：40069004－7

智库负责人：宁俊

管理团队：宁俊、穆雅萍、方刚

首席专家：宁俊

全职研究员数：33 人

兼职研究员数：15 人

行政职员数：2 人

2016 年度预算：50 万元

智库荣誉：首都教育先锋先进集体（省部级）

代表性成果：

图书：*International Trade Negotiations and Domestic Politics*（ISBN 978 - 7 - 1350 - 9053 - 1）

论文：郝淑丽，《纺织服装产业链闭环构建及静脉产业环节分析》，《再生资源与循环经济》，2016(06)；宋玉冰、方刚，《国际商务硕士实践教学基地选择分析》，《商场现代化》，2015(28)

品牌活动：北京时尚高峰论坛

15 北京工业大学北京社会管理研究基地

英文名称：Beijing Social Building Research Base, Beijing University of Technology

智库地址：北京市朝阳区平乐园 100 号

邮编：100124

办公电话：010 - 67392736

传真：010 - 67391781

成立时间：2001 年 12 月 5 日

机构宗旨：立足首都、服务首都，为首都社会建设与社会管理服务

政策研究领域：社会建设、社会管理、社会政策、公共管理、社会事业、民生事业

涉及学科：社会学

智库类型：高校智库

智库层次：北京市高端智库建设首批试点单位

法人信息:北京工业大学

法人代表:柳贡慧

组织机构代码:12110000400687411U

智库负责人:冯虹

管理团队:唐军、胡建国、杨荣、赵英

首席专家:冯虹、唐军、胡建国

全职研究员数:8 人

兼职研究员数:22 人

行政职员数:1 人

2016 年度预算:150 万元

智库荣誉:第七届教育部全国高校优秀科研成果一等奖、第六届教育部全国高校优秀科研成果二等奖、北京市哲学社会科学优秀科研成果一等奖、全国第七届“优秀皮书奖”二等奖

品牌活动:社会建设的理论与实践论坛

16 北京工业大学北京现代制造业发展研究基地

英文名称:Research Base of Beijing Modern Manufacturing Development, Beijing University of Technology

智库地址:北京市朝阳区平乐园 100 号北京工业大学经管楼

邮编:100124

办公电话:010 - 67392160

传真:010 - 67391993

成立时间:2004 年 11 月

官方网址:http://www.bjmmanufacturing.com/

机构宗旨:立足北京、服务北京,为京津冀都市圈制造业协调发展服务

政策研究领域:产业政策、资源政策、科技政策、环境政策

涉及学科:经济学、管理学

智库类型:高校智库

智库层次:北京市高端智库建设首批试点单位

法人信息:北京工业大学

法人代表:柳贡慧

组织机构代码:12110000400687411U

智库负责人:刘超

管理团队:刘超、黄鲁成、唐中君、李欣、王超、唐孝文、朱相宇

首席专家:黄鲁成

全职研究员数:28 人

行政职员数:7 人

2016 年度预算:551 万元

智库荣誉:北京市哲学社会科学优秀成果一等奖 2 项、北京市哲学社会科学优秀成果二等奖 5 项、北京市科学技术奖二等奖 1 项、北京市科学技术奖三等奖 1 项

代表性成果:《北京现代制造业发展研究基地报告(2004—2017)》

品牌活动:高端制造业发展论坛、中国技术未来分析论坛

17 北京交通大学北京交通发展研究基地

英文名称: Research Center for Beijing Transportation Development, Beijing Jiaotong University

智库地址:北京市海淀区上园村 3 号

邮编:100044

办公电话:010－51685122

成立时间:2005 年 6 月

官方网址:http://btd.bjtu.edu.cn/

微信公众号:北京交通发展研究基地、北京交大运输与时空论坛

微博:北京交通发展研究基地

机构宗旨:服务于北京交通建设和经济社会发展

政策研究领域:交通政策、产业政策

涉及学科:经济学、管理学

智库类型:高校智库

智库负责人:林晓言

管理团队:林晓言、张秋生、崔永梅、刘瑜、刘铁鹰、焦敬娟

首席专家:荣朝和

全职研究员数:357 人

兼职研究员数:5 人

行政职员数:99 人

2016 年度预算:1 090 万元

代表性成果:

项目:《促进科技与经济深度融合的体制机制研究》(项目号:16ZDA011;主持人:冯华)、《新型城镇化下农产品物流体系创新与发展战略研究》(项目号:15ZDA022;主持人:张明玉)、《集约、智能、绿色、低碳的 新型城镇化道路研究》(项目号:13ZD026;主持人:赵坚)

图书:《现代运输经济学丛书》(ISBN 978－7－5058－5666－1)、《北京交通发展研究报告》(ISBN 978－7－8112－3892－1)、《中国交通发展综合报告》(ISBN 978－

7－1132－2475－2）

品牌活动：北京交大运输与时空经济论坛

18 北京联合大学北京学研究基地

英文名称：Institute of Beijing Studies，Beijing Union University

智库地址：北京市朝阳区北四环东路97号北京联合大学北京学研究基地

邮编：100101

办公电话：010－64900109

传真：010－64900109

成立时间：1998年1月

官方网址：http：//www. bjstudy. com. cn/

微信公众号：BeijingStudies1998（北京学基地）

机构宗旨：立足北京，研究北京，服务北京，以研究北京、挖掘文化、传承文脉、服务发展为使命

政策研究领域：名城保护、城乡建设、文脉传承

涉及学科：历史学、地理学、民俗学等

智库类型：高校智库

智库层次：北京市级哲学社会科学研究基地

法人信息：北京联合大学

法人代表：李学伟

组织机构代码：12110000400687446E

智库负责人：张宝秀

管理团队：张宝秀

首席专家:张妙弟

全职研究员数:5 人

兼职研究员数:30 人

行政职员数:2 人

2016 年度预算:274 万元

智库荣誉:北京市优秀社科研究基地

代表性成果:

图书:《北京文脉》、《北京中轴线》、“北京宗教史”丛书、《城市空间行为与分异:以北京市为例》等

文集报告:集刊《北京学研究 2014》、《北京学研究 2015》、《北京学研究 2016》、《北京学研究报告 2015》、《北京学研究报告 2016》、《北京学研究报告 2017》

19 北京师范大学首都教育经济研究基地

英文名称:Capital Economics of Education Research Base, Beijing Normal University

智库地址:北京市海淀区新街口外大街 19 号北京师范大学

邮编:100875

办公电话:010-58809973

传真:010-58809973

成立时间:2013 年 1 月

官方网址:http://www.ciee.bnu.edu.cn/

微信公众号:教育经济评论

机构宗旨:立足首都、服务首都,为北京市和中国教育改革与发展服务

政策研究领域:教育财政、教育与经济发展、教育投资效率与效益、教育与劳动力市场

涉及学科:教育学、经济学

智库类型:高校智库

智库层次:北京市高端智库建设首批试点单位

法人信息:北京师范大学

法人代表:董奇

组织机构代码:40001005 - 6

智库负责人:袁连生

管理团队:袁连生、王善迈、杜育红、赖德胜、孙志军、胡咏梅

首席专家:王善迈

全职研究员数:17 人

行政职员数:1 人

2016 年度预算:150 万元

智库荣誉:教育部高等学校科学研究(人文社科类)优秀成果奖一、二等奖,北京市哲学社会科学优秀科研成果一、二等奖,北京市高等教育教学成果奖一等奖,国家图书奖等

代表性成果:教育与经济发展关系及贡献研究、构建和谐劳动关系研究、深化北京教育财政体制改革

品牌活动:中国教育经济年会

20 北京师范大学首都文化创新与文化传播工程研究院

英文名称: Beijing Institute of Culture Innovation and Communication of Beijing Normal University

智库地址:北京市北京师范大学京师大厦 9812A

邮编:1000875

办公电话:010-58802729

传真:010-58802056

成立时间:2012年6月

关系信息:北京师范大学、北京市社会科学界联合会

官方网址:http://www.bicic.org/

微信公众号:bnu-bicic

机构宗旨:致力于优秀传统文化的创造性转化与创新性发展、国际传播受众需求与数据研究,为北京市文化发展提供实效性追踪与前瞻性判断

政策研究领域:文化政策、外交政策、互联网管理政策、产业政策、消费政策、高等教育政策、意识形态政策、新闻政策

涉及学科:教育学、经济学、文学、管理学、哲学

智库类型:高校智库

智库层次:北京市高端智库建设试点单位

管理团队:于丹、韩晓蕾、杨越明

首席专家:于丹

代表性成果:

图书:《改革开放以来中国文化消费生态变化研究——以北京文化消费为例》(ISBN 978-7-5158-1381-3)、《王安石学术思想研究》(ISBN 978-7-3030-5339-1)

报告:《中国高校海外网络传播力报告》、《外国人对中国文化的认知与需求调研报告》

品牌活动(论坛):文化"走出去":中国当代文化价值应用与国际传播路径(2013年国际论坛)、文化"走出去":中国当代文化价值凝聚与国际传播路径(2014年国际论坛)

21 北京师范大学智慧学习研究院

英文名称: Smart Learning Institute of Beijing Normal University

智库地址:北京市海淀区学院南路12号京师科技大厦A座12层(北京师范大学南院)

邮编:100082

办公电话:010-58807219

传真:010-58807219

成立时间:2015年3月

官方网址:http://sli.bnu.edu.cn/

微信公众号:smartlearning_BNU

机构宗旨:建构智慧学习理论,探索信息技术与教育双向融合的方法与途径,形成一批具有国际影响的学术成果

政策研究领域:教育信息化、"互联网+"教育、智慧学习环境

涉及学科:教育学、计算机科学与技术

智库类型:高校智库

法人信息:北京师范大学

法人代表:董奇

组织机构代码:40001005-6

智库负责人:黄荣怀、刘德建

管理团队:周明全、陈长杰、樊磊、曾海军、郑勤华、郐红艳、张定文、高媛、焦艳丽、王永忠、王腾

首席专家:黄荣怀、刘德建、周明全、熊璋、Kinshuk、Johnathan Michael Spector、Chris Dede、吕赐杰、Rob Koper

全职研究员数：16 人

兼职研究员数：26 人

行政职员数：8 人

2016 年度预算：2 000 万元

代表性成果：*State-of-the-Art and Future Directions of Smart Learning*（ISBN 978－8128－7868－7），*ICT in Education in Global Context*（ISBN 978－3－6624－3926－5）

品牌活动：中美智慧教育大会，设计、计算与创新思维培养高峰论坛，智慧学习沙龙，智慧学习环境国家论坛，"一带一路"开放教育资源国际论坛

22 北京师范大学中国基础教育质量监测协同创新中心

英文名称：Collaborative Innovation Center of Assessment Toward Basic Eucation Quality，Beijing Normal University

智库地址：北京市海淀区新街口外大街 19 号

邮编：100875

办公电话：010－58809037

传真：010－58800158

成立时间：2012 年 7 月

官方网址：http://cicabeq. bnu. edu. cn/index. shtml

邮箱：cicabeq@163. com

机构宗旨：科学、准确、及时"把脉"基础教育质量状况，促进亿万儿童青少年全面、个性发展

政策研究领域：基础教育政策

涉及学科：教育学、心理学

智库类型：高校智库

智库负责人：董奇

管理团队：董奇（主任）、陈丽（常务副主任）、辛涛（常务副主任）

全职研究员数：59 人

兼职研究员数：238 人

行政职员数：3 人

2016 年度预算：6 244 万元

代表性成果：

图书：《撬动中国基础教育的支点——中国特色教研制度发展研究》（ISBN 978-7-5041-5599-3）、《读懂孩子——心理学家实用教子宝典》（ISBN 978-7-3031-7260-3）、《外国职业教育通史（上、下卷）》（ISBN 978-7-1072-7838-9）

报告：《我国中小学生学业质量标准体系研究论证报告》、《基础教育质量监测工具研发》、《中国教育发展指数》

23 北京师范大学中国教育与社会发展研究院★

英文名称：China Institute of Education and Social Development, Beijing Normal University

智库地址：北京市海淀区新街口外大街 19 号北京师范大学

邮编：100875

办公电话：010-58804179

传真：010-58804179

成立时间：2016 年 10 月

机构宗旨：以“五大发展理念”为指引，围绕国家教育与社会治理重大战略决策，聚焦教育与社会发展关键领域和重大问题，开展教育与社会发展战略研究和咨政建言、引导教育与社会领域正确舆论、搭建中外教育与社会发展人文交流的桥梁、培养教育与社会治理人才，成为党和国家信得过、靠得住、用得上的高端智库

政策研究领域：教育服务国家重大战略研究、教育改革和发展战略研究、社会治理创新研究

涉及学科：教育学、社会学、经济学、管理学、心理学

智库类型：高校智库

智库层次：国家高端智库建设培育单位

法人信息：北京师范大学

法人代表：董奇

组织机构代码：400010056

智库负责人：董奇

管理团队：严隽琪（理事长）、董奇（院长）、顾明远（学术委员会主任）

首席专家：严隽琪、董奇、顾明远、罗富和、魏礼群、钟秉林、庞丽娟、李培林、陈丽

全职研究员数：30 人

兼职研究员数：65 人

行政职员数：7 人

2016 年度预算：2 285 万元

品牌活动：中国教育创新成果公益博览会、中国教师发展论坛、中国社会治理论坛、金砖国家青年外交官论坛

24 北京师范大学中国收入分配研究院

英文名称:China Institute for Income Distribution，Beijing Normal University

智库地址:北京市海淀区新街口外大街19号(北京师范大学北主楼1715、1716室)

邮编:100875

办公电话:010－58802941

传真:010－58802941

成立时间:2011年10月

官方网址:http://www.ciidbnu.org/

微信公众号:bnuciid

机构宗旨:动态追踪我国经济发展和经济转型过程中居民收入分配与贫困的变动特征,为国家收入分配体制改革和收入分配政策的完善提供科学支持

政策研究领域:劳动政策、就业政策、消费政策

涉及学科:经济学、管理学

智库类型:高校智库

法人信息:北京师范大学

法人代表:董奇

组织机构代码:12100000400010056C

智库负责人:宋晓梧、李实

管理团队:宋晓梧、李实、万海远

首席专家:赵人伟、宋晓梧、李实

全职研究员数:6人

兼职研究员数:2人

行政职员数：2 人

智库荣誉：优秀成果奖一等奖（省部级）（2015 年 6 月）、优秀成果一等奖（国际）（2015 年 9 月）、孙冶方经济学奖（中央级）（2015 年 6 月）

代表性成果：中国家庭收入调查（CHIP）数据库、“中国居民收入分配年度报告”系列丛书

品牌活动：中国收入分配论坛

25 北京外国语大学国际中国文化研究院

英文名称：International Institute of Chinese Studies，Beijing Foreign Studies University

智库地址：北京市海淀区西三环北路 19 号

邮编：100089

办公电话：010－88816430

传真：010－88810318

成立时间：1996 年 11 月

官方网址：http://www.sinologybeijing.net

微信公众号：gh_0ad6cc55b086

机构宗旨：旨在探索中国文化在全球发展的战略问题，探究中国文化在世界各民族中间的传播和影响

政策研究领域：文化政策

涉及学科：文学、哲学、历史学、艺术学

智库类型：高校智库

智库负责人：梁燕

管理团队：梁燕、顾钧

首席专家:张西平

全职研究员数:16 人

兼职研究员数:20 人

行政职员数:8 人

2016 年度预算:500 万元

智库荣誉:2011、2104、2015 年优秀科研集体一等奖(高校)

26 北京外国语大学国家语言能力发展研究中心

英文名称:National Research Center for State Language Capability, Beijing Foreign Studies University

智库地址:北京市海淀区西三环北路 2 号北京外国语大学西院综合楼六楼国家语言能力发展研究中心

邮编:100089

办公电话:010-88816824

传真:010-88810376

成立时间:2014 年 7 月

官方网址:http://gynf.bfsu.edu.cn/

机构宗旨:服务国家、服务社会,建设国家语言能力

政策研究领域:语言政策、外语教育

涉及学科:外国语言学及应用语言学、语言政策与规划学

智库类型:高校智库

智库层次:国家语委直属科研机构

法人信息:北京外国语大学国家语言能力发展研究中心

法人代表：王文斌

智库负责人：王文斌

管理团队：王文斌、戴曼纯、文秋芳

首席专家：王文斌

全职研究员数：9 人

兼职研究员数：10 人

行政职员数：6 人

2016 年度预算：20 万元

代表性成果：

项目："国家语言能力理论与人才标准体系研究"（项目编号：ZDI125－389；主持人：戴曼纯）

图书：《国外语言规划的理论与实践研究》（ISBN 978－7－5135－1765－2）

论文：熊文新，《新技术条件下的国际外宣媒体新走向——以 BBC 国际部和 VOA 停播中文广播为例》，《中国外语》，2013(6)；文秋芳，《法国与俄罗斯中小学外语教育对我国的启示》，《外国语（上海外国语大学学报）》，2014(6)；文秋芳，《美国国防部新外语战略评析》，《外语教学与研究》，2011(5)

品牌活动：语言政策国别研究高层论坛

27 北京外国语大学加拿大研究中心

英文名称： The National Centre for Canadian Studies, Beijing Foreign Studies University

智库地址：北京市海淀区西三环北路 2 号北京外国语大学

邮编：100089

办公电话:010－88817287

传真:010－88817287

成立时间:2010 年

官方网址:http://csc.bfsu.edu.cn/

微信公众号:北外加拿大研究中心

微博:北外加拿大研究中心

机构宗旨:面向国家战略需求,凝练学科发展方向,建立学术梯队

政策研究领域:教育、外交、社会保障、能源与环境、宗教、移民、经济、司法

涉及学科:政治学、国际政治经济、国际关系、社会学、公共政策、法律

智库类型:高校智库

智库层次:教育部区域和国别研究基地

法人信息:北京外国语大学

法人代表:彭龙

组织机构代码:40088368－2

智库负责人:刘琛

管理团队:赵冬

首席专家:刘琛

全职研究员数:10 人

兼职研究员数:23 人

行政职员数:2 人

2016 年度预算:30 万元

智库荣誉:国务院新闻办优秀论文奖、卡西欧科研著作奖

代表性成果:

图书:《加拿大政策发展报告》(ISBN 978－7－5097－7318－5)

报告:《加拿大教育及中加人文交流研究报告》

品牌活动:中美加关系高端论坛、加拿大政策发展年度论坛、中加研究国际学生论坛

28 北京外国语大学日本研究中心

英文名称:Center for Japanese Studies, Beijing Foreign Studies University

智库地址:北京市西三环北路 2 号

邮编:100089

办公电话:010 - 88816584

传真:010 - 88816586

成立时间:2012 年

官方网址:http://www.bjryzx.org/

机构宗旨:秉承严谨扎实的科研作风,在不断培养高端日本研究人才的同时,积极发挥自身优势,不断为国家政策与社会发展贡献智慧和力量

政策研究领域:对日人文交流、文化、经济政策

涉及学科:人文、社会科学、经济学

智库类型:高校智库

智库层次:教育部首批 42 家智库之一,教育部区域和国别研究培育基地

法人信息:北京外国语大学

法人代表:彭龙

组织机构代码:40088368 - 2

智库负责人:丁红卫

管理团队:北京外国语大学科研处

首席专家:郭连友

全职研究员数：15 人

兼职研究员数：12 人

行政职员数：5 人

2016 年度预算：320 万元

代表性成果(图书)：《日本学研究》(ISBN 978-7-5446-0561-8)

品牌活动：全国硕士研究生卡西欧杯优秀硕士论文评选、日本研究国际学术研讨会

29 北京外国语大学中东欧研究中心

英文名称：Center for Central and Eastern European Studies，Beijing Foreign Studies University

智库地址：北京市海淀区西三环北路 2 号

邮编：100089

办公电话：010-88815700、010-88817757、010-88816037

传真：010-88815700、010-88816748

成立时间：2012 年 5 月

官方网址：http://ccees.bfsu.edu.cn/

机构宗旨：研究、咨询、育人、会通

政策研究领域：中东欧国家和区域的语言文学研究、政治外交研究、历史文化研究、高等教育改革比较研究、区域经济社会研究

涉及学科：文学、历史学、哲学、法学、教育学、经济学

智库类型：高校智库

智库层次：教育部国别和区域研究培育基地

法人信息：北京外国语大学

法人代表：彭龙

智库负责人：丁超

管理团队：行政委员会、学术委员会

首席专家：丁超

兼职研究员数：30 人

2016 年度预算：30 万元

代表性成果（图书）：《欧洲语言文化研究》（ISBN 978－7－8023－2080－2）、《中东欧国家发展报告（2017）》（蓝皮书）、《中外文学交流史·中国—中东欧卷》（ISBN 978－7－5328－8494－0）

品牌活动：北外中国—中东欧人文交流论坛

30 重庆大学公共经济与公共政策研究中心

英文名称：Center for Public Economy & Public Policy Research, Chongqing University

智库地址：重庆市沙坪坝区沙正街 174 号重庆大学公共管理学院 214 室

邮编：400044

办公电话：023－65106009

传真：023－65111108

成立时间：2001 年 4 月

官方网址：http://pep.cqu.edu.cn/

微信公众号：公共经济与公共政策研究中心

机构宗旨：研究学术、造就人才、佑启乡邦、振导社会

政策研究领域：公共经济政策、文化政策、福利制度、地方财政政策、地方政府治

理政策、社会保障政策、公共人力资源管理政策、社会治理政策等

涉及学科：公共管理、理论经济学、应用经济学

智库类型：高校智库

智库层次：重庆市人文社会科学重点研究基地

法人信息：重庆大学

法人代表：周绪红

组织机构代码：40000269－7

智库负责人：刘渝琳

管理团队：彭小兵、刘燕、丁从明

首席专家：刘渝琳、张邦辉、李志

全职研究员数：43人

兼职研究员数：5人

行政职员数：2人

2016年度预算：510万元

智库荣誉：重庆市社会科学优秀成果社会科学著作类一等奖、重庆市发展研究一等奖

代表性成果：《社会保障的政府责任研究》、《精准扶贫绩效及其影响因素：基于东中西部的案例研究》、《地方性知识与政策执行成效——环境政策地方实践的双重话语分析》、《经济下行压力下转移支付与基础设施投资政策研究》、《政府优惠政策对区域经济发展影响的双门槛效应研究》

品牌活动：民主湖公共管理论坛、重庆大学公管讲坛、学术沙龙

31 重庆大学国家网络空间安全与大数据法治战略研究院

英文名称:Legal Strategy Research Institute of National Cyberspace Security and Big Data, Chongqi University

智库地址:重庆市沙坪坝区沙正街 174 号重庆大学 A 区主教学楼 908

邮编:400030

办公电话:023 - 65105002

传真:023 - 65105002

成立时间:2015 年 9 月

官方网址:http://www. kejilaw. com/

微信公众号:dataman2014

机构宗旨:凝聚全校网络安全与大数据法治研究力量,打造国内领先的学术基地,在国内为中国政府治理网络空间和捍卫国家网络空间安全提供理论依据;占据国际网络空间安全与大数据法治研究的前沿阵地,在国际上以中国学术声音引导大数据时代国家网络空间安全法治建设的走向

政策研究领域:网络安全政策、互联网管理政策、司法政策、工业政策、金融政策

涉及学科:法学、工学、经济学

智库类型:高校智库

管理团队:齐爱民、张舫、杨春平、向宏、罗勇

首席专家:齐爱民

代表性成果(项目):《生态利益衡平的法制保障研究》(项目号:20151185;主持人:黄锡生)、《我国资本投资效率研究》(项目号:20151361;主持人:蒲艳萍)、《新时

期重庆市青年自治组织对社会稳定影响的调查研究》(项目号:2015390;主持人:何跃)

32 重庆大学经略研究院

英文名称:Consilium Research Institute, Chongqi University

智库地址:重庆市沙坪坝区沙正街174号重庆大学A区文字斋

邮编:400044

办公电话:023-65102006

传真:023-65102006

成立时间:2015年7月

官方网址:http://www.jingluecn.com/

微信公众号:经略网刊、经略研究院

微博:经略网刊微博

机构宗旨:主要聚焦中国发展与世界格局转换中的战略与政策议题,通过学术会议、教学实践、刊物编辑、著作出版等多种形式,以"资政应用"类问题为导向,组织开展相关研究和科普活动

政策研究领域:外交政策、国防政策、军事政策、财政政策、劳动政策

涉及学科:法学、政治学、社会学等

智库类型:高校智库

法人信息:重庆大学

法人代表:周旭红

组织机构代码:40000269-7

智库负责人:唐杰

全职研究员数:18 人

兼职研究员数:41 人

行政职员数:5 人

2016 年度预算:105 万元

代表性成果:

图书:《路学:道路、空间与文化》(ISBN 978-7-5624-9597-0)、《2016 年文化观察选粹》(ISBN 978-7-5378-5079-7)、《中国科幻文学再出发》(ISBN 978-7-5624-9628-1)

品牌活动:"法权秩序与中国道路"研讨会

33 重庆大学可持续发展研究院

英文名称:Institute for Sustainable Development Research of CQU

智库地址:重庆市沙坪坝区沙正街 174 号重庆大学 A 区主教八楼

邮编:400044

办公电话:023-65112885

传真:023-65112885

成立时间:1997 年

官方网址:http://kcxfz.cqu.edu.cn/

机构宗旨:对内为学校发展及规划、高等教育改革问题进行系统性研究;对外为适应国家开发长江流域和西部大开发的战略部署,促进西部地区和三峡库区经济与社会可持续发展的客观需求

政策研究领域:区域经济与可持续发展、高等教育、资源法学

涉及学科:经济学、管理学、教育学、法学

智库类型：高校智库

法人代表：周绪红

组织机构代码：40000269－7

智库负责人：陈德敏

管理团队：王睿、姜凌舟、蒲纯

首席专家：陈德敏

全职研究员数：9 人

兼职研究员数：7 人

行政职员数：1 人

2016 年度预算：50 万元

代表性成果(图书)：《可持续：中国三峡库区》(ISBN 978－7－5624－5130－3)、《中国三峡移民》(ISBN 978－7－5624－2753－7)、《资源法原理专论》(ISBN 978－7－5118－2539－1)

品牌活动：重庆大学可持续发展论坛

34 重庆大学中国公共服务评测与研究中心

英文名称：Institute for China Public Service Evaluation and Research，Chongqing University

智库地址：重庆市沙坪坝重庆大学公共管理学院 216 室

邮编：400000

办公电话：023－65102331

传真：023－65102331

成立时间：2015 年 5 月

官方网址：http://cpec.cqu.edu.cn/

机构宗旨：为政府及企事业单位公共服务管理工作提供技术支撑，为经济建设提供优质服务，为社会安全提供技术保障

政策研究领域：公共服务需求调查与评估、政府及企事业单位的公共服务质量评价、政府及企事业单位购买公共服务监测评价

涉及学科：公共管理、理论经济学

智库类型：高校智库

法人信息：重庆大学

法人代表：周绪红

组织机构代码：40000269－7

智库负责人：张邦辉

首席专家：张邦辉

全职研究员数：12 人

行政职员数：1 人

2016 年度预算：10 万元

代表性成果(项目)：政府购买社会服务项目评估研究（主持人：郭英慧）、公益慈善、社区服务与社会建设研究（主持人：彭小兵）

35 重庆工商大学长江上游经济研究中心

英文名称： National Research Center for Upper Yangtze Economy, Chongqing University

智库地址：重庆市重庆工商大学

邮编：400067

成立时间:2002 年 9 月

官方网址:http://cjsy2014.ctbu.edu.cn/

机构宗旨:立足重庆直辖市和长江上游地区经济发展的重大现实问题进行多层次、系统性、综合性的理论与政策研究,为重大决策提供科学依据

政策研究领域:金融政策

智库类型:高校智库

智库负责人:孙芳城

全职研究员数:19 人

36 大理大学云南宗教治理与民族团结进步智库

智库地址:云南省大理白族自治州大理古城弘圣路 2 号大理大学古城校区

邮编:671003

办公电话:0872 - 2219847

传真:0872 - 2219847

成立时间:2015 年 1 月

机构宗旨:对内立足于学科的交叉与整合、研究团队的建设与发展,以云南需求推动学科整合,以学科整合贡献云南发展,提升大理学院在云南建设与进步中的地位与影响;对外立足于一流智库建设,为云南宗教治理与民族团结进步贡献思想和智慧,成为国家的思想库和智囊团,完成“理论建设、决策咨询、学科发展、人才培养、服务地方”五位一体的建设任务,为云南宗教和谐稳定与经济社会发展贡献力量

政策研究领域:宗教政策、民族政策

涉及学科:哲学、法学、历史学

智库类型：高校智库

智库层次：云南省高校新型智库建设单位

37 大连海事大学"一带一路"研究院

英文名称：DMU's Belt and Road Initiative Research Institute

智库地址：辽宁省大连市凌海路1号

邮编：116026

办公电话：0411－84726009

传真：0411－84729786

成立时间：2016年12月

官方网址：http://www.bri.dlmu.edu.cn/

微信公众号：大连海事大学一带一路研究院

机构宗旨：集聚国内外智力资源，立足交通运输行业，积极面向"一带一路"建设相关领域，开展综合型、特色化、前瞻性研究，服务国家"一带一路"战略实施

政策研究领域："一带一路"沿线国家特点、"21世纪海上丝绸之路"的理论和现实问题

涉及学科：交通运输工程、管理科学与工程、船舶与海洋工程、信息与通信工程、法学、环境科学与工程

智库类型：高校智库

法人代表：孙玉清

组织机构代码：12100000422436461A

智库负责人：韩庆

管理团队：孙玉清、韩庆

首席专家：孙玉清

全职研究员数：9 人

兼职研究员数：15 人

行政职员数：4 人

2016 年度预算：80 万元

智库荣誉：中联部"21 世纪海上丝绸之路"国际智库合作网络牵头单位

代表性成果：《21 世纪海上丝绸之路港口发展报告》、《保障我国海上通道安全研究》、《丝绸之路北极航线战略研究》

38 东北财经大学经济与社会发展研究院

智库地址：辽宁省大连市沙河口区尖山街 217 号

邮编：116025

办公电话：0411－84710465

成立时间：2003 年 11 月

官方网址：http://iesd.dufe.edu.cn/

政策研究领域：社会建设与社会政策、产业政策、财政政策

智库类型：高校智库

管理团队：王伟同、周学仁

首席专家：鲍洋、曹志来、陈菁泉、刁秀华、高学武、侯瑜、李怀

全职研究员数：29 人

代表性成果（论文）：刘晨晖，《货币政策对房地产泡沫的非线性影响研究——基于 Threshold-VAR 模型的实证分析》，《投资研究》，2014(10)

39 东北师范大学东亚文明研究中心

英文名称：Center of East-Asian Civilizations，Northeast Normal University

智库地址：吉林省长春市南关区人民大街5268号

邮编：130024

办公电话：0431－85098739

传真：0431－85098587

电子邮箱：handy916@nenu. edu. cn

成立时间：2004年

官方网址：http：//sohac. nenu. edu. cn/kyss/eastasia/eastasia. htm

机构宗旨：以“深化基础研究，服务国家战略，关怀人类发展”为理念，以“合璧文明优长，融汇中西价值”为目标，努力为东亚乃至人类“新文明体系”的建设事业做贡献

政策研究领域：文化政策

涉及学科：历史学

智库类型：高校智库

组织机构代码：12100000423202747Q

智库负责人：韩东育

管理团队：东亚史学团队

首席专家：韩东育

全职研究员数：28人

兼职研究员数：9人

2016年度预算：25万元

代表性成果（图书）：《日本近世新法家研究》（ISBN 978－7－1010－3632－5）、

《旧满洲档研究》(ISBN 978-7-8052-8908-3)

品牌活动:东亚史学青年论坛

40 东北师范大学农村教育研究所

英文名称: Research Institute of Rural Education,Northeast Normal University

智库地址:吉林省长春市人民大街5268号

邮编:130024

办公电话:0431-85099422

传真:0431-85684171

成立时间:1999年8月

官方网址:http://ire.nenu.edu.cn/

微信公众号:中国农村教育发展协同创新中心、寒石学居

机构宗旨:研究农村教育,服务农村教育,发展农村教育,建成国际知名、国内一流的具有重要影响力的国家级农村教育研究中心

政策研究领域:基础教育政策、文化政策、财政政策

涉及学科:教育学、管理学、经济学

智库类型:高校智库

智库层次:教育部人文社会科学重点研究基地

法人信息:东北师范大学

法人代表:刘益春

组织机构代码:42320274-7

智库负责人:邬志辉

管理团队:邬志辉、秦玉友、李伯玲

首席专家:邬志辉

全职研究员数:14 人

兼职研究员数:11 人

行政职员数:1 人

2016 年度预算:172 万元

智库荣誉:吉林省协同创新中心

项目:《城镇化背景下我国义务教育改革和发展机制研究》(项目号:13JZD043;主持人:邬志辉)、《重大攻关子课题新农村建设与城镇化推进中教育布局调整分类别规划研究》(项目号:07JZD0031;主持人:秦玉友)

品牌活动:农村教育国际系列学术研讨会

论坛:中国农村教育系列高端论坛、现代田园教育系列论坛

41 东南大学道德发展智库

英文名称: Moral Development Think-tank, Southeast Universtiy

智库地址:江苏省南京市玄武区四牌楼 2 号

邮编:210096

办公电话:025 - 52090923

成立时间:2015 年 11 月

官方网址:http://mdi.seu.edu.cn/

微信公众号:seu-moral

机构宗旨:以"发展"看待道德,在人类文明的大视野下,研究和解决中国伦理道德发展的重大理论和现实问题,提供关于中国道德发展的理念、理论、信息和战略,科学、高端、创新性地为中国道德发展和精神文明建设服务

政策研究领域:意识形态政策

涉及学科:哲学伦理学、社会学、管理学

智库类型:高校智库

智库层次:江苏省首批重点高端智库

法人信息:东南大学

法人代表:张广军

组织机构代码:12100000466006770Q

智库负责人:樊和平

管理团队:王燕文、杜维明、樊和平、李萍、姚新中、葛晨虹、杨国荣、贺来

首席专家:樊和平(樊浩)

全职研究员数:30 人

兼职研究员数:23 人

行政职员数:5 人

2016 年度预算:200 万元

智库荣誉:第七届高校科学研究优秀成果奖(人文社会科学)三等奖、江苏省第十四届哲学社会科学优秀成果二等奖、首届罗国杰伦理学教授基金优秀著作奖

代表性成果:公民道德发展数据库、伦理事件信息库、"江苏省道德发展状况测评体系"

品牌活动:江苏和全国的三次道德国情大调查(2007 年、2013 年、2016 年)、"信任"国际论坛、儒商国际论坛、"道德国情与道德哲学前沿"高层论坛

42 东南大学反腐败法治研究中心

英文名称: Research Center for Anti-Corruption with Rule of Law, Southeast

University

智库地址:江苏省南京市江宁区东南大学路 1 号东南大学法学院

邮编:211189

办公电话:025－52091141

成立时间:2015 年 2 月

官方网址:http://www.fanfufazhi.cn/

微信公众号:中外刑事法前沿

机构宗旨:服务于党和国家腐败治理的重大战略需求,以法治反腐为目标,构建综合性、国际化的腐败治理研究与交流平台,形成理论研究与应用研究为一体、协同研究与政策服务相结合的研究体制,为国家反腐战略的实施提供理论支撑、智力支持与人才保障

政策研究领域:反腐败立法、廉政指数评估、反腐国际合作

涉及学科:法学(刑事法学、犯罪学、行政法学、国际法学)、政治学、社会学、马克思主义原理

智库类型:高校智库

智库负责人:刘艳红

全职研究员数:10 人

兼职研究员数:22 人

行政职员数:3 人

2016 年度预算:30 万元

代表性成果(论文):李荣梅,《加快推进反腐败国家立法研究》,《大连民族学院学报》,2015,17(04)

《中华人民共和国反腐败法(草案)》

品牌活动:中国法治反腐论坛

43 东南大学现代管理会计创新研究中心

英文名称: Research Center for Modern Management Accounting Innovation, Southeast University

成立时间: 2015 年 3 月

联系电话: 025－83792681

机构宗旨: 为国家政策制定出谋划策,为理论新知添砖加瓦,为实践服务做好参谋,为中国企业现代化管理贡献智慧

涉及学科: 会计学、财务管理、企业管理、经济学

智库类型: 高校智库

智库负责人: 陈志斌

管理团队: 陈志斌(主任)、韩静(副主任)、汪敏达(办公室主任)

全职研究员数: 15 人

兼职研究员数: 20 人

行政人员数: 1 人

2016 年度预算: 75 万元

代表性成果: 财政部管理会计重大招标项目《中国行政事业单位管理会计人才能力框架研究》(2016 年)、财政部管理会计重大招标项目《中国管理会计人才评价体系研究》(2017 年)

44 东南大学中国特色社会主义发展研究院

英文名称: Institute for the Development of Socialism with Chinese

Characteristics, SEU(IDSCC)

智库地址:江苏省南京市玄武区四牌楼二号东南大学

邮编:210096

办公电话:025 - 83790371

传真:025 - 83790371

成立时间:2015 年 11 月

官方网址:http://idscc.seu.edu.cn/

微信公众号:中国特色社会主义发展研究院

机构宗旨:聚焦中国特色社会主义在 21 世纪的创新发展,提供相关理论成果、专题信息、调查报告,为党的思想理论建设和政府决策提供理论参考与战略谋划

政策研究领域:党的创新理论的研究阐释、经济创新发展、城镇规划发展、意识形态政策

涉及学科:马克思主义、哲学、经济学、城市规划学

智库类型:高校智库

智库层次:江苏省重点高端智库

智库负责人:郭广银

管理团队:郭广银、袁久红、袁健红、王兴平、盛凌振、叶海涛等

首席专家:郭广银

兼职研究员数:48 人

行政职员数:1 人

2016 年度预算:300 万元

代表性成果(论文):郭广银、袁久红,《治国理政科学体系的丰富发展》,《人民日报》,2016(6);袁久红、郭广银、陈硕,《从历史进程看中国道路的独特性》(人民要论),《人民日报》,2017(6)

45 东南大学最高人民法院司法大数据研究基地

英文名称：Research Base for Judicial Big Data of Supreme Court, Southeast University

智库地址：江苏省南京市江宁区东南大学路2号东南大学

邮编：211189

办公电话：025-52091142

传真：025-52091141

成立时间：2016年7月

关系信息：最高人民法院、东南大学、江苏省高级人民法院

机构宗旨：将大数据技术运用于破解重大司法实务难题，研发司法大数据智能应用系统，搭建智能司法数据应用平台，发布司法大数据分析评估报告，提供党政司法决策咨询和司法实务重大问题对策建议，建设成为国内一流的司法大数据研究基地

政策研究领域：司法政策

涉及学科：法学、计算机科学

智库类型：高校智库

智库层次：最高人民法院在全国范围内设立的首个司法大数据研究基地

智库负责人：刘艳红

管理团队：刘坤、王禄生、冯煜清、张柏礼、徐珉川、杨洁

首席专家：周佑勇、刘艳红、漆桂林

兼职研究员数：20人

2016年度预算：30万元

智库荣誉：最高人民法院第一届司法大数据专题协作研究一等奖

代表性成果:《刑事诉讼法实施效果大数据评估》

品牌活动:司法大数据研究与应用研讨会

46 对外经济贸易大学国际经济研究院

英文名称: Institute of International Economics, University of International Business and Economics

智库地址:北京市朝阳区惠新东街10号对外经济贸易大学国际经济研究院

邮编:100020

办公电话:010-64492251

传真:010-64493899

成立时间:1982年10月

官方网址:http://iie.uibe.edu.cn/

机构宗旨:打造国内一流研究团队,塑造学术品牌,全面提升学术研究水平和社会影响力,为中国对外开放事业贡献力量

政策研究领域:财政政策、金融政策、对外贸易政策

智库类型:高校智库

管理团队:桑百川、太平、庄芮、汤碧、李计广、张晓静

在职研究员数:34人

代表性成果:

内刊:《国际贸易译丛》、《台港澳经济研究》、《跨国公司研究》

论文:陈昊、赵春明,《性别工资不平等:演化路径与反事实证据》,《南开经济研究》,2016(5);郭桂霞等,《我国"走出去"企业的最优融资模式选择:基于信息经济学的视角》,《金融研究》,2016(8);李玉梅等,《外商投资企业撤资:动因与影响机理——

基于东部沿海10个城市问卷调查的实证分析》,《管理世界》,2016(4)

47 对外经济贸易大学全球价值链研究院

英文名称: Research Institute for Global Value Chains, University of International Bussiness and Economics

邮编:100029

成立时间:2016年7月

关系信息:对外经济贸易大学

官方网址:http://rigvc.uibe.edu.cn/

智库类型:高校智库

全职科研人员:9人

代表性成果:定期发布全球价值链发展报告、构建亚太地区附加值贸易(TiVAn)数据库、中国企业微观数据库(官方微观数据整合)、电子商务大数据、构建金融、税制改革、全球价值链CGE模型

品牌活动:GVC讲习班

48 对外经济贸易大学中国世界贸易组织研究院

英文名称: China Institute for WTO Studies, University of International Business and Economics

智库地址:北京市朝阳区惠新东街10号对外经济贸易大学逸夫科研楼5层

邮编:100029

办公电话：010－64495778

传真：010－64495779

成立时间：2000年1月

机构宗旨：致力于应用经济学、政治学、法学等多学科的研究方法和范式，探索多边贸易体制的发展路径及其对世界政治经济体系的影响，追踪全球化条件下中国开放经济的内在演进规律及其与外部世界的互动关系；致力于重大现实问题的研究和解决，为国家和企业决策提供高质量的咨询服务；致力于创建开放的、共享的研究与交流空间，促进国内外WTO研究领域的智力和资源的融通

政策研究领域：财政政策、金融政策、对外贸易政策、市场政策

涉及学科：经济学、法学

智库类型：高校智库

全职研究人员：8人

兼职研究人员：12人

行政职员数：3人

代表性成果(论文)：刘斌、刘颖，《透视国际投资规则中的透明度要求——基于中美BIT视角》，《国际贸易》，2017(7)；吕越、黄艳希，《全球价值链嵌入的生产率效应：影响与机制分析》，《世界经济》，2017(7)；吕越，《中国企业参与全球价值链的持续时间及其决定因素》，《数量经济技术经济研究》，2017(6)

49 福建师范大学竞争力研究中心

英文名称： National Research Center for Economic Comprehensive Competitiveness，Fujian Normal University

智库地址：福建省福州市福建师范大学竞争力研究中心(福建师范大学)

邮编:350007

办公电话:0591－83465205

传真:0591－83465205

成立时间:2006 年 1 月

官方网址:http://jjxy.fjnu.edu.cn/3898/list.htm

微信公众号:全国经济综合竞争力研究中心

机构宗旨:以建设有中国特色社会主义的基本理论和党的基本路线为指导,以竞争力研究为特色研究方向,围绕省域经济综合竞争力、环境竞争力、国家创新竞争力、低碳经济竞争力、创意经济竞争力等诸多领域开展系统研究,为建立社会主义市场经济体制和推进社会主义现代化建设提供决策参考

政策研究领域:外交政策、产业政策、对外贸易政策、环境政策

涉及学科:经济学、管理学、法学

智库类型:高校智库

智库负责人:黄茂兴

管理团队:李军军、叶琪、张宝英、吴芬

首席专家:李建平、陈征

全职研究员数:5 人

兼职研究员数:55 人

行政职员数:2 人

2016 年度预算:600 万元

智库荣誉:中国社会科学院优秀皮书一等奖、福建省社科优秀成果奖一等奖、全国教育系统先进集体

代表性成果(图书):《中国省域经济综合竞争力发展报告》系列蓝皮书(ISBN 978－7－5097－2134－6)、《G20 国家创新竞争力发展报告》系列黄皮书、《世界创新竞争力发展报告》系列黄皮书(ISBN 978－7－5097－3798－9)、《中国省域环境竞争

力发展报告》系列绿皮书(ISBN 978 - 7 - 5097 - 2916 - 8)、《全球环境竞争力发展报告》系列绿皮书、《福建自贸区发展报告》系列蓝皮书

50 复旦大学发展研究院

英文名称: Fudan Development Institute

智库地址:上海市复旦大学发展研究院(复旦大学)

邮编:200433

办公电话:021 - 55665596

传真:021 - 55665596

成立时间:1993 年 7 月

官方网址:http://fddi. fudan. edu. cn/

微博:复旦发展研究院、复旦发展研究院金融研究中心、上海论坛、复旦大学社会科学数据平台

机构宗旨:以"服务国家发展"为己任,坚定政治立场,坚守学术理想,坚持咨政导向,关注人类命运,聚焦国家发展,建言社会进步

政策研究领域:国家治理、社会治理、传播与治理、国际关系、宏观经济、金融保险、能源与环境气候、人口和老龄化、网络理政、智库研究、"一带一路"研究、管理学东盟研究、金砖国家合作研究、社区研究、中国农村研究

涉及学科:经济学、法学

智库类型:高校智库

全职研究员数:34 人

代表性成果:

内刊:《中国大学智库动态》

图书:*End of Hyper Growth in China*?(ISBN 978-1-1375-3717-1),《二十世纪中国佛教的两次复兴》(ISBN 978-7-3091-2323-4)、《中国近世地方社会中的宗教与国家》(ISBN 978-7-3091-1177-4)

论文:J. Jeganaathan, "'OBOR' and South Asia", 2017(2);王侃瑜,《多重边缘下的中心》,2016(6);戴从容,《科幻文学的文学经典性——以"海伯利安系列"为例》,2016(8)

品牌活动:大学智库论坛、上海论坛、中德莱布尼茨论坛、复旦发展论坛

51 复旦大学美国研究中心

英文名称: The Center for American Studies, Fudan University

智库地址:上海市杨浦区邯郸路220号复旦大学美国研究中心

邮编:200433

办公电话:021-65642269

传真:021-65119527

成立时间:1985年1月

官方网址:http://www.cas.fudan.edu.cn/

微信公众号:casfdu

机构宗旨:促进对美国各个方面的持续深入的研究,加强对美国以及中美关系的全面深刻的理解。为本科生和研究生开设有关美国政治、经济、中美关系、安全及防备、宗教文化等课程,使学生们掌握美国研究所需的综合知识、分析方法和英语能力

政策研究领域:外交政策、安全政策、宗教政策、网络安全政策、文化政策、互联网管理政策、金融政策

涉及学科:经济学、法学、历史学

智库类型:高校智库

管理团队:吴心伯、信强、宋国友

专职人员:16 人

兼职研究员数:1 人

代表性成果:

图书:《重塑美国——美国新媒体社会的全面建构及其影响》(ISBN 978 - 7 - 3091 - 2620 - 4)、《安全化与冷战后美国对华战略演变》(ISBN 978 - 7 - 3091 - 2529 - 0)、《中美关系战略报告 2015》(ISBN 978 - 7 - 8023 - 2936 - 2)

论文:王浩,《美国政治的演化逻辑与内在悖论》,2017(8);吴心伯,《论亚太大变局》,2017(4);蔡翠红,《以'伊斯兰国'为例解析网络恐怖活动机制》,2017(1)

52 复旦大学人口与发展政策研究中心

英文名称: Fudan University Center for Population and Development Policy Studies

智库地址:上海市杨浦区邯郸路 220 号文科楼 821 室

邮编:200433

办公电话:021 - 65643261

传真:021 - 65643261

官方网址:http://cpdps.fudan.edu.cn/

机构宗旨:成为能够提供系统的公共管理与公共政策设计、理论创新、解决中国社会发展重大战略问题的公共政策研究中心;成为具有公共政策评估能力、公共政策咨询能力,参与政府公共政策制定能力,以及社会公共安全预警能力的公共政策服务机构;成为具有培养公共政策高级研究人才,为政府提供公共政策高级培训的培训基

地；成为能够与国际一流的公共政策研究机构进行广泛学术交流与合作的、并具有国际地位和国际影响的公共政策国际交流中心

政策研究领域：人口政策

智库类型：高校智库

管理团队：彭希哲（主任）、王丰（副主任）、王桂新（副主任）、张震（助理主任）

全职研究员数：8 人

兼职研究员数：10 人

代表性成果（图书）：《全球化与低生育率：中国的选择》（ISBN 978－7－3090－8049－0）、《全球化时代的人口与城市发展》（ISBN 978－7－3090－8887－8）

53 复旦大学上海市高校智库研究和管理中心

英文名称：Centre for Think-tanks Research and Management in Shanghai, Fudan University

智库地址：上海市杨浦区邯郸路 220 号复旦大学智库楼

邮编：200433

办公电话：021－65642556、021－55665501

传真：021－55670203

成立时间：2013 年 9 月

官方网址：http://utts.fudan.edu.cn/

微信公众号：shgxzk（上海高校智库）

机构宗旨：咨政、启民、育人，中心聚合和服务于更多的智库或机构，为建设中国特色新型高校智库贡献力量

政策研究领域：智库建设、公共政策研究

涉及学科：高等教育、公共政策

智库类型：高校智库

法人信息：复旦大学

法人代表：许宁生

组织机构代码：425006117

智库负责人：陈志敏

首席专家：沈国麟

全职研究员数：3 人

兼职研究员数：14 人

行政职员数：5 人

2016 年度预算：182.03 万元

代表性成果：《全球思想版图》(ISBN 978－7－2081－2639－8)、《观点快报》、《中国观》、《上海高校智库访问学者政策建议报告集》

品牌活动：上海高校智库访问学者项目(访问学者沙龙＋访问学者讲座)、上海高校智库战略思想沙龙、上海高校智库工作坊

54 复旦大学亚太区域合作与治理研究中心

英文名称：Center for Asia-Pacific Cooperation and Governance，Fudan University

智库地址：上海市国权路 680 号 208 室

邮编：200433

办公电话：021－65647669

传真：021－65119567

成立时间：2013 年 10 月

邮箱:apcenter@fudan. edu. cn

机构宗旨:以亚太地区的国际关系和地区合作为主要研究对象,聚焦中国崛起背景下与亚太重点国家和地区组织的互动,分析这种互动的发展规律和演变趋势,提出中国的应对方略;研究亚太地区合作的路径和形式,探讨亚太地区治理机制建设,总结适合亚太地区特点的行之有效的合作模式;基于亚太地区的历史、文化和社会、政治现实,倡导具有亚太特色的地区国际关系规范

政策研究领域:国际关系、"一带一路"、中国外交

涉及学科:国际关系

智库类型:高校智库

法人代表:吴心伯

智库负责人:吴心伯

管理团队:吴心伯、宋国友、石源华、胡令远

首席专家:吴心伯

全职研究员数:18 人

兼职研究员数:22 人

行政职员数:4 人

2016 年度预算:174. 69 万元

智库荣誉:2015 年 12 月获评上海市社会科学创新研究基地

代表性成果:《中美关系战略报告》(自 2014 年起每年 1 份)

品牌活动:首届"中美大学智库对话"、上海论坛国际关系分论坛、亚洲非传统安全高端论坛、亚太地区城市国际合作管理课程培训

55 复旦大学政党建设与国家发展研究中心

英文名称:Center for Building and State Development Studies,Fudan University

智库地址:上海市邯郸路 220 号复旦大学国际关系与公共事务学院

邮编:200433

办公电话:18818270717

成立时间:2013 年

机构宗旨:致力于政党建设与国家发展的战略问题研究,为党与国家有关部门提供具有思想性、前瞻性、可操作性的决策咨询报告和政策建议

政策研究领域:外交政策、港澳台政策、统战政策

涉及学科:文学、哲学

智库类型:高校智库

管理团队:郑长忠、赵小斐、李威利

56 复旦大学中国经济研究中心

英文名称:Research Institute of Chinese Economy, Fudan University

智库地址:上海市杨浦区国权路 680 号

邮编:200433

办公电话:021-55665708

成立时间:2013 年 8 月

官方网址:http://www.rice.fudan.edu.cn/

机构宗旨:为中国未来中长期经济增长与发展提供政策咨询和建议,对涉及未来

20年中国经济增长与发展中的重大战略问题作出研究和政策分析

政策研究领域：金融政策、市场政策、就业政策、对外贸易政策

智库类型：高校智库

全职研究员数：15人

兼职研究员数：7人

代表性成果：

项目：《雾霾治理与经济发展方式转变机制研究》（项目编号：14ZDB144；主持人：陈师一）、《劳动力转移、农户非农化、土地流转与粮食安全：基于农户数据的研究》（项目编号：14JJD790017；主持人：章元）、《基于中国微观专利数据的创新价值评估及其驱动因素研究》（项目编号：14JJD790014；主持人：寇宗来）

图书：《顶级对话——理解变化中的经济世界》（ISBN 978-7-2081-4457-5）

论文：吴建峰，"The birth of edge cities in China: Measuring the effects of industrial parks policy", *Nber Working Papers*, 2015

57 复旦大学中国研究院★★

英文名称：China Institute, Fudan University

智库地址：上海市国定路400号复宣5层

邮编：200433

办公电话：021-65642227

传真：021-55661725

成立时间：2015年

官方网址：http://www.cifu.fudan.edu.cn/

机构宗旨：分析中国崛起的原因和规律，进行关于中国道路、中国模式和中国话

语的原创性理论研究和政策研究，推动中国思想和中国话语在世界范围内的崛起

政策研究领域：财政政策、金融政策、市场政策、住房政策

智库类型：高校智库

智库层次：首批国家高端智库建设试点单位

法人代表：张维为

代表性成果：

图书：《多重视角下的中国梦》(ISBN 978-7-5147-0661-1)、《中国资本市场的发展与变迁》(ISBN 978-7-5432-1496-5)、《中国触动：百国视野下的观察与思考》(ISBN 978-7-2081-0455-6)

论文：宋鲁郑，《从〈资本主义十讲〉看西方学者对当代资本主义的反思与批判》，《红旗文稿》，2017(14)；宋鲁郑，《从东西方对比看西方的民主制度危机》，《人民论坛·学术前沿》，2017(13)；吴新文，《传承优秀传统文化，政府不应缺位》，《人民论坛》，2017(9)

品牌活动：思想者论坛、中国道路与中国话语高端论坛

58 甘肃政法学院西北民族地区侦查理论与实务研究中心

英文名称：The Research Center for Investigative Theory and Application in Northwestern Ethnic Regions

智库地址：甘肃省兰州市安宁区安宁西路6号甘肃政法学院

邮编：730070

办公电话：18993100505

传真：0931-7601462

成立时间：2010年

官方网址:http://xbmz.gsli.edu.cn/

微信公众号:政法侦查理论与实务研究中心

机构宗旨:致力于研究侦查理论与实务前沿问题,加强学术研究与实践交流,推动侦查体制机制的变革

政策研究领域:犯罪侦查与预防、刑事司法、民族社会稳定

涉及学科:侦查学、刑事诉讼法学、刑法学

智库类型:高校智库

智库层次:甘肃省人文社科重点研究基地

法人信息:甘肃政法学院

法人代表:李玉基

智库负责人:魏克强

首席专家:魏克强

全职研究员数:20 人

兼职研究员数:10 人

行政职员数:2 人

2016 年度预算:15 万元

59 广东外语外贸大学广东国际战略研究院

英文名称: Guangdong Institute for International Strategies, Guangdong University of Foreign Studies

智库地址:广东省广州市白云区白云大道北 2 号第五教学楼广东国际战略研究院

邮编:510420

办公电话:020－36205613、020－36641366

传真:020－86253521

成立时间:2009年11月

官方网址:http://giis.gdufs.edu.cn/

微信公众号:广东国际战略研究院(GIIS)

机构宗旨:专注于广东国际化战略理论、实践与政策等问题研究,为政府和企业提供战略咨询和决策支持

政策研究领域:外交政策、安全政策、产业政策、财政政策、金融政策、对外贸易政策、服务业政策

涉及学科:经济学、法学、管理学

智库类型:高校智库

法人信息:广东国际战略研究院(公益三类)

法人代表:隋广军

组织机构代码:12440000696496146P

智库负责人:隋广军

管理团队:隋广军(党委书记)、李青(秘书长)、周方银(主任)、刘继森(副秘书长)、陈寒溪(副秘书长)、曾楚宏(副秘书长)、商杰强

首席专家:隋广军

全职研究员数:21人

兼职研究员数:58人

行政职员数:6人

智库荣誉:教育部科技进步一等奖、全国高校哲学社会科学优秀成果奖、广东省社科联成立50周年优秀决策咨询成果奖

代表性成果:

期刊:《战略决策研究》(ISSN 1674－9065,CN 44－1673/C)

图书:《2010—2011 广东对外经济贸易发展研究报告》(ISBN 978-7-5454-0722-8)、《广东开放经济发展战略研究报告》(ISBN 978-7-5103-0622-8)、《广东国际战略决策咨询报告》(ISBN 978-7-5141-4799-5)

品牌活动:21 世纪海上丝绸之路(广东)国际智库论坛、中国(广东)—东盟战略合作论坛、中韩投资环境国际论坛

60 广西大学广西创新发展研究院

英文名称: Guangxi Research Institute for Innovation and Development of Guangxi University

智库地址:广西壮族自治区南宁市西乡塘区大学东路 100 号广西大学

邮编:530004

办公电话:0771-3242090

传真:0771-324030

成立时间:2016 年 11 月

官方网址:http://cfy.gxu.edu.cn/

微信公众号:GXCXFZYJY

机构宗旨:党委政府的战略咨询平台、创新发展的交流平台、社会各界的服务平台

政策研究领域:广西经济社会发展中的重点难点问题、民营企业发展、新型城镇化、乡村建设、贫困治理等

涉及学科:社会科学、经济学

智库类型:高校智库

法人代表:赵跃宇

智库负责人:阎世平

管理团队:刘正东、阎世平、莫光辉、鲁姗妮、刘莉莉

首席专家:郑新立、阎世平

全职研究员数:8 人

兼职研究员数:60 人

行政职员数:4 人

品牌活动:广西创新发展“30 人论坛”

61 广西大学中国—东盟研究院

英文名称: Guangxi University China-ASEAN Research Institute

智库地址:广西壮族自治区南宁市大学路 100 号广西大学中国东盟研究院

邮编:530004

办公电话:0771－3273797

传真:0771－3274451

成立时间:2005 年 1 月

官方网址:http://cari.gxu.edu.cn/

微信公众号:carigxu

微博:中国—东盟研究院

机构宗旨:服务中国—东盟区域发展实践和理论创新重大需要

政策研究领域:外交政策、财政政策、资源政策、对外贸易政策、意识形态政策、文化政策、高等教育政策、社会建设与社会政策、金融政策、市场政策、国防政策

涉及学科:经济学、法学、教育学、历史学、管理学、文学

智库类型:高校智库

法人代表:赵跃宇

组织机构代码:12450000498500992 9

智库负责人:范祚军

管理团队:范祚军(副院长)、刘正东、梁颖、张协奎、梁淑红、霍林、郭晓红、罗传钰

首席专家:范祚军、陆建人、张蕴岭、范从来、佟家栋、吴士存

全职研究员数:37 人

兼职研究员数:146 人

行政职员数:16 人

2016 年度预算:500 万元

代表性成果:

图书:《人民币国际化的条件约束与突破》(ISBN 978-7-0101-1225-1)、《提升沿边开放与加强跨国区域合作研究——以 CAFTA 背景下中国西南边境跨国区域为例》(ISBN 978-7-5141-2800-0)

论文:范祚军,《差别化区域金融调控的一个分区方法——基于系统聚类分析方法的应用》,《管理世界》,2008(4);范祚军,《差异性金融结构"互嵌"式"耦合"效应——基于泛北部湾区域金融合作的实证》,《经济研究》,2012(12);王中昭,《汇率与货币错配协动性关系及机理探析》,《国际金融研究》,2010(5)

品牌活动:中国—东盟区域发展论坛、中国—东盟金融合作论坛、澜沧江—湄公河次区域论坛、"10+3"产能合作国际研讨会

62 广西民族大学广西知识产权发展研究院

英文名称: Guangxi Development Research Institute of Intellectual Property,

Guangxi University for Nationalities

智库地址:广西南宁市大学东路 188 号广西民族大学求是楼 4—5 楼

邮编:530006

办公电话:0771 - 3264046

传真:0771 - 3264046

成立时间:2013 年 1 月

官方网址:http://gxzscq.gxun.edu.cn/

微信公众号:gxzscqfzyjy(广西知识产权发展研究院)

微博:广西知识产权发展研究院

机构宗旨:扎根广西、立足西部、辐射东盟,为中国—东盟在知识产权领域的发展提供优质服务

政策研究领域:中国—东盟知识产权、大数据法、电子商务法、知识产权法、中国—东盟网络安全法

涉及学科:知识产权、法学、网络安全

智库类型:高校智库

法人信息:广西民族大学

法人代表:谢尚果

组织机构代码:49850664 - 9

智库负责人:齐爱民

管理团队:谢尚果、齐爱民、周伟萌、胡丽、陈星、文立彬、王虎平、吴世贵、庞洪涛、邓源源等

首席专家:谢尚果、齐爱民

全职研究员数:23 人

兼职研究员数:101 人

行政职员数:8 人

2016 年度预算:110 万元

智库荣誉:广西壮族自治区哲学社会科学二等奖、广西教学成果奖一等奖

63 贵州大学贵州省大数据产业发展应用研究院

智库地址:贵州省贵阳市南明区沙冲南路 32 号

邮编:550000

成立时间:2014 年 5 月

机构宗旨:围绕教育大数据、医疗大数据、交通大数据、旅游大数据、食品大数据、农业大数据、电力大数据、通信大数据、工业大数据、物流大数据、扶贫大数据、生态大数据、文化大数据、公益大数据、金融大数据、民生大数据等展开大数据的采集、存储、分析、加工、应用开发等研究,高端人才培养和产业孵化基地

政策研究领域:网络安全政策、互联网管理政策、产业政策

智库类型:高校智库

64 国际关系学院公共市场与政府采购研究所

英文名称: Institution of Public Market and Government Procurement

智库地址:北京市海淀区坡上村 12 号学术交流中心 413 室

邮编:100091

办公电话:010 - 62861678

传真:010－62861678

成立时间:2003 年 4 月

官方网址:http://duirap9. uir. cn/? cid＝1

微信公众号:uiripmgp

微博:国关公共市场与政采研究所

机构宗旨:努力建成科学研究中心、专业人才培养基地和专门化高端智库

政策研究领域:公共采购(政府采购)、PPP、公共资源交易、国际贸易

涉及学科:经济学、法学、管理学

智库类型:高校智库

智库负责人:赵勇

管理团队:张睿君、孟千、高欢欢、姜永涛

首席专家:刘慧、赵勇

全职研究员数:5 人

兼职研究员数:15 人

行政职员数:1 人

2016 年度预算:10 万元

智库荣誉:财政部优秀成果奖、国家发改委优秀成果奖

代表性成果:政府采购扶持中小企业政策研究报告、加入 GPA 国内政府采购相关体制改革研究报告

品牌活动:公共市场与政府采购论坛、招标采购案例分析研讨会、公共资源交易研讨会

65 国际关系学院国际战略与安全研究中心

英文名称:Center for International Strategy and Security Studies

智库地址:北京市海淀区坡上村12号国际关系学院学术交流中心210

邮编:100091

办公电话:010－62861021

传真:010－62861527

官方网址:http://duirap98.uir.cn/col_182.htm

政策研究领域:外交政策、安全政策、金融政策、财政政策、文化政策、网络安全政策

智库类型:高校智库

管理团队:刘慧

代表性成果:

图书:《为国家安全立言》(ISBN 978－7－5035－3256－4)、《国家安全战略思考》(ISBN 978－7－8023－2561－6)、《国家安全学》(ISBN 978－7－5620－2550－4)

论文:董璐,《文化安全遭受威胁的后果及其内生性根源》,《国际安全研究》,2014,32(2);毕雁英,《美国国家安全委员会变迁探析》,《国际安全研究》,2014,32(5);林宏宇,《北约空袭南联盟之恶劣影响》,《国际关系学院学报》,1999(3)

品牌活动:国家安全论坛、"夏宫论坛"

66 海南大学海南低碳经济政策与产业技术研究院

英文名称:Hainan Policy and Industrial Research Institute

智库地址:海南省海口市美兰区人民大道58号海南大学社科楼A620

邮编：570228

办公电话：0898－66162258

传真：0898－66162258

成立时间：2010 年 2 月

官方网址：http：//www. hainu. edu. cn/ditan

微信公众号：hndty2010

机构宗旨：为海南低碳示范区建设提供技术支持、人才支撑和政策咨询服务，主推海南国际旅游岛建设和经济社会可持续发展

政策研究领域：环境政策、海洋政策、能源政策、城乡建设政策、交通政策、工业政策、农业政策、林业政策、水利政策

涉及学科：管理学、经济学、工学、农学、法学、理学

智库类型：高校智库

法人代表：傅国华

组织机构代码：52460000562447170J

智库负责人：金志扬

管理团队：刘燕华（院长）、傅国华（常务副院长）、金志扬（副院长）、王媛媛（副主任）

首席专家：周玮生、王松霈

全职研究员数：2 人

兼职研究员数：50 人

行政职员数：5 人

2016 年度预算：74 万元

智库荣誉：全国社科联创建新型智库先进社会组织

代表性成果：《海南省应对气候变化规划（2014—2020）》、《海南省 2005 年省级温室气体清单编制》

基金项目："海南省 2005 年省级温室气体清单编制"（项目编号：1113061）、"热带

海洋气候条件下大气颗粒物重金属分布特征和来源解析”(项目编号:212012;主持人:孙宏飞)

品牌活动:“热带高效循环农业”研讨会

67 海南大学海南国际旅游岛发展研究院

英文名称: Hainan Institute of Development on International Tourist Destination

智库地址:海南省海口市人民大道58号海南大学社会科学学科楼A栋

邮编:570228

办公电话:0898-66279180

成立时间:2010年5月

官方网址:http://www.hainu.edu.cn/

机构宗旨:面向需求、服务地方、前沿创新、注重实效

政策研究领域:财政政策、金融政策、产业政策、社会保障政策、人口政策

智库类型:高校智库

法人信息:海南大学

法人代表:李建保

管理团队:候自新(院长)、刁晓平(执行院长)、白长虹(执行院长)

68 海南大学海南省南海政策与法律研究中心

英文名称: Research Center for Policy and Law of the South China Sea of Hainan Province

智库地址:海南省海口市人民大道58号

邮编:570228

办公电话:0898-66219039

传真:0898-66279188

成立时间:2011年12月

官方网址:http://www.hainu.edu.cn/nhlaw/

机构宗旨:研究南海法律,服务国家战略

政策研究领域:南海安全战略研究、南海海洋争端解决机制研究、南海问题的国际法理研究、南海海上通道安全法律问题研究、南海资源开发法律问题研究、国家海上管辖权和海洋执法法律问题研究、南海海洋环境保护机制研究、南海区域合作制度研究、海洋经济法律制度研究

涉及学科:国际法、国际海洋法、国际环境法

智库类型:高校智库

智库层次:中国法学会法治研究基地

法人信息:海南大学

法人代表:李建保

组织机构代码:42820073-2

智库负责人:王崇敏

管理团队:邹立刚、王秀卫

首席专家:高之国、高圣惕、邹立刚等

全职研究员数:32人

兼职研究员数:18人

行政职员数:2人

2016年度预算:30万元

智库荣誉:中国法学会法治研究基地

代表性成果：

基金项目：“民事诉讼案外人救济问题研究”（项目编号：HNSK14 - 70；主持人：邓和军）

图书：《青少年法制教育读本》（ISBN 978 - 7 - 5443 - 5782 - 1）、《欧洲法律史》（ISBN 978 - 7 - 5118 - 5242 - 7）

品牌活动：南海法律高端论坛、南海区域合作论坛、更路簿高端论坛

69 河北大学河北省生态与环境发展研究中心

英文名称：Hebei Rearch Center for Eco-Environmental Sciences

智库地址：河北省保定市七一东路 2666 号

邮编：071002

办公电话：0312 - 5079661

传真：0312 - 5079661

成立时间：2014 年 2 月

微信公众号：河北省生态与环境发展研究中心

机构宗旨：打造国内一流、国际领先的区域生态保护与可持续发展的高端智库和创新高地，构建起一个人才培养、科学研究、学科发展三位一体的协同创新平台，为实现京津冀协同发展和国家生态文明建设提供技术保障与智力支撑

政策研究领域：环境政策、资源政策、产业政策

涉及学科：经济学、环境科学、法学、管理学、理学

智库类型：高校智库

智库层次：省级高端智库建设试点单位

法人信息：河北大学

法人代表：傅广生

组织机构代码：12130001017050600

智库负责人：陈志国

管理团队：陈志国（主任）、户艳领（副主任）、顾岩峰（秘书长）

首席专家：许皓

全职研究员数：26 人

兼职研究员数：35 人

行政职员数：2 人

2016 年度预算：75 万元

智库荣誉：河北省社会科学基金项目优秀成果奖（省部级）、河北省社会科学优秀成果奖（省部级）

代表性成果：

论文：陈志国、宋鹏飞，《不断提升我国对外直接投资的成效》，《宏观经济管理》，2015(4)；陈志国、刘婷婷、户艳领，《环首都地区农业用水利用现状及增效研究——基于河北省的调研分析》，《首都经济贸易大学学报》，2015(4)；李惠茹、陈志国，《重视和提高环境污染治理的投资效应》，《宏观经济管理》，2013(12)

图书：《京津冀基本公共服务发展比较研究》(ISBN 978-7-0101-5528-9)、《土壤自然资本价值计量研究》(ISBN 978-7-0101-6996-5)、《低碳环保发展绿皮书——中国低碳环保发展指数评价》（郑林昌）(ISBN 978-7-0101-4414-6)

70 河北大学伊斯兰国家社会发展研究中心

英文名称：Hebei University Research Center for Social Development of Islamic Countries

智库地址:河北省保定市七一东路 2666 号河北大学新校区 B2 - 313

邮编:071000

办公电话:0312 - 5973140

传真:0312 - 5973140

成立时间:2014 年 10 月

官方网址:http://islam.hbu.cn/

微信公众号:丝想库

机构宗旨:构建跨文化交流的渠道,举荐合作项目,并致力于提升中伊之间的教育交流和学术交流水平;加快成为相关国际问题国家智库,推动争端解决、化解矛盾和消除误解;致力于构建多层次宽视野多角度的开放的对话交流平台,并使用多种语言实现学术成果转化,并努力提升国际影响力,成为国内外有关中国和伊斯兰国家研究的代表性机构

政策研究领域:外交、民生、文化交流

涉及学科:新闻传播学、宗教学、国际关系学

智库类型:高校智库

智库层次:河北省人文社会科学重点研究基地

法人信息:河北大学

法人代表:康乐

组织机构代码:130601269

智库负责人:白贵

管理团队:金强、马婷

首席专家:白贵

全职研究员数:11 人

兼职研究员数:27 人

行政职员数:3 人

2016年度预算:35万元

智库荣誉:"一带一路"沿线国家研究智库联盟理事长单位、互联网治理智库联盟理事单位

代表性成果:

图书:《巴基斯坦大众传媒研究》(ISBN 978-7-5657-1725-3)

论文:白贵、曹磊,《对外传播的新使命:"一带一路"与"构建人类命运共同体"》,《新闻战线》,2017(09);金强、白贵,《中伊文明友好交往与交往智慧的几点提示》,《中国穆斯林》,2015(04);邸敬存、白贵,《书刊出版中侵犯少数民族风俗习惯的表现及对策》,《现代出版》,2016(05);白贵,《地方性知识与涉宗教报道媒体伦理的文化冲突》,《中国民族报》,2016-03-15(006)

71 河北工业大学京津冀发展研究中心

英文名称:Center for Beijing-Tianjin-Hebei Development Research

智库地址:天津市红桥区光荣道8号河北工业大学京津冀发展研究中心

邮编:300130

办公电话:022-60204504

传真:022-60204504

成立时间:2012年6月

官方网址:http://jjj.hebut.edu.cn/

微信公众号:京津冀发展研究

机构宗旨:研究京津、服务河北

政策研究领域:产业政策、财政政策、金融政策、市场政策、就业政策、劳动政策、消费政策、社会保障政策、交通政策

涉及学科：哲学、经济学、管理学、教育学、政治学

智库类型：高校智库

智库层次：河北省软科学研究基地、河北省新型智库培育单位

法人信息：河北工业大学

法人代表：韩旭

组织机构代码：401705044

智库负责人：刘兵

管理团队：刘兵（主任）、张贵（执行主任）、吕荣杰（副主任）、金浩（副主任）、李子彪（副主任）、梁慧超（副主任）

首席专家：孙久文（学术委员会主任）、马树强（主任）、周立群

全职研究员数：24 人

兼职研究员数：20 人

行政职员数：6 人

2016 年度预算：160 万元

智库荣誉：河北省新型智库培育单位

代表性成果：河北经济蓝皮书《河北经济发展报告 2014》（ISBN 978－7－5097－5399－6）、河北经济蓝皮书《河北经济发展报告 2015》（ISBN 978－7－5097－6853－2）、河北经济蓝皮书《河北经济发展报告 2016》（ISBN 978－7－5097－8483－9）

72 河北工业大学京津冀文化融合与创新研究中心

智库地址：天津市北辰区双口镇西平道 5340 号

邮编：300401

办公电话：022－60438417

成立时间:2014 年 11 月

官方网址:http://www.ijingjinji.org/

机构宗旨:服务于京津冀一体化建设

政策研究领域:文化、社会

智库类型:高校智库

涉及学科:马克思主义理论、公共管理、法学

智库负责人:冯石岗

管理团队:冯石岗、魏进平、李洪卫、于建星、贾建梅、刘新胜、张慧芝、王宝林、李宇征、贾万森、许文婷

首席专家:冯石岗

全职研究员数:7 人

兼职研究员数:2 人

行政职员数:1 人

2016 年度预算:47 万元

代表性成果(论文):冯石岗、许文婷,《京津冀文化圈的渊源和载体》,《河北工业大学学报(社会科学版)》,2013,5(02);冯石岗、刘畅,《京津冀区域红色文化资源整合构建路径》,《中共石家庄市委党校学报》,2016,18(06);贾建梅、袁媛、徐雪冰,《冀域宗教文化发展特色》,《闽西职业技术学院学报》,2016,18(03);冯石岗、许文婷,《京津冀协同发展背景下燕赵文化的传承发展》,《河北青年管理干部学院学报》,2016(02);冯石岗、李政,《我党对西柏坡红廉文化的传承研究》,《中共南京市委党校学报》,2016(05)

73 河北金融学院德融研究院

英文名称：Institute of De Rong，Hebei Finance University

智库地址：河北省保定市莲池区恒祥北大街 3188 号

邮编：071051

办公电话：0312 - 3338269

传真：0312 - 3338102

成立时间：2013 年 5 月

官方网址：http://www.hbcf.edu.cn/institutions

微信公众号：河北金融学院德融研究院

政策研究领域：经济政策、金融政策、区域经济

涉及学科：经济学、管理学

智库类型：高校智库

智库层次：河北省普惠金融研究基地、河北省金融研究基地

法人信息：河北金融学院

法人代表：杨兆廷

管理团队：韩景旺（院长）、杨伟坤（副院长）、刘宾（副院长）

首席专家：余力、刘永佶、肖红叶、邱东、高正平、孙久文

兼职研究员数：50 人

2016 年度预算：200 万元

智库荣誉：河北省社会科学优秀成果奖

代表性成果：

项目：农业现代化目标下新型农业经营主体金融服务创新研究（项目号：15BJY168；主持人：杨兆廷）（2015—2017）、我国贫困地区金融精准扶贫模式创新研

究(项目号:16BJY169;主持人:杨伟坤)(2016—2019)

期刊:《地方政府、制度创新与经济转型研究》、《我国地方政府投融体系构建——基于对政府投融资平台的研究》、《创新离不开良好环境》

建言献策:河北农村金融发展现状、思路和建议、关于把“互联网+工业”战略列入我省“十三五”规划的建议等

品牌活动:京津冀金融协同发展论坛

74 河北经贸大学河北省道德文化与社会发展研究中心

智库地址:河北省石家庄市学府路47号河北经贸大学

邮编:050061

办公电话:0311-87656660

传真:0311-87656660

成立时间:2016年4月

机构宗旨:服务省委、省政府决策

政策研究领域:文化政策

涉及学科:哲学、法学、管理学

智库类型:高校智库

智库层次:河北省新型智库建设单位

法人信息:河北经贸大学

法人代表:纪良纲

组织机构代码:404900881

智库负责人:董兆伟(河北经贸大学党委书记、中心主任)、柴振国(河北经贸大学党委常委、副校长、中心副主任)

管理团队：叶金国（行政部主任）、王青原（学术部主任）、董佰壹（信息部主任）、柴艳萍（平台主任）、郭建（平台主任）、武占江（平台主任）、郭广辉（平台主任）、蔺丰奇（平台主任）、王维国（秘书）

首席专家：王莹（河北省人大常委、法工委副主任，河北经贸大学原党委书记）

全职研究员数：5 人

兼职研究员数：39 人

行政职员数：1 人

2016 年度预算：30 万元

代表性成果：

论文：柴艳萍，《货币、异化与社会转型》，《马克思主义与现实》，2015(4)；王莹，《社会管理创新的伦理路径研究》，《道德与文明》，2013(3)；王莹，《社会治理创新的伦理学解读》，《道德与文明》，2014(6)

图书：《环境道德教育理论与实践》(ISBN 978－7－0101－5603－3)

品牌活动：京津冀国家治理与道德建设年度论坛

75 河北经贸大学京津冀一体化发展协同创新中心

英文名称： Collaborative Innovation Center for Beijing-Tianjin-Hebei Integrated Development

智库地址：河北省石家庄市新华区学府路 47 号河北经贸大学

邮编：050061

办公电话：0311－87656969

传真：0311－87655939

成立时间：2013 年 6 月

官方网址:http://jjjyth. heuet. edu. cn/

机构宗旨:产出高质量成果、培养高水平人才、打造高影响力品牌

政策研究领域:现代农业、现代工业、现代服务业等

涉及学科:经济学、管理学、统计学等

智库类型:高校智库

智库层次:河北省级协同创新中心

智库负责人:纪良纲

管理团队:纪良纲、武义青、田学斌

首席专家:纪良纲

全职研究员数:7 人

76 河北师范大学长城文化安全研究中心

英文名称: Research Center for Changcheng Cultural Security

智库地址:河北省石家庄市南二环东路 20 号河北师范大学图书馆五层社科文献中心

邮编:050024

办公电话:0311 - 80788132

传真:0311 - 80789750

成立时间:2016 年 4 月

微信公众号:长城文化安全研究中心

机构宗旨:中心坚持国家利益至上原则,以服务省委、省政府科学决策为宗旨,以政策研究咨询为主攻方向,紧紧围绕党和国家、河北省委省政府在文化及意识形态安全与国内外舆情领域中出现的重要敏感问题、重大理论问题和现实问题进行攻关,履

行战略研究、政策建言、人才培养、舆论引导等资政职能

政策研究领域:宣传文化、思想理论、意识形态安全、社会舆情、网络与新媒体、文化软实力、文化产业

涉及学科:政治学、文化学、新闻传播学、马克思主义理论、外国语、思想政治教育、信息技术、经济学、社会学、国际文化交流、管理学

智库类型:高校智库

法人信息:河北师范大学

法人代表:戴建兵(党委副书记、副校长)

智库负责人:张骥(中心首席专家、副主任)

管理团队:戴建兵(党委副书记、副校长)、张骥(中心首席专家、副主任)、韩来平(师大社科处处长)、赵学林(中心副主任)、申文杰(中心副主任)

首席专家:张骥(中心首席专家、副主任)

全职研究员数:15 人

兼职研究员数:75 人

行政职员数:3 人

2016 年度预算:85 万元

智库荣誉:专著《全球化时代中国文化安全与意识形态战略》获河北省优秀社科成果一等奖、专著《马克思主义意识形态引领多样化社会思潮方法途径研究》获河北省社科基金项目优秀成果一等奖

代表性成果:

图书:《中国文化安全与意识形态战略》(ISBN 978-7-0100-8540-1)、《马克思主义意识形态政治功能及实现形式研究》(ISBN 978-7-5161-5187-7)

论文:杜运辉,《"三流合一"与二十世纪中国文化的融通和超越》,《中国社会科学》,2015(04);申文杰,《毛泽东意识形态政治功能理论及现实价值分析》,《河北师范大学学报(哲学社会科学版)》,2016(01)

77 河北师范大学现代服务与公共政策研究基地

智库地址:河北省石家庄市南二环东路20号河北师范大学

邮编:050024

办公电话:0311-80788900

成立时间:2012年11月

机构宗旨:基地建设按照“项目、人才、基地”一体化的指导思想,以软科学计划项目为引导,聚集软科学研究人才,形成特色和优势明显的软科学研究团队,围绕我省经济、社会和科学技术发展的前瞻性、现实性重大问题开展软科学研究,为各级政府各类重大决策提供咨询服务

政策研究领域:产业政策、服务业政策、科技政策

涉及学科:经济学、管理学、哲学、理学、法学

智库类型:高校智库

首席专家:戴建兵

代表性成果:

图书:《会计学原理》(ISBN 978-7-3022-7378-3)、《河北省近海海洋综合评价报告》(ISBN 978-7-5027-8367-9)、《面向创新型国家的产学研协同创新》(ISBN 978-7-5141-3559-6)、《公共政策过程的逻辑:倡导联盟框架解析、应用与发展》(ISBN 978-7-5161-2380-5)

论文:翟伟峰,《混合寡头垄断、环境管制与清洁技术的使用》,《河北经贸大学学报》,2015(4)

品牌活动:现代服务与公共政策软科学基地建设与发展研讨会

78 河南大学中原发展研究院

英文名称: Academy of Hinterland Development

智库地址:河南省开封市金明大道河南大学金明校区

邮编:475004

办公电话:0371－23881986

成立时间:2009 年 9 月

官方网址:http://zyzk.henu.edu.cn/

微信公众号:zyfzyjy63355917

机构宗旨:以“研究问题,服务社会”为基本理念,搭建平台,疏通渠道,将高校密集的学术资源引导到服务社会的轨道上来

政策研究领域:产业政策、区域发展政策、金融政策、社会发展与社会政策

涉及学科:经济学

智库类型:高校智库

智库层次:河南省高端智库建设首批试点单位

法人信息:河南大学

法人代表:娄源功

组织机构代码:41630671－6

智库负责人:耿明斋

管理团队:郑祖玄、孟骞、朱世欣、刘岱宁、纪鸿超、娄春杰、曹孜、耿明斋

首席专家:耿明斋、郑祖玄

全职研究员数:10 人

兼职研究员数:35 人

行政职员数:3 人

2016 年度预算:250 万元

智库荣誉:河南省社会科学优秀成果特等奖、河南省发展研究奖

代表性成果(图书):中原经济区系列发展报告(2011—2017)(ISBN 978-7-5097-4530-4)

品牌活动:中原发展论坛、两宋论坛

79 黑龙江大学文化理论与文化发展战略研究中心

英文名称: Institue for Cultural Development and Strategic Collaborative Innovation of Heilongjiang University

智库地址:黑龙江省哈尔滨市南岗区学府路 74 号

邮编:150080

办公电话:0451-86608629

成立时间:2001 年 3 月

机构宗旨:探索文化发展战略,为国家与龙江文化发展事业服务

政策研究领域:文化哲学基础理论、现代化与日常生活批判、西方文化理论、中国文化理论

涉及学科:哲学、社会学、文化学

智库类型:高校智库

智库层次:黑龙江省首批重点高端智库,黑龙江省教育厅首批重点研究基地,中国社会科学院文化研究中心、中共中央编译局合作建设基地

法人信息:黑龙江大学

法人代表:丁立群

智库负责人:丁立群

管理团队：丁立群、罗跃军、孙庆斌、王国有、周来顺

首席专家：丁立群

全职研究员数：11 人

兼职研究员数：13 人

行政职员数：1 人

2016 年度预算：120 万元

智库荣誉：教育部科学研究优秀成果奖二等奖、三等奖，黑龙江省哲学社会科学优秀成果一等奖

代表性成果：《中华优秀传统文化创造性转化与创新性发展研究》

品牌活动：全国文化哲学高端论坛

80 黑龙江大学中俄全面战略协作协同创新中心

英文名称：Co-Innovation Center of Sino-Russia Strategic

智库地址：黑龙江省哈尔滨市南岗区学府路 74 号黑龙江大学

邮编：150080

办公电话：0451－86604961

传真：0451－86661259

成立时间：2012 年 6 月

机构宗旨：打造一定规模的高水平智库专家队伍，产出奠定中俄合作学理基础、提供前瞻预测的学术研究成果和决策咨询报告

政策研究领域：司法政策、宗教政策、安全政策、网络安全政策、对外贸易政策、资源政策、服务业政策、高等教育政策、科技政策、文化政策

涉及学科：语言学、哲学、法学、政治学、社会学、经济学、教育学、文学、历史学、工

学、管理学

智库类型:高校智库

法人信息:黑龙江大学

法人代表:付宏刚

组织机构代码:41400285－8

智库负责人:刘德权

首席专家:李静杰、李永全、李凤林、季志业、冯绍雷、吴大辉、安实、戴斌、杨震、郭力、李传勋、金亚娜

全职研究员数:80 人

兼职研究员数:100 人

行政职员数:4 人

2016 年度预算:300 万元

智库荣誉:黑龙江省首批省级协同创新中心(国家级培育)

代表性成果(图书):《新时代俄汉详解大词典》(ISBN 978－7－1000－8346－1)

品牌活动:"术语与知识"国际学术研讨会、当代俄罗斯学"俄罗斯与中国:文明对话"国际学术研讨会;中俄文化艺术论坛、罗德岛论坛

81 湖南大学国际贸易研究智库

英文名称: International Trade Research Center, Hunan University

智库地址:湖南省长沙市湖南大学

邮编:410079

办公电话:0731－88684825

成立时间:2003 年 8 月

机构宗旨：注重多学科的交叉融合，紧密追踪国内外经济学前沿，开发特色的研究方法和工具，密切联系开放型经济发展过程中出现的新变化

政策研究领域：国际贸易

涉及学科：经济学

智库类型：高校智库

智库层次：湖南省人文社科重点研究基地

智库负责人：张亚斌

管理团队：张亚斌（主任）

首席专家：张亚斌

全职研究员数：23 人

智库荣誉：获湖南省第十二届社会科学优秀成果一等奖（2016 年）、教育部高校科研成果三等奖（人文社科）（2015 年）、第十八届"安子介国际贸易研究奖"优秀论文（2014 年）

代表性成果（图书）："开放经济研究丛书"《开放型经济研究——中国对内对外开放与区域经济发展》（ISBN 978－7－5648－1506－6）

82 湖南大学廉政研究中心

英文名称：Research Center of Honest Administration，Hunan University

智库地址：湖南省长沙市岳麓区麓山南路湖南大学廉政研究中心（湖南大学法学院）

邮编：410082

办公电话：0731－88664106

传真:0731－88664106

成立时间:2002 年 12 月

官方网址:http://www.hunanlz.com/

机构宗旨:致力于发展成一个集反腐倡廉科学研究、人才培养、廉洁教育、咨政备询与社会服务,以及改革探索等多重使命为一体的国际知名的“思想库”、“人才库”和“信息库”

政策研究领域:监察政策

涉及学科:法学、政治学、公共管理、经济学

智库类型:高校智库

法人信息:湖南大学

法人代表:段献忠

智库负责人:杨胜刚

管理团队:杨胜刚、栾永玉(主任)、袁柏顺(执行主任)、龙太江(副主任)、聂资鲁(副主任)、田湘波(副主任)、余凯(主任助理)

首席专家:袁柏顺(执行主任)

全职研究员数:31 人

兼职研究员数:11 人

行政职员数:1 人

智库荣誉:2012 年度湖南省反腐倡廉宣传教育工作先进单位、全国百佳大学生理论学习社团(省部级)

品牌活动:“腐败预防与惩治”高峰论坛暨协同创新推进会

83 湖南大学信用研究中心

英文名称：Hunan University Credit Research Center

智库地址：湖南省长沙市湖南大学

邮编：410079

办公电话：0731－88684849

成立时间：2006年2月

机构宗旨：研究湖南省信用体系建设过程中具有重大意义的理论与现实问题

政策研究领域：金融政策

涉及学科：经济学

智库类型：高校智库

法人代表：吴志明

组织机构代码：680309297

管理团队：杨胜刚（主任）、吴志明（副主任）

首席专家：杨胜刚

全职研究员数：13人

行政职员数：4人

智库荣誉：湖南省人文社科重点研究基地、湖南省科学技术进步一等奖（省部级）、第七届湖南省社会科学界学术年会征文特等奖（协会/学会）、湖南省第十二届社会科学优秀成果二等奖（省部级）

84 湖南大学岳麓书院国学研究与传播智库

英文名称: Research and Spread of National Studies in Yuelu Academy of Hunan University

智库地址: 湖南省长沙市岳麓区麓山南路湖南大学岳麓书院

邮编: 410082

办公电话: 0731－88822068、18229974886

传真: 0731－88821994

成立时间: 2013 年 3 月

QQ 群: 289234773(岳麓书院讲坛)

政策研究领域: 文化政策

涉及学科: 历史学、文学、哲学、教育学

智库类型: 高校智库

法人信息: 湖南大学

法人代表: 段献忠

组织机构代码: 12100000444885399T

智库负责人: 朱汉民

管理团队: 朱汉民、夏金龙(岳麓书院科研基地办公室主任、岳麓书院国学研究与传播中心干事、智库办公室主任)、李清良(岳麓书院副院长、岳麓书院国学研究与传播中心副主任)

首席专家: 朱汉民

全职研究员数: 2 人

兼职研究员数: 75 人

行政职员数: 3 人

2016年度预算：300万元

代表性成果(图书)：“岳麓书院国学文库”丛书：《岳麓书院国学文库——理学与文学论集》(ISBN 978-7-5060-8275-4)、《岳麓书院国学文库——尚书考异尚书谱》(ISBN 978-7-5325-7354-7)等、《原道》(12辑)(ISBN 978-9301-1018-9)

品牌活动：“中国经学与中华民族精神”国际高层论坛、岳麓书院讲坛

85 湖南大学中国产业金融协同创新中心

英文名称： China Industrial Finance Collaborative Innovation Center, Hunan University

智库地址：湖南省岳麓区湖南大学工商管理学院

邮编：410082

办公电话：0731-88823895

传真：0731-88823895

成立时间：2012年4月

官方网址：http://ifi.hnu.cn/

机构宗旨：本中心秉承“产业为本、金融为用”的理念，探索促进实体经济健康发展的产业金融学科体系，推进产业金融新兴学科体系的建立与发展；联合国内外创新力量打造中国高水平的产业金融人才培养基地，形成具有国际影响、国内顶尖的产学研金政一体化的高端学术科研机构与产业金融财经智库，构建由产业金融专家、产业基金、交易平台组成的产业金融创新体系，服务湖南重点产业转型升级中对复杂金融服务的需求，引领中部产业金融发展，辐射周边。

政策研究领域：区域发展、产业升级转型、产业金融创新

涉及学科：管理科学与工程、工商管理、金融学、国际经济与贸易

智库类型：高校智库

管理团队：王瑞祥(理事长)、钟志华、陈收、向辉、刘正军、钟志华、陈收、杨胜刚、张强、马超群、何小峰、程兵、杨桦、程凤朝、陈收、杨胜刚、马超群、雷辉、邓冰

首席专家：钟志华

全职研究员数：39 人

兼职研究员数：17 人

行政职员数：4 人

2016 年度预算：30 万元

代表性成果(论文)：舒彤、杨喜瑞、陈收、汪寿阳、黎建强,《中断风险下零售商面对转运机制的订货策略分析》,《统计与决策》,2016(18);曾薇、陈收、周忠宝,《金融监管对商业银行产品创新影响——基于两阶段 DEA 模型的研究》,《中国管理科学》,2016(05);刘端、王雅帆、薛静芸、陈收,《反经济周期相对价格变动与现金持有——基于中国制造业全行业和细分行业的实证数据》,《财经理论与实践》,2016(04)

86 湖南大学中国文化软实力研究中心

英文名称：China Center for Cultural Soft Power Research, Hunan University

智库地址：湖南省长沙市岳麓区麓山南路 2 号湖南大学中国文化软实力研究中心

邮编：410082

办公电话：0731 - 88823372

传真：0731 - 88823372

成立时间：2009 年 3 月

官方网址:http://www.zgwhrsl.com/

微信公众号:CulturalSoftPower(文化软实力、中国文化软实力研究中心)、CICNCSPR(国家文化软实力研究协同创新中心)

机构宗旨:以促进资源共享、促进政产学研用紧密结合、促进社会各类创新力量的协同创新为途径,为党和政府提供决策咨询报告

政策研究领域:意识形态、文化问题、国际问题、民族宗教问题、党建、教育、文化产业

涉及学科:哲学、法学、文学、历史学、经济学、教育学、管理学

智库类型:高校智库

智库负责人:张国祚

管理团队:张国祚、刘晓玲、燕霞

首席专家:张国祚

全职研究员数:14 人

兼职研究员数:408 人

行政职员数:4 人

2016 年度预算:220 万元

智库荣誉:湖南省优秀社科成果一等奖、二等奖等

品牌活动:全国文化软实力研究高层论坛

87 湖南师范大学道德文化研究院

英文名称:Center for Studies in Moral Culture of Hunan Normal University

智库地址:湖南省长沙市岳麓区麓山南路 36 号湖南师范大学道德文化研究院

邮编:410081

办公电话:0731-88872593

传真:0731－88872086

成立时间:1992 年

官方网址:http://ethics.hunnu.edu.cn/

机构宗旨:德业双修,学贯中西,博通今古,服务现实

政策研究领域:意识形态政策、文化政策

涉及学科:哲学、政治学、法学、管理学等

智库类型:高校智库

法人信息:湖南师范大学

法人代表:蒋洪新

智库负责人:李民

管理团队:李民(中心主任)、向玉乔(中心副主任)

首席专家:唐凯麟、张怀承、王泽应

全职研究员数:16 人

兼职研究员数:12 人

行政职员数:3 人

2016 年度预算:100 万元

88 湖南师范大学汉语国际推广研究院

智库地址:湖南省长沙市岳麓区麓山路 36 号

邮编:410081

成立时间:2017 年

政策研究领域:汉语国际传播、湖湘文化、华文教育、华文教学

涉及学科:语言学、教育学

智库类型:高校智库

法人信息:湖南师范大学

法人代表:蒋洪新

智库负责人:蒋洪新

首席专家:蒋洪新

全职研究员数:15 人

兼职研究员数:10 人

2016 年度预算:10 万元

代表性成果(论文):蒋洪新、沈敏,《湖南汉语国际推广现状与策略研究》,《湖南师范大学社会科学学报》,2017(1)

89 湖南师范大学社会主义核心价值观研究院

英文名称: Institute of Core Socialist Values of Hunan Normal University

智库地址:湖南省长沙市岳麓区麓山路 36 号

邮编:410081

办公电话:0731 - 8872400

传真:0731 - 8872400

成立时间:2015 年 1 月

机构宗旨:培育践行弘扬社会主义核心价值观,服务国家经济社会发展

政策研究领域:意识形态政策

涉及学科:哲学、法学、教育学、历史学、管理学

智库类型:高校智库

法人信息:湖南师范大学

法人代表：蒋洪新

智库负责人：李民（湖南师范大学党委书记 、道德文化研究院院长）

管理团队：李民（湖南师范大学党委书记 、道德文化研究院院长）、沈又红（副院长、党委办公室主任）、杨合林（副院长、社科处处长）、晏昱（副院长、宣传部部长）、龚舒（副院长、团委书记）

首席专家：刘建武

兼职研究员数：30 人

2016 年度预算：25 万元

代表性成果：

图书：《我国生态文明发展战略研究（上下册）》（ISBN 978－7－0101－1553－5）、《中华民族道德生活史》（ISBN 978－7－5473－0766－3）

论文：周德祥，《习近平党建思想的时代特征与理论品格》，《理论导刊》，2016（12）

90 湖南师范大学生态文明研究院

英文名称：Institute of Ecological Civilization，Hunan Normal University

智库地址：湖南省长沙市岳麓区麓山路 36 号

邮编：410081

办公电话：0731－88872968

传真：0731－88851226

成立时间：2013 年 6 月

机构宗旨：立足湖南，着眼全国，开展生态文明理论与实践研究，服务国家生态文明发展战略

政策研究领域：环境政策

涉及学科：哲学、经济学、政治学、法学、社会学

智库类型：高校智库

法人信息：湖南师范大学

法人代表：蒋洪新

组织机构代码：12430000444875043T

智库负责人：刘湘溶

管理团队：24 人

首席专家：刘湘溶

全职研究员数：3 人

兼职研究员数：21 人

行政职员数：3 人

2016 年度预算：25 万元

代表性成果(图书)："中国生态文明发展战略研究丛书"(共 9 册)(ISBN 978 - 75648 - 2394 - 8)

91 华北电力大学北京能源发展研究基地

英文名称：Beijing Energy Development Research Center，North China Electric Power University

智库地址：北京市昌平区北农路 2 号华北电力大学

邮编：102206

办公电话：010 - 61773367

成立时间：2007 年 1 月

官方网址：http://bjnyjd. ncepu. edu. cn/

微信公众号：energybase

机构宗旨：增强北京市能源发展决策的科学性，促进北京市能源全面、协调、可持续发展，充分利用高等院校能源科研机构和平台，汇聚国内外能源行业的专家资源和信息资源

政策研究领域：能源立法、能源政策、能源经济、能源管理、能源教育

涉及学科：法学、经济学、管理学、社会学、教育学

智库类型：高校智库

智库层次：北京市哲学社会科学研究基地

法人信息：华北电力大学

法人代表：杨勇平

组织机构代码：40000983-X

智库负责人：王伟

管理团队：沈磊、曹治国、陈建国

首席专家：谭忠富

全职研究员数：59 人

兼职研究员数：15 人

行政职员数：1 人

2016 年度预算：120 万元

智库荣誉：国家能源局软科学研究优秀成果一、二、三等奖，中国管理科学学会管理科学奖，北京市哲学社会科学优秀科研成果二等奖，中国电力科学技术三等奖，高等学校科学研究优秀成果二等奖

代表性成果(图书)：北京能源发展研究年度报告(ISBN 978－7－5434－7445－1)

92 华东交通大学高铁与区域发展研究中心

英文名称: Research Centre for High Speed Railway and Regional Development, East China Jiaotong University

智库地址:江西省南昌市经济技术开发区双港东大街808号

邮编:330013

办公电话:0791-87045139

传真:0791-87045121

成立时间:2015年11月

官方网址:http://www.ecjtu.edu.cn/

微信公众号:高铁与区域发展研究中心

微博:高铁与区域发展

机构宗旨:服务高铁事业,服务区域经济社会发展,服务政府决策,服务哲学社会科学繁荣发展

政策研究领域:高铁与区域经济、高铁与生态、高铁与交通运输、高铁与物流、高铁劳动组织

涉及学科:应用经济学、管理科学与工程、工商管理、交通运输工程

智库类型:高校智库

智库负责人:万明

首席专家:万明

全职研究员数:23人

兼职研究员数:12人

行政职员数:6人

2016年度预算:30万元

品牌活动:华东交通大学天佑论坛

93 华东理工大学能源经济与环境管理研究中心

英文名称:Center for Energy Economics and Environmental Management, East China University of Science and Technology

智库地址:上海市梅陇路 130 号

邮编: 200237

办公电话:021 - 64253882

传真: 021 - 64251324

成立时间:2009 年

官方网址:http://j. bs. ecust. edu. cn/ceeem/

机构宗旨:以上海、长三角和长江经济带的能源经济与环境管理问题为核心,面向全国城市和农村,紧密围绕上海和国家的能源与环境发展战略需求,聚焦经济社会建设中的重大能源环境问题,以高水平的理论和方法研究为基础,以国际化的视野开展应用研究和对策研究

政策研究领域:能源政策、环境政策

智库类型:高校智库

法人信息:华东理工大学

法人代表:曲景平

管理团队:章建华(理事长)、王基铭(副理事长)、杨贤金(副理事长)、牟伯中(理事)、李希宏(理事)、吴柏钧(理事)、范体军(理事)、谢在库(理事)、雷典武 (理事)

全职研究员数:65 人

代表性成果(图书):《城市化与区域经济发展研究出版》(ISBN 978 - 7 - 5628 - 2983 - 6)

94 华东理工大学社会工作与社会管理研究中心

英文名称: Research Center for Social Work, East China University of Science and Technology

智库地址:上海市梅陇路 130 号研究生楼 1009 室

邮编:200237

官方网址:http://socialwork-tt.ac.cn/Default.aspx

机构宗旨:致力于中国社会工作发展的政策研究,定期提供有关政策建议

政策研究领域:就业政策、市场政策、消费政策、人口政策、社会保障政策、住房政策

智库类型:高校智库

法人信息:华东理工大学

法人代表:曲景平

全职研究员数:12 人

代表性成果(图书):《现代西方人生哲学》(ISBN 978-7-8051-0091-3)、《社区发展论》(ISBN 978-7-5628-1125-1)

品牌活动:全国老年权益、尊严与责任高峰论坛

95 华东师范大学长三角区域一体化研究中心

英文名称: Research Center of Yangtze River Delta Regional Integration, East China Nomal University

智库地址:上海市中山北路 3663 号地理馆

邮编:200062

办公电话:021－62233639

传真:021－62233661

成立时间:2013 年 12 月

官方网址:http://www.yangtze.ecnu.edu.cn/

机构宗旨:长三角协同发展理论创新策源地、区域政策评估服务中心,长江经济带发展研究的学术中心与决策咨询中心,区域发展决策咨询研究人才孵化器

政策研究领域:长三角区域一体化发展、长江经济带协同发展、区域创新发展战略与模式

涉及学科:地理学、经济学、管理学、社会学、生态学

智库类型:高校智库

智库层次:上海市社会科学创新研究基地、上海市人民政府决策咨询研究基地领军人物工作室

法人代表:陈群

组织机构代码:42500613－3

智库负责人:曾刚

管理团队:滕堂伟

首席专家:曾刚

全职研究员数:13 人

兼职研究员数:12 人

行政职员数:2 人

2016 年度预算:65 万元

代表性成果:

基金项目:"加快推进生态文明建设研究"(项目号:10ZD016;主持人:曾刚)、"生态文明建设与区域经济协调发展战略研究"(项目号:08AJY041;主持人:曾刚)

图书:《集群创新与高新区转型》(ISBN 978 - 7 - 0302 - 2591 - 7)、《技术扩散与高技术企业区位研究》(ISBN 978 - 7 - 0302 - 1781 - 3)

论文:《地理临近与上海浦东高技术企业创新活动研究——兼比较德国下萨克森州》(汪涛、曾刚)、《知识溢出与高新技术产业集群演化——以上海市张江高科园区IC产业集群为例》(毛宽、廉军伟、曾刚)

品牌活动:长江经济带协同发展高层论坛、长江经济带城市协同发展指数发布会、中国城市科学大师讲坛

96 华东师范大学俄罗斯研究中心

英文名称:Center for Russian Studies of ECNU(CRS)

智库地址:上海市中山北路3663号华东师范大学理科大楼A座4楼

邮编:200062

办公电话:021 - 62238113、021 - 62233816

传真:021 - 62238113

成立时间:1999年

官方网址:http://rus.ecnu.edu.cn/

微博:华东师大国关院与俄罗斯研究中心

机构宗旨:把中心建成一个国内知名、具有广泛国际影响力的、以扎实学术研究为支撑的大学智库型研究机构,围绕国家和社会发展重大战略提供高质量的咨询服务

政策研究领域:针对俄罗斯(涵盖整个后苏联空间)的政治、经济、文化、外交等领域的综合研究

涉及学科:政治学、经济学、法学、历史学、哲学

智库类型:高校智库

法人信息:华东师范大学

法人代表:陈群

智库负责人:冯绍雷

管理团队:刘军、贝文力

首席专家:冯绍雷

全职研究员数:10 人

兼职研究员数:24 人

行政职员数:2 人

2016 年度预算:400 万元

智库荣誉:教育部人文社会科学重点研究基地、在 2016 年教育部人文社会科学重点研究基地评估中获得“优秀基地”

代表性成果:

图书:《普京文集》(ISBN 978-7-5004-3640-9)

论文:贝文力,《中国在俄罗斯的形象扫描》,《对外传播》,2017(07);万青松,《建设“丝绸之路经济带”的内涵及挑战》,《欧亚经济》,2017(02)

品牌活动:瓦尔代中俄关系会议、中俄青年学术精英讲习班

97 华东师范大学上海市社会科学创新基地

英文名称: Shanghai Social Science Innovation Base, East China Normal University

智库地址:上海市闵行区东川路 500 号华东师范大学

邮编:200241

办公电话:021-54342981

传真:021－54345171

成立时间:2013 年 12 月

官方网址:http://www.ecnu.edu.cn/

机构宗旨:聚焦上海建设现代化国际大都市和创新转型的总体战略,开展人口发展战略和政策高端应用研究,立足上海、服务全国、创建特色新型智库,成为政府人口决策智囊、大都市人口研究平台和大都市人口研究人才基地

政策研究领域:人口迁移与地理分布、老龄问题与社会保障、人口管理与社会政策、大都市人口与区域发展、劳动就业、人力资源管理、婚姻与家庭、社会性别研究、国际移民与侨务政策等

涉及学科:人口学

智库类型:高校智库

法人信息:华东师范大学

法人代表:陈群

智库负责人:吴瑞君

管理团队:丁金宏、黄晨熹、高向东、文军、桂世勋、朱宝树、刘大卫、赵晔琴、卿石松、曾明星、王春兰、余佳、陈丽梅、顾高翔

首席专家:吴瑞君

全职研究员数:14 人

兼职研究员数:20 人

行政职员数:2 人

2016 年度预算:500 万元

智库荣誉:第六届全国人口科学优秀成果调研报告类二等奖、第六届全国人口科学优秀成果奖论文类三等奖、第六届全国人口科学优秀成果奖论文类优秀成果奖、第十二届上海市哲学社会科学优秀成果论文类二等奖、第十届上海市决策咨询研究成果一等奖、第十届上海市决策咨询研究成果二等奖、第三届全国民族问题研究成果论

文类二等奖

代表性成果(基金项目):有限域上最优 LCD 码的构造研究(项目号:11701179;主持人:李成举)、飞秒极端脉动孤子的产生与控制(项目号:11704123;主持人:彭俊松)。

品牌活动:吴瑞君工作室年度学术论坛(2014—2016)

98 华东师范大学中国文字研究与应用中心

英文名称:Center for the Study and Application of Chinese Characters, East China Normal University

智库地址:上海市普陀区中山北路 3663 号华东师范大学理科大楼 A211 室

邮编:200062

办公电话:021 - 62232050

成立时间:2000 年 12 月

官方网址:http://www.wenzi.cn/

机构宗旨:以汉字学为核心的表意文字数字化研究学科体系,围绕服务“建设文化强国”国家发展战略、基地及所依托学科,在“十三五”期间将中心打造成国家“现代文化服务体系”著名品牌

政策研究领域:教育文化、语言文字

涉及学科:语言文字学、历史学、文化学等

智库类型:高校智库

智库负责人:臧克和

管理团队:臧克和、刘志基、郭瑞等

首席专家:臧克和

全职研究员数:11 人

兼职研究员数:6 人

行政职员数:3 人

2016 年度预算:260 万元

代表性成果(图书):《中国文字发展史(商周卷)》(ISBN 978 - 7 - 5675 - 2659 - 4)、《中国文字发展史(秦汉卷)》(ISBN 978 - 7 - 5675 - 2884 - 0)、《中国文字发展史(魏晋卷)》(ISBN 978 - 7 - 5675 - 1789 - 9)、《中国文字发展史(隋唐卷)》(ISBN 978 - 7 - 5675- 0825 - 5)、《中国文字发展史(民族卷)》(ISBN 978 - 7 - 5675 - 0737 - 1)

99 华东师范大学中国现代城市研究中心

英文名称: The Center for Modern Chinese City Studies, East China Normal University

智库地址:上海市中山北路 3663 号华东师范大学地理馆

邮编:200062

办公电话:021 - 62232980

传真:021 - 62232980

成立时间:2003 年 3 月

官方网址:http://ccmc.ecnu.edu.cn/

微信公众号:cmccs_ecnu

机构宗旨:加强与国内外社会各界的精诚合作,着力打造具有国际影响力的中国城市科学学派和城市发展智库

政策研究领域:市场政策、金融政策

涉及学科:经济学、地理学、社会学

智库类型：高校智库

法人信息：华东师范大学

法人代表：陈群

智库负责人：曾刚

管理团队：曾刚

首席专家：曾刚，孙斌栋，吴瑞君，文军，Harald Bathelt，Yehua Dennis Wei

全职研究员数：27 人

兼职研究员数：21 人

行政职员数：3 人

2016 年度预算：240 万元

智库荣誉："面向未来 30 年的上海发展战略研究成果奖特别奖"、上海市第十三届哲学社会科学优秀成果奖著作类一等奖、第十届上海市决策咨询研究成果奖一等奖

代表性成果(图书)：《长江经济带城市协同发展能力指数 2016 研究报告》(ISBN 978－7－5203－0307－1)、《中国城市研究》(ISBN 978－7－1001－0876－8)、《中国城市区域的多中心空间结构与发展战略》(ISBN 978－7－0304－6998－4)

品牌活动：长江经济带城市协同发展高层论坛

100 华东师范大学中国现代思想文化研究所

英文名称：The Institute for Modern Chinese Thought and Culture，East China Normal University

智库地址：上海市闵行区东川路 500 号

邮编：200241

办公电话:021 - 54341146

传真:021 - 54340955

成立时间:1999 年

官方网址:http://www. skc. ecnu. edu. cn/

微信公众号:思与文

机构宗旨:旨在推动中国现代思想文化的研究,促进中西方思想文化的高层次对话,为当代中国文化的建设服务

政策研究领域:中国现代思想文化研究、中西思想文化比较研究、中国现代学术传统研究、中国现代城市文化研究和中国现代农村文化研究,以及当代中国文化建设研究等

涉及学科:文学、历史学、哲学、政治学

智库类型:高校智库

智库层次:教育部高校人文社会科学重点研究基地

智库负责人:杨国荣

首席专家:杨国荣

全职研究员数:16 人

兼职研究员数:13 人

行政职员数:2 人

2016 年度预算:174 万元

代表性成果(图书):《当代中国人精神生活研究》(ISBN 978 - 7 - 5058 - 7594 - 4)、《具体的形上学(三卷本)》(ISBN 978 - 7 - 3011 - 8779 - 1)、《平等观念史论略》(ISBN 978 - 7 - 2081 - 0128 - 9)、《当代民间信仰与民众生活》(ISBN 978 - 7 - 5452 - 1293 - 8)、《人类行动与实践智慧》(ISBN 978 - 7 - 1080 - 4544 - 7)、《当代国家想象与 20 世纪中国文学》(ISBN 978 - 7 - 2081 - 2263 - 5)

品牌活动:思与文讲座

101 华东师范大学周边合作与发展协同创新中心

英文名称: Research Center for Co-development with Neighboring Countries, East China Normal University

智库地址:上海市中山北路 3663 号

邮编:200062

办公电话:021－62233321

传真:021－62232109

成立时间:2012 年 9 月

官方网址:http://www.zhoubian.org.cn/

机构宗旨:以我国周边地区的和平发展与安全战略问题为研究重点，在扎实学术研究的基础上，努力打造一个政府信任、学界关注、民众熟知的中国周边问题研究品牌智库

政策研究领域:外交、国家安全、国际经济

涉及学科:国际关系、历史学、政治学、经济学

智库类型:高校智库

法人信息:华东师范大学

法人代表:陈群

组织机构代码:12100000425006133D

智库负责人:冯绍雷、沈志华

管理团队:冯绍雷、沈志华、刘军、余伟民、李巍、金仁芳、周娜

首席专家:冯绍雷、沈志华

全职研究员数:33 人

兼职研究员数:10 人

行政职员数：4 人

2016 年度预算：374 万元

智库荣誉：上海市第十三届哲学社会科学优秀成果一等奖（著作类）、上海市第十三届哲学社会科学优秀成果一等奖（论文类）

代表性成果（图书）：《俄罗斯解密档案选编：中苏关系》（1945—1991）（ISBN 978-7-5473-0756-4）

102 华东政法大学华东检察研究院

英文名称：East China Institute of Prosecution，East China University of Political Science and Law

智库地址：上海市长宁区万元航渡路 1575 号

邮编：200042

办公电话：021-62011644

传真：021-62071644

成立时间：2015 年 11 月

官方网址：http://jyy.ecupl.edu.cn/

机构宗旨：立足华东，面向全国，围绕检察理论领域与实践领域重大需求，发挥协同创新优势，提供检察理论与决策咨询成果，为我国检察工作提供智力服务

政策研究领域：司法政策

涉及学科：法学

智库类型：高校智库

法人信息：华东政法大学

法人代表：叶青

智库负责人：叶青

管理团队：叶青（院长）、王戬（副院长）、王晓华（办公室主任）、程凡卿

首席专家： 叶青（院长）、王守安（院长）

全职研究员数：4 人

兼职研究员数：20 人

行政职员数：3 人

2016 年度预算：230 万元

103 华南理工大学公共政策研究院

英文名称：Institute of Public Policy，South China University of Technology

智库地址：广东省广州市天河区五山路 381 号华南理工大学汽车科技大楼 14－15 楼

邮编：510640

办公电话：020－87111850

成立时间：2012 年 9 月

官方网址：http：//www. ipp. org. cn/

微信公众号：IPP-REVIEW

微博：公共政策研究院

机构宗旨：秉承独立、客观、有效的核心价值理念，致力于知识创新和专业的政策研究，提出切实有效的政策建议和解决方案，提高公共决策水平和公共政策质量，为效益更好、效率更高和更加公平的中国公共政策而努力。

政策研究领域：外交政策、农业政策、产业政策、社会保障政策、住房政策、医疗卫生政策、基础教育政策、高等教育政策、其他

涉及学科：经济学、管理学、教育学、法学

智库类型：高校智库

法人信息：华南理工大学

法人代表：王迎军

组织机构代码：12100000455414429R

智库负责人：郑永年（学术委员会主席）、莫道明（理事长）

管理团队：杨沐（执行院长）、杨丽君（助理院长）、张妍（行政中心副主任）、李明波（执行主编）

首席专家：郑永年

全职研究员数：21 人

兼职研究员数：9 人

行政职员数：4 人

2016 年度预算：918.9 万元

智库荣誉：优秀研究成果奖（市厅级）

代表性成果（图书）：《内部多元主义与中国新型智库建设》（ISBN 978-7-5060-9066-7）

品牌活动：IPP 国际会议

104 华南理工大学社会治理研究中心

英文名称： Center of Social Governance Research, South China University of Technology

智库地址：广东省广州市天河区五山路 381 号华南理工大学公共管理学院

邮编：510640

办公电话:020－87114133

传真:020－87114133

成立时间:2015 年 3 月

微信公众号:SCUT_SocialGoverning

微博:SCUT—社会治理研究中心

机构宗旨:以解决中国社会治理理论和实践的重大需求为目标,力争发展成为国内外社会治理领域高水准和重要影响力的高端智库或思想库,成为服务国家战略与社会发展的重要平台,及时为国家社会治理体系和能力现代化提供有力的决策参考和理论支撑。

政策研究领域:社会保障政策、民政政策、社会建设与社会政策、安全政策

涉及学科:管理学、法学、哲学

智库类型:高校智库

智库层次:省级智库

法人信息:华南理工大学

法人代表:王迎军

管理团队:吴克昌(中心主任)、王郅强(常务副主任)、文宏(副主任)

首席专家:王郅强

105 华中科技大学非传统安全研究中心

英文名称: Non-traditional Security Centre of HuaZhong University of Science and Technology

智库地址:湖北省武汉市珞喻路 1037 号华中科技大学公共管理学院非传统安全研究中心

邮编:430074

办公电话:027－87543047

传真:027－87543047

成立时间:2006年

官方网址:http://spa.hust.edu.cn/

机构宗旨:为国家非传统安全治理建言献策

政策研究领域:安全政策、食品政策、能源政策、环境政策

涉及学科:政治学、行政学、经济学、社会学、系统工程、计算机科学、新闻学、电子信息工程

智库类型:高校智库

智库层次:湖北省人文社会科学重点研究基地

法人信息:华中科技大学

法人代表:丁烈云

组织机构代码:44162684－2

智库负责人:杨勇

管理团队:杨勇、许晓东、湛毅青

首席专家:徐晓林

全职研究员数:120人

兼职研究员数:13人

2016年度预算:50万元

智库荣誉:中国国际战略学会总体单位

品牌活动:“非传统安全—世界与中国”论坛

106 华中科技大学国家治理研究院

英文名称: The Institute of State Governance，HUST

智库地址:湖北省武汉市洪水区珞珈路 1037 号华中科技大学国家治理研究院

邮编:430074

办公电话:027－87793020

传真:027－87793021

成立时间:2014 年 2 月

官方网址:http://isg. hust. edu. cn/

微信公众号:hustgjzl

其他社交媒体:长江云—智库频道

机构宗旨:致力于国家治理和中国未来发展的重大理论和实践问题研究，探索中国和平崛起的科学发展道路，为完善中国特色社会主义制度，推进国家治理体系和治理能力现代化提供理论参考和决策咨询

政策研究领域:互联网管理政策、安全政策

涉及学科:哲学、社会学、法学、管理学、经济学、计算机

智库类型:高校智库

法人信息:华中科技大学

法人代表:丁烈云

组织机构代码:441626842

智库负责人:欧阳康

管理团队:杜志章(办公室主任)

首席专家:欧阳康

全职研究员数:32 人

兼职研究员数：52 人

行政职员数：4 人

2016 年度预算：285 万元

智库荣誉：湖北省十大改革智库

代表性成果（图书）：《中国道路——思想前提、价值意蕴与方法论反思》（ISBN 978-7-5161-2249-5）

品牌活动：国家治理体系和治理能力建设高峰论坛、全球治理东湖论坛

107 华中科技大学健康政策与管理研究院

英文名称：Huazhong University of Science and Technology，School of Health Policy and Management

智库地址：湖北省武汉市硚口区航空路 13 号

邮编：430030

办公电话：027-83617081

成立时间：2015 年 3 月

官方网址：http://ahpm.hust.edu.cn/

机构宗旨：构建健康政策智库平台，服务国家健康发展战略，探索全球健康治理模式

政策研究领域：健康政策与管理、医药卫生政策、医疗保障、基层卫生服务管理

涉及学科：社会医学与卫生事业管理、预防医学与公共卫生、人口学、公共管理学

智库类型：高校智库

法人信息：华中科技大学

法人代表：丁烈云

组织机构代码：44162684－2

智库负责人：方鹏骞

管理团队：方鹏骞（院长）、卢祖洵（副院长）、丁建定、乐虹

首席专家：方鹏骞（教授）、徐晓琳（教授）、卢祖洵（教授）、乐虹（教授）、丁建定（教授）、张新平（教授）等

全职研究员数：25人

兼职研究员数：18人

行政职员数：2人

2016年度预算：35万元

智库荣誉：中华医学科技奖（卫生管理奖）二等奖、全国高等学校科学研究优秀成果奖二等奖，联合国儿童基金会科研奖三等奖、省部级政府科技奖励一等奖、钱学森城市学金奖、湖北省社会科学优秀成果奖三等奖

代表性成果（图书）：《中国医疗卫生事业发展报告》（ISBN 978－7－0101－7687－1）、《现代医院管理教程》（ISBN 978－7－0302－2918－2）、《中国公立医院内部治理机制研究》（ISBN 978－7－5680－0388－9）

品牌活动：2016成果发布会暨中国健康保险改革与发展论坛、"健康中国"发展战略学术论坛

108 华中科技大学张培刚发展研究院

英文名称：Peikang Chang Institute for Development Studies, Huazhong University of Science and Technology

智库地址：武汉市珞喻路1037号华中科技大学

邮编：430074

办公电话：027－87542253

传真：027－87542253

成立时间：2011年4月

官方网址：http://cids.hust.edu.cn/

机构宗旨：立足中国，面向世界，开放式地借鉴人类文明的成果，探索一个贫穷落后的农业大国，如何转变为工业强国的可行途径

政策研究领域：发展研究、金融发展、产业政策、资源环境政策、科技政策、医疗健康经济、社会建设与社会政策、大数据研究

涉及学科：经济学

智库类型：高校智库

智库层次：湖北省重点人文研究基地

法人信息：华中科技大学

法人代表：丁烈云

组织机构代码：4006894－6

智库负责人：张建华

管理团队：张建华、宋德勇、欧阳红兵、范红忠、钱雪松、卫平、姚遂

首席专家：张燕生、巴曙松、李佐军、徐长生、王少平、钟书华、王宗军

全职研究员数：10人

兼职研究员数：25人

行政职员数：2人

2016年度预算：120万元

智库荣誉：湖北省哲学社会科学优秀科研成果一等奖2项、二等奖3项、三等奖

6 项，全国高校社会科学优秀成果二等奖 1 项，湖北省发展研究优秀成果奖一等奖 1 项、三等奖 1 项

代表性成果：中国经济发展报告（2010—2017）

品牌活动：中国经济发展论坛、张培刚发展经济学研究优秀成果奖

109 华中师范大学中国农村研究院

英文名称：Institute of China Rural Studies，Central China Normal University

智库地址：湖北省武汉市华中师范大学

邮编：430079

办公电话：027－67865189

传真：027－67865189

成立时间：2000 年 1 月

官方网址：http://www. ttcrp. cn/

微信公众号：ccnu-ccrs

机构宗旨：背靠政府、面向社会、面向基层、理论务农

涉及学科：经济学、管理学、资源环境与城乡规划

智库类型：高校智库

法人信息：华中师范大学

法人代表：杨宗凯

组织机构代码：42000547－3

智库负责人：徐勇

管理团队：徐勇、邓大才、徐剑、朱敏杰

首席专家：徐勇、邓大才、刘筱红

全职研究员数：15 人

兼职研究员数：37 人

行政职员数：3 人

2016 年度预算：80 万元

代表性成果：中国农村发展智库系统、满铁翻译书系、中国农村调查书系

110 淮阴工学院苏北发展研究院

英文名称：North Jiangsu Development Research Institute, Huaiyin Institute of Technology

智库地址：江苏省淮安市枚乘东路 1 号淮阴工学院苏北发展研究院

邮编：223003

办公电话：0517 - 83559153

传真：0517 - 83559153

成立时间：2015 年 2 月

官方网址：http://sbzxcs.hyit.edu.cn/

微博：用户 6063003996

机构宗旨：秉承多元融合、学科交叉、开放发展的理念，着眼江苏全面建成高水平小康社会的目标，聚焦苏北经济社会发展的实践，重点围绕苏北区域发展战略、苏北经济发展与转型、苏北社会建设与社会治理、苏北地方文化等四个方向开展决策咨询、政策服务与学术研究

政策研究领域：农业政策、工业政策、高端制造业政策、社会保障政策、环境政策、高等教育政策、文化政策

涉及学科：经济学、教育学、文学、法学、历史学、工学、农学、艺术学、管理学

智库类型:高校智库

法人代表:孙爱武

组织机构代码:12320000466009787T

智库负责人:孙爱武

管理团队:孙爱武、华学成(常务副院长)

首席专家:李北群、刘旺洪、沈和

全职研究员数:10 人

兼职研究员数:36 人

行政职员数:5 人

2016 年度预算:280 万元

智库荣誉:淮安市十三届哲学社会科学优秀成果奖一等奖、江苏省第十四届哲学社会科学优秀成果二等奖、江苏省哲学社会科学界第十届学术大会论文一等奖、"江苏省社科应用研究 精品工程"优秀成果一等奖

代表性成果:

图书:《公共法律服务体系建设的理论与实践》(ISBN 978-7-2141-3980-1)、《社会主义核心价值观(民主篇)》(ISBN 978-7-2141-4894-0)、《周恩来推进马克思主义中国化的贡献研究》(ISBN 978-7-5161-7263-6)

论文:李北群、姜宁、张永宏,《关注学生发展:斯坦福大学"学生与教学中心"的经验与启示》,《江苏高教》,2014(3);李北群、乐青、徐中兵,《美国高校学生事务管理的》,《经验与启示黑龙江高教研究》,2014(1);李北群、王欢,《产教融合试验区的创新与实践学海》,2015(6)

品牌活动:淮安发展高层论坛

111 吉林大学创新创业研究院

英文名称: Entrepreneurship and Innovation Graduate School，Jilin University

智库地址:吉林省长春市创新创业研究院

邮编:130022

成立时间:2015年5月

官方网址:高校智库

机构宗旨:致力于提升科研能力，建设具有国际影响力的创新创业研究团队，加强国内外创新创业学术交流，不断完善学科平台建设，全力建设成为国内领先和具有一定国际影响力的创新创业研究机构，为促进吉林大学创新创业教育和吉林省创新创业活动贡献力量，为服务国家经济社会发展提供智力支撑

涉及学科:管理学

智库类型:高校智库

法人信息:吉林大学

法人代表:李元元

智库负责人:蔡莉

管理团队:蔡莉、葛宝山、李政、李雪灵、费宇鹏

首席专家:蔡莉

兼职研究员数:36人

代表性成果(期刊):*Journal of Industrial Integration & Management*（ISSN 2424－8622）

品牌活动:吉林大学创新创业国际会议

112 吉林大学东北亚研究中心

英文名称: Center for Northeast Asian Studies, Jilin University

智库地址:吉林省长春市前进大街 2699 号

邮编:130012

办公电话:0431－85166393

传真:0431－85166393

成立时间:1999 年 12 月

官方网址:http://nasc.jlu.edu.cn/

机构宗旨:聚焦东北亚、服务于社会

政策研究领域:世界经济、东北亚区域经济、长吉图开放先导区建设、中俄蒙区域合作、中日韩贸易合作

涉及学科:经济学、历史学、社会学

智库类型:高校智库

法人信息:吉林大学

法人代表:李元元

组织机构代码:121000004232040648

智库负责人:王胜今

管理团队:赵毅博、邵琳

首席专家:王胜今

全职研究员数:24 人

兼职研究员数:6 人

行政职员数:2 人

2016 年度预算:140 万元

智库荣誉:教育部优秀重点研究基地(2004—2008)

代表性成果(图书):《东北亚地区发展报告》(ISBN 978-7-5601-7907-0)

品牌活动:朝鲜半岛民间六方会谈

113 吉林大学社会公正与政府治理研究中心

英文名称:Research Center for Social Justice and Governance of Jilin University

智库地址:吉林省长春市前进大街2699号匡亚明楼

邮编:130012

办公电话:0431-85166802

传真:0431-85166119

成立时间:2010年

官方网址:http:// just-gov. jlu. edu. cn/

机构宗旨:对社会公正与政府治理领域的重大政策进行独立评估和客观解读,为党和政府提供专业客观、具有前瞻性的政策建议

政策研究领域:社会公正理论与评估、政府治理与绩效评估、社会公正全球比较

涉及学科:政治学、管理学

智库类型:高校智库

智库层次:吉林省省级新型高校智库

智库负责人:周光辉

管理团队:周光辉(主任)、张贤明(副主任)

首席专家:周光辉、张贤明、刘雪莲、麻宝斌

全职研究员数:23人

行政职员数:1人

114 吉林大学数量经济研究中心

英文名称： Center of Quantitative Economics of Jilin University

智库地址： 吉林省长春市前进大街 2699 号

邮编： 130012

办公电话： 0431 - 85166059

传真： 0431 - 85166059

成立时间： 1999 年 10 月

官方网址： http://jlucqe.jlu.edu.cn/

机构宗旨： 通过经济政策定量研究理论与方法研究实力和经济政策咨询服务影响力的有机结合，把中心建成具有经济基础理论研究和经济政策咨询双重优势的新型智库

政策研究领域： 经济社会政策定量分析、经济社会大数据分析、东北振兴政策咨询

涉及学科： 数量经济学、金融学、宏观经济学、微观经济学

智库类型： 高校智库

智库负责人： 孙巍

首席专家： 孙巍

全职研究员数： 12 人

兼职研究员数： 25 人

行政职员数： 3 人

2016 年度预算： 140 万元

代表性成果：

基金项目： 转型经济的消费需求演变特征——收入分布变迁效应理论与实证（项

目号:16FJL006;支持人:孙巍)、新型城镇化进程中区域性金融风险的防范对策研究(项目号:2016ZZ038;主持人: 顾宁)

图书:《市场有效周期理论的构建、实证及应用》(ISBN 978-7-3002-0871-8)

论文:丁志国、苏治、赵晶,《资产系统性风险跨期时变的内生性:由理论证明到实证检验》,《中国社会科学》,2012(04)

期刊:《中国社会科学》(ISSN 1002-4921)

品牌活动:"名家讲座"活动、"中青年学者前沿论坛"

115 吉林大学中国国有经济研究中心

英文名称: China Center for Public Sector Economy Research at Jilin University

智库地址:长春市前进大街2699号

邮编:130012

办公电话:0431-85168829

传真:0431-85168829

成立时间:2000年12月

官方网址:http://ccpser.jlu.edu.cn/

机构宗旨:建成全国领先并在国际上有重要影响的国有经济研究领域的科学研究中心、人才培养中心、学术交流中心、图书信息中心和咨询服务中心,为中国国有经济的理论研究、国有经济的战略调整、国有企业的改革与发展做出较大贡献

政策研究领域:国有经济基础理论研究、国有企业改革与发展研究、国有资产监督与管理研究、振兴东北等老工业基地研究、中外国有经济与国有企业比较研究、产业政策、市场政策、资源政策、科技政策

涉及学科:经济学

智库类型:高校智库

智库层次:吉林省高端智库建设首批试点单位

法人信息:吉林大学

法人代表:李元元

组织机构代码:42320406－4

智库负责人:徐传谌

管理团队:徐传谌、汤吉军

首席专家:徐传谌、汤吉军、年志远

全职研究员数:14 人

兼职研究员数:15 人

行政职员数:3 人

2016 年度预算:140 万元

智库荣誉:吉林省哲学社会科学优秀科研成果一等奖

代表性成果:《中国国有经济发展报告》、《国有经济评论》

品牌活动:中国国有经济发展论坛

116 吉林大学中国人口老龄化与经济社会发展研究中心

英文名称: China Center for Aging Studies and Socail-Economic Development, Jilin University

智库地址:吉林省长春市前进大街 2699 号

邮编:130012

办公电话:0431－85166379

传真:0431－85166393

成立时间:2009 年 5 月

机构宗旨: 统筹解决人口问题,促进经济社会协调发展

政策研究领域: 城乡养老保障制度、老龄健康产业、人口政策

涉及学科: 社会学、经济学、医学、管理学

智库类型:高校智库

法人信息:吉林大学

法人代表:李元元

组织机构代码:121000004232040648

智库负责人:王胜今

管理团队:赵毅博

首席专家:王胜今

全职研究员数:15 人

兼职研究员数:24 人

行政职员数:1 人

2016 年度预算: 100 万元

代表性成果:"金色年华"系列读本

品牌活动:中日韩人口与发展国际学术研讨会

117 吉林大学中国文化研究所

英文名称:Chinese Culture Research Center, Jilin University

智库地址:长春前进大街 2699 号,吉林大学东荣大厦 A208

邮编:130012

办公电话:0431 - 85166149

传真:0431－85166149

成立时间:1988 年

官方网址:http://zgwh.jlu.edu.cn/

机构宗旨:致力于弘扬中华文化,传承传统文化,融合外来优秀文化,提升地方文化,为国家和地方文化政策的制定、文化转型、文化产业的发展,文化传播提供智力支持与政策咨询

政策研究领域:中国文化与文学、区域文化与文化产业、文化传播与媒介现象、汉语应用与国际教育、东北亚国际关系

涉及学科:中国语言文学、新闻传播学、外国语言文学、历史学、社会学

智库类型:高校智库

法人信息:吉林大学

法人代表:李元元

智库负责人:张福贵

首席专家:张福贵

全职研究员数:26 人

兼职研究员数:12 人

行政职员数:2 人

2016 年度预算:36 万元

代表性成果:

基金项目:“中国新文化的方向:鲁迅文化选择的历史价值与当代意义”(项目号:96JC750·11－44011;主持人:张福贵)、“鲁迅与浙东文化”(项目号:96JAQ750·11－44038;主持人:陈方竞)

图书:《中国美育年鉴》(ISBN 978－7－3012－5066－2)、《华夏文化论坛》(ISBN 978－7－5472－2883－6)

论文:陈方竞,《大家庭出身之于鲁迅的意义》,《鲁迅研究月刊》,1994(6);郭杰,

《屈原社会理想与儒法两家的关系》,《东北师大学报》,1992(03)

品牌活动:“认知美学与美育研究中心”研讨会

118 暨南大学华人华侨研究院

英文名称: Academy of Overseas Chinese Studies in Jinan University

智库地址: 广东省广州市天河区黄埔大道西 601 号

邮编: 510632

办公电话: 020-85226108

传真: 020-85226237

成立时间: 2000 年 11 月

官方网址: http://sis-aocs.jnu.edu.cn/

微信公众号: 暨南大学华侨华人研究院

机构宗旨: 彰显暨南大学科研特色,整合学校国际关系和华侨华人研究及其他相关领域研究的力量,推动华侨华人研究学科的发展

政策研究领域: 外交政策、民族政策、港澳台政策、统战政策

涉及学科: 法学、国际关系学、社会学、管理学

智库类型: 高校智库

智库层次: 教育部人文社科重点研究基地

法人信息: 暨南大学

法人代表: 胡军

组织机构代码: 1210000045541439X9

智库负责人: 张振江

管理团队: 陈斌(党委书记)、张振江(党委委员)、鞠海龙(党委委员)、张小欣(党

委委员）、王赓武（主任）、刘宏（主任）、谢煊（党委副书记）

首席专家：刘泽彭、何亚非

全职研究人员数：42 人

兼职研究人员数：4 人

行政人员数：15 人

2016 年度预算：800 万元

智库荣誉：国务院侨务办公室先进集体

品牌活动：“东亚跨国人口流动”国际学术研讨会、“华侨华人与‘一带一路’”国际研讨会、全国侨务干部培训班

119 江南大学食品安全风险治理研究院

英文名称：Institute for Food Safety Risk Management，Jiangnan University

智库地址：江苏省无锡市蠡湖大道 1800 号江南大学

邮编：214122

办公电话：0510－85325277

传真：0510－85326659

成立时间：2016 年 7 月

官方网址：http://jnfzyjy. jiangnan. edu. cn/index. asp

微信公众号：IFSRGR

机构宗旨：专注于食品安全风险治理的理论研究、支持研究与人才培养

政策研究领域：食品安全风险治理，社会共治、食品安全消费、食品产业政策、食品安全监管体制、食品安全国际比较

涉及学科：经济学、管理学、社会学、政治学、食品科学与工程、农学

智库类型:高校智库

智库层次:江苏省重点培育智库

法人信息:江南大学

法人代表:陈坚

组织机构代码:71780177-X

智库负责人:吴林海

管理团队:吴林海、浦徐进、王建华等

首席专家:吴林海

全职研究员数:12 人

兼职研究员数:15 人

行政职员数:1 人

2016 年度预算:150 万元

智库荣誉:教育部社科二等奖,江苏省政府第十二届社科三等奖,十三届、十四届社科二等奖,山东省第二十九次社科二等奖,山东省第三十次社科一等奖等

代表性成果:《中国食品安全发展报告》(2012 - 2017)、《中国食品安全网络舆情发展报告》(2012 - 2017)

品牌活动:中国食品安全风险治理年度新闻发布会

120 江苏第二师范学院教育现代化研究院

英文名称: Jiangsu Institute of Educational Modernization, Jiangsu Second Normal University

智库地址: 江苏省南京市鼓楼区北京西路 77 号

邮编: 210013

办公电话：025－83758506

传真：025－83758111

成立时间：2016年10月

关系信息：隶属于江苏省教育科学研究院、江苏第二师范学院

官方网址：http://www.iem.jssnu.edu.cn

机构宗旨：组织开展教育改革发展领域决策咨询

政策研究领域：教育与省域经济社会发展、比较教育、教育发展战略、教育民情与舆情、教育政策与制度、义务教育质量监测评价、教育现代化监测与评价、教师教育现代化

涉及学科：教育学

智库类型：高校智库

智库层次：江苏省重点培育智库

法人信息：江苏第二师范学院

法人代表：王健

智库负责人：李洪天

管理团队：李洪天（院长）、王国强（副院长）、张勤（副院长）、王晓天（副院长）、彭钢（成员）、宋旭峰（成员）、黄正平（成员）、董洪亮（成员）、章飞（成员）

首席专家：丁晓昌、李洪天、彭钢、王仁雷

全职研究员数：10人

兼职研究员数：55人

行政职员数：3人

2016年度预算：170万元

代表性成果：《促进义务教育优质均衡发展体制机制改革报告》、《中小学教师职称制度改革评估研究报告》

品牌活动："双一流"建设评估指标体系研究

121 江苏警官学院江苏省公共安全研究院

英文名称: Jiangsu Pubilc Security Institute, Jiangsu Police Institute

智库地址:江苏省南京市浦口区顶三镇三宫48号

邮编:210031

办公电话:025-52881589

传真:025-52881591

成立时间:2016年6月

官方网址: http://jwzx.jspi.cn/

微信公众号:gonganbuzhiku-impr

机构宗旨:充分发挥政府主管部门职能优势、高校研究优势,构建政府机关、高校、科研院所深度融合的协同创新体制机制,牵头承担全省公共安全重大需求项目的研究任务,为推进江苏公共安全治理体系和治理能力现代化建设提供理论支撑和智力支持

政策研究领域:安全政策、公安政策

涉及学科:公安学、政治学、法学、社会学、管理学、法学、经济学、工学

智库类型:高校智库

智库层次:江苏省重点培育智库

法人信息:江苏警官学院

法人代表:张兰青

智库负责人:张兰青(院长)、薛宏伟(常务副院长)、殷建国(执行院长)

首席专家:吴跃章、薛宏伟、殷建国、唐振民

全职研究员数: 11人

兼职研究员数: 30人

行政职员数：6 人

2016 年度预算：450 万元

智库荣誉：江苏省教育工作先进集体(市厅级) 集体三等功(市厅级)

代表性成果：《智库专报》、"现代警务研究"丛书

品牌活动：中国现代警务改革论坛、中外警务合作智库论坛、智库专报、现代警务研究丛书

122 江苏师范大学"一带一路"研究院

英文名称：Institute of the Belt and Road，Jiangsu Normal University

智库地址：江苏省徐州市云龙区和平路 57 号

邮编：221009

办公电话：0516－83867180、13852008038

传真：0516－83867791、0516－83866318

成立时间：2015 年 11 月

官方网址：http://bri.jsnu.edu.cn/、http://brien.jsnu.edu.cn/

微信公众号：JSNUBRI

微博：一带一路智库

博客：一带一路研究院

机构宗旨：建成服务于地方和国家"一带一路"建设、具有一定国际影响力和知名度的区域引领性新型智库，为国家实施"一带一路"战略、江苏拓展开放发展新空间提供有力的理论支撑和智力支持

政策研究领域：外交政策、对外贸易政策等

涉及学科：经济学、历史学、理学、管理学、文学

智库类型:高校智库

智库层次:江苏省重点培育智库

法人信息:江苏师范大学

法人代表:华桂宏

组织机构代码: 46600735－1

智库负责人:沈正平

管理团队:华桂宏、沈正平、于洪亮、马晓冬、李永乐、余光武、侯铁建、蒋保、石淑华、吴建兴

首席专家: 张颢瀚、方忠、沈正平

全职研究员数:16 人

兼职研究员数:36 人

行政职员数:3 人

2016 年度预算:230 万元

智库荣誉:省重点培育智库、教育部国别与区域研究中心

代表性成果:《推进中巴经济走廊及“一带一路”建设的安全形势分析及建议》(中央领导批示,2016 年 10 月)、《实施“一带一路”,语言人才奇缺》(《人民日报·内部参阅》,中央领导批示,2015 年 9 月)、《提高国家语言能力迫在眉睫》(《人民日报》,2015 年 11 月)

品牌活动:首届“一带一路”沿线国际语言国情国际学术研讨会;“澳大利亚文化周”、“中俄青年友好交流年”等系列活动;“一带一路”战略与区域性中心城市建设研讨会暨江苏省重点培育智库建设专家咨询会

123 江西财经大学江西省战略性新兴产业发展监测、预警与决策支持协同创新中心

英文名称：The Collaborative Innovation Center of Strategic Emerging Industry Development of Jiangxi Province for Monitoring, Forecasting and Decision Supporting

智库地址：江西省南昌市江西财经大学校内

邮编：330013

办公电话：0791－83813846

传真：0791－83813649

成立时间：2012年9月

官方网址：http://xtcxzx.jxufe.edu.cn/

机构宗旨：为政府决策部门及行业企业持续地提供信息和决策支持服务，解决产业发展中的决策与管理问题，为产业安全发展保驾护航

政策研究领域：战略性新兴产业发展

涉及学科：产业经济学、管理科学与工程、统计学

智库类型：高校智库

法人代表：王乔

智库负责人：刘满凤

管理团队：战略性新兴产业监测预警与决策支持协同创新中心团队

首席专家：廖进球

全职研究员数：9人

兼职研究员数：31人

行政职员数：3人

代表性成果：江西省战略性新兴产业发展报告课题组，《江西省战略性新兴产业

发展报告(2010—2013)》,经济科学出版社,2014 年 4 月;江西省战略性新兴产业发展报告课题组,《江西省战略性新兴产业发展报告(2013—2014)》,经济科学出版社,2015 年 7 月;江西省战略性新兴产业发展报告课题组,《江西省战略性新兴产业发展报告(2014—2015)》,经济科学出版社,2016 年 7 月

品牌活动:“江西省战略性新兴产业发展高峰论坛”

124 江西理工大学有色金属产业发展研究中心

英文名称: Research Center of Nonferrous Metal Industry Development, Jiangxi University of Science and Technology

智库地址:江西省赣州市章贡区红旗大道 86 号

邮编:341000

办公电话:0797 - 8312089

传真:0797 - 8312089

成立时间:2010 年 1 月

微信公众号:江西理工有色金属产业研究中心

官方网址:http://www4.jxust.edu.cn/college/jg/main.asp#

微博:江西理工有色金属产业研究中心

机构宗旨:致力于有色金属产业,尤其是稀土、铜、钨、锂等极具战略价值的有色金属产业发展问题研究,努力打造成具有鲜明有色行业特色、江西一流、在全国有较大影响力的新型高校智库

政策研究领域:产业政策

涉及学科:经济学、管理学

智库类型:高校智库

智库层次:江西省哲学社会科学重点研究基地

智库负责人:罗嗣海

管理团队:吴一丁(主任)、叶仁荪(主任)、严纯华(主任)、赖丹(副主任)、张修志(副主任)

首席专家:吴一丁

全职研究员数:15 人

兼职研究员数:12 人

行政职员数:5 人

2016 年度预算:50 万元

智库荣誉:江西省哲学社会科学重点研究基地

125 江西师范大学管理决策评价研究中心

英文名称: Research Center of the Management-decision Evaluation of Jiangxi Normal University

智库地址:江西省南昌市紫阳大道 99 号江西师范大学瑶湖校区

邮编:330022

办公电话:0791-88120135

传真:0791-88120181

成立时间:2011 年

官方网址:http://gljcpj.jxnu.edu.cn/

微信公众号:江西师大管理决策评价研究中心

机构宗旨:建成国内一流的地方政府管理决策效率评价智库

政策研究领域:区域经济社会发展对策研究,对接区域经济发展战略、中国地方

政府效率研究，对接国家治理现代化战略

涉及学科：管理科学与工程、工商管理、应用经济学、理论经济学

智库类型：高校智库

智库层次：江西省高校人文社科重点研究基地

法人信息：江西师范大学（管理决策评价研究中心）

法人代表：梅国平

组织机构代码：491015601

智库负责人：梅国平（主任）、唐天伟（常务副主任）

管理团队：梅国平（主任）、唐天伟（常务副主任）、秦敏

首席专家：梅国平

全职研究员数：5 人

兼职研究员数：10 人

行政职员数：2 人

2016 年度预算：35 万元

代表性成果：《2011—2017 中国地方政府效率年度报告》

126 江西师范大学江西产业转型升级发展研究中心

英文名称：Jiangxi Industrial Transformation and Development Research Center, Jiangxi Normal University

智库地址：江西省南昌市紫阳大道 99 号

邮编：332200

办公电话：0791－88506035

传真：0791－88506035

成立时间:2015 年 10 月

官方网址:http://jxfzyjy.jxnu.edu.cn/

机构宗旨:服务于江西省经济与社会发展

政策研究领域:产业政策、金融政策、低碳经济、互联网经济

涉及学科:经济学、管理学、社会学

智库类型:高校智库

智库层次:江西省哲学社会科学重点研究基地

法人信息:江西师范大学

法人代表:梅国平

组织机构代码:49101560-1

智库负责人:赵波

首席专家:梅国平

全职研究员数:7 人

兼职研究员数:30 人

行政职员数:2 人

2016 年度预算:25 万元

代表性成果:国家自科基金 4 项、国家社科基金 4 项、省部级项目 30 余项

品牌活动:"首届县域经济发展研讨会"、"关于智库建设与对策研究专题讲座"

127 江西师范大学苏区振兴研究院

英文名称:Soviet Area Revitalization Institute of Jiangxi Normal University

智库地址:江西省南昌市紫阳大道 99 号

邮编:330022

办公电话:0791－88121059

传真:0791－88121059

成立时间:2012年9月

官方网址:http://sqzxyjy.jxnu.edu.cn/

微信公众号:JXSDHSYYDYS

机构宗旨:立足赣南等原中央苏区经济社会发展需要,开展苏区振兴的基础理论与应用对策研究,为苏区振兴发展提供智力支持和社会服务

政策研究领域:农业政策、资源政策、文化政策、产业政策、财政政策、社会保障政策、金融政策等

涉及学科:经济学、管理学、哲学、历史学、农学、政治学、社会学

智库类型:高校智库

智库层次:江西省哲学社会科学重点研究基地

智库负责人:刘善庆

管理团队:刘善庆、黄小勇、黎志辉、田延光、陈绵水

首席专家:田延光

全职研究员数:3人

兼职研究员数:30人

行政职员数:3人

2016年度预算:37万元

代表性成果:

刊物:《苏区振兴论坛》、《苏区振兴论坛策论专报》

丛书:苏区振兴丛书

品牌活动:全国苏区振兴高峰论坛

128 昆明理工大学云南综合交通发展与区域物流管理智库

英文名称：Yunnan Integrated Transport Development and Regional Logistics Management Think Tank，Kunming University of Science and Technology

智库地址：云南省昆明市呈贡区大学城景明南路 727 号

邮编：650500

办公电话：0871－65920115

传真：0871－65920069

成立时间：2015 年 2 月

官方网址：http://www. kmust. edu. cn

微信公众号：云南综合交通与物流智库

机构宗旨：开展决策咨询研究，承担咨政建言、理论创新、舆论引导、社会服务及公共外交的重要功能，为政府及行业管理部门提供决策咨询支持，服务于全省综合交通与现代物流业发展

政策研究领域：交通运输行业发展领域、现代物流业管理领域

涉及学科：交通运输工程、管理科学与工程、应用经济学、地理学

智库类型：高校智库

智库层次：省级重点培育新型智库

法人信息：昆明理工大学

法人代表：彭金辉

组织机构代码：43120448－6

智库负责人：戢晓峰

管理团队：何民、严匀曼、张宇惠、吴咏星、刘宏波、周飞、熊坚、种鹏云、杨秀建、雷

基林、秦雅琴、陈智刚、曾应昆、许小宁、陈铮、伍景琼、刘小兰、陈方、李杰梅

首席专家:戢晓峰

全职研究员数:10 人

兼职研究员数:6 人

行政职员数:3 人

2016 年度预算:50 万元

代表性成果:

论文:戢晓峰、梁斐雯、陈方,《云南旅游交通网络空间布局与优化对策》,《经济地理》,2012,32(11);戢晓峰、魏雪梅、董菁菁,《基于信息搜寻的物流信息组织模式研究》,《昆明理工大学学报》(社会科学版),2013(01);戢晓峰、普永明、伍景琼、李杰梅,《云南省国际道路货物运输空间联系特征》,《地域研究与开发》,2016,35(04)

图书:《产业视角下区域物流的空间分析——云南物流业发展报告》(ISBN 978-7-0304-7173-4)、《区域旅游交通系统分析与优化方法》(ISBN 978-7-0304-3586-6)、《面向 ATIS 的交通行为分析与仿真研究》(ISBN 978-7-0304-7447-6)

品牌活动:云南省建设面向南亚东南亚辐射中心物流高峰论坛

129 昆明学院昆明科学发展研究智库

英文名称: Research Institute of Kunming Scientific Development, Kunming University

智库地址:云南省昆明市经济技术开发区浦新路 2 号

邮编:650214

办公电话:0871-65093733、0871-65098141

传真:0871-65098141

成立时间:2009 年 4 月

官方网址:http://www.kmu.edu.cn/

机构宗旨:“立足昆明、研究昆明、服务云南”——以昆明为主要研究对象,以服务昆明市委、市政府决策为宗旨,深入研究昆明经济社会发展中的重大、重点现实问题

政策研究领域:昆明人口发展、特色产业(旅游/文化产业)、生态问题(滇池保护与治理)

涉及学科:社会学、人口学、民族学、经济学、管理学、信息技术、人文等学科

智库类型:高校智库

法人信息:事业法人

法人代表:黎素梅

组织机构代码:67870895-0

智库负责人:吴瑛

管理团队:昆明科学发展研究院团队

全职研究员数:8 人

兼职研究员数:22 人

行政职员数:3 人

2016 年度预算:30 万元

智库荣誉:获得教育部人文社科优秀成果二等奖 1 项,云南省哲学社会科学优秀成果一等奖 2 项、二等奖 2 项、三等奖 3 项

代表性成果(内刊):《都市前沿》

品牌活动:昆明科学发展高层论坛

130 兰州大学丝绸之路经济带建设研究中心

英文名称: Research Center for Silk Road Belt Construction of Lanzhou University

智库地址:甘肃省兰州市兰州大学

邮编:730000

办公电话:0931－8912010

传真:0931－8625576

成立时间:2014年12月

机构宗旨:紧密结合国家战略和甘肃省建设“丝绸之路经济带”黄金段的实际需求,将丝绸之路相关研究做好做透,创造出更多富有实践应用价值的高水平研究成果

政策研究领域:民族政策、外交政策、金融政策、财政政策、资源政策

涉及学科:经济学

智库类型:高校智库

智库层次:省级哲学社会科学重大研究基地

法人信息:兰州大学

首席专家:高新才

131 兰州大学西北少数民族研究中心

英文名称: Center for Studies of Ethnic Minorities in Northwest China of Lanzhou University

智库地址:甘肃省兰州市兰州大学西北少数民族研究中心

邮编:730030

办公电话:0931－8913764

成立时间:2000年

官方网址:http://rcenw.lzu.edu.cn/

政策研究领域:中国民族关系、西北少数民族及地区史、西北跨国民族社会

智库类型:高校智库

智库负责人:杨建新

全职研究员数:11 人

兼职研究员数:15 人

132 兰州大学中国政府绩效管理研究中心

英文名称:China Research Center for Government Performance Management, Lanzhou University

智库地址:甘肃省兰州市城关区天水南路 222 号兰州大学齐云楼

邮编:730000

办公电话:0931 - 8914309

传真:0931 - 8914309

成立时间:2004 年

官方网址:http://ms. lzu. edu. cn/

机构宗旨:积极服务于我国绩效管理制度建设与地方政府绩效管理实践,引领政府绩效管理学科发展

政策研究领域:政府绩效管理、公共政策、公共项目、人力资源管理

涉及学科:行政管理、政府绩效管理、政治学、心理学、教育学

智库类型:高校智库

智库负责人:包国宪

管理团队:包国宪(主任),沙勇忠(副主任),周志忍(学术委员会主席)

首席专家:包国宪

全职研究员数:14 人

兼职研究员数:31 人

行政职员数:6 人

2016 年度预算:245 万元

品牌活动:萃英大讲坛

133 兰州大学中亚研究所

英文名称: Institute for Central Asian Studies, Lanzhou University

智库地址:甘肃省兰州市天水南路 222 号兰州大学齐云楼 18 楼

邮编:730000

办公电话:0931-8912982,8912179

传真:0931-8912982

成立时间:1994 年 3 月

官方网址:http://icas.lzu.edu.cn/

微信公众号:icaslzu

微博:兰州大学中亚研究所

机构宗旨:以维护国家西北边疆安全、促进中国与中亚国家之间的友好关系为宗旨,以为国家相关部门提供决策建议和培养专门研究人才为主要目标

政策研究领域:中亚研究、反分裂主义研究、反恐怖主义研究

涉及学科:法学(国际政治学)

智库类型:高校智库

智库层次:教育部国别与区域研究培育基地

法人信息:兰州大学

法人代表:王乘

组织机构代码：43800170－2

智库负责人：杨恕

管理团队：杨恕（所长）、汪金国（副所长）

首席专家：杨恕、汪金国、曾向红、李捷、朱永彪

全职研究员数：12 人

兼职研究员数：8 人

行政职员数：1 人

2016 年度预算：130 万元

智库荣誉："一带一路"智库合作联盟理事单位、中俄战略协作高端合作智库理事单位、金砖国家智库合作中方理事会理事单位、新疆智库成员

代表性成果：《遏制、整合与塑造：美国中亚政策二十年》、《分裂主义及其国际化研究》、《世界分裂主义论》、《国际网络恐怖主义研究》、《转型的中亚和中国》

品牌活动：反分裂理论研讨会、中—南亚恐怖主义与地区安全研讨会的主办方

134 辽宁大学中国东北振兴研究院

英文名称：China Academy of Northeast Revitalization，Liaoning University

智库地址：辽宁省沈阳市浑南区创新路 195 号 生命科学楼 B 座 5 楼

邮编：110000

办公电话：024－23888888

传真：024－25888888

成立时间：2015 年 10 月

官方网址：http：//canr. neu. edu. cn/

机构宗旨：围绕为国家建言献策、人才培养、学术创新等建设一个开放的研究合

作平台，打造一个真正为国家战略服务、为东北区域振兴服务、能发挥实际作用的智库机构

政策研究领域：金融政策

智库类型：高校智库

法人信息：东北大学

代表性成果(图书)：《东北老工业基地全面振兴进程评价报告》(ISBN 978-7-5096-5227-5)、《农业转移人口市民化：土地承包权退出及经济补偿研究》(ISBN 978-7-1092-2360-8)

品牌活动：东北振兴论坛

135 辽宁大学转型国家经济政治研究中心

英文名称：Copyright Research Center for the Economies and Politics of Transitional Countries (RCEPTC), Liaoning University

智库地址：辽宁省沈阳市沈北新区道义南大街58号

邮编：110000

办公电话：024-62602445

传真：024-62602447

成立时间：1973年

官方网址：http://rceptc.lnu.edu.cn/

政策研究领域：俄罗斯东欧等转型国家经济政治问题

智库类型：高校智库

136 南昌大学江西发展研究院

英文名称:Jiangxi Development Research Institute of Nanchang University

智库地址:江西省南昌市红谷滩新区学府大道 999 号

邮编:330031

办公电话:0791－83968320、0791－8396832/3

传真:0791－83968322

成立时间:2015 年 5 月

官方网址:http://jxfzyjy. ncu. edu. cn/index. html

机构宗旨:服务决策,多出精品,建高端智库

政策研究领域:农业政策、金融政策、产业政策、市场政策、就业政策、社会保障政策

涉及学科:经济学、管理学、法学、教育学

智库类型:高校智库

法人代表:周创兵

组织机构代码:491015556

智库负责人:黄细嘉

管理团队:黄细嘉(院长)、钟贞山(副院长)、王玉帅(副院长)

首席专家:黄细嘉、钟贞山、张发明

全职研究员数:4 人

兼职研究员数:26 人

行政职员数:5 人

2016 年度预算:100 万元

代表性成果:江西县域经济发展指数蓝皮书、江西旅游发展指数蓝皮书

品牌活动:江西发展论坛、江西发展智库沙龙、江西发展高端智库人才研修培训

137 南昌大学旅游研究院

英文名称:The Center for Tourism Planning and Research of Nanchang University

智库地址:江西省南昌市红谷滩新区学府大道 999 号

邮编:330031

办公电话:0791 - 83969960

传真:0791 - 83969960

成立时间:2003 年

官方网址:http://lygh.ncu.edu.cn/

机构宗旨:成为中部地区区域旅游研究与规划学术重镇地,以及区域旅游发展和江西旅游强省建设智库

政策研究领域:区域旅游发展战略、红色旅游、旅游强省建设

涉及学科:旅游规划与红色旅游开发、旅游资源价值理论、旅游文化产业发展

智库类型:高校智库

法人信息:南昌大学

法人代表:周创兵

智库负责人:黄细嘉

管理团队:旅游规划与研究中心管理团队

首席专家:黄细嘉

全职研究员数:12 人

兼职研究员数:10 人

行政职员数:1 人

2016年度预算：15万元

智库荣誉：《如何打造南昌旅游高地等旅游发展战略"三部曲"》、《旅游扶贫：江西实现的路径研究》获得江西省社会科学优秀成果二等奖；《区域旅游空间结构优化研究——以江西为例》、《宗教旅游的多维价值及开发利用研究》、《红色旅游与老区发展研究》获得江西省社会科学优秀成果三等奖

代表性成果(图书)：《旅游扶贫：江西的构想与实现途径》(ISBN 978-7-0101-3941-8)、《渐进与跨越：明清以来庐山开发研究》(ISBN 978-7-0101-1184-1)

品牌活动：江西发展论坛

138 南昌大学中国中部经济社会发展研究中心

英文名称：Research Center for Central China Economic and Social Development of Nanchang University

智库地址：江西省南昌市南京东路235号南昌大学北区

邮编：330047

办公电话：0791-88304401

传真：0791-88304563

成立时间：2000年6月

官方网址：http://ccced.ncu.edu.cn/

微信公众号：中国中部经济社会发展研究中心

微博：中部中心

其他社交媒体：中国中部经济与社会发展数据库

机构宗旨：中心努力围绕服务"中部崛起"和服务地方经济社会发展的科研特色，打造具有重要影响的科学研究高地、决策咨询高地、智库建设高地、制度改革

高地

政策研究领域:区域经济、产业经济、生态经济、劳动经济、社会发展、金融研究

涉及学科:经济学、管理学、社会学

智库类型:高校智库

法人信息:南昌大学

法人代表:周创兵

智库负责人:刘耀彬

管理团队:中部中心管理团队

首席专家:刘耀彬

全职研究员数:34 人

兼职研究员数:21 人

行政职员数:2 人

2016 年度预算:90 万元

智库荣誉:基地研究员获得江西省社会科学优秀成果奖、江西优秀理论成果奖、江西高校科学研究优秀成果奖、教育部高校德育创新发展研究成果奖

代表性成果(图书):《中国中部经济社会发展报告》(ISBN 978 - 7 - 5141 - 6865 - 5)、《中国中部经济社会竞争力蓝皮书》(ISBN 978 - 7 - 5097 - 8408 - 2)

品牌活动:中部发展论坛

139 南京财经大学现代服务业智库

英文名称: Modern Service Industry Think Tank of Nanjing University of Finance and Economics

智库地址:江苏省南京市仙林大学城文苑路 3 号

邮编:210023

办公电话:025－86718658

传真:025－86718658

成立时间:2016年10月

官方网址:http://www.jimis.org/fwyzk/

微信公众号:江苏现代服务业智库

机构宗旨:以现实问题研究和区域发展需求为导向,充分发挥现代服务业对发展方式转变、经济结构调整的促进作用,通过强化服务业领域的政、产、学、研联合,提高江苏省现代服务业科学研究和实际应用能力,全面提高江苏省服务业整体发展水平和国际竞争力,着力推进经济转型升级

政策研究领域:服务业政策

涉及学科:经济学、管理学

智库类型:高校智库

智库层次:省重点培育智库

法人信息:南京财经大学

法人代表:宋学锋

组织机构代码:132000000869

智库负责人:陈章龙、宋学锋、张为付

首席专家:陈章龙、宋学锋、张为付

全职研究员数:28人

兼职研究员数:30人

行政职员数:4人

2016年度预算:32万元

代表性成果:

图书:《中国生产性服务业对制造业产业关联效应研究:基于制造业转型升级视

角》(ISBN 978-7-0101-5573-9)、《江苏省现代服务业发展研究报告 2014》(ISBN 978-7-3051-0606-3)

论文:张为付,《我国 CO_2 排放的省际转移与减排责任度量研究》,《中国工业经济》,2014(3)

140 南京大学长江产业经济研究院★

英文名称: Yangtze Industrial Economic Institute, Nanjing University

智库地址:南京市鼓楼区汉口路 22 号

邮编:210093

办公电话:025-83621270

成立时间:2016 年 6 月

官方网址:http://www.yangtze-idei.cn/

微信公众号: YangtzeIDEI

机构宗旨:立足产业背景,研究走势规律,服务国家政策,探索中国道路

政策研究领域:产业政策、服务业政策、高端制造业政策、住房政策、市场政策、产业政策、工业政策、金融政策、财政政策、人口政策及其他

涉及学科:经济学

智库类型:高校智库

智库层次:国家高端智库建设培育单位、江苏省首批重点高端智库

法人代表:刘志彪

组织机构代码:52320000MJ5525075T

智库负责人:刘志彪

管理团队:刘志彪、江静、徐宁、郑兰

首席专家:洪银兴、刘志彪

全职研究员数:16 人

兼职研究员数:355 人

行政职员数:6 人

2016 年度预算:200 万元

智库荣誉:江苏省哲学社会科学成果奖、陕西省哲学社会科学成果奖、高等学校科学研究优秀成果奖

品牌活动:长江产经智库线下论坛

141 南京大学长江三角洲经济社会发展研究中心

英文名称:Center for the Social and Economic Development of the Yangtse River Delta of Nanjing University

基地地址:南京市金银街 16 号安中大楼 15 层

邮编:210093

办公电话:025 - 83595262;025 - 83686024

传真:025 - 83595262

成立时间:2001 年 2 月

官方网址:https://cyd.nju.edu.cn/

机构宗旨:立足江苏,服务江苏,为江苏经济社会发展服务

研究范围:宏观经济、资本市场、经济增长、企业战略、产业经济学、公司经济学、国民经济学、社会主义经济理论、发展经济学、国际经济学、中西方贸易关系、劳动经济学

涉及学科:经济学

智库类型:高校智库

智库层次:教育部人文社会科学重点研究基地

法人信息:南京大学

法人代表:陈骏

组织机构代码:46600745 - 8

基地负责人:洪银兴

管理团队:刘志彪、姜宁、黄繁华

首席专家:洪银兴、刘志彪

全职研究员数:15 人

兼职研究员数:26 人

行政职员数:2 人

2016 年度预算:140 万

基地荣誉:安子介国际贸易研究二等奖、江苏省哲学社会科学优秀成果一等奖、教育部高等学校人文社会科学研究优秀成果二等奖、张培刚发展经济学优秀成果奖

代表性成果(图书):《中国经济问题丛书》(长三角经济研究系列)(ISBN 978 - 7 - 3002 - 1993 -6)

品牌活动:江苏发展高层论坛

142 南京大学非洲研究所

英文名称:Institute of African Studies, Nanjing University

智库地址:南京市仙林大道 163 号南京大学仙林校区

邮编:210023

办公电话:025 - 89686694

传真:025 - 89686694

成立时间：1964 年 3 月

微信公众号：AFS-NJU（南大非洲研究）

微博：南京大学—非洲研究所 CASNJU

机构宗旨：立足跨学科的研究，聚焦非洲资源、安全与区域发展研究，服务国家对非合作和发展战略

政策研究领域：非洲资源与区域发展、海洋经济、非洲安全与投资、非洲文化

涉及学科：区域经济与国际问题研究

智库类型：高校智库

智库层次：非洲研究高端智库、江苏省高校国际问题研究中心建设单位

法人信息：南京大学

法人代表：陈骏

组织机构代码：46600745－8

智库负责人：张振克

管理团队：王月清、黄贤金、张振克

首席专家：张振克、黄贤金、刘成富、刘立涛

全职研究员数：2 人

兼职研究员数：12 人

行政职员数：1 人

2016 年度预算：30 万元

智库荣誉：江苏省哲学社会科学优秀科研成果二等奖、全国高校人文社会科学二等奖

代表性成果(图书)：《现代非洲人文地理（上下卷）》（ISBN 978－7－305－14215－4）、《非洲渔业资源及其开发战略研究》（ISBN 978－7－305－13859－1）、《非洲农业图志》（ISBN 978－7－305－09558－0）

品牌活动：走非洲求发展高层论坛、非洲—亚洲发展合作国际研讨会

143 南京大学江苏紫金传媒智库

英文名称: Jiangsu Zijin Media Think Tank, Nanjing University

智库地址:南京市栖霞区仙林大道163号南京大学仙林校区社会学院河仁楼

邮编:210012

办公电话:025－89681258

传真:025－89681278

成立时间:2015年7月

官方网址:http://www.zijinmtt.cn/

微信公众号:zijinzhiku

机构宗旨:汇聚英才、焦距大势、服务国家、关怀民生、高瞻远瞩、见智见行

政策研究领域:舆论与社会心态、传播与政府形象、风险与公共危机、大数据与社会计算以及信访与社会矛盾

涉及学科:社会学、新闻学、信息管理学、政府管理学、法学

智库类型:高校智库

智库层次:江苏省首批高端智库建设

法人信息:江苏紫金传媒智库

法人代表:周晓虹

组织机构代码:5232000033640253XG

智库负责人:周晓虹

管理团队:周晓虹、孙建军、杜骏飞、孔繁斌、叶金强、闵学勤

首席专家:洪银兴、洪大用、任剑涛、喻国明、赵建良、周晓虹、孙建军、杜骏飞、孔繁斌、叶金强、闵学勤

兼职研究员数:35人

行政职员数：2 人

2016 年度预算：120 万元

代表性成果：2015 中国股市风潮调查、中国 A 股上市公司创新指数研究、中国民众的经济信心指数研究、江北创新活力指数研究

品牌活动：中国 A 股上市公司创新指数研究报告发布、中国民众的经济信心指数研究报告发布

144 南京大学社会风险与公共危机管理研究中心

英文名称：Interdisciplinary Center for Risk, Disaster& Crisis Management, Nanjing University

智库地址：江苏省南京市栖霞区仙林大道 163 号南京大学政府管理学院 401 室

邮编：210046

成立时间：2005 年 6 月

官方网址：http://rdc.nju.edu.cn/

微信公众号：风险灾害危机多学科研究

机构宗旨：成为风险、灾害与危机管理领域国内一流、国际知名的学术研究、政策咨询、人才培养、学术交流机构，积极服务于重大战略需求，维持社会和谐、稳定、有序运行

政策研究领域：安全政策、社会保障政策、社会建设与社会政策、应急管理政策

涉及学科：管理学、心理学、地理学、环境科学、安全科学等

智库类型：高校智库

法人信息：南京大学

组织机构代码:46600745－8

智库负责人:童星

管理团队:童星、张海波、陶鹏

首席专家:童星、Arnold Howitt、Louise Comfort、闪淳昌、薛澜、高小平、彭宗超、胡象明、张强、张海波

全职研究员数:20人

兼职研究员数:18人

行政职员数:1人

2016年度预算:200万元

智库荣誉:教育部第七届高等学校科学研究优秀成果奖(人文社科类)一等奖、第十三届江苏省哲学社会科学优秀成果一等奖

代表性成果:

论文:童星、张海波,《基于中国问题的灾害管理分析框架》,《中国社会科学》,2010(1);《中国应急管理的结构变化及其理论概化》

图书:《中国应急管理:理论、实践、政策》(ISBN 978－7－5097－3099－7)、《风险灾害危机研究》(ISBN 978－7－5097－8754－0)

品牌活动:风险灾害危机多学科论坛

145 南京大学中国南海研究协同创新中心

英文名称: Collaborative Innovation Center of South China Sea Studies, Nanjing University

智库地址:江苏省南京市汉口路22号南京大学

邮编:210093

办公电话:025－83597212

传真:025－83597212

成立时间:2012年7月

官方网址:https://nanhai.nju.edu.cn/

机构宗旨:全面推进南海问题的基础研究和应用对策研究,努力服务于国家的南海战略决策,为国家建设"海洋强国"提供智力支持

政策研究领域:国际关系、史地与文化、资源环境与海疆权益、国际法与海洋法、航行自由与安全稳定、国别研究、舆情监测与传播管理、遥感动态监测与情势推演、政策与战略决策支持

涉及学科:国际关系、历史学、国际法、军事学、地理学、地质学、传播学、管理学

智库类型:高校智库

智库层次:国家首批2011协同创新中心

智库负责人:王颖、朱锋

管理团队:王颖、朱锋、杨忠、吴士存、周成虎、冯梁、李国强、李满春、王月清、华涛、沈固朝、姜田、李芸

首席专家:王颖、吴士存、朱锋、周成虎、冯梁、李国强、沈固朝、刘迎胜、杨翠柏、杜骏飞、陈晓律、华涛

全职研究员数:136人

兼职研究员数:222人

行政职员数(总部):7人

2016年度预算:1 500万元

智库荣誉:首批国家级"2011计划"协同创新中心、"外交部政策研究课题重点合作单位"(2017－2018)

代表性成果(图书):《南海文库》(ISBN 978－7－305－16057－8)

品牌活动:南海论坛

146 南京理工大学江苏人才发展战略研究院

英文名称: Jiangsu Academy of Talent Development, Nanjing University of Science and Technology

智库地址: 江苏省南京市玄武区孝陵卫200号

邮编: 210094

办公电话: 025-84303961

传真: 025-84303961

成立时间: 2015年5月

官方网址: http://www.jatd.org/

微信公众号: jsrcgz

机构宗旨: 旨在汇聚一流研究力量,对人才发展战略问题进行综合性、长期性、前瞻性研究,为党委和政府提供政策建议、咨询意见和人才服务。

政策研究领域: 人才发展政策

涉及学科: 经济学、管理学、教育学、社会学

智库类型: 高校智库

智库层次: 江苏省重点培育智库

法人信息: 南京理工大学

法人代表: 付梦印

组织机构代码: 46600759-7

智库负责人: 廖文和

管理团队: 洪浩、孔捷、叶绪江、陆蒨、程新斌、唐娜

首席专家: 廖文和

全职研究员数: 9人

兼职研究员数:35 人

行政职员数:6 人

2016 年度预算:120 万元

智库荣誉:省第 14 届哲学社会科学成果奖二等奖、省第 12 届哲学社会科学优秀成果奖一等奖、省社科应用研究精品工程一等奖、省社科应用研究精品工程二等奖

代表性成果:人才竞争力系列报告(2015、2016)、全球智能制造装备领军人才分布研究报告、中国国防科技卓越青年人才基金运行机制研究报告、“十三五”人才发展规划专题报告、江苏省人才发展机制体制改革专题研究报告

品牌活动:江苏人才发展专家峰会

147 南京农业大学金善宝农业现代化研究院

智库地址:江苏省南京市金善宝农业现代化研究院

邮编:210095

研究政策领域:农业政策

涉及学科:农学

智库类型:高校智库

法人信息:南京农业大学

法人代表:左惟

智库负责人:周应恒

148 南京师范大学中国法治现代化研究院

英文名称： Institute for Chinese Legal Modernization Studies, Nanjing Normal University

智库地址：江苏省南京市宁海路 122 号南京师范大学

邮编：210097

办公电话：025－85891703

成立时间：2015 年 11 月

关系信息：南京师范大学、江苏省教育厅、江苏省委宣传部

官方网址：http://iclms.njnu.edu.cn/

微信公众号：icims2015

机构宗旨：坚持正确方向，秉持独立品格，注重有效实用，彰显专业特色，推进人才兴院，塑造公共形象

政策研究领域：法治发展战略、立法发展、法治政府、司法改革与现代化、法治社会、区域法治发展、中国法治国情调查

涉及学科：法学

智库类型：高校智库

智库层次：江苏省重点培育智库

智库负责人：公丕祥

149 南京信息工程大学气候与环境治理研究院

英文名称： Research Institute of Climatic and Environmental Governance,

Nanjing University of Information Science & Technology

智库地址:江苏省南京市宁六路219号

邮编:210044

办公电话:025-58731224

传真:025-58731173

成立时间:2015年7月

官方网址:http://riceg.nuist.edu.cn/

微信公众号:nuist_thinktank

微博:南信智库

QQ群:247282112(南信智库_RICEG)

机构宗旨:作为国内气候与环境治理领域的研究智库,聚焦于气候变化与环境治理的科学问题、经济发展问题以及公共政策问题;在气候与环境治理领域发出江苏声音,支持国家决策,提升国际影响

政策研究领域:气候与环境治理

涉及学科:理学、管理学、经济学、工学

智库类型:高校智库

智库层次:省级重点培育智库

法人信息:南京信息工程大学

法人代表:李北群

组织机构代码:46600676-2

智库负责人:王会军(研究院院长)

管理团队:王会军(研究院院长),荆晅(研究院副院长)、刘宣飞(研究院副院长)、曾维和(智库办副主任)、朱佳、朱彬(雾霾治理研究中心带头人)、徐德福(环境污染研究中心带头人)、吴先华(低碳发展研究中心带头人)、周显信、施威(生态文明研究中心带头人)、曾刚(气候变化研究中心带头人)、曾维和(气候政策研究中心带头人)、咸

鸣霞(行政科研秘书)

首席专家:王会军、廖宏、李廉水

全职研究员数:36 人

兼职研究员数:28 人

行政职员数:5 人

2016 年度预算:560 万元

品牌活动:年度气候与环境治理决策咨询高峰论坛、系列决策咨询高峰会谈、系列决策咨询实战风暴

150 南京医科大学健康江苏建设与发展研究院

英文名称: Academy of Healthy Jiangsu, Nanjing Medical University

智库地址:江苏省南京市江宁区龙眠大道 101 号

邮编:211100

办公电话:025 - 86869213、18913810800

传真:025 - 86869612

政策研究领域:人口政策、产业政策、社会保障政策、医疗卫生政策、药品政策、健康政策、民政政策

涉及学科:医学、管理学、社会学、经济学、法学、哲学

智库类型:高校智库

智库层次:江苏省重点培育智库

法人信息:南京医科大学

法人代表:沈洪兵

智库负责人:沈洪兵

管理团队：季勇、赵俊、陈家应、姜柏生、钱东福、王建明、姚俊

首席专家：沈洪兵

全职研究员数：35 人

兼职研究员数：18 人

行政职员数：2 人

2016 年度预算：50 万元

代表性成果：姚俊、赵俊，《江苏医联体建设存在的问题及对策》，《智库专报》，2017（17）

品牌活动："健康江苏建设与发展"研讨会

151 南京艺术学院紫金文创研究院

英文名称：Purple Academy of Culture &Creativity，Nanjing University of the Arts

智库地址：江苏省南京市北京西路 74 号南京艺术学院

邮编：210013

办公电话：025－83517560

传真：025－83517561

成立时间：2016 年 3 月

官方网址：http://www.pacc.org.cn/

微信公众号：zjwczk

微博：紫金文创研究院

机构宗旨：特色立库、开放办库、成果兴库、创新强库

政策研究领域：文化政策、文化产业政策、文化市场政策

涉及学科：艺术学、经济学、管理学、历史学、社会学、文学

智库类型：高校智库

法人信息：南京艺术学院

法人代表：刘伟冬

组织机构代码：46600678－9

智库负责人：李向民

管理团队：李向民（院长）、王晨（副院长）、邬烈炎（副院长）、金捷（委员）、王方（委员）、沈义贞（委员）、吕少卿（委员）、宋德泳（办公室主任）、施学忠（理事会副秘书长）、袁玥（院长助理）、陈天白（学术秘书）、朱以菲（课题协调员）

首席专家：李向民（院长）

全职研究员数：6 人

兼职研究员数：50 余人

行政职员数：5 人

2016 年度预算：250 万元

品牌活动：紫金文化论坛、文化经济学紫金论坛

152 南开大学滨海开发研究院

英文名称：Binhai Development Institute，Nankai University

智库地址：天津市南开区卫津路 94 号

邮编：300071

办公电话：022－23505110

传真：022－23505110

成立时间：2008 年 8 月

官方网址：http://www.nkbinhai.com.cn/

微信公众号：南开经济调查

政策研究领域：互联网管理政策、农业政策、产业政策、市场政策

涉及学科：经济学

智库类型：高校智库

智库负责人：刘刚

管理团队：赵启正（院长）、周立群（常务副院长）、刘刚（副院长）

首席专家：周立群、刘刚

全职研究员数：3 人

兼职研究员数：25 人

行政职员数：3 人

2016 年度预算：400 万元

品牌活动：年度世界创新大会

153 南开大学当代中国问题研究院

英文名称： Institute of Issues in Contemporary China，Nankai University

智库地址：天津市南开区卫津路 94 号南开大学文科创新楼 B111

邮编：300071

办公电话：022－23508685

传真：022－23508860

成立时间：2011 年 6 月

官方网站：http://ces.nankai.edu.cn/index.html

微信公众号：nkddzgwt

机构宗旨:坚持以马克思主义为指导,开展对当代中国社会重大实际问题的理论研究,为党和国家的战略决策提供理论的支持,为中国社会发展服务,为繁荣中国哲学社会科学服务

政策研究领域:经济、政治、社会

涉及学科:哲学、经济学、法学、历史学、管理学

智库类型:高校智库

智库负责人:阎孟伟

管理团队:陈晏清(学术委员会主任)、龚克(院长)、阎孟伟(常务副院长)、王新生(副院长)、祝宝钟(副院长)、周立群(副院长)

首席专家:邢元敏、魏大鹏、龚克

全职研究员数:4 人

兼职研究员数:5 人

行政职员数:4 人

2016 年度预算:250 万元

代表性成果(图书):《京津冀协同发展研究丛书》(ISBN 978-7-8109-7478-3)、《中国政治文化蓝皮书——政治文化报告(2017)》(ISBN 978-7-5201-0878-2)

品牌活动:协商民主研究年度国际学术会议

154 南开大学经济与社会发展研究院

英文名称:Nankai University's College of Economic and Social Development

智库地址:天津市南开区卫津路 94 号文科创新楼 A301

邮编:300071

办公电话:022－23508549

传真:022－23506871

成立时间:1998年9月

官方网址:http://esd.nankai.edu.cn/

机构宗旨:学科立院、人才兴院、特色办院、严谨治院

政策研究领域:区域经济学、产业经济学、物流学

涉及学科:经济学、管理学

智库类型:高校智库

智库负责人:刘秉镰

管理团队:正职:刘秉镰(院长);副职:白雪洁(副院长)

首席专家:刘秉镰

全职研究员数:16人

兼职研究员数:63人

行政职员数:20人

2016年度预算:500万元

代表性成果(图书):《中国现代物流发展报告》(ISBN 978－7－5047－4367－1)、《两岸产业比较丛书》、《区域产业经济研究丛书》

品牌活动:"雄安新区与京津冀协同发展:理论及政策"高端论坛、2016亚太生产率国际研讨会

155 南开大学亚太经济合作组织(APEC)研究中心

英文名称:APEC Study Center of Nankai University

智库地址:天津市南开区南开大学伯苓楼

邮编：300071

办公电话：022－23501573

传真：022－23500035

成立时间：1995年

官方网址：http://apec.nankai.edu.cn/

研究政策领域：金融政策、外交政策

涉及学科：世界经济、国际贸易

智库类型：高校智库

智库层次：教育部人文社会科学重点研究基地

法人代表：龚克

机构组织代码：10055

智库负责人：刘晨阳

管理团队：张雪（办公室主任）、李文韬（国际交流部负责人）

首席专家：宫占奎

全职研究员数：8人

兼职研究员数：30人

行政职员数：3人

2016年度预算：300万元

智库荣誉：2014年"全国杰出专业技术人才先进集体"、2016年教育部人文社会科学重点研究基地评估"优秀基地"

代表性成果：《APEC问题咨询研究报告》、《APEC问题研究丛书》、《亚太区域经济合作发展报告》

品牌活动：APEC研究中心联席会议

156 南开大学政治经济学研究中心

英文名称: Center for Studies of Political Economy of Nankai University

智库地址: 天津市南开大学

邮编: 300071

办公电话: 022－23498822

传真: 022－23498822、022－23503997

成立时间: 2000年12月

官方网址: http://ces.nankai.edu.cn/index.html

政策研究领域: 马克思主义政治经济学、中国特色社会主义政治经济学、宏观经济运行、经济增长、经济发展新理念、经济发展方式转变和经济结构调整、创新驱动、全面深化改革等

涉及学科: 经济学

智库类型: 高校智库

智库负责人: 逄锦聚

管理团队: 逄锦聚(主任)、景维民(副主任)、周立群(副主任)、陈宗胜(副主任)

全职研究员数: 31人

兼职研究员数: 10人

行政职员数: 5人

代表性成果(图书): 《政治经济学》(ISBN 978－7－0402－0275－5)、《现代经济学大典》(ISBN 978－7－5141－5813－7)

品牌活动: 青年政治经济学学者年会、“中国特色社会主义政治经济学创新与供给侧结构性改革”专题研讨会

157 南开大学中国特色社会主义经济建设协同创新中心

英文名称: Collaborative Innovation Center for China Economy, Nankai University

智库地址:天津市南开区卫津路94号南开大学经济学院方楼301办公室

邮编:300071

办公电话:022-23500335

传真:022-23500335

成立时间:2014年10月

官方网址:http://chinaeconomy.nankai.edu.cn/

微信公众号:CICCE_2011JH

涉及学科:经济学

智库类型:高校智库

智库负责人:逄锦聚

管理团队:逄锦聚、梁琪、景维民、刘秉镰、周云波、李俊青、张玉利、刘凤义、何自力、荆克迪、李玲等

首席专家:龚克、朱光磊、佟家栋、逄锦聚、洪银兴、李扬、林岗、鲜祖德、景维民、杨忠、周立群、刘伟、梁琪、张玉利、张宇、裴长洪、高培勇、李晓西、黄泰岩、李维安、金碚、林毅夫、石方川、潘璠、赵曙明、刘志彪、冼国明、杨瑞龙、沈坤荣等

全职研究员数:168人

兼职研究员数:180人

行政职员数:26人

2016年度预算:3 000万元

代表性成果:

图书:《现代经济学大典》(ISBN 978-7-5141-5813-7)、《治国理政建言献策

70篇》(ISBN 978-7-5141-7783-1)、《经济蓝皮书春季号:2017年中国经济前景分析》(ISBN 978-7-5201-0717-4)

论文:《中国政治经济学发展年度报告》、《全面建成小康社会统计监测工作情况报告》、《中国政治经济学发展报告(2016)》

158 南开大学中国政府与政策联合研究中心

英文名称: Chinese Government and Politics Unite Research Centre, Nankai University

智库地址:天津市津南区同砚路38号南开大学津南校区周恩来政府管理学院454

邮编:300350

办公电话:022-23509389

传真:022-23509389

成立时间:2009年

机构宗旨:知中国,服务中国

政策研究领域:现代政府理论与当代中国政府、政府间关系、政治学理论

涉及学科:政治学、行政管理学

智库类型:高校智库

法人信息:南开大学

智库负责人:朱光磊

管理团队:杨龙、程同顺、张志红

首席专家:朱光磊

全职研究员数:15人

兼职研究员数:25人

2016 年度预算：10 万元（不包括课题经费）

智库荣誉：多次获得天津市主要领导批示，6 项成果获得杭州市、三亚市政府肯定多次获得天津市主要领导批示，6 项成果获得杭州市、三亚市政府肯定

代表性成果：

论文：朱光磊，《服务型政府建设规律研究》，经济科学出版社，2013

报告：《中国政府发展研究报告（年度）》（2008、2012、2013、2014、2015、2016）

图书：《服务型政府建设规律研究》（ISBN 978 - 7 - 5141 - 3271 - 7）、*Decision Making and Implementation：Interpretation of the Processes of the Chinese Government*、《地方政府职能转变问题研究：基于杭州市的实践》（ISBN 978 - 7 - 3100 - 4003 - 2）

159 南通大学江苏长江经济带研究院

英文名称：Jiangsu Yangtze Economic Belt Research Institute, Nantong University

智库地址：江苏省南通市崇川区啬园路 9 号

邮编：226019

办公电话：0513 - 85012972

传真：0512 - 85012972

成立时间：2014 年 12 月

官方网址：http：//yhyjy. ntu. edu. cn/

微信公众号：江苏长江经济带研究院

机构宗旨：通过关注新常态下国家和区域发展的重大问题，对江苏在长江经济带中面临的新形势、新要求和新任务等开展前瞻性研究，努力实现大学和城市、大学和

区域发展的互动，努力做好服务江苏和长江经济带发展的这篇大文章

政策研究领域：产业政策、市场政策、资源政策、社会保障政策

涉及学科：哲学、经济学、管理学、社会学、地理科学

智库类型：高校智库

智库层次：江苏省重点培育智库

法人信息：南通大学

法人代表：程纯

组织机构代码：46601291－9

智库负责人：成长春

管理团队：成长春、周威平、杨凤华

首席专家：成长春

全职研究员数：10 人

兼职研究员数：30 人

行政职员数：2 人

2016 年度预算：120 万元

智库荣誉：江苏省第十四届哲学社会科学优秀成果三等奖、2015 年度“江苏省社科应用研究精品工程”一等奖、2015 年度“江苏省社科应用研究精品工程”二等奖

品牌活动：长江经济带发展论坛

160 内蒙古大学蒙古国研究中心

英文名称：Center for Studies of Mongolia，Inner Mongolia University

智库地址：内蒙古呼和浩特市大学西路 235 号

邮编:010021

办公电话:0471－4995613

传真:0471－4995613

成立时间:2016年3月

官方网址:http://mggzx.imu.edu.cn/

机构宗旨:为国家和自治区制定发展战略及决策提供智力支持

政策研究领域:政治、经济、外交、语言、文化、历史、宗教、新闻传媒等

涉及学科:政治学、经济学、语言文学、民族学、哲学、新闻传播学等

智库类型:高校智库

法人信息:内蒙古大学

法人代表:陈国庆

组织机构代码:4464

智库负责人:白音门德

管理团队:内蒙古大学蒙古国研究中心

首席专家:白音门德

全职研究员数:9人

兼职研究员数:16人

行政职员数:3人

2016年度预算:70万元

161 内蒙古大学蒙古学研究中心

英文名称:Center for Mongolian Studies, Inner Mongolia University

智库地址:内蒙古自治区呼和浩特市大学西路235号

邮编:010021

办公电话:0471－4992243

传真:0471－4992243

成立时间:2000 年 12 月

官方网址:http://mgxzx. imu. edu. cn/

政策研究领域:文化政策

涉及学科:历史学

智库类型:高校智库

智库层次:教育部人文社会科学重点研究基地

法人代表:陈国庆

组织机构代码:1215000046002920XK

智库负责人:齐木德道尔吉

管理团队:郝时远(主任)

首席专家:齐木德道尔吉

全职研究员数:10 人

兼职研究员数:14 人

行政职员数:3 人

2016 年度预算:140 万元

162 宁夏大学回族研究院

英文名称: Hui Institute of Ningxia University

智库地址:宁夏回族自治区银川市西夏区宁夏大学北校区

邮编:750021

电话:0951－2061593

成立时间:1986 年

官方网址:http://hui. nxu. edu. cn/

政策研究领域:民族政策

智库类型:高校智库

全职研究员数:14 人

兼职研究员数:9 人

智库荣誉:全国民族团结模范集体

代表性成果(图书):《中国回族学》(ISBN 978－7－2270－6150－2)

163 宁夏大学中国阿拉伯国家研究院

英文名称:China Institute for Arab Studies at Ningxia University

智库地址:宁夏回族自治区银川市西夏区贺兰山西路 489 号

邮编:750021

办公电话:0951－2061747

传真:0951－2061747

成立时间:2016 年 5 月

官方网址:http://anri. nxu. edu. cn/

政策研究领域:阿拉伯国家政治经济文化政策

智库类型:高校智库

智库荣誉:教育部国别与区域研究基地

法人信息:事业单位法人

法人代表:何建国

组织机构代码:45400000 - 5

智库负责人:李绍先

首席专家:李绍先、杨圣敏

全职研究员数:36 人

兼职研究员数:18 人

行政职员数:5 人

2016 年度预算:1200 万元

代表性成果(报告):《宁夏参与丝绸之路经济带建设的基本思路》

品牌活动:贺兰山论坛、中阿博览会理论研讨会暨中阿智库论坛

164 青海大学青海省情研究中心

英文名称: QingHai Provincial Research Center, Qinghai University

智库地址:青海省西宁市宁大路 251 号

邮编:810016

办公电话:0971 - 5310370

成立时间:2008 年

官方网址:http://sqyj.qhu.edu.cn/

机构宗旨:突出特色,整合资源,强化内涵,服务国家战略

政策研究领域:民族政策、宗教政策、社会治理、生态环境政策、社会建设与社会政策

涉及学科:人类学、民族学、社会学

智库类型:高校智库

智库层次:青海省首批高端智库建设、青海省高校人文社会科学重点基地

法人信息:青海大学

法人代表:王光谦

组织机构代码:126300004400023254

智库负责人:李臣玲

管理团队:李臣玲、祁文寿、牛璇、郭海青、王默、晏周琴

首席专家:李臣玲、祁文寿、牛璇、郭海青、王默、晏周琴

全职研究员数:6 人

行政职员数:1 人

2016 年度预算:118 万元

代表性成果(图书):《青海省情论丛》(ISBN 978 - 7 - 1051 - 3070 - 2)

165 清华—布鲁金斯公共政策研究中心

英文名称:Brookings-Tsinghua Center for Public Policy

智库地址:北京市清华大学公共管理学院 616 房间

邮编:100084

成立时间:2006 年

机构宗旨:致力于创建中国的一流智库,在围绕中国经济社会变革及维系良好的中美关系的诸多重要领域提供独立、高质量及有影响力的政策研究

政策研究领域:产业政策、能源政策、金融政策、司法政策、社会保障政策、医疗卫生政策、城乡建设政策、环境政策

智库类型:高校智库

166 清华大学国际关系研究院

英文名称: Institute of International Relations, Tsinghua University

智库地址: 北京市海淀区清华大学明斋 304 室

邮编: 100084

办公电话: 010－62798183

传真: 010－62773173

成立时间: 2015 年 12 月

官方网址: http://www.imir.tsinghua.edu.cn/

微博公号: 政治学与国际关系学术共同体、世界和平论坛

政策研究领域: 外交政策、安全政策、国防政策

涉及学科: 历史学、法学

智库类型: 高校智库

法人代表: 唐家璇

智库负责人: 唐家璇

管理团队: 阎学通(院长)、孙学峰(副院长)、赵可金(副院长)、庞珣(副院长)

全职研究员数: 22 人

兼职研究员数: 4 人

行政职员数: 4 人

代表性成果(图书):《战后日本政治思潮与中日关系》(ISBN 978－7－0101－2050－8)

167 清华大学国情研究院★★

英文名称: Institute for Contemporary China Studies, Tsinghua University

智库地址:北京市海淀区公共管理学院 216

邮编:100084

办公电话:010－62784136

成立时间:2011 年 12 月

官方网址:http://www.iccs.tsinghua.edu.cn/

微信公众号:tsinghuaiccs(清华大学国情研究院)

机构宗旨:知识为民、知识报国,从事国家重大发展战略研究,为国家宏观决策提供社会科学研究和咨询建议,建设中国风格和清华品牌的大学高端智库,打造中国一流的国家决策思想库和世界一流的当代中国研究基地

政策研究领域:国情国策研究、中长期规划研究

涉及学科:宏观经济学、政治学、金融学、管理学、公共政策、城乡规划等

智库类型:高校智库

智库层次:首批国家高端智库建设试点单位

法人信息:清华大学

法人代表:邱勇

组织机构代码:12100000400000624D

智库负责人:胡鞍钢

管理团队:胡鞍钢、王亚华、高宇宁

首席专家:胡鞍钢

全职研究员数:41 人

兼职研究员数:31 人

行政职员数:15 人

2016 年度预算:2 172.2 万元

智库荣誉:北京市第十四届哲学社会科学优秀成果奖、国家发改委机关单位优秀研究成果二等奖、教育部第七届高等学校科学研究优秀成果奖(人文社科学)二等奖

代表性成果(图书):《国情报告》(胡鞍钢)(ISBN 978-7-5099-0343-8)

168 清华大学技术创新研究中心

英文名称:Research Center for Technological Innovation, Tsinghua University

智库地址:北京市清华大学

邮编:100084

成立时间:2000 年 3 月

官方网址:http://www.innovation.tsinghua.edu.cn/

机构宗旨:建树中国自主创新理论,巩固国内领先地位,作出国际学术贡献,成为国际知名的技术创新领域研究机构

政策研究领域:科技政策

涉及学科:经济学

智库类型:高校智库

智库层次:国家人文社会科学重点研究基地

法人代表:吴贵生

智库负责人:吴贵生

管理团队:吴贵生(名誉主任)、陈劲(主任)、高旭东(副主任)、李纪珍(副主任)、雷家骕(副主任)

首席专家:陈劲

全职研究员数：16 人

兼职研究员数：11 人

代表性成果(论文)：陈劲，《从长飞公司看国家创新系统的构成与作用》，《科研管理》，1995(3)；朱振坤、金占明，《嵌入网络对新生者不利条件的影响》，《清华大学学报(哲学社会科学版)》，2009(1)；乔立、金占明，《关系对企业国际化进入模式战略选择的影响》，《科学学与科学技术管理》，2009(9)

169 清华大学现代管理研究中心

英文名称：Research Center for Contemporary Management，Tsinghua University

智库地址：北京市海淀区清华大学经济管理学院伟伦楼 447

邮编：100084

办公电话：010 - 62771663

传真：010 - 62784555

成立时间：2000 年 3 月

官方网址：http://www.rccm.tsinghua.edu.cn/

政策研究领域：人事政策、资源政策、其他

涉及学科：管理学、经济学

智库类型：高校智库

智库层次：教育部普通高等学校人文社会科学重点研究基地

管理团队：陈剑(中心主任)、何建坤(学术委员会主任)

全职研究员数：10 人

智库荣誉：中心第一篇"百篇全国优秀博士学位论文(关联规则属性至于扩展研究)"诞生(博士生闫鹏)(中央级)

170 清华大学中国应急管理研究基地

英文名称: Center for Crisis Management Research, Tsinghua University

智库地址:北京市海淀区清华大学公共管理学院 323 室

邮编:100084

办公电话:010 - 62792421

传真:010 - 62792421

成立时间:2004 年 9 月

官方网址:http://ccmr. sppm. tsinghua. edu. cn/

微信公众号:应急管理研究基地

机构宗旨:建设成为国际一流和开放式的应急管理研究和教育平台,积极推动首都北京、中国及国际应急管理能力建设

政策研究领域:危机管理、应急管理、风险治理、安全政策

涉及学科:管理学

智库类型:高校智库

法人信息:清华大学

法人代表:邱勇

组织机构代码:1210000040000624D

智库负责人:彭宗超

管理团队:彭宗超

首席专家:薛澜

全职研究人员数: 25 人

兼职研究人员数:29 人

行政职员数:2 人

2016 年度预算:550 万元

智库荣誉:2011—2017 年连续 6 年获"北京市哲学社会科学优秀研究基地"

代表性成果(图书):《防控甲流:中国内地甲型 H1N1 流感应对评估》(ISBN 978-7-5097-5805-2)、《合作博弈与和谐治理——中国合和式民主研究》(ISBN 978-7-3023-2202-3)

品牌活动:"中国应急管理 50 人论坛"及其青年论坛

171 清华大学中国与世界经济研究中心

英文名称:Center for China in the World Economy, Tsinghua University

智库地址:北京市清华大学

邮编:100084

办公电话:010-62796901

传真:010-62796901

成立时间:2004 年 9 月

官方网址:http://www.ccwe.tsinghua.edu.cn/

微信公众号:CCWE-Tsinghua

政策研究领域:金融政策、市场政策、产业政策、财政政策、消费政策、对外贸易政策、劳动政策

涉及学科:经济学

智库类型:高校智库

智库负责人:李稻葵

管理团队:李稻葵(中心主任)、钱颖一(执行委员会成员)、杨恒明(执行委员会成员)

全职研究员数：8 人

兼职研究员数：20 人

行政职员数：4 人

2016 年度预算：360 万元

代表性成果(图书)：《中国与世界观察》(ISBN 978-7-6262-0117-6)

品牌活动：清华大学中国与世界经济论坛

172 清华—卡内基全球政策中心

英文名称：The Carnegie-Tsinghua Center

智库地址：北京市清华科技园

邮编：100083

官方网址：http://carnegietsinghua.org/?lang=zh

政策研究领域：外交政策、国防政策、金融政策、科技政策及其他

涉及学科：经济学

智库类型：高校智库

法人代表：韩磊

智库负责人：韩磊

代表性成果(图书)：《2050：重塑世界的朱格诺》(ISBN 978-7-5097-5887-8)、《中印海洋大战略》(ISBN 978-7-5162-0041-4)

173 山东大学当代社会主义研究所

英文名称: Institute of Contemporary World Socialism, Shandong University

智库地址:山东省济南市山东大学当代社会主义研究所

邮编:250100

办公电话:0531－88375471

传真:0531－88375471

成立时间:2000 年 7 月

官方网址:http://www.krics.sdu.edu.cn/default.site

智库类型:高校智库

智库负责人:崔桂田

全职研究员数:7 人

兼职研究员数:35 人

行政职员数:1 人

2016 年度预算:210 万元

品牌活动:中国基层意识形态调查

174 山东大学山东发展研究院

英文名称: Shandong School of Development at Shandong University

智库地址:山东省济南市山大南路 27 号山东大学中心校区知新楼 2304

邮编:250100

办公电话:0531－88363377、0531－88364000

传真：0531－88363751

成立时间：2010年7月

官方网址：http://www.ssd.sdu.edu.cn/

机构宗旨：为山东省的发展提供良好的智力支持；当好"试验田"，成为理论与实践相结合的楷模；当好"融合剂"，成为党委政府和学校沟通交流的重要平台

政策研究领域：社会发展、区域经济、公共服务、三农问题等

涉及学科：经济学、社会学、政治学、管理学等

智库类型：高校智库

法人代表：张荣

智库负责人：黄少安

首席专家：黄少安

全职研究员数：29人

兼职研究员数：31人

行政职员数：2人

2016年度预算：100万元

代表性作品（论文）：韦倩，《纳入公平偏好的经济学研究：理论与实证》，《经济研究》

品牌活动：山东城市地理研究沙龙2016年第一次研讨会

175 山东大学山东区域金融改革与发展研究中心

英文名称：Shandong Regional Financial Reform and Development Research Center, Shandong University

智库地址：山东省济南市山大南路27号山东大学中心校区知新楼B209

邮编：250100

办公电话：0531－88364625

传真：0531－88571371

成立时间：2016 年 9 月

官方网址：http://www.hmzk.sdu.edu.cn/

机构宗旨：坚持“顶天”与“立地”并重，在人才培养、科学研究的同时，更立足山东省内区域金融发展，积极寻求服务山东的落脚点，从基础理论、战略规划、对策咨询三个方面，致力于推动高校智力服务社会能力提升，努力建设成为国内知名的区域金融改革与发展问题的研究基地

政策研究领域：金融政策、民间金融、资本市场、绿色金融、互联网金融

涉及学科：金融学、经济学

智库类型：高校智库

智库层次：山东省首批重点新型智库建设试点单位

智库负责人：胡金焱

管理团队：李永平、朱子川、张博

首席专家：胡金焱

全职研究员数：6 人

兼职研究员数：29 人

行政职员数：1 人

2016 年度预算：5 万元

智库荣誉：山东省第三十次社会科学优秀成果一等奖、山东省第三十次社会科学优秀成果二等奖

代表性成果：

图书：《山东省小额贷款公司发展报告》

论文：胡金焱，《金融活水滋润实体经济》，《人民日报》，2017(1)

胡金焱,《经济金融视角的山东供给侧改革》,《大众日报》,2017(1)

176 山东大学卫生管理与政策研究中心

英文名称: Center for Health Management and Policy, Shandong University

智库地址: 山东省济南市文化西路 44 号

邮编: 250012

办公电话: 0531－88382142－8014

传真: 0531－88382693

成立时间: 2016 年 9 月

官方网址: http://www.chmp.sdu.edu.cn/

微信公众号: chmp66(山大医药卫管)

机构宗旨: 将健康融入所有政策

政策研究领域: 健康与卫生

涉及学科: 医学、社会学、心理学、管理学、经济学

智库类型: 高校智库

智库层次: 山东省新型重点智库

法人信息: 山东大学

法人代表: 樊丽明

组织机构代码: 10422

智库负责人: 孙强

管理团队: 李雨嘉、王健、孙晓杰、李顺平、刘波、孙强

首席专家: 孙强

全职研究员数: 13 人

兼职研究员数：15 人

行政职员数：6 人

品牌活动：医院管理人才培养与研究

177 山东大学县域发展研究院

英文名称：The Institute for Studies in County Development，Shandong University

智库地址：山东省青岛市即墨区振华街 49 号

邮编：266200

办公电话：0532 - 83582599

传真：0532 - 83582599

成立时间：2014 年 8 月

官方网址：http://xyfz.sdu.edu.cn/

微信公众号：sduxyfz（山东大学县域发展研究院）

机构宗旨：研究院秉承“扎根县域、科学研究、精准服务”的办院理念，坚持做好高水平的政策咨询研究和问题导向的理论研究，在为各合作县（市）经济社会发展提供智力支撑的同时，深入研究和攻克全国县域发展过程中具有普遍性和重要性的问题与难题，重点解决中国县域发展急需解决的重大和关键性问题，占领县域发展研究的学术高地，争创全国一流县域研究智库

政策研究领域：财政政策、产业政策、金融政策、市场政策、就业政策、资源政策、民族政策、工业政策、人口政策、社会保障政策、城乡建设政策

涉及学科：经济学、理学、哲学、法学

智库类型：高校智库

智库层次：山东省重点建设智库

法人信息：事业单位法人

法人代表：黄凯南

组织机构代码：1237028239627738XP

智库负责人：黄凯南

管理团队：黄凯南、宋新生、林大治、段昊

首席专家：黄凯南

全职研究员数：17 人

兼职研究员数：25 人

行政职员数：4 人

2016 年度预算：310 万元

代表性成果：黄凯南，《制度演化经济学的理论发展与建构》，《中国社会科学》，2016；黄凯南，《演化增长视角下的新旧动能转换》，《光明日报》，2017；黄凯南，《县域居民发展程度评价与排名》，广西师范大学出版社，2016；山东省县域政府信息公开评估；“中国县域居民发展指数”；“山东省县域发展理念指数：基于五大发展理念评估”

品牌活动：鳌山论坛、中国县域发展论坛

178 山东大学犹太教与跨宗教研究中心

英文名称：Center for Judaic and Inter-Religious Studies of Shandong University

智库地址：山东省济南市山东大学

邮编：250100

办公电话：0531－88377981

传真：0531－88377938

成立时间：2003 年 4 月

官方网址：http://www.cjs.sdu.edu.cn/

机构宗旨：以犹太宗教与哲学为研究重点，兼及跨宗教和跨文化研究；中心加强与国内外学术界的密切合作，进一步拓宽研究视野，将跨宗教研究与对话作为重要研究领域

政策研究领域：犹太教与以色列研究、宗教与社会问题研究、基督宗教与民族关系研究、佛教与东亚文化研究、圣经诠释与研究研究、宗教学理论研究、饶宗颐宗教与中国文化研究

智库类型：高校智库

智库层次：全国人文社会科学重点研究基地

法人信息：山东大学

法人代表：傅有德

全职研究员数：17 人

兼职研究员数：25 人

179 山东大学政党研究所

英文名称：Research Institute of Political Parties, Shangdong University

智库地址：山东省济南市山大南路 27 号

邮编：250100

办公电话：0531－88378178

传真：0531－88378178

成立时间：2003 年 4 月

官方网址：http://www.zdyjs.sdu.edu.cn/

机构宗旨:培育学科,凝练特色,育人咨政,服务社会

涉及学科:政治学、马克思主义原理、中共党史专业、党的建设专业

智库类型:高校智库

法人代表:王韶兴

智库负责人:王韶兴

首席专家:王韶兴

全职研究员数:18 人

兼职研究员数: 26 人

行政职员数:1 人

180 山西大学管理与决策研究所

英文名称:Institute of Management and Decision of Shanxi University

智库地址:山西省太原市小店区坞城路 92 号

邮编:030006

办公电话:0351－7011804

传真:0351－7011804

成立时间:2004 年 10 月

官方网址:http://gljc.sxu.edu.cn/

机构宗旨:夯实科学研究,服务地方经济

政策研究领域:资源型经济转型、整合城乡居民医保、环境保护立法

涉及学科:管理学、经济学、法学

智库类型:高校智库

智库负责人:刘维奇

管理团队：刘维奇、李常洪、张信东、李志强、孙淑云、李冰强、范建平、芦彩梅、张凯、王素娟、宋志红、杨威、翟晓英、马瑞敏、曲卫华、聂思玥、邢红卫、王艳子、魏彦峰

首席专家：刘维奇

全职研究员数：19 人

兼职研究员数：11 人

行政职员数：1 人

2016 年度预算：450 万元

代表性成果：

图书：《山西资源型经济转型发展报告 2016》(ISBN 978－7－5097－9427－2)

报告：《资源型经济转型发展报告集(2016)》、《山西省环境保护条例立法后评估报告》(2016)

论文：刘维奇、马庆庆、李继红，《N—策略工作休假 M/M/1 排队系统中的顾客行为研究》，《系统工程理论与实践》，2016，36(7)；董晨昱、刘维奇、刘卫民、王钰，《股票收益反转效应及与买卖价差关系研究》，《管理科学学报》，2016，19(6)；张信东、郝盼盼，《企业研发投入存在城市效应吗——基于企业家活力视角的解释》，《中国软科学》，2017(3)

181 山西大学晋商学研究所

英文名称：Institute for the Study of Jin-Merchants of Shanxi University

智库地址：山西省太原市小店区坞城路 92 号山西大学商学楼五层、十层

邮编：030006

办公电话：0351－7019077

传真：0351－7019072

成立时间：2007 年

官方网址：http://jsx.sxu.edu.cn/

微信公众号：sdjsxyj2007

机构宗旨：以“市场需求、紧扣转型、资源集聚、彰显特色”为出发点，面向山西经济结构调整和“六大发展”重大需求

政策研究领域：文化旅游、发展规划

涉及学科：经济学、管理学、历史学、新闻学与传播学、艺术学

智库类型：高校智库

法人信息：山西大学

法人代表：贾锁堂

组织机构代码：40570000－5

智库负责人：刘建生

管理团队：山西大学相关管理部门

首席专家：刘建生

全职研究员数：9 人

兼职研究员数：5 人

行政职员数：1 人

2016 年度预算：120 万元

182 陕西师范大学教育实验经济研究所

英文名称： Center for Experimental Economics in Education at Shaanxi Normal University

智库地址：陕西省西安市长安区西长安街 620 号陕西师范大学

邮编:710119

办公电话:029－81530873

传真:029－85310093

成立时间:2014 年 3 月

官方网址:http://ceee.snnu.edu.cn/

微信公众号:CEEE_REAP

微博:REAP 团队

机构宗旨:致力于通过政策模拟实验研究,推动研究结果向政府和社会行动转化,从而促成教育公平,让农村儿童实现梦想

政策研究领域:教育政策、公共政策、医疗卫生政策

涉及学科:经济学、教育学、心理学、公共卫生

智库类型:高校智库

智库层次:教育部/国家外国专家局“111 计划”智库建设创新引智基地

智库负责人:史耀疆

管理团队:史耀疆

首席专家:史耀疆、Scott Rozelle、张林秀

全职研究员数:8 人

兼职研究员数:42 人

行政职员数:6 人

2016 年度预算:600 万元

183 陕西师范大学西北国土资源研究中心

英文名称: Northwest Land and Resources Research Center, Shaanxi

Normal University

智库地址:陕西省西安市西长安街 620 号陕西师范大学

邮编:710119

办公电话:029－85310659

传真:029－85310659

成立时间:2008 年 5 月

官方网址:http://gtzy. snnu. edu. cn/

机构宗旨:全球视野、国家战略、学术融创、服务发展,重点为西北地区的国土资源开发利用及经济社会发展服务

政策研究领域:资源政策、区域与城乡发展政策、土地政策、交通政策、环境政策、产业政策、市场政策、科技政策、社会建设与社会政策

涉及学科:地理学、经济学、管理学

智库类型:高校智库

智库层次:陕西省人文社科重点研究基地

法人信息:陕西师范大学

法人代表:程光旭

组织机构代码:43523253-X

智库负责人:曹小曙

管理团队:曹小曙、任志远、延军平、岳大鹏、薛东前、吴晋峰、白凯、侯勇坚、李晶、卢新卫、黄晓燕、殷江滨、李涛、邱孟龙、周建

首席专家:曹小曙、任志远、延军平、岳大鹏

全职研究员数:15 人

兼职研究员数:20 人

行政职员数:1 人

2016 年度预算:142 万元

智库荣誉:2016 年国土资源部科技成果二等奖,2015 年陕西省哲学社会科学优秀成果一等奖,2015 年陕西省高等教育教学成果三等奖,2017 年陕西高等学校人文社会科学研究优秀成果二等奖,2017 年陕西高等学校人文社会科学研究优秀成果二等奖、三等奖

代表性成果(图书):《土地利用与空间规划丛书》(ISBN 978 - 7 - 5613 - 8684 - 2)、《交通地理与空间规划研究丛书》(ISBN 978 - 7 - 1001 - 2987 - 9)、《全球空间与"一带一路"研究丛书》(ISBN 978 - 7 - 1115 - 2925 - 5)

184 陕西师范大学西北历史环境与经济社会发展研究院

英文名称:Northwest Institute of Historical Environment and Socio-Economic development, Shaanxi Normal University

智库地址:陕西省西安市长安南路 199 号陕西师范大学文科科研楼

邮编:710119

办公电话:029 - 85318753

传真:029 - 85318752

成立时间:2000 年 3 月

官方网址:http://heshan.snnu.edu.cn/

涉及学科:历史学、经济学

智库类型:高校智库

管理团队:王杜教、方兰

全职研究员数:29 人

兼职研究员数：29 人

代表性成果：

图书：《唐长安城郊园林文化研究》（ISBN 978－7－0305－3499－6）、《统万城建城一千六百年国际学术研讨会文集》（ISBN 978－7－5613－8332－2）

期刊：《沿革地理学向历史地理学的变革—史念海先生的主要思想》（ISSN 1009－7619，CN 11－4334/K）、《中唐長安における國忌行香制度の復原》、《魏晋南北朝隋唐史资料》

185 陕西师范大学"一带一路"建设与中亚研究协同创新研究中心

英文名称：Central Asia Institute of Shaanxi Normal University

智库地址：陕西省西安市雁塔区长安南路 199 号

邮编：710062

办公电话：029－85303556

成立时间：2004 年

官方网址：http://zys.snnu.edu.cn/

政策研究领域：外交政策、市场政策、资源政策、安全政策

涉及学科：历史学、法学

智库类型：高校智库

首席专家：李琪

全职研究员数：5 人

兼职研究员数：10 人

行政职员数:1 人

2016 年度预算:40 万元

代表性成果(图书):《中亚维吾尔人》(ISBN 978-7-2280-8430-2)

品牌活动: 欧亚和平发展论坛

186 陕西师范大学语言资源开发研究中心

英文名称: Language Resources Development Research Center, Shaanxi Normal University

智库地址:陕西省西安市长安区西长安街 620 号陕西师范大学长安校区文汇楼 A 段 216 室

邮编:710119

办公电话:029-85318838

传真:029-85318838

成立时间:2015 年 7 月

官方网址:http://yyzyzx.snnu.edu.cn/

机构宗旨:语言资源保护和开发

政策研究领域:语言资源保护、语言规划

涉及学科:方言学、民俗学、社会语言学、音韵学、实验语音学

智库类型:高校智库

法人信息:事业单位法人

法人代表:程光旭

组织机构代码:1210000043523253X6

智库负责人：邢向东

首席专家：邢向东

全职研究员数：4 人

兼职研究员数：4 人

行政职员数：1 人

2016 年度预算：10 万元

187 陕西师范大学中国西部边疆研究院

英文名称：Institute for Western Frontier Region of China，Shaanxi Normal University

智库地址：陕西省西安市长安南路 199 号陕西师范大学

邮编：710062

办公电话：029 - 85300904

传真：029 - 85300904

成立时间：2013 年 3 月

官方网址：http://nec. snnu. edu. cn/Index. asp

微信公众号：snnubianjiang

机构宗旨：组织高水平的科研项目，产出创新性的成果；建立知识创新机制；重点提高解决重大实践问题的综合研究能力和参与重大实践问题的决策能力

政策研究领域：民族政策、安全政策、军事政策

涉及学科：历史学、军事学、管理学

智库类型：高校智库

法人代表：王欣

智库负责人:王欣

首席专家:周伟洲

全职研究员数:13 人

兼职研究员数:10 人

行政职员数:2 人

2016 年度预算:200 万元

代表性成果:

项目:两汉迄五代中亚胡人来华及活动研究(项目号:06CMZ004)、政治体制转型下的晚清新疆区域社会治理研究(项目号:1877－1912)、波斯与中国·三至九世纪丝绸之路上的文化交流(教育部留学回国人员科研基金项目)

图书:《田野中的洞察:人类学伊斯兰研究散论》(ISBN 978－7－2250－4937－3)

品牌活动:新疆智库边疆治理论坛、宗教与法治论坛

188 上海财经大学公共政策与治理研究院

智库地址:上海市国定路 777 号

邮编:200433

办公电话:021－65903686

传真:021－65904294

成立时间:2013 年 9 月

官方网址:http://ippg.shufe.edu.cn/

微信公众号:shufe_ippg

微博:公共政策与治理研究院

政策研究领域:财政政策、金融政策、市场政策、就业政策、社会保障政策、人口政策、交通政策、医疗卫生政策、民政政策

涉及学科:公共管理、法学、经济学

智库类型:高校智库

智库负责人:胡怡建

管理团队:胡怡建、杨翠迎、郑春荣等

首席专家:杨翠迎、李超民、陈杰、何精华、朱为群、付文林、王克强、刘国永

全职研究员数:7 人

兼职研究员数:44 人

行政职员数:1 人

2016 年度预算:170 万元

代表性成果:

图书:《公共政策与治理智库论丛》、《税收理论与政策智库论丛》、《国际社会保障动态》(2013—2016)、《上海公共政策与治理决策咨询报告》(2013—2016)(ISBN 978 - 7 - 2081 - 3668 - 7)

内刊:《美国财税动态》、《欧盟财税动态》

189 上海财经大学国际金融中心研究院

英文名称: Shanghai Institute of International Finance Center, Shanghai University of Finance and Economics

智库地址:上海市上海财经大学

邮编:200433

办公电话：021－65901266、021－65901485、021－65904046

传真：021－65901497

成立时间：2012年7月

官方网址：http://fin.shufe.edu.cn/siifc/

微信公众号：SIIFC2012

机构宗旨：围绕国家和上海经济社会发展的重大需求，为上海国际金融中心建设，以及建设具有全球影响力的科创中心等国家重大战略，提供高质量的智囊服务

政策研究领域：金融政策

涉及学科：经济学

智库类型：高校智库

法人信息：上海财经大学

法人代表：樊丽明

组织机构代码：42500625－6

智库负责人：赵晓菊

管理团队：周禹鹏（名誉院长）、蒋传海（院长）、赵晓菊（执行院长）、丁剑平、徐晓萍、陈云、邹平、谈儒勇、马文杰（副院长）、谢斐（金融实验室主任）、闵敏（数据库副主任）

首席专家：夏斌

全职研究员数：2人

兼职研究员数：19人

行政职员数：5人

2016年度预算：200万元

智库荣誉：上海浦东国际金融学会优秀会员单位

品牌活动：SIIFC国际论坛、金融科技论坛

190 上海财经大学中国产业经济研究中心

英文名称: China Industrial Development Institute (CIDI), Shanghai University of Finance and Economics

智库地址:上海市国定路 777 号

邮编:200433

办公电话:021－65908821

传真:021－65908996

成立时间:2013 年

官方网址:http://cidi.shufe.edu.cn/

微信公众号:上财产经智库

微博:中国产业发展研究院

机构宗旨: 建成有中国特色和较大国际影响力的产经高端智库

政策研究领域:产业经济

涉及学科: 产业经济学、企业战略、风险投资、创业创新管理、战略性新兴产业、上海城市经济、流通管理、供应链管理、创新经济学、反垄断经济学、规制经济学、自由贸易区、金融危机

智库类型:高校智库

智库层次:上海市教委资助的首批高校智库

法人信息:上海财经大学

法人代表:樊丽明

智库负责人:干春晖

管理团队:余典范、刘志阳

首席专家:孙元欣、蒋传海、靳玉英、余典范、刘志阳、李眺、吴一平、鲍晓华、范建

亭、江若尘、魏航、刘勇、王法涛、晁钢令、何建民、谭国富、陈启杰、王玉、龚仰军、陈信康

全职研究员数：5人

兼职研究员数：20人

行政职员数：1人

2016年度预算：150万元

代表性成果（图书）：《中国产业发展报告》（ISBN 978-7-5096-1787-8）、《产经文库》（ISBN 978-7-2081-4156-8）

品牌活动：产经智库高端论坛

191 上海财经大学中国公共财政研究院

英文名称：China Public Finance Institute，Shanghai University of Finance and Economics

智库地址：上海市杨浦区武川路111号凤凰楼

邮编：200433

办公电话：021-65908960

传真：021-65104294

成立时间：2012年8月

官方网址：http://cpfi.shufe.edu.cn/

微博：上海财大公共财政研究院

政策研究领域：法制财政、发展财政、民生财政、绩效财政、公共财政理论

涉及学科：财政学、经济学、公共管理学、法学、政治学、社会学、公共哲学

智库类型：高校智库

法人信息:高强

法人代表:高强

智库负责人:高强

管理团队:刘小川

首席专家:刘小川、蒋洪

全职研究员数:15 人

兼职研究员数:30 人

行政职员数:5 人

代表性成果:

报告:《预算法修订系列研究报告》

图书:《中国财政发展报告》(ISBN 978－7－8018－0312－2)、《中国财政透明度报告》(ISBN 978－7－5642－1011－3)、《社会保障支出与政府再分配职能研究》(ISBN 978－7－5141－5590－9)

品牌活动:长三角财税论坛

192 上海财经大学中国自由贸易试验区协同创新中心

英文名称:Collaborative Innovation Center of China Pilot Free Trade Zone, Shanghai University of Finance and Economics

智库地址:上海市国定路 777 号

邮编:200433

办公电话:021－65904057

成立时间:2013 年 10 月

官方网址:http://cicftz.shufe.edu.cn/

机构宗旨：将协同创新中心建设成为推动中国自由贸易试验区建设的重要平台，全球经贸理论和规则体系研究的重要基地，我国构建开放型经济新体制的核心智库，服务中国经济升级版的世界一流的高端思想库、人才库、信息库

政策研究领域：市场政策、金融政策

智库类型：高校智库

管理团队：赵晓雷、刘晓红、干春晖、田国强、蒋传海、林桂军、黄震、顾功耘、叶兴国

全职研究员数：46 人

兼职研究员数：118 人

行政职员数：8 人

代表性成果：

项目：《中国（上海）自由贸易试验区建设的实践探索与经验研究》（主持人：赵晓雷）、《生态文明法律机制建设研究》（主持人：郑少华）、《世界经济周期性波动及其对我国宏观审慎监管框架构建的政策含义研究》（主持人：靳玉英）

图书：《中国（上海）自由贸易试验区与长江经济带协调发展研究》（ISBN 978 - 7 - 5432 - 2768 - 2）、《中国企业"走出去"劳资关系风险防范研究》（ISBN 978 - 7 - 5432 - 2746 - 0）、《上海服务"一带一路"定位研究》（ISBN 978 - 7 - 5432 - 2753 - 8）

论文：李鲁、张学良，《上海自贸试验区制度推广的"梯度对接"战略探讨》，《外国经济与管理》，2015(2)

品牌活动：2015 年上海"自贸区改革、经济发展和法律推进"研究生学术论坛

193 上海大学毒品与国家安全研究中心

英文名称：Center for Drug and National Security in Shanghai University

智库地址：上海市宝山区上大路 99 号

邮编:200444

办公电话:021－66132071

传真:021－66133372

成立时间:2010 年 10 月

官方网址:http://www.mcdps.shu.edu.cn/

微信公众号:MCDPS_SHU

机构宗旨:聚焦毒品等非传统安全问题,推进理论与实证研究

政策研究领域:毒品与国家安全、国际禁毒政策、中国毒品管制战略、医学社会史,以及其他与毒品、药品、酒精、香烟相关的问题

涉及学科:历史学、社会学、政治学、医学等

智库类型:高校智库

法人信息:上海大学

法人代表:金东寒

组织机构代码:10280

智库负责人:张勇安

首席专家:张勇安、范明林、袁浩

全职研究员数:15 人

兼职研究员数:10 人

行政职员数:1 人

2016 年度预算:90 万元

代表性成果(图书):《医疗社会史研究》(ISBN 978－7－5161－8482－0)

194 上海大学基层治理创新研究中心

英文名称: Research Centre for Local Governance, Shanghai University

智库地址:上海市南陈路 333 号上海大学东区社会学院大楼

邮编:200444

办公电话:021－66133756

传真:021－66135205

成立时间:2013 年 9 月

官方网址:http://www.rclgshu.org/index.php

微信公众号:RCLGSHU

机构宗旨:围绕国家加强和创新社会治理、建设和谐社会的战略目标,研究中国基层社会治理模式转型的基本走势,以及在此背景下社会治理体制、基本公共服务体系和现代社会组织体制的建设路径与政策支持,从而为加快推进上海基层治理转型提供经验和理论层面的决策依据

政策研究领域:城乡建设政策、民政政策、党建政策、人口政策

涉及学科:社会学、管理学、政治学、经济学、法学、历史学、人口学

智库类型:高校智库

智库层次:上海市教委资助的首批上海高校智库

法人信息:上海大学

法人代表:金东寒

组织机构代码:1231000012502637XE

智库负责人:李友梅

管理团队:黄晓春、刘玉照、孙秀林、汪丹、柴秋霞、应可为

首席专家:李友梅

兼职研究员数:32 人

行政职员数:1 人

2016 年度预算:228.6 万元

智库荣誉:上海市党的建设研究会 2015 年度调研课题优秀成果二等奖、上海市社会科学界(2014)学术年会优秀组织奖

代表性成果(图书):《城市社会治理》(ISBN 978-7-5097-6157-1)、《新时期加强社会组织建设研究》(ISBN 978-7-5141-7712-1)、《"互联网+"时代中心城市的辐射力研究》(ISBN 978-7-5097-8577-5)、《上海社会质量研究(2010—2013)》(ISBN 978-7-5097-8978-0)

品牌活动:基层治理创新·上海论坛

195 上海大学智库产业研究中心

英文名称:Think Tank Industry Research Center of Shanghai University

智库地址:上海市上海大学智库产业研究中心

邮编:200444

办公电话:010-88828430

成立时间:2014 年

官方网址:http://www.china.com.cn/

机构宗旨:中心将以国家发展、上海发展为中心议题,立足于中国改革发展与现代化的实践,成为中国综合性知识的学界思想库

智库类型:高校智库

196 上海对外经贸大学国际经贸治理与中国改革开放联合研究中心

英文名称: Shanghai Center for Global Trade and Economic Governance, Shanghai University of International Business and Economics

智库地址: 上海市国际经贸治理与中国改革开放联合研究中心(上海对外经贸大学)

邮编: 200336

办公电话: 021-52067252

传真: 021-52067321

成立时间: 2013年9月

微信公众号: 上海高校智库国际经贸治理研究中心

机构宗旨: 为中国改革开放提供经济与贸易相关政策咨询建议

政策研究领域: 对外贸易政策

涉及学科: 经济学、法学

智库类型: 高校智库

智库负责人: 张磊

管理团队: 张磊(主任)、应品广(副主任)、冯陆炜(财务)、赵健云(办公室)

首席专家: 张磊(院长、主任)、LIM Chin Leng Ricardo Meléndez-Ortiz(董事)

兼职研究员数: 30人

行政职员数: 2人

2016年度预算: 135.35万元

智库荣誉: 中国服务贸易协会"全国服务贸易创新研究基地"

代表性成果：

图书：“多哈回合谈判年报”系列、《国际经贸治理重大议题年报》系列（张磊、（美）德博拉·埃尔姆斯）（ISBN 978－7－5663－1634－9）、“国际经贸治理重大事件、报告、会议”系列

报告：《中美市场经济地位问题的基本解决思路和对策》、《与美国 USTR 前任贸易谈判代表助理谈中美当前贸易关注问题及中国对策》、《布局一带一路知识产权合作，扩大上海科技创新国际影响力》、《加快落实 EGA 、TISA 等诸边协议谈判为多边贸易体制助力》

品牌活动：世贸组织成立 20 周年暨主题报告发布仪式 、“G20 与强化多边贸易体制”圆桌会议、“职务发明制度中的归属与补偿”、“多哈发展议程下的贸易谈判现状”、“WTO 与健康：中国传统医药的法律与政策”等

197 上海对外经贸大学 WTO 事务咨询中心

英文名称：Shanghai WTO Affairs Consultation Center，Shanghai University of International Business and Economics

智库地址：上海市长宁区古北路 620 号院内 WTO 办公楼

邮编：200336

办公电话：021－62591080

传真：021－62595629

成立时间：2000 年 10 月

官方网址：http://www.sccwto.org/

机构宗旨：致力于为中国中央政府和地方政府处理与 WTO 有关的事务，以及参

与多边、双边、区域性特惠或非特惠性贸易、投资安排谈判，提供短期数据库应用支撑和中长期决策咨询服务

政策研究领域：对外贸易政策、产业政策

涉及学科：经济学、法学、管理学

智库类型：高校智库

代表性成果(图书)：《G20峰会进行时：时代的战略领导者》(ISBN 978-7-2081-3813-1)、《WTO二十周年：争端解决与中国》(ISBN 978-7-2081-3811-7)、《双边和区域贸易协定：案例研究》(ISBN 978-7-2081-3566-6)、《双边和区域贸易协定：评论和分析》(ISBN 978-7-2081-3544-4)、《中国贸易运行监控报告2015：构建开放型经济新体制》(ISBN 978-7-2081-3554-3)、《贸易便利化：国际贸易成本的定义、测量、解释与降低》(ISBN 978-7-2081-2826-2)

198 上海海事大学上海国际航运研究中心

英文名称：Shanghai International Shipping Institute, Shanghai Maritime University

智库地址：上海市虹口区霍山路150号

邮编：200082

办公电话：021-65853850

传真：021-65373125

成立时间：2008年7月

官方网址：http://www.sisi-smu.org/

微信公众号：航运评论

微博:中国海运信息网、上海国际航运研究中心

APP:航运手机报

其他社交媒体:上海国际航运研究中心简报

机构宗旨:成为国内领先、国际知名的航运智库

政策研究领域:国际航运中心建设政策、港航发展政策、自贸区港航政策

涉及学科:交通运输规划与管理、产业经济学(航运产业)、物流管理与工程

智库类型:高校智库

法人信息:上海海事大学

法人代表:黄有方

智库负责人:於世成(主任)、真虹(秘书长)

管理团队:殷明(书记、副秘书长)、李钢(副秘书长)、张婕姝(副秘书长)、赵楠(秘书长助理)、戴瑾(秘书长助理)

首席专家:於世成、真虹、马硕(上海海事大学副校长、教授)

全职研究员数:17 人

兼职研究员数:7 人

行政职员数:11 人

2016 年度预算:1460 万元

品牌活动:SISI 国际港航发展论坛、SISI-KMI(韩国)年度航运论坛

199 上海海事大学中国(上海)自贸区供应链研究院

英文名称:China Institute of FTZ Supply Chain, Shanghai Maritime University

智库地址:上海市浦东新区海港大道 1550 号

邮编:201306

办公电话:021－38282000

传真:021－68318411

成立时间:2013 年 10 月

官方网址:http://cifsc.shmtu.edu.cn/

机构宗旨:构建高端化、国际化、协同化研究与咨询平台,开展适应自贸区供应链企业发展需求的研究

政策研究领域:产业政策、对外贸易政策、海洋政策

涉及学科:管理学、经济学

智库类型:高校智库

管理团队:严伟、余思勤、杨斌、施欣

首席专家:黄有方

全职研究员数:29 人

兼职研究员数:26 人

行政职员数:8 人

2016 年度预算:110 万元

品牌活动:

研讨会:中国校企物流人才协同创新研讨大会、港航供应链创新高级研讨会、“上海航运保险市场机遇与挑战”研讨会

论坛:2016 博鳌国际物流论坛

200 上海交通大学城市科学研究院

英文名称: Brief on Institute of Urban Science in Shanghai Jiao Tong University

智库地址:上海市东川路800号上海市交通大学媒体与设计学院A302室

邮编:200240

办公电话:021-34208611

成立时间:2011年5月

微信公众号:sjtu-us

其他社交媒体:交大城市网

政策研究领域:科技政策、文化政策、互联网管理政策、高等教育政策、城乡建设政策

涉及学科:文学、管理学、艺术学、哲学、工学

智库类型:高校智库

法人信息:上海交通大学

法人代表:刘士林

管理团队:刘士林、刘新静、张立群、苏晓静、王晓静

首席专家:刘士林

201 上海交通大学第三部门研究中心

英文名称: The Center for Third Sector, Shanghai Jiaotong University

智库地址:上海市上海交通大学

邮编:200030

办公电话:021 - 62932258

传真:021 - 62932258

成立时间:2006 年 5 月

官方网址:http://www. sjtucts. com/

微信公众号:sjtucts2006

机构宗旨:致力于第三部门的理论和实证研究,为政府相关部门提供政策倡导,培养非营利组织管理的专业人才,推动中国社会政治的现代化

政策研究领域:民政政策

涉及学科:管理学

智库类型:高校智库

法人信息:上海交通大学

法人代表:徐家良

智库负责人:徐家良

首席专家:徐家良

代表性成果:《全面深化改革中政府购买公共服务制度化研究》

202 上海交通大学国家文化产业创新与发展研究基地

英文名称:Cultural Industry Innovaion & Development Academe, Shanghai Jiaotong University

智库地址:上海市华山路 1954 号

邮编:200030

办公电话:021 - 34205808

成立时间:1999 年 12 月

官方网址：http://cciidi.sjtu.edu.cn/index.asp

机构宗旨：理论联系实际、理论应用于实践

政策研究领域：WTO与中国文化产业、文化发展战略、文化产业发展、文化体制改革、中国文化安全形势与对策、中国文化消费、文化资本与文化投融资体系

智库类型：高校智库

管理团队：谢绳武(主任)、孟晓驷(主任)、王永章(副主任)、叶取源(副主任)、胡惠林(办公室主任)、李康化(文化市场研究中心主任)、高宗仁(文化投资研究中心主任)、凌金铸(文化行政与文化立法研究中心主任)、朱宁嘉(文化创意产业研究中心主任)

代表性成果(图书)：《文化经济学(第2版)》(ISBN 978-7-3023-7291-2)、《中国文化产业发展战略论》(ISBN 978-7-5141-4246-4)、《2013：中国文化产业发展指数报告》(ISBN 978-7-2081-1866-9)、《中国国家文化安全论》(ISBN 978-7-2080-9956-2)、《文化产业学》(ISBN 978-7-3024-1325-7)

品牌活动："21世纪中国文化产业论坛"

203 上海交通大学世界一流大学研究中心

英文名称：Center for World-Class Universities, Shanghai Jiaotong University

智库地址：上海市上海交通大学

邮编：200240

办公电话：021-34205429转22

成立时间：2005年4月19日

官方网址：http://gse.sjtu.edu.cn/institutes/CWCU.htm

机构宗旨：将围绕国家建设世界一流大学的战略目标，进行深入系统的战略性、基础性和前瞻性研究，推动我国世界一流大学的建设进程

政策研究领域:世界一流大学研究、大学评价与排名、大学战略规划、院校研究

法人信息:上海交通大学

法人代表:刘念才

智库负责人:刘念才

204 上海交通大学舆论学研究院

英文名称:Institute for Public Opinion Research, Shanghai Jiaotong University

智库地址:上海市上海交通大学

邮编:200240

办公电话:021 - 34204837

传真:021 - 34204837

成立时间:2010 年 9 月

官方网址:http://yuqing.sjtu.edu.cn/

微信公众号:舆情研究实验室

微博:舆情研究实验室

机构宗旨:旨在发挥高校人才、技术、国际合作等优势,重点聚焦舆论学领域的理论和应用创新,努力打造成为国际一流的中国特色新型智库

政策研究领域:互联网管理政策

涉及学科:管理学

智库类型:高校智库

法人信息:上海交通大学

法人代表:林忠钦

智库负责人:谢耘耕

管理团队:谢耘耕

首席专家:谢耘耕

全职研究员数:10 人

兼职研究员数:50 人

行政职员数:2 人

2016 年度预算:500 万元

智库荣誉:2016 年获得中宣部“优秀信息奖”、2015 年舆情蓝皮书获得教育部第七届高等学校科学研究优秀成果奖(人文社会科学)二等奖

品牌活动:中国舆论学论坛

205 上海交通大学中国海洋装备工程科技发展战略研究院

智库地址:上海市上海交通大学

邮编:200240

成立时间:2015 年 6 月 25 日

机构宗旨:以承担国家咨询任务、服务国家需求为出发点,充分发挥中国工程院卓越的智力资源、上海交通大学多学科的综合优势,进一步提升中国海洋科技发展水平,推动中国海洋装备产业的发展

政策研究领域:高端制造业政策、科技政策

涉及学科:工学

智库类型:高校智库

法人代表:周济

智库负责人:周济

206 上海外国语大学英国研究中心

英文名称：Centre for British Studies，SISU

智库地址：上海市松江区上海外国语大学 23 号别墅

邮编：201620

办公电话：021－67701159、021－67701160

传真：021－67701159

成立时间：2012 年 12 月

官方网址：http://www.cbs.shisu.edu.cn/

微信公众号：上海外国语大学英国研究中心

机构宗旨：深入全面研究英国，准确到位服务国家

政策研究领域：外交、政治、经济、社会文化、中英人文交流

涉及学科：政治学、国际关系、经济学、中西比较文化

智库类型：高校智库

智库层次：教育部首批区域国别研究基地

法人信息：上海外国语大学

法人代表：李岩松

智库负责人：查明建

管理团队：查明建、高健、陈琦、李冠杰、周小舟、郭小雨

首席专家：查明建

全职研究员数：15 人

兼职研究员数：120 人

行政职员数：2 人

2016 年度预算：200 万元

代表性成果：《当代英国研究》集刊

品牌活动：中英人文交流高峰论坛

207 上海外国语大学中东研究所

英文名称：Middle East Studies Institute，SISU

智库地址：上海市虹口区大连西路 550 号

邮编：200083

办公电话：021 - 35373278

传真：021 - 35373286

成立时间：2000 年 3 月

官方网址：http://mideast. shisu. edu. cn/

微信公众号：MESI_SISU

政策研究领域：外交政策、安全政策、军事政策、宗教政策、能源政策、文化政策

涉及学科：法学、哲学、历史学、经济学

智库类型：高校智库

智库层次：教育部人文社科重点研究基地

法人信息：上海外国语大学

法人代表：李岩松

组织机构代码：42500614 - 1

智库负责人：朱威烈

管理团队：孙德刚、余泳

首席专家：朱威烈、刘中民

全职研究员数：17 人

兼职研究员数：16 人

行政职员数：3 人

2016 年度预算：322.3 万元

代表性成果：

图书：《中东地区发展报告》(ISBN 978－7－8023－2973－7)、《中东政治专题研究》(ISBN 978－7－8023－2672－9)、《伊斯兰文明的反思与重构：当代伊斯兰中间主义思潮》上海、高校智库当代中东研究丛书(6 部)

论文：朱威烈，《伊斯兰文明与世界》，《世界经济与政治》，2007(7)；朱威烈，《中国热点外交的机制与经验——以多边主义外交机制为视角》，《国际观察》，2009(1)；刘中民，《伊斯兰的国际体系观——传统理念、当代体现及现实困境》，《世界经济与政治》，2014(5)

品牌活动：亚洲与中东国际高层论坛、上海中东学论坛、上海高校智库建设系列讲座

208 上海外国语大学中国国际舆情研究中心

英文名称：Center for Global Public Opinions of China，SISU

智库地址：上海市上海外国语大学

邮编：200083

办公电话：021－35372560

成立时间：2008 年 6 月

官方网址：http://www.rcgpoc.shisu.edu.cn/

机构宗旨：以多语种媒体文本为基础，从事全球媒体中涉华全球舆情相关研究，尤其突出重大媒体事件中境外舆情研究，总结国际媒体和新闻传播现象的共性和个

性规律，致力于建立国际舆情生成机制的理论体系建立和应用实践相结合

政策研究领域：多语种国际舆情

涉及学科：文学、政治学、语言学

智库类型：高校智库

法人信息：上海外国语大学

法人代表：李岩松

智库负责人：郭可

管理团队：郭可、陈沛芹、吴瑛

首席专家：郭可

全职研究员数：17 人

兼职研究员数：16 人

行政职员数：3 人

2016 年度预算：300 万元

代表性成果：

论文：郭可、沈晶晶，《"客观"手法与固有框架——以美国记者与上外国际新闻专业师生的座谈及相关报道为例》，《新闻记者》，2016(2)；陈沛芹，《媒介消费与他国认知：中美媒体国际报道影响力比较》，《新闻界》，2015(14)；陈沛芹，《论新闻客观性规范与国际媒体的对华报道》，《汕头大学学报(人文社会科学版)》，2011(3)

报告：《上海市重大活动国际影响力评估报告》、《上海世博会国际舆情监测分析报告》、《全球媒体中上海城市国际形象研究报告》

209 上海外国语大学中国外语战略研究中心

英文名称：Research of Foreign Language Strategies，SISU

智库地址：上海市上海外国语大学

邮编：200092

办公电话：021－35372364、021－35372374

成立时间：2011年11月

官方网址：http://www.rcfls.shisu.edu.cn/

机构宗旨：成为外语战略决策的智囊库和信息中心、语言战略与语言政策研究的高端学术与教学平台

政策研究领域：外交政策

涉及学科：管理学

智库类型：高校智库

210 上海政法学院上海合作组织研究院

英文名称：SCO Research Institute，Shanghai University of Political Science and Law

智库地址：上海市青浦区外青松公路7989号

邮编：201701

办公电话：021－39225080

传真：021－39225080

成立时间：2010年8月

官方网址：http://cisco.shupl.edu.cn/html/SCO/1.html

微信公众号：sco-shupl

机构宗旨：以"中国—上海合作组织国际司法交流合作培训基地"为依托，着力打造以学术研究、论坛、交流、研讨、咨询为主的国家级智库平台；上海合作组织政治、安

全、经济、社会、文化等领域的研究，服务国家的安全和外交战略

政策研究领域：与上合组织相关的法律制度、安全与反恐、经济合作、民族宗教、跨文化研究

涉及学科：法学、政治学、经济学、社会学

智库类型：高校智库

智库层次：上海高校人文社科重点研究基地

法人信息：非独立法人

法人代表：刘晓红

组织机构代码：42500464－8

智库负责人：袁胜育

管理团队：刘晓红、吴强

首席专家：梅建明

全职研究员数：15 人

兼职研究员数：60 人

行政职员数：5 人

2016 年度预算：300 万元

品牌活动：中国—上海合作组织国际司法交流合作培训基地

211 上海政法学院“一带一路”安全研究院

英文名称：Institute for the Security Studies of the Belt and Road, Shanghai University of Political Science and Law

智库地址：上海市青浦区外青松公路 7989 号

邮编：201701

办公电话:021 - 39227436

传真:021 - 39227445

成立时间:2014 年 5 月

官方网址:http://cisco. shupl. edu. cn/html/OBOR/1. html

微信公众号:一带一路安全问题研究

机构宗旨:以"一带一路"安全问题协同创新中心和建于我校的国家级基地中国—上海合作组织国际司法交流合作培训基地为重要支撑,致力于研究有关"一带一路"建设的重大安全风险问题,并从学界层面向各级政府部门提供相关的政策解决方案

政策研究领域:与"一带一路"有关的大国博弈、地区冲突、恐怖主义、政治经济与社会风险等

涉及学科:国际政治学、政治学、经济学、法学

智库类型:高校智库

智库层次:上海高校人文社科重点研究基地

法人信息:非独立法人

法人代表:刘晓红

组织机构代码:42500464 - 8

智库负责人:王蔚、汪伟民

管理团队:刘晓红、石其宝

首席专家:汪伟民

全职研究员数:15 人

兼职研究员数:60 人

行政职员数:5 人

2016 年度预算:300 万元

代表性成果(图书):《稳步前进的上海合作组织》(ISBN 978 - 7 - 8023 - 2684 -

2)、《美韩同盟再定义与东北亚安全》(ISBN 978-7-5326-3492-7)、《转型中的俄美关系》(ISBN 978-7-8023-0319-5)

品牌活动:“一带一路”安全研究高层论坛、2016年中国海洋战略论坛

212 沈阳师范大学人力资源开发与管理研究所

英文名称: Institute of Human Resources Development and Management, Shenyang Normal University

智库地址:沈阳市皇姑区黄河北大街253号

邮编:110034

办公电话:024-86572495

传真:024-86578820

成立时间:2004年1月

微信公众号:沈师大人力资源开发与管理研究所

微博:沈师大人力所

机构宗旨:立足于东北区域发展,以坚定的政治立场统领科学研究,以国际视野开展科学研究,产出高水平科研成果,并以科学研究为依托开展人才培养与社会服务活动,力争将研究所打造成为人力资源开发与管理领域的科学研究中心、人才培养基地和社会服务智库,多方面促进学校学科建设,并为辽宁区域发展做出贡献

政策研究领域:教育人力资源开发、人力资源与产业结构升级协调发展、就业创业研究

涉及学科:经济学、心理学、公共管理、社会学、教育学

智库类型:高校智库

智库负责人:张淑华(所长)

管理团队：张淑华（所长）、张艳（组织管理与人力资源开发研究室主任）、金玲（就业创业研究室主任）

全职研究员数：6 人

兼职研究员数：7 人

行政职员数：2 人

2016 年度预算：30 万元

智库荣誉：《地方贯彻教育规划纲要政策研究报告》荣获“全国高等学校科学研究优秀成果奖”、《区域推进城乡教育一体化发展的理论及战略研究》等 10 项研究成果荣获“辽宁省哲学社会科学优秀成果奖”

代表性成果（论文）：张淑华、刘兆延，《组织认同与离职意向关系的元分析》，《心理学报》，2016，48(12)

213 首都经济贸易大学北京市经济社会发展政策研究基地

英文名称：Beijing Economics and Social Development Policy Research Base, Capital University of Economics and Business

智库地址：北京市丰台区花乡张家路口 121 号首都经济贸易大学

邮编：100070

办公电话：010 - 83951519

成立时间：2007 年 11 月

智库类型：高校智库

官方网址：http://ver1www.cueb.edu.cn/

机构宗旨：立足首都、服务首都，为北京市经济社会发展服务

政策研究领域：产业政策、市场政策、资源政策、科技政策、医疗卫生政策、交通政策、环境政策、社会建设与社会政策

涉及学科：经济学

智库类型：高校智库

智库层次：北京市高端智库建设首批试点单位

法人信息：首都经济贸易大学

法人代表：付志峰

组织机构代码：40068947－6

智库负责人：周立云

管理团队：祝尔娟、叶堂林、张贵祥、吴庆玲、邬晓霞、李青淼、戚晓旭

首席专家：祝尔娟、叶堂林、文魁

全职研究员数：7 人

兼职研究员数：15 人

行政职员数：1 人

2016 年度预算：120 万元

智库荣誉：北京市哲学社会科学优秀科研成果二等奖、全国第七届"优秀皮书奖"二等奖、全国第六届"优秀皮书奖"一等奖、全国第五届"优秀皮书报告"一等奖、国家能源局优秀成果三等奖

代表性成果：京津冀发展报告(2012—2017)

品牌活动：首都圈高层论坛

214 首都师范大学北京基础教育研究基地

英文名称：Beijing Basic Education Research Base，Capital Normal University

智库地址:北京市北京基础教育研究基地(首都师范大学)

邮编:100048

办公电话:010-68901747

传真:010-68901747

成立时间:2012年9月

官方网址:http://www.bjberb.com/

机构宗旨:致力于通过政策导向的研究,推动北京地区基础教育质量的提升、促进教育资源均衡发展

政策研究领域:基础教育政策、高等教育政策

涉及学科:教育学、法学、管理学

智库类型:高校智库

法人信息:首都师范大学

法人代表:宫辉力

智库负责人:宫辉力

管理团队:宫辉力、蔡春

首席专家:劳凯声、孟繁华、杨银付、石中英、田慧生、石鸥、宁虹、褚宏启

全职研究员数:43人

兼职研究员数:7人

行政职员数:1人

2016年度预算:60万元

代表性成果(图书):《中国教育法制评论》(ISBN 978-7-5041-3970-2)、《教科书评论》(ISBN 978-7-5656-1868-0)、《中国近现代教科书史》(ISBN 978-7-5539-0267-8)

215 四川大学南亚研究所★

英文名称:Institute of South Asian Studies, Sichuan University

智库地址:四川省成都市望江路 29 号四川大学文科楼五楼

邮编:610064

办公电话:028－85412638

传真:028－85417102

成立时间:1964 年 10 月

官方网址:http://www.isas.net.cn/

机构宗旨:致力于研究南亚经济、安全、社会、文化、中国—南亚关系(尤其是中印关系与中巴关系)

政策研究领域:对外贸易政策、外交政策、民族政策、宗教政策、国防政策、安全政策、军事政策、网络安全政策、农业政策、工业政策、互联网管理政策、水利政策、产业政策、财政政策、金融政策、市场政策、资源政策、劳动政策、服务业政策、高端制造业政策、社会保障政策、能源政策、海洋政策、环境政策、食品政策、交通政策、高等教育政策、科技政策、广播电视政策、文化政策、意识形态政策、民政政策

涉及学科:哲学、经济学、法学、文学、历史学、军事学、管理学

智库类型:高校智库

智库层次:国家高端智库建设培育单位

智库负责人:李涛

管理团队:李涛(常务副所长)、杨文武(副所长)

首席专家:陈继东、李涛、邱永辉、文富德、杨平学、张力

全职研究员数:4 人

兼职研究员数:8 人

智库荣誉：教育部第六届高校科研优秀成果奖(人文社会科学)二等奖(省部级)、四川省第十六次哲学社会科学优秀成果奖(省部级)、四川省教育厅社科奖三等奖(市厅级)

代表性成果(图书)：《赵卫邦文存》(ISBN 978-7-5614-0251-1)、《当代印度财政》、《资商通鉴》(ISBN 978-7-8022-3189-2)

品牌活动：

论坛：中国南亚国际学术论坛、"孟中印缅"地区经济合作论坛、中巴友好论坛

研讨会："中国—南亚安全合作"国际研讨会 、"巴基斯坦新政府内政外交政策与中巴关系"研讨会、"中国和南盟"国际研讨会

216 四川大学社会发展与西部开发研究院

英文名称：The Faculty of Social Development and Western China Development Studies, Sichuan University

办公电话：028-85406801

成立时间：2000 年

关系信息：四川大学、教育部

政策研究领域：涉藏现实问题研究

智库类型：高校智库

全职研究员数：19 人

兼职研究员数：8 人

行政人员数：3 人

2016 年度预算：50 万元

代表性成果：《西部发展评论》(ISBN 978-7-5614-5868-6)(2001 年)、《华西

边疆评论》(2013年创刊)、《研究报告》(2011年创刊)、《工作简报》(2011年创刊)、《涉藏问题研究通讯》(2012年创刊)

217 四川大学中国西部边疆安全与发展协同创新中心

英文名称: Collaborative Innovation Center for Security and Development of Western Frontier China, Sichuan University

智库地址:四川省成都市望江路29号文科楼239办公室

邮编:610064

办公电话:028-85416270、028-85465257

官方网址:http://cwf.scu.edu.cn/index.htm

机构宗旨:围绕中国西部边疆安全、稳定与发展的重大战略问题和现实问题,开展跨学科、跨区域、跨单位协同的人才培养、学科建设、科研攻关和决策咨询

政策研究领域:民族政策、安全政策、军事政策

涉及学科:历史学、军事学、管理学

智库类型:高校智库

智库负责人:杨鹍飞

管理团队:杨鹍飞、王鹏辉、励轩、汪丽娟

全职研究员数:10人

行政职员数:4人

代表性成果(论文):邢广程,《开拓中国边疆学研究的新局面》,《中国边疆史地研究》,2016(2);周平,《国家的疆域:性质、特点及形态》,《四川大学学报(哲学社会科学版)》,2015,196(1)

品牌活动:中国地理学会历史地理专业委员会学术研讨会

218 四川大学中国藏学研究所

英文名称: Center for Tibetan Studies of Sichuan University

智库地址:四川省成都市望江路 29 号四川大学新博物馆大楼 1 楼 110

邮编:610064

办公电话:028－85412567

传真:028－85412567

官方网址:http://www.zangx.com/cms/

政策研究领域:宗教政策

智库类型:高校智库

智库层次:教育人文社会科学重点研究基地

全职研究员数:10 人

智库荣誉:“珠峰奖”

代表性成果:

图书:《交融与互动:藏彝走廊的民族、历史与文化》(ISBN 978－7－2200－8763－9)、《走近藏传佛教》(ISBN 978－7－1010－9232－5)、《青藏高原碉楼研究》(ISBN 978－7－5161－0548－1)

论文:吉林大学中国边疆考古研究中心,《中国边疆考古的新视野——中国边疆考古学术讨论会纪要》,《藏学学刊》, 2007 (10);《霍巍蕃尼边境的贡塘王城——吉隆考古行记之二》,《中国西藏:中文版》, 2009(6);《霍巍秘境之旅:中印边境卡孜河谷考古记行》,《中国西藏:中文版》, 2009(4)

219 苏州大学苏州东吴智库文化与社会发展研究院

英文名称: Soochow University Think Tank

智库地址: 苏州市十梓街1号苏州大学本部子实堂

邮编: 215006

办公电话: 0512-65225275

传真: 0512-65227436

成立时间: 2011年11月

官方网址: http://sutt.suda.edu.cn/

微信公众号: scuthinktank

机构宗旨: 战略研究、政策建言、人才培养、舆论引导

涉及学科: 管理学、经济学、法学、文学、艺术学

智库类型: 高校智库

智库层次: 江苏省重点培育智库

法人信息: 苏州大学

法人代表: 张婷婷

组织机构代码: 58668191-4

管理团队: 徐维英、江波、张婷婷、何熙翼

首席专家: 田晓明、胡玉鸿、方世南

全职研究员数: 52人

兼职研究员数: 19人

行政职员数: 3人

2016年度预算: 950万元

智库荣誉: 全国社科联创建新型智库先进单位

代表性成果(图书):《苏州城市转型研究》、《综合标准化与公共服务提升》(ISBN 978-7-5672-1173-5)、《东吴名家》(ISBN 978-7-5672-1332-6)

品牌活动:"对话苏州创新(2016)"高阶论坛

220 天津财经大学工商管理研究中心

英文名称:Business Management Research Center of TUFE

智库地址:天津市河西区珠江道25号

邮编:300222

办公电话:022-88186245

成立时间:2006年5月

官方网址:http://management.tjufe.edu.cn/

政策研究领域:社会经济与社会发展

涉及学科:工商管理、管理科学与工程、产业经济学

智库类型:高校智库

法人信息:天津财经大学

法人代表:李维安

组织机构代码:40135903-0

智库负责人:罗永泰

管理团队:罗永泰、赵艳华、梁强

首席专家:罗永泰

全职研究员数:11人

兼职研究员数:10人

行政职员数:2人

2016 年度预算:50 万元

智库荣誉:2016 年度中国物流业大奖——中国物流高校人才培养与“双创”教育成果金奖

代表性成果(论文):《五项举措推动京津冀协同创新共同体建设》(罗永泰、赵艳华)、《关于加快发展我市健康产业研究》(罗永泰、赵艳华、李炳荣)

221 天津财经大学金融与保险研究中心

英文名称:Research Center of Finance and Insurance, TUFE

智库地址:天津市河西区珠江道 25 号

邮编:300222

办公电话:022 - 88186269

传真:022 - 88186269

成立时间:2004 年 5 月

官方网址:http://jrbx.tjufe.edu.cn/

其他社交媒体:与新华社经济信息中心合作

机构宗旨:围绕“金融服务实体经济发展”开展创新性、探索性和前瞻性研究、服务政府、服务金融机构、服务工商企业、服务地方经济、服务学科发展

政策研究领域:金融、科技与产业的协同发展

涉及学科:经济学、金融学、财政学、统计学、管理学、法学

智库类型:高校智库

智库层次:天津市普通高等学校人文社会科学重点研究基地

法人信息:天津财经大学

法人代表:李维安

组织机构代码:40135903－0

智库负责人:任碧云(执行院长)

管理团队:赵昌文(学术院长)、任碧云(执行院长)、陈旭东(理事会秘书)、苑泽民(副院长)、刘喜和(副院长)、蔡双立(副院长)

首席专家:赵昌文

全职研究员数:23 人

兼职研究员数:41 人

行政职员数:3 人

2016 年度预算:443.2 万元

代表性成果:

论文:齐俊妍、王岚,《贸易转型、技术升级和中国出口品国内完全技术含量演进》,《世界经济》,2015,38(03);温博慧、李向前、袁铭,《存量流量一致框架下中国银行体系网络抗毁性研究——基于资产价格波动冲击》,《财贸经济》,2015(09);刘乐平、高磊、丁东洋,《残差相关条件下非寿险准备金风险分析》,《统计研究》,2015,32(10)

图书:《中国金融市场化改革与制度创新》(ISBN 978－7－3100－5182－3)、《资产价格波动与金融脆弱性的互动机制研究》(ISBN 978－7－5049－7958－2)、《国际金融学》(ISBN 978－7－3023－8048－1)

品牌活动:转型经济博导论坛、科技金融高层论坛

222 天津财经大学天津市自由贸易区研究院

英文名称:Tianjin Academy of Free Trade Area, TUFE

智库地址:天津市河西区珠江道 25 号天津财经大学

邮编:300222

办公电话:022 - 88186335

传真:022 - 88186337

成立时间:2014 年 8 月 20 日

官方网址:http://tafta.tjufe.edu.cn/

微信公众号:TAFTA_TJUFE(天津自贸区研究院)

机构宗旨:致力于推动中国贸易投资自由化、便利化改革,促进天津自由贸易试验区建设,以“开放性、网络化”的运行机制,成为“立足天津,面向全国”的贸易投资规则的研究基地、政策研讨交流的平台、决策支持的智库

政策研究领域:国际贸易与投资规则、自由贸易区与区域经济一体化、京津冀协同发展与自由贸易试验区建设

涉及学科:理论经济学、应用经济学、法学、管理学

智库类型:高校智库

负责人:裴长洪(院长)、刘恩专(执行院长)

管理团队:齐俊妍(副院长)、曹杰(办公室主任)

首席专家:赵晋平、盛斌、王爱俭、高培勇、刘秉镰、余劲松

全职研究员数:9 人

兼职研究员数:19 人

行政职员数:3 人

2016 年度预算:50 万元

代表性成果(论文):裴长洪,《经济新常态下中国扩大开放的绩效评价》,《经济研究》,2015,50(04);裴长洪,《中国特色开放型经济理论研究纲要》,《经济研究》,2016,51(04);刘恩专,《自贸试验区(FTZ)与自由贸易区(FTA)“双自联动”的机制与对策》,《港口经济》,2016,(08)

品牌活动:天津市第五次高校智库论坛:天津自贸区建设、天津市社科联第 48 次理论创新论坛:自贸区的理论和制度创新

223 天津财经大学中国经济统计研究中心

英文名称: China Center for Economic Statistics Research，TUFE

智库地址:天津市河西区珠江道 25 号

邮编:300222

办公电话:022－88186316

成立时间:2007 年

官方网址:http://ccesr.tjufe.edu.cn/

机构宗旨:旨在对复杂经济现象进行测度,实现社会经济政策的设计、监督和评价

政策研究领域:区域经济与竞争力、宏观经济分析与政策评价、人口与社会问题调查与分析

涉及学科:应用经济学、统计学

智库类型:高校智库

智库负责人:肖红叶

管理团队:肖红叶、杨贵军、李腊生

首席专家:肖红叶

全职研究员数:8 人

兼职研究员数:5 人

行政职员数:2 人

2016 年度预算:35 万元

智库荣誉:天津市第十三届社会科学优秀成果奖、第九届全国统计科学研究优秀成果奖

代表性成果:

基金项目：中国国民财富总量构成、地区配置与跨期转换的统计测度研究（项目号：16BTJ001；主持人：郝枫）、因子设计若干最新问题研究（项目号：11501405；主持人：周琦）

图书：《中国经济增长与政策选择》（ISBN 978－7－5037－5314－5）、《货币政策工具的选择及其有效性研究》（ISBN 978－7－5037－4677－2）、《我国保险公司偿付能力》（ISBN 978－7－5141－1356－3）、《季度 GDP 的核算方法与数据质量》（ISBN 978－7－5150－1066－8）

品牌活动：全国经济统计学理论体系建设研讨会、第十五次全国中青年统计科学研讨会

224 天津大学国家知识产权战略实施研究基地

英文名称： Research Base for the Implementation of National Intellectual Property Strategy，Tianjin University

智库地址：天津市南开区卫津路 92 号天津大学 25 楼 A 区 103

邮编：300072

办公电话：022－27401360

传真：022－27891423

成立时间：2013 年 4 月

官方网址：http://sip.cme.tju.edu.cn/html

微信公众号：天津大学知识产权研究基地

微博：http://t.qq.com/tianjindax3773

机构宗旨：秉承管、法、经、工等多学科交叉，助力知识产权强国建设

政策研究领域：知识产权、技术创新、技术创业

涉及学科：管理学、理工科、法学、经济学、情报学、教育学

智库类型：高校智库

法人信息：天津大学

法人代表：钟登华

组织机构代码：40135932－1

智库负责人：张维

管理团队：张俊艳、李庚、刘琳珊

首席专家：张维

全职研究员数：25 人

兼职研究员数：7 人

行政职员数：4 人

2016 年度预算：50 万元

智库荣誉：2014、2015 连续两年获得国家知识产权局年度考核评估结果为优秀

代表性成果：《从"美国调整 GDP 核算方法"看美国重视无形资产的价值贡献》（张慧颖）、《汤森路透 TOP100 全球最具创新力大学评析》（2015）

225 天津大学教育科学研究中心

英文名称：Educational Science Research Center of Tianjin University

智库地址：天津市海河教育园雅观路 135 号天津大学北洋园校区教育学院 33 教

邮编：300354

办公电话：022－27405948

传真：022－27405948

成立时间：2011 年

官方网址：http://soe.tju.edu.cn/rc4es

微信公众号：天津大学教育学院

机构宗旨：服务国家和地方教育发展战略需求

政策研究领域：职业教育、高等教育

涉及学科：教育学、社会学、管理学

智库类型：高校智库

法人代表：钟登华

组织机构代码：40135932-1

智库负责人：闫广芬

首席专家：闫广芬

全职研究员数：16 人

兼职研究员数：5 人

行政职员数：1 人

2016 年度预算：30 万元

品牌活动：明德教育论坛

226 天津大学中国传统村落与建筑文化传承协同创新中心

英文名称：Collaborative Innovation Center for Cultural Inheritance of China's Traditional Villages & Architecture Heritages, Tianjin University

智库地址：天津市南开区卫津路 92 号天津大学

邮编：300072

办公电话：022-27401017

成立时间:2013 年 4 月

官方网址:http://www.tju.edu.cn/jzxtcxzx/

机构宗旨:聚焦保护和传承传统村落与建筑遗产,以建设优秀文化传承体系、维护国家文化安全、推动我国文化强国发展战略为使命,建立了一个为多部门、多学科、多层次协同体,加强国家在文化遗产保护的政策制定方面的顶层设计,为提高改革决策科学性服务

政策研究领域:传统村落与民间非遗抢救性保护、传统村落可持续发展策略研究、建筑遗产预防性保护、建筑遗产理念传承与时代创新、传统村落与建筑遗产全民传播与教育体系

涉及学科:社会学、建筑学、历史学、民族学、经济学

智库类型:高校智库

智库层次:2011 计划天津大学培育协同创新中心

法人信息:天津大学

法人代表:钟登华

组织机构代码:40135932 - 1

智库负责人:张玉坤

管理团队:张俊艳、张颀、马知遥、李哲、李严、谭立峰

首席专家:冯骥才、王其亨、崔愷

全职研究员数:20 人

兼职研究员数:8 人

行政职员数:1 人

2016 年度预算:200 万元

智库荣誉:教育部高等学校科学研究(人文社科)优秀成果三等奖,省市级社会科学优秀成果一等奖、三等奖

代表性成果:国家社科基金重大项目 7 项(含特别委托项目),国家科技支撑计划

课题 2 项，国家自然科学基金面上和青年 16 项，在 CSSCI、《人民日报》、《光明日报》发表文章 43 篇，主编各类书籍、专著共 48 部(如《中国传统民居类型全集》)，获批专利 8 项

品牌活动：“中国传统村落保护和发展工程”

227 天津大学中国绿色发展研究院

英文名称：Research Institute of China Green Development of Tianjin University

智库地址：天津市南开区卫津路 92 号天津大学七号楼

邮编：300072

办公电话：022 - 87370809

传真：022 - 87370801

成立时间：2015 年 12 月

官方网址：http://www.tju.edu.cn/lsfz

微信公众号：中国绿色发展研究院

机构宗旨：服务党和国家绿色发展重大决策、重点区域社会经济绿色发展

政策研究领域：绿色立法、绿色环境保护、绿色能源战略等

涉及学科：环境与资源保护法学、环境科学与工程、管理科学与工程、建筑学

智库类型：高校智库

法人信息：天津大学

法人代表：钟登华

组织机构代码：40135932 - 1

智库负责人：孙佑海

管理团队：张建伟、郭金石、于艳春、宋洁

首席专家：孙佑海

全职研究员数：12 人

兼职研究员数：7 人

行政职员数：3 人

2016 年度预算：30 万元

代表性成果：国参建言《加快制定"重大事故环境风险防控和应对处置法"》(孙佑海)

品牌活动：环境损害司法鉴定理论研讨会

228 天津大学中国文化遗产保护国际研究中心

英文名称：International Research Centre for the Chinese Cultural Heritage Conservation，Tianjin University

智库地址：天津市南开区卫津路 92 号天津大学建筑学院中国文化遗产保护国际研究中心

邮编：300072

办公电话：022 - 27404491

成立时间：2016 年

官方网址：http://irchc.tju.edu.cn/

机构宗旨：以"跨学科"、"国际化"为宗旨，在学科建设和人才培养、国际学术交流、科研项目申报、优秀科研成果产出、文化遗产保护实践等方面做出贡献

政策研究领域：文化遗产保护

涉及学科：建筑学、城乡规划学、景观学、经济学、历史学等多项学科

智库类型：高校智库

智库层次：天津市普通高等学校人文社会科学重点研究基地

法人信息：天津大学

法人代表：钟登华

组织机构代码：40135932 - 1

智库负责人：青木信夫

管理团队：中国文化遗产保护国际研究中心

首席专家：青木信夫

全职研究员数：15 人

兼职研究员数：5 人

行政职员数：1 人

智库荣誉：天津市五一劳动奖、中国侨界(创新成果)贡献奖

代表性成果(图书)：《中国古建筑测绘大系·园林建筑—北海》(ISBN 978 - 7 - 1121 - 8531 - 3)、《中国古建筑测绘大系·园林建筑—颐和园》(ISBN 978 - 7 - 1120 - 6540 - 2)、《中国长城志卷 4：边镇·堡寨·关隘》、《中国近代建筑史》(ISBN 978 - 7 - 5667 - 0477 - 1)

229 天津科技大学能源环境与绿色发展研究中心

英文名称：Research Center of Energy Environment and Green Development, Tianjin University of Science and Technology

智库地址：天津市河西区大沽南路 1038 号天津科技大学

邮编：300222

办公电话：022 - 60600900

传真：022 - 60600900

成立时间：2010 年 10 月

官方网址：http://jgxy. tust. edu. cn/index. htm

机构宗旨：以服务政府、企业和公众的低碳生产、消费和生活，促进绿色发展为宗旨

政策研究领域：应对气候变化与低碳经济、能源环境与绿色发展、碳市场

涉及学科：经济学、管理学、环境科学、政治学等

智库类型：高校智库

法人信息：事业单位

法人代表：韩金玉

组织机构代码：40135952 - 4

智库负责人：孙振清

管理团队：孙振清、何延昆、温丹辉、李妍等

首席专家：孙振清

全职研究员数：8 人

兼职研究员数：10 人

行政职员数：5 人

2016 年度预算：110 万元

代表性成果：

图书：《全球气候变化谈判历程与焦点》（ISBN 978 - 7 - 5111 - 1504 - 1）、《峰值目标下中国低碳发展路径选择研究—以天津为例》（ISBN 978 - 7 - 0101 - 6216 - 4）

报告：《天津市应对气候变化方案》

文件：《天津市碳排放权交易管理暂行办法（津政办发〔2013〕112 号和津政办发〔2016〕31 号）》

230 天津科技大学食品安全战略与管理研究中心

英文名称: Food Safety Strategy and Management Research Center of Tianjin University of Science and Technology

智库地址:天津市河西区大沽南路1038号

邮编:300222

办公电话:022-60962498

传真:022-60273427

成立时间:2008年12月

官方网址:http://spaq.tust.edu.cn/

微信公众号:spaq022-60962498

机构宗旨:以管理学科为中心,综合食品科学与工程、经济学、法学、计算机科学与技术等学科领域,形成理、工、管、法、农、经等多学科交叉融合的特色研究平台,承担科学研究、人才培养、社会服务、对外交流的职能,服务于天津市和国家的食品安全战略总体需求

政策研究领域:食品政策

涉及学科:管理学、工学、农学、法学、经济学

智库类型:高校智库

法人信息:天津科技大学

法人代表:韩金玉

智库负责人:华欣

管理团队:华欣、王殿华、张文胜

首席专家:王殿华

全职研究员数:17人

兼职研究员数:10 人

行政职员数:4 人

2016 年度预算:60 万元

代表性成果(图书):《食品安全多元治理》(ISBN 978-7-0304-4892-7)、《乳业江湖,何时春暖花开》(ISBN 978-7-5130-4939)、《我国食品安全风险防控研究》(ISBN 978-7-5141-7020-7)

231 天津理工大学中国重大工程技术“走出去”投资模式与管控智库

智库地址:天津市西青区宾水西道 391 号天津理工大学管理学院

邮编:300384

办公电话:022-60215658

传真:022-60214426

成立时间:2016 年 4 月

官方网址:http://www.ippce.com.cn/

微信公众号:IPPCE 造价智库

其他社交媒体:IPPCE 造价智库微官网(网址:http://www.ippce2015.com/)

机构宗旨:发布最新工程造价、工程造价业等领域的研究成果,提供解决方案

政策研究领域:公共项目与工程造价研究

涉及学科:工程造价、技术与经济管理

智库类型:高校智库

法人代表:天津理工大学

智库负责人:尹贻林

管理团队:尹贻林、柯洪、严玲、陈玮珂、孙春玲、杜亚灵、邓斌超、邓娇娇、吴绍艳、徐瑾、钟炜、高华、何伟怡、娄黎星、吴静、梁晓琴、

首席专家:尹贻林

全职研究员数:16 人

兼职研究员数:3 人

行政职员数:3 人

2016 年度预算:100 万元

232 天津商业大学现代服务业发展研究中心

英文名称: Tianjin University of Commerce Modern Service Industry Development Research Center

智库地址:天津市北辰区光荣道 409 号

邮编:300134

办公电话:022－26686280

传真:022－26686229

成立时间:2013 年 11 月

机构宗旨:推进现代服务业理论研究与政策创新

政策研究领域:服务经济、产业经济、区域经济

涉及学科:产业经济学、区域经济学

智库类型:高校智库

智库层次:首批天津市高校智库

智库负责人:刘书瀚

管理团队:天津市创新团队天津商业大学现代服务业研究团队

首席专家：刘书瀚

全职研究员数：15 人

兼职研究员数：5 人

行政职员数：1 人

2016 年度预算：150 万元

品牌活动：现代服务业高端论坛

233 同济大学财经研究所

英文名称：Institute of Finance and Economics of Tongji University

智库地址：上海市同济大学财经研究所(同济大学)

邮编：200092

办公电话：021 - 65984191

传真：021 - 65986304

成立时间：2010 年 1 月

官方网址：http://ife.tongji.edu.cn/

微信公众号：Shijianxun_tjdx

微博：http://weibo.com/u/1421137891

其他社交媒体：http://shijianxun.blog.sohu.com/

机构宗旨：整合多学科研究力量，致力于世界与中国经济、金融领域改革与发展等方面的研究，其成果直接服务于党和国家的决策部门

政策研究领域：产业政策、财政政策、市场政策、金融政策、对外贸易政策、港澳台政策

涉及学科:经济学、法学、管理学

智库类型:高校智库

智库负责人:石建勋

管理团队:石建勋、钟宁桦、程名望

首席专家:石建勋

全职研究员数:12 人

兼职研究员数:6 人

行政职员数:1 人

2016 年度预算:65 万元

代表性成果(论文):石建勋,《2013 人民币汇率紧盯美元的汇率政策需要改变》,《当代经济》,2013(1);石建勋,《2015 防范金融风险须审慎推进注册制改革》,《探索与争鸣》,2015(9);石建勋,《2015 适应新常态是十三五规划的主基调中国国情国力》,2015(4)

品牌活动:同济大学金融高层论坛

234 同济大学德国研究中心

英文名称:German Studies Center, Tongji University

智库地址:上海市杨浦区四平路 1239 号同济大学中德大楼 9 楼

邮编:200092

办公电话:021－65980402

传真:021－65980402

成立时间:2012 年 1 月

官方网址:http://german-studies-online. tongji. edu. cn/

微信公众号:tongji_dgyj

微博:同济大学德国研究中心

机构宗旨:立足中国,面向世界,广泛联络与德国研究相关的政府机构、非政府组织、企业和院校,凝聚国内外权威专家,结合各学科领域的基础研究,进行前瞻性、预测性的应用对策研究,目标是建设成为具有同济特色、国内一流、国际知名的高校智库

政策研究领域:外交政策、安全政策、科教文化政策、产业政策、经济政策

涉及学科:政治学、经济学、管理学、外国语言文学、哲学、法学、教育学、历史学、艺术学

智库类型:高校智库

智库层次:教育部国别与区域研究培育基地

智库负责人:郑春荣

管理团队:郑春荣、胡春春

首席专家:郑春荣

全职研究员数:22 人

兼职研究员数:30 人

行政职员数:6 人

2016 年度预算:310 万元

代表性成果(图书):《德国发展报告》(德国蓝皮书)(ISBN 978 - 7 - 5201 - 0965 - 9)

品牌活动:中德论坛

235 同济大学可持续发展与新型城镇化智库

英文名称: Tongji University Sustainable Development and New Urbanization Think-tank

智库地址:上海市四平路 1239 号

邮编:200092

办公电话:021－65982272

传真:021－65982272

成立时间:2015 年

官方网址:http://urbanization-think-tank.tongji.edu.cn/

微信公众号:可持续发展与新型城镇化智库

机构宗旨:对接联合国 SDGs 和中国科学发展,进行中外可持续发展与新型城镇化的比较研究

政策研究领域:可持续发展和政策、新型城镇化、绿色经济与分享经济、城市发展与治理

涉及学科:公共管理学、应用经济学、环境管理、城市交通等

智库类型:高校智库

法人信息:同济大学

法人代表:钟志华

智库负责人:诸大建

管理团队:诸大建、张超、许洁、陈海运、黄叶青、程树

首席专家:诸大建

全职研究员数:15 人

兼职研究员数:38 人

行政职员数：1 人

2016 年度预算：100 万元

代表性成果(图书)：《管理城市发展》(ISBN 978－7－5608－2710－0)、《建设绿色都市》(ISBN 978－7－2120－4037－6)、《长江边的中国——大上海国际都市圈建设与国家发展战略》(ISBN 978－7－8066－8505－1)

236 同济大学中国战略研究院

英文名称：Institute for China & World Studies，Tongji University

智库地址：上海市同济大学中国战略研究院(同济大学)

邮编：200092

办公电话：021－65981169

传真：021－65984182

成立时间：2015 年 4 月

官方网址：http://spsir. tongji. edu. cn/Data/List/zlyjy

微信公众号：China-strategy(同济战略派)

机构宗旨：致力于打造科研、教学、咨询三位一体的新型智库模式，即以科研为基础、以教学为支撑、以咨询为延伸；致力于以开放性研究合作、创立中国战略论坛、设立中国战略研究基金等方式打造中国战略研究的核心平台，与国内外研究学者共襄盛举

政策研究领域：战略研究、外交政策、安全政策、大国战略比较

涉及学科：法学、经济学、哲学、政治学、思想史

智库类型：高校智库

智库负责人：门洪华

管理团队:门洪华教授(院长)、时殷弘教授(学术委员会主席)、刘淑妍教授(副院长)、王存刚教授(副院长)、钟振明(院长助理)

首席专家:门洪华

全职研究员数:15 人

兼职研究员数:20 人

行政职员数:3 人

2016 年度预算:270 万元

代表性成果(图书):《中国战略报告》(ISBN 978 - 7 - 0101 - 2110 - 9)、《大战略研究丛书》(ISBN 978 - 7 - 3010 - 9109 - 8)、《中国战略传统丛书》(ISBN 978 - 7 - 0101 - 3154 - 2)、"大国战略丛书"

品牌活动:中国战略论坛、全球青年学者峰会、"马克思主义国际学术周"高端论坛

237 武汉大学国际法研究所★★

英文名称: Wuhan University Institute of International Law

智库地址:湖北省武汉市珞珈山 299 号武汉大学法学院国际法研究所

邮编:430072

办公电话:027 - 68756957

传真:027 - 68754154

成立时间:1980 年 1 月

官方网址:http://translaw. whu. edu. cn/

微信公众号:illwhu(武汉大学国际法研究所)

机构宗旨:注重国际公法、国际私法、国际经济法的研究,强调这些学科的交叉和

综合研究，在中国国际法领域形成了分支学科和研究方向齐全、学科发展水平齐头并进、中青年学术带头人突出、科研和教学成果领先的鲜明特色

政策研究领域：网络安全政策、外交政策、文化政策

涉及学科：法学

智库类型：高校智库

智库层次：首批国家高端智库建设试点单位

智库负责人：肖永平

首席专家：万鄂湘

全职研究员数：25 人

行政职员数：6 人

2016 年度预算：1000 万元

代表性成果（图书）：《国际私法：案例与资料》（上、下）（ISBN 978－7－5036－4460－5）、《电子商务的国际私法问题》（ISBN 978－7－5036－4524－2）、《现代外交特权与豁免问题研究》（ISBN 978－7－3070－4394－7）、《国际贸易法》（ISBN 978－7－5036－5298－1）

品牌活动：

论坛：“国际法论坛”、“法学前沿论坛”、“大国司法与中国国际民事诉讼法改革论坛”

238 武汉大学国家文化发展研究院

英文名称：Institute of National Culture Development，Wuhan University

智库地址：湖北省武汉市武昌区珞珈山武汉大学别墅区 20 栋

邮编：430072

办公电话:027－68766957、027－68761537

传真:027－68766957

成立时间:2009年4月

官方网址:http://nccc.whu.edu.cn/

机构宗旨:组织文化创新基础理论和相关课题研究,为我国文化创新发展提供理论支撑;培养各类文化创新专门人才,为我国文化创新体系建设提供人才保障;提供政策咨询与信息服务,为国家和各级政府部门决策提供智库支持;关注国际文化创新发展与研究的进程,建立中外学术交流平台

政策研究领域:文化政策

涉及学科:法学、艺术学、历史学、经济学、文学

智库类型:高校智库

管理团队:陈庚、彭雷霆、傅才武、蔡武进、陈波

首席专家:冯天瑜、傅才武

全职研究员数:12人

兼职研究员数:13人

代表性成果:

项目:文化消费信息数据库平台开发二期(项目号:212000047;主持人:陈波)、湖北文化长江建设研究(项目号:220100003;主持人:钟晟)

图书:《旅游产业与文化融合发展研究》(ISBN 978－7－5161－6210－1)、《文化创新蓝皮书:中国文化创新报告》(ISBN 978－7－5097－7424－3)

论文:冯天瑜,《"改革运动健将"范熙壬》,《读书》,2016(2);冯天瑜,《"中华文化元素"是塑造国家形象的重要资源》,《人民周刊》,2016(3)

239 武汉大学环境法研究所

英文名称:Research Institute of Environmental Law, Wuhan University

智库地址:湖北省武汉市武昌区八一路武汉大学法学院

邮编:430072

办公电话:027-68752091

传真:027-68752091

成立时间:1981年6月

官方网址:http://www.riel.whu.edu.cn/

微信公众号:whu_riel

机构宗旨:旨在进行环境与资源保护法学的研究与教学

政策研究领域:环境与资源保护、环境司法

涉及学科:法学

智库类型:高校智库

智库层次:教育部人文社会科学重点研究基地

法人信息:武汉大学

法人代表:窦贤康

组织机构代码:70713712-3

智库负责人:秦天宝

管理团队:胡斌

首席专家:秦天宝

全职研究员数:12人

兼职研究员数:10人

行政职员数:2人

2016 年度预算：140 万元

智库荣誉：教育部社科司下发的《关于公布 2015 年高校人文社会科学重点研究基地测评结果的通知》在基地服务社会能力建设状况进行了单项排名，本所进入全国前 50 强

代表性成果（图书）：《环境政策学》（ISBN 978 - 7 - 0302 - 3913 - 6）、《环境法案例教程》（ISBN 978 - 7 - 3090 - 6677 - 7）

品牌活动：珞珈环境法论坛、全国环境司法论坛

240 武汉大学社会保障研究中心

英文名称：The Center for Social Security Studies of WuHan University

智库地址：湖北省武汉市武昌区八一路 299 号

邮编：430072

办公电话：027 - 68752238、027 - 68755887

传真：027 - 68754302

成立时间：1993 年 12 月

官方网址：http://csss.whu.edu.cn/

机构宗旨：以马克思主义理论为指导，面向中国改革开放的实际，运用科学方法，围绕我国社会主义市场经济条件下社会保障制定改革和发展中需要解决的重大理论与实际问题进行研究，为国家有关部门献计献策

政策研究领域：就业政策、劳动政策、社会保障政策

智库类型：高校智库

全职研究员数：35 人

兼职研究员数：36 人

代表性成果：

项目：养老保险风险管理研究（项目号：2014M552088；主持人：张郧）、新常态下养老产业发展路径研究（项目号：15YJC630182；主持人：张郧）

期刊：《社会保障研究》

图书：《社会保险》（ISBN 978－7－0404－6367－5）、《中国社会保障改革与发展报告 2012》（IBSN 978－7－3012－2755－8）

论文：刘昌平，《“乡一城”人口迁移对城镇劳动工资的影响研究》，《中国人口科学》，2016(2)

241 武汉大学信息资源研究中心

英文名称：Center for the Studies of Information Resources，Wuhan University

智库地址：湖北省武汉市珞珈山武汉大学信息资源研究中心（武汉大学）

邮编：430072

办公电话：027－68754541

成立时间：2000 年

官方网址：http://csir. whu. edu. cn/

机构宗旨：聚集国内外社会资源，创新学术研究机制，通过承担重大科研课题，产出重大科研成果，使本机构成为在国内处于领先地位、在国际上具有较大影响和较高知名度的信息资源研究基地

智库类型：高校智库

智库层次：国家普通高等学校人文社会科学重点研究基地

全职研究员数：8 人

兼职研究员数：23 人

代表性成果：

图书：《图书馆发展中的知识产权问题研究》(ISBN 978－7－3002－0677－6)、《数字出版信息资源的综合开发与利用研究》(ISBN 978－7－3070－4654－7)、《社会网络环境下基于用户关系的信 息推荐服务研究》(ISBN 978－7－3071－4848－2)

论文：黄如花，《数据密集型科研环境下的知识组织与导航模式研究》，《图书馆学研究》，2015(11)；张家年，《情报融合中心：美国情报共享实践及启示》，《图书情报工作》，2015(13)

242 武汉大学质量发展战略研究院

英文名称：The Institute of Quality Development Strategy(IQDS) of Wuhan University

智库地址：湖北省武汉市武昌区珞珈山路16号(八一路299号)武汉大学文理学部

邮编：430072

办公电话：027－68752131

传真：027－68756700

成立时间：2007年12月

关系信息：隶属于武汉大学

官方网址：http://www.iqds.whu.edu.cn/

政策研究领域：产业政策、财政政策

涉及学科：经济学

智库类型：高校智库

智库负责人:王泽洪、王兴於

管理团队:程虹、宋琼

全职研究员数:10 人

兼职研究员数:21 人

代表性成果:

报告:《中国质量观测发展报告》

学术期刊:《宏观质量研究》(ISSN 2095-607X, CN 42-1848/C)

243 武汉大学中国边界与海洋研究院★

英文名称:Wuhan University China Institute of Boundary and Ocean Studies

智库地址:湖北省武汉市武昌区珞珈山路 16 号

邮编:430072

办公电话:027-68756726

传真:027-68755912

成立时间:2007 年 4 月

官方网址:http://www.cibos.whu.edu.cn/

微信公众号:武大边海、仁真国际发展研究院

机构宗旨:以服务国家主权利益、安全利益、发展利益为宗旨聚焦国家边界与海洋重大问题,承担"战略研究、政策建言、人才培养、舆论引导、公共外交"等五大任务,建设国际知名智库

政策研究领域:国家海洋战略、边界与海洋历史档案研究、国家领土边界争端与危机管控、国家海洋利益的维护与拓展、海洋规划与主体功能区建设、"一带一路"战略、跨界水争端与合作、公海与极地问题

涉及学科:国际法、世界历史、中国近现代史、环境法、国际关系、世界经济、公共管理、地理学、测绘遥感、水利水电

智库类型:高校智库

智库层次:国家高端智库建设培育单位

法人代表:窦贤康

组织机构代码:70713712－3

智库负责人:胡德坤

管理团队:余敏友、熊晓煜、孔令杰

首席专家:胡德坤、易显河

全职研究员数:37 人

兼职研究员数:21 人

行政职员数:9 人

2016 年度预算:3 500 万元

品牌活动:边界与海洋研究国际论坛、海牙会议(海洋争端与国际法)

244 武汉大学中国语情与社会发展研究中心

英文名称: National Institute of Chinese Language Matters and Social Development, Wuhan University

智库地址:武汉市武昌区武汉大学人文馆

邮编:430072

办公电话:027－68752425

传真: 027－68752425

成立时间:2014 年 7 月

官方网址:http://ling.whu.edu.cn/

微信公众号:中国语情

机构宗旨:观测语言生活、解读社会万象、提供决策咨询、服务国家发展

政策研究领域:语言政策及语言规划、语言战略、语言教育、中国语情等

涉及学科:语言学、社会学、政治学、文化学、教育学、民族学等

智库类型:高校智库

法人信息:武汉大学

法人代表:窦贤康

智库负责人:赵世举

管理团队:赵世举(主任)、冯学锋(副主任)、张延成(副主任)、赫琳(副主任)

首席专家:赵世举

全职研究员数:12 人

兼职研究员数:9 人

行政职员数:1 人

2016 年度预算:92 万元

代表性成果:

论文:赵世举,《全球竞争中我国面临的重大语言问题及应对建议》;赵世举,《全球竞争中的国家语言能力》,《中国社会科学》,2015(03)

期刊:《中国语情》、《中国语情特稿》、《中国语情月报》

图书:《语言与国家》(ISBN 978-7-1001-0822-5)、《语言服务与“一带一路”》(ISBN 978-7-5097-8964-3)

品牌活动:中国语情发布、“语言与国家”茶座

245 武汉大学中国中部发展研究院

英文名称：Institute for the Development of Central China（IDCC），Wuhan University

智库地址：湖北武汉武昌珞珈山武汉大学文理学部珞珈山别墅5号楼

邮编：430072

办公电话：027－68763901

传真：027－68763901

成立时间：2007年4月

官方网址：http://idcc.whu.edu.cn/

微信公众号：珞珈山五号院

机构宗旨：为国家中部崛起战略的实施以及区域和城乡发展，承担政策咨询、理论研究和人才培养等任务

政策研究领域：财政政策、资源政策、市场政策、对外贸易政策

涉及学科：区域经济学、金融学、宪法与行政法学

智库类型：高校智库

法人信息：武汉大学

法人代表：窦贤康

组织机构代码：70713712－3

智库负责人：王磊、杨刚强

管理团队：肖汉银、项平

首席专家：范恒山

全职研究员数：10人

兼职研究员数：10人

行政职员数：2 人

智库荣誉：湖北省社会科学优秀成果二等奖、湖北省社会科学优秀成果三等奖、武汉市社会科学优秀成果二等奖

品牌活动：中国中部地区发展年度论坛

246 西安交通大学社会治理和社会政策协同创新研究中心

智库地址：陕西省西安市咸宁西路 28 号主楼 18F

成立时间：2016 年 5 月

机构宗旨：以服务党和政府决策为宗旨，长期围绕社会治理中的人口与社会可持续发展、弱势群体保护、老龄与社会保障、卫生政策、社会平等发展与反贫困治理、移民搬迁、生态与土地资源管理、公共安全与社会稳定以及上述领域的公共政策创新等重大现实问题开展研究工作

政策研究领域：就业政策、市场政策、资源政策、劳动政策

涉及学科：社会学、人口学、经济学、政治学、行政管理学、社会心理学、社会工作学

智库类型：高校智库

法人信息：西安交通大学

首席专家：李树茁

247 西安交通大学丝绸之路国际法与比较法研究所

英文名称: Silk Road Institute for International and Comparative Law of Xi'an Jiaotong University

智库地址: 陕西省西安市咸宁西路28号西安交通大学内

邮编: 710049

办公电话: 029-82664484

传真: 029-82664484

成立时间: 2006年9月

官方网址: http://sriicl.xjtu.edu.cn/index.aspx

微信公众号: 丝绸之路国际法与比较法研究所

机构宗旨: 以"推动世界法治"为己任,致力于营造"创新、卓越、开放、和谐"的研究环境

政策研究领域: "一带一路"与全球法治、全球经济治理、国际公法、国际贸易法、国际投资法、国际能源法、比较合同法、外空法

涉及学科: 法学

智库类型: 高校智库

智库负责人: 单文华

管理团队: 单文华、李万强、胡德胜、苏金远、张生

首席专家: 单文华

全职研究员数: 24人

兼职研究员数: 4人

行政职员数: 1人

2016年度预算: 10万元

代表性成果(图书):《经济危机与欧洲法律变革》(ISBN 978-7-5118-6475-8)、《中国对外能源投资的国际法保护》(ISBN 978-7-3023-8158-7)、《欧盟对华投资的法律框架:解构与建构》(蔡从燕译)(ISBN 978-7-3011-2284-6)

248 西安交通大学丝绸之路经济带研究协同创新中心

英文名称:Collaborative Innovation Centre for Silk Road Economic Belt Studies, Xi'an Jiaotong University

智库地址:陕西省西安市咸宁西路28号西安交通大学内

邮编:710049

办公电话:029-82664423

传真:029-82664423

成立时间:2015年1月

官方网址:http://cic-srebs.xjtu.edu.cn/index.aspx

机构宗旨:以建成丝绸之路经济带研究的世界一流智库为己任,致力于推动攸关丝绸之路经济带建设的法律、政治、经济、社会和文化等各层面的创新合作研究,培养精英人才,推动学术交流,服务国家战略与区域发展

政策研究领域:丝绸之路经济带对接研究、中亚与俄罗斯法律研究、陕西自贸区建设法治化研究

涉及学科:法学、国际关系、政治学、行政管理学、经济学

智库类型:高校智库

智库负责人:单文华

管理团队:单文华、丁卫、王朝恩

首席专家:单文华

全职研究员数：24 人

2016 年度预算：10 万元

代表性成果(论文)：张生,《国际投资法制框架下的缔约国解释研究》,《现代法学》, 2015(6)；丁卫,《法律社会学在当代中国的兴起法律科学》,《西北政法大学学报》,2010(3)；王朝恩,《论投资条约领土定义条款的改革法律科学》,《西北政法学院学报》,2015(4)

品牌活动：年度"新丝路"法学院联盟院长高峰论坛

249 西北大学丝绸之路文化遗产保护与考古学研究中心

智库地址：陕西省西安市太白北路 229 号

成立时间：2005 年

关系信息：西北大学

政策研究领域：对外贸易政策

智库类型：高校智库

智库负责人：王建新

250 西北大学中东研究所

英文名称：Institute of Middle Eastern Studies, Northwest University

智库地址：陕西省西安市碑林区太白北路西北大学太白校区科研楼 9 层东

邮编：710069

办公电话：029－88302834

传真：029－88302834

成立时间：1964 年

官方网址：http：//www. nwuimes. com/

微信公众号：西大中东研究所

机构宗旨：研究现状与研究历史相结合，以研究当代中东问题为主，从历史角度审视当代问题

政策研究领域：中东文明史、当代中东政治与国际关系、宗教史和南亚研究

涉及学科：世界史、国际关系

智库类型：高校智库

法人信息：西北大学

法人代表：郭立宏

组织机构代码：43520127－4

智库负责人：黄民兴

管理团队：黄民兴、韩志斌

首席专家：黄民兴、韩志斌、王铁铮

全职研究员数：16 人

兼职研究员数：4 人

行政职员数：2 人

2016 年度预算：120 万元

智库荣誉：教育部人文社科优秀成果二等奖、国家普通高校优秀教材一等奖、陕西省哲学社会科学一等奖、陕西高校人文社会科学研究优秀成果奖一等奖、陕西高校人文社会科学研究优秀成果奖二等奖

代表性成果（图书）：《中东问题研究》（ISBN 978－7－5201－1097－6）、《利比亚伊斯兰社会主义研究》（ISBN 978－7－2130－6497－5）、《从边缘到中心：黎巴嫩什叶

派政治发展研究》(ISBN 978-7-5161-7934-5)

品牌活动:土耳其问题国际学术研讨会

251 西北大学中国西部经济发展研究中心

英文名称: Economic Development Research Center of Northwestern University of China

智库地址:陕西省西安市西北大学

邮编:710069

成立时间:2000年1月

机构宗旨:充分发挥西北大学综合性大学的学科交叉优势,国内长期关注中国西部社会经济发展问题的专家学者和政府高层领导,以重大项目为载体组建科研团队,实行“机构开放、人员流动、内外联合、竞争创新”的管理体制与运行机制,共同研究和探讨中国西部经济发展中面临的重大理论和实践问题,为政府制订相关政策提供参考,为企业科学决策与管理提供咨询服务

政策研究领域:财政政策

涉及学科:经济学

智库类型:高校智库

智库层次:教育部人文社会科学百所重点研究基地

全职研究员数:15人

兼职研究员数:14人

252 西北工业大学西部国防科技工业发展研究中心

智库地址：陕西省西安市友谊西路 127 号

邮编：710072

办公电话：029 - 88495566

传真：029 - 88491493

成立时间：2014 年 11 月

官方网址：http://xbgf.nwpu.edu.cn/

机构宗旨：旨在建设研究资源共享平台的基础上，通过创新的管理机制形成动态的创新研究团队，重点研究国防科技工业发展中存在的关键管理理论与方法问题，使基地成为解决我国国防科技工业发展中管理问题的人才库、知识库和思想库

政策研究领域：科技政策

涉及学科：管理学

智库类型：高校智库

法人代表：叶金福

智库负责人：叶金福

管理团队：叶金福、杨乃定、张近乐、车阿大

品牌活动：

论坛：政产学研用协同创新论坛、第四届中国项目管理应用与实践论坛

研讨会：现代经济学方法与全球金融危机国际学术研讨会、两岸法学教育理论与方法研讨会、智能化 IETM 核心技术及应用学术研讨会、"国防科技工业与地方经济融合发展"学术研讨会

253 西北师范大学甘肃省文化资源与华夏文明建设研究中心

英文名称: The Gansu Province's Construction and Research Center of Cultural Resourse and Chinese Civilization, Northwest Normal University

智库地址: 甘肃兰州市安宁东路967号

邮编: 730070

办公电话: 0931－7972654

传真: 0931－7971955

成立时间: 2007年10月

官方网址: http://www.nwnu.edu.cn/cate.do? dept=0078

机构宗旨: 推动甘肃省华夏文明传承创新示范区建设,服务国家"一带一路"战略构想的实施

政策研究领域: 始祖文化研究、先周文化研究、早期秦文化研究、早期夏文化研究、青铜之路与玉石之路(前"丝绸之路")研究、早期氐羌历史文化研究、传统文化现代价值研究

涉及学科: 中国古代文学、中国古典文献学、中国史与考古学学科

智库类型: 高校智库

法人信息: 西北师范大学

法人代表: 赵逵夫

智库负责人: 赵逵夫

管理团队: 赵逵夫、韩高年、闫岩

首席专家: 赵逵夫

全职研究员数: 9人

兼职研究员数:22 人

行政职员数:1 人

2016 年度预算:40 万元

代表性成果(图书):《先秦文学编年史》(ISBN 978-7-1000-5265-8)、《先秦文论全编要诠》(ISBN 978-7-0200-7577-5)、《历代赋评注》(ISBN 978-7-8075-2421-2)

品牌活动:甘肃省先秦文学与文化研究论坛

254 西北师范大学"一带一路"战略与教育发展研究中心

英文名称:The Research Center for One Belt One Road Strategy and Education Development, Northwest Normal University

智库地址:甘肃省兰州市安宁区安宁东路 967 号西北师范大学教育学院

邮编:730070

办公电话:0931-7971098

传真:0931-7971098

成立时间:2016 年 12 月

机构宗旨:汇集学者智慧、参与政府决策

政策研究领域:教育发展、民族教育

涉及学科:教育学、心理学、民族学

智库类型:高校智库

法人信息:西北师范大学

法人代表:刘仲奎

智库负责人：王鉴（教授）

管理团队：王鉴（教授）、李泽林（教授）、万明钢、张学强、郑名、张善鑫、高承海、白亮、吕晓娟、龙红芝、杨军、李瑾瑜、周晔、王冬兰、孙爱琴、杨中枢、李金云、王等等、王嘉毅、安富海、张维民、胡红杏、方洁、薛伟平、张海、温建红、刘旭东、王兆璟、苏向荣、李虎林、高小强、孙百才、赵明仁、吕世虎、石义堂、张定强、赵生龙、何述平、王太军、高建波、赵晓霞、李保臻、郭绍青、郭炯、张晓兰、王卫军、王文君、贺相春、赵健、常永梅、熊华军、杨鑫、张国燕、滕志妍、贾晓华

首席专家：王鉴（教授）

全职研究员数：12 人

兼职研究员数：43 人

行政职员数：3 人

2016 年度预算：10 万元

代表性成果：

项目：《高效课堂的建构及其策略》（项目号：14YJC880076；主持人：王鉴）

论文：薛伟平，《教育技术使用行为的性别差异研究——基于自我效能感的视角》《教育研究》，2015，36（04）；刘旭东、吴永胜，《教育的学术品格与教育实践》，《教育研究》，2015，36（09）；刘旭东，《教育行动的逻辑与教育理论创新——兼论哈耶克的“必然无知”理论》，《教育研究》，2016，37（10）

期刊：《当代教育与文化》（ISSN 1674－5779，CN 62－1202/G4）

255 西北政法大学反恐怖主义研究院

英文名称：Institute of Anti-Terrorism Studies，Northwest University of Political Science and Law

智库地址：陕西省西安市雁塔区长安南路 300 号西北政法大学反恐怖主义研究院

邮编：710063

办公电话：029－85388938

成立时间：2014 年 9 月

官方网址：http://cati.nwupl.cn/

微信公众号：反恐怖信息网、中国反恐信息网

机构宗旨：专门研究和解决反恐怖主义工作的重大问题，培养维护国家稳定安全的高级法律人才

政策研究领域：司法政策、民族政策、宗教政策、安全政策、网络安全政策

涉及学科：法学、历史学

智库类型：高校智库

智库层次：中国法学会重点研究基地

首席专家：贾宇

品牌活动：第二届"总体国家安全法治"长安论坛、"反恐学院成立暨反恐学术研讨会"

256 西北政法大学民族宗教研究院

智库地址：陕西省西安市西北政法大学民族宗教研究院（西北政法大学）

邮编：710063

办公电话：029－85385238

成立时间：2014 年 12 月

官方网址：http://mzzj.nwupl.cn/index.asp

微信公众号：西北民族宗教研究

机构宗旨:服务西北地区经济社会发展和地区稳定

政策研究领域:民族政策、宗教政策

涉及学科:民族学、宗教学、民族法学

智库类型:高校智库

智库负责人:穆兴天

首席专家:穆兴天

全职研究员数:15 人

兼职研究员数:10 人

行政职员数:1 人

代表性成果:《宗教法资料集成》、《西北地区少数民族习惯法资料集成》、《西北地区民族法治建设的历史与现状研究丛书》、《民族宗教研究要报》、《西北地区稳定发展与国家安全研究丛书·民族宗教法律问题》

品牌活动:三届中国边疆学论

257 西南财经大学金融安全协同创新中心

智库地址:四川省成都市温江区柳台大道 555 号格致楼 509 号

邮编:611130

办公电话:028-87081581、028-87081583

传真:028-87092948

成立时间:2012 年 8 月

官方网址:http://cicfdsc.swufe.edu.cn/

微信公众号:CICFS-SWUFE

机构宗旨:致力于以国家金融重大需求为导向,汇聚政产学研多方创新力量,通

过开展全面而深度的合作，重点解决我国金融安全中的重大基础性、战略性和前瞻性问题；致力于实现人才培养、学科发展、科学研究三位一体创新能力的全面提升

政策研究领域：金融政策

涉及学科：经济学

智库类型：高校智库

全职研究员数：4 人

品牌活动：2017 国际宏观金融研讨会、第 17 届中德货币政策暨金融安全研讨会

258 西南财经大学中国家庭金融调查与研究中心

英文名称：China Household Finance Survey，Southwestern University of Finance and Economics

智库地址：四川省成都市西南财经大学

邮编：610074

办公电话：028 - 87352095

成立时间：2010 年

官方网址：http://chfs. swufe. edu. cn/

政策研究领域：金融政策、财政政策

涉及学科：经济学

智库类型：高校智库

法人代表：甘犁

智库负责人：甘犁

代表性成果：

图书：《中国家庭金融调查报告 2014》(ISBN 978 - 7 - 5504 - 1809 - 7)、《九万里

风鹏正举》(ISBN 978-7-5504-2456-2)、《中国农村家庭金融发展报告 2014》(ISBN 978-7-5504-1384-9)

论文:蔡栋梁、孟晓雨、马双,《家庭背景与教育获得的性别不平等》《财经科学》,2016(10);尹志超、马双,《信贷需求、信贷约束和新创小微企业》,《经济学报》,2016(3);吴雨、彭嫦燕、尹志超,《金融知识、财富积累和家庭资产结构》,《当代经济科学》,2016,38(4)

259 西南财经大学中国金融研究中心

英文名称: Institute of Chinese Financial Studies of SWUFE

智库地址:四川省成都市西南财经大学

邮编:610052

办公电话:028-87354968

传真:028-87352781

成立时间:2000 年

官方网址:http://icfs.swufe.edu.cn/

微信公众号:ICFS_SWUFE

微博:中国金融研究中心 ICFS

机构宗旨:成为我国金融领域的全国金融科学研究基地,全国金融研究领域的专门人才库和人才培养培训基地,全国高校的金融学术交流和资料信息库,全国金融部门知名的思想库和咨询服务基地,全国高校科研体制改革的示范基地

政策研究领域:金融政策

涉及学科:经济学

智库类型:高校智库

法人代表:王擎

智库负责人:王擎

全职研究员数:27 人

兼职研究员数:21 人

代表性成果(期刊):《金融监管研究》(ISSN 2095－3291,CN 10－1047/F)、《上海金融学院学报》(ISSN 1673－680X,CN 31－1980/F)、《上海金融学院学报》(ISSN 1673－680X,CN 31－1980/F)、《征信》(ISSN 1674－747X,CN 41－1407/F)

260 西南大学公共文化研究中心

英文名称: The Research Center of Public Culture, Southwest University

智库地址:重庆市北碚区天生路 2 号

邮编:400715

办公电话:023－68367980、13996194099

传真:023－68367981

成立时间:2015 年 7 月

机构宗旨:致力于公共文化建设研究,努力建成全国公共文化建设思想库和信息咨询中心、重庆乃至西南地区公共文化高级人才的培养基地

政策研究领域:公共文化服务均等化

涉及学科:管理学、哲学、社会学等

智库类型:高校智库

法人代表:张卫国

智库负责人:张卫国

管理团队:张卫国、陈跃、孙道进、刘革平

首席专家:孙道进

全职研究员数:7 人

兼职研究员数:23 人

行政职员数:2 人

2016 年度预算:100 万元

代表性成果:《贫困地区公共文化服务均等化研究报告》、《公共文化服务群体均等化研究报告》、《2016 重庆全民阅读调查报告》

品牌活动:2016 公共文化权益保障全国论坛

261 西南大学统筹城乡教育发展研究中心

英文名称: Research Center for Urban and Rural Education Development, Southwest University

智库地址:重庆市北碚区天生路 2 号西南大学北区统筹城乡教育发展研究中心

邮编:400715

办公电话:023 - 68252443

传真:023 - 68252443

成立时间:2011 年 12 月

政策研究领域:城乡一体化与教育体制机制创新、城乡均衡发展与教育资源配置、统筹城乡发展与人才培养

涉及学科:基础教育学、教育政策、教育统计、职业教育、教育经济学、农村教育

智库类型:高校智库

法人信息:西南大学

法人代表:张卫国

智库负责人:靳玉乐

管理团队:陈中华、杨欣、靳玉乐

首席专家:靳玉乐、宋乃庆、朱德全、于泽元、李玲

全职研究员数:21 人

兼职研究员数:34 人

行政职员数:2 人

2016 年度预算:125 万元

代表性成果:

论文:李玲,《构建城乡一体化的教育体制机制研究》,2015

图书:《构建城乡一体化的教育体制机制研究》(ISBN 978－7－5141－5494－8)

262 西南大学西南民族教育与心理研究中心

英文名称: Center for Studies of Education and Psychology of Minorities in Southwest China of Southwest University

智库地址:四川省成都市西南大学

邮编:400715

办公电话:023－68253900

成立时间:1984 年 3 月

官方网址:http://epc.swu.edu.cn/

机构宗旨:汇集海内外民族教育与心理研究的精英,执"只有民族的才是世界的"之理念,以西南民族独特的自然人文资源为基础,构建绿色教育系统,促进西南民族地区的可持续性发展

政策研究领域:民族政策、文化政策

智库类型:高校智库

法人代表:张诗亚

全职研究员数：15 人

兼职研究员数：20 人

品牌活动：

论坛："全球化背景下的多元文化教育国际论坛"

研讨会：文化强国战略中民族文化特色传承研讨会、殖民主义研究第六届年会暨重庆大轰炸 65 周年纪念国际研讨会

263 西南交通大学西部交通战略与区域发展研究中心

智库地址：四川省成都市西南交通大学

办公电话：028－66367039

传真：028－66367039

官方网址：http://www.swjtu.edu.cn/

机构宗旨：充分发挥西南交通大学交通学科在全国的领先优势，交通与区域经济社会发展相结合，致力于交通与区域发展的理论研究和应用研究，学科交叉、文理渗透、服务社会，成为特色鲜明、优势突出的四川省哲学社会科学重要研究基地、决策咨询服务基地和人才培训基地

政策研究领域：产业政策

智库类型：高校智库

品牌活动：中国高铁与区域发展研讨

264 西南科技大学四川循环经济研究中心

英文名称: Sichuan Province Cyclic Economy Research Center, Southwest University of Science and Technology

智库地址: 四川省绵阳市西南科技大学

邮编: 621010

办公电话: 081－66089598

传真: 081－66089575

成立时间: 2005 年 9 月

官方网址: http://www.scxhjj.org/

机构宗旨: 组织开展循环经济研究领域的学术活动,架起与国内外相关领域理论研究者与实际工作者沟通的桥梁,创造该领域学术交流与科研合作的机会和环境,推动循环经济理论研究的深入开展,总结提炼循环经济实践的经验和模式,为四川社会经济走向持续、健康、快速的发展道路做出贡献

政策研究领域: 农业政策、工业政策、产业政策、人口政策、资源政策、环境政策

涉及学科: 经济学、农学、工学、管理学

智库类型: 高校智库

智库层次: 四川省社会科学重点研究基地

管理团队: 张华(主任)、郭四代(常务副主任)、罗林

全职研究员数: 3 人

兼职研究员数: 47 人

行政职员数: 3 人

智库荣誉: 四川省科技进步二等奖(省部级)

品牌活动: 2015 年中国沼气学会学术年会暨中德沼气论坛、第八届中国管理科学与工程论坛

265 西南石油大学四川石油天然气发展研究中心

英文名称:Developement Research Center of Oil and Gas of Sichuan, Southwest Petroleum University

智库地址:四川省成都市西南石油大学

邮编:610500

办公电话:028-83034793

传真:028-83034793

成立时间:2006 年 12 月

官方网址:http://og.swpu.edu.cn/

机构宗旨:秉承"立足社会需求,营造学术高峰"的宗旨,致力于发挥交叉学科并行研究的学术优势,以四川乃至全国石油天然气领域中的社会、经济、管理等热点问题为研究重点,推动高质量学术成果不断涌现

政策研究领域:资源政策、能源政策、工业政策

涉及学科:经济学、管理学、法学、哲学

智库类型:高校智库

智库层次:四川省社会科学重点研究基地

法人信息:西南石油大学

法人代表:赵金洲

组织机构代码:45218943-0

智库负责人:何沙

管理团队:何沙、高军、陈怡男、陈军华

首席专家:周守为、张大伟、李明

全职研究员数:19 人

兼职研究员数:51 人

行政职员数：4 人

2016 年度预算：40 万元

代表性成果：“读点石油财经”系列科普丛书

品牌活动：西部油气论坛、2015 全国非常规天然气论坛、2014 第一届资源型城市发展研究论坛、国能源革命高峰论坛

266 西南政法大学人权研究院★

英文名称：Human Rights Institute, Southwest University of Political Science and Law

智库地址：重庆市西南政法大学

邮编：401120

办公电话：023 - 67258917、023 - 67258907

传真：023 - 67258917

成立时间：2003 年 10 月

官方网址：http://www.swupl.edu.cn/pub/rqyjy/index.htm

微信公众号：CESHR_SWUPL

机构宗旨：坚持“国际视野、中国立场、问题导向、服务决策、实证特色”的建设路线，打造“全局性、前瞻性、针对性、实效性、专业性”的国家高端智库，服务国家人权战略，践行“国家人权行动计划”，推动法治中国建设，促进中国人权事业发展

政策研究领域：国家人权战略、司法政策

涉及学科：法学、政治学、马克思主义理论哲学、新闻传播学、应用经济学、公共管理学、外国语言文学

智库类型：高校智库

智库层次：国家高端智库建设培育单位

法人信息：西南政法大学

法人代表：付子堂

组织机构代码：45040229－3

智库负责人：张永和

首席专家：向巴平措

全职研究员数：17 人

兼职研究员数：68 人

行政职员数：5 人

2016 年度预算：600 万元

品牌活动：

论坛：“第三届世界民主论坛”

研讨会：“十八大以来习近平人权论述研讨会”、“2016·中欧人权研讨会”、“全面依法治国与中国人权事业的新进展”研讨会、“2017·中欧人权研讨会”

267 西藏大学西藏可持续发展研究所

智库地址：西藏自治区拉萨市西藏大学

邮编：850000

成立时间：2001 年 7 月

官方网址：http://www.utibet.edu.cn/index.html

政策研究领域：民族政策

智库类型：高校智库

268 西藏民族大学西藏文化传承发展协同创新中心

英文名称：Center for Collaborative Innovation in the Heritage and Development of Xizang Culture，Xizang Minzu University

智库地址：陕西省咸阳市渭城区文汇东路 6 号西藏民族大学

邮编：712082

办公电话：029－33755894

传真：029－33755894

成立时间：2013 年 4 月

官方网址：http://www2.xzmu.edu.cn/xtcx/

微信公众号：西藏文化传承发展协同创新中心

机构宗旨：围绕西藏区域创新发展的重大需求，以西藏重大创新任务为牵引，抓住西藏经济社会发展急需解决的重大现实问题，力求把中心培育建设成为国内外重要的西藏文化传承发展研究基地，西藏高端文化研究人才、文化产业人才聚集和培养区域中心，促进区域重大成果转移和辐射，服务西藏经济社会跨越式发展和长治久安，为西藏经济社会发展提供智力支持和政策咨询

政策研究领域：政治、经济、文化、宗教、教育、管理

涉及学科：教育学、民族学、文学、管理学、经济学、法学、体育教育、信息工程

智库类型：高校智库

法人信息：西藏民族大学

法人代表：扎西次仁

组织机构代码：43320549－0

智库负责人：刘凯

管理团队：刘凯、王新、陈敦山、王学海、赵锋仓、张传庆

首席专家：郑堆、郑保卫、周玮

全职研究员数:8 人

兼职研究员数:40 人

行政职员数:5 人

2016 年度预算:400 万元

代表性成果:

图书:《丝绸之路与唐蕃古道》(ISBN 978-7-5605-9048-6)

论文:索南才让,《现代藏传佛教系统初探》,《西藏研究》,2016(3);赵国栋,《中国茶叶的传入与日本茶道的确立》,《中国茶叶》,2016(6)

品牌活动:"藏秦·喜马拉雅论坛"、西藏对外传播高端论坛、西藏自治区融入"一带一路"战略研讨会

269 厦门大学东南亚研究中心

英文名称: Center for Southeast Asian Studies, Xiamen University

智库地址:福建省厦门市厦门大学

邮编:361005

办公电话:0592-2186414

传真:0592-2186414

成立时间:2000 年 9 月

官方网址:http://ny.xmu.edu.cn/

政策研究领域:外交政策、文化政策

涉及学科:东南亚经济、政治、历史、社会、文化

智库类型:高校智库

法人代表:王勤

智库负责人:王勤

首席专家:王勤

全职研究员数:30 人

行政职员数:10 人

代表性成果(图书):《东南亚蓝皮书:东南亚地区发展报告》(ISBN 978-7-5097-5826-7)、"东南亚研究中心系列"丛书(ISBN 978-7-5615-3874-6)

270 厦门大学高等教育发展研究中心

英文名称:Center for Higher Education Development of Xiamen University

智库地址:福建省厦门市厦门大学

邮编:361005

办公电话:0592-2187552

传真:0592-2189065

成立时间:2000 年 1 月

官方网址:http://che.xmu.edu.cn/

机构宗旨:开展高层次人才培养,组织高水平科学研究,提供高质量社会服务,巩固高等教育研究的国内领先地位,向国际先进水平迈进,努力打造中国特色新型智库

政策研究领域:高等教育政策

涉及学科:教育学

智库类型:高校智库

智库负责人:别敦荣

管理团队:别敦荣(主任)、史秋衡(副主任)、郑若玲(副主任)

首席专家:潘懋元、别敦荣、刘海峰、邬大光、史秋衡

全职研究员数：24 人

兼职研究员数：22 人

行政职员数：2 人

2016 年度预算：105 万元

代表性成果：

图书：《中国高等教育自主发展路径研究》(ISBN 978-7-5675-1226-9)、《科举学的历史价值与现实意义》(ISBN 978-7-5622-7366-0)、《国家高校分类体系及其设置标准实证研究》(ISBN 978-7-0304-8263-1)

论文：《大学行知录》

期刊：《国际高等教育研究》

品牌活动(会议)：发展中国家高等教育发展与变革国际学术工作坊、潘懋元高等教育思想研讨会

271 厦门大学宏观经济研究中心

英文名称：Center for Macroeconomic Research，Xiamen University

智库地址：福建省厦门市思明南路 422 号厦门大学经济楼 C201 室

邮编：361005

办公电话：0592-2182029

传真：0592-2182029

成立时间：2001 年 9 月

官方网址：http://cmr.xmu.edu.cn/

微信公众号：厦门大学宏观经济研究中心

微博：厦门大学宏观经济研究中心

机构宗旨：逐步成为全国宏观经济研究的重镇和人才培养的重要基地

政策研究领域：宏观经济、产业政策、财政政策、金融政策、市场政策、消费政策、就业政策、劳动政策、对外贸易政策、服务业政策、高端制造业政策、人口政策

涉及学科：经济学、管理学

智库类型：高校智库

智库层次：教育部人文社科重点研究基地

法人信息：厦门大学

法人代表：朱崇实

组织机构代码：B3695219－3

智库负责人：龚敏

管理团队：崔庆炜

首席专家：李文溥

全职研究员数：20 人

兼职研究员数：11 人

行政职员数：4 人

2016 年度预算：320 万元

代表性成果(报告)：《中国季度宏观经济模型开发与应用》、《宏观经济分析与预测年度报告》、《中国宏观经济预测与分析—春季报告》、“China's Macroeconomic Outlook，Springer”

品牌活动：中国宏观经济高层研讨会、中国宏观经济论坛、东亚宏观经济论坛

272 厦门大学台湾研究院★

英文名称：Taiwan Research Institute of Xiamen University

智库地址:福建厦门市厦门大学

邮编:361005

办公电话:0592－2182925

传真:0592－2183538

成立时间:1980 年 7 月

官方网址:http://twri. xmu. edu. cn/

机构宗旨:历史地、全面地实事求是地认识台湾,促进海峡两岸学术交流,为祖国统一大业服务

政策研究领域:港澳台政策

涉及学科:历史学、法学、经济学、文学、教育学

智库类型:高校智库

智库层次:国家高端智库建设培育单位

法人信息:厦门大学

法人代表:朱崇实

组织机构代码:B3695219－3

智库负责人:刘国深

全职研究员数:30 人

兼职研究员数:1 人

行政职员数:11 人

2016 年度预算:200 万元

代表性成果(图书):《台湾政治转型与分离主义(1988－2000)》(ISBN 978－7－5108－1566－9)、《台湾民意与群体认同》(ISBN 978－7－5108－1594－2)

品牌活动:台湾研究新跨越学术研讨会、两岸学子论坛

273 厦门大学中国能源政策研究院

英文名称: China Institute for Studies in Energy Policy, Xiamen University

智库地址:福建省厦门市思明区厦门大学大南 8 号

邮编:361005

办公电话:0592－2186076

传真:0592－2186075

成立时间:2013 年

官方网址:http://cicep.xmu.edu.cn/

微信公众号:CIECP_XMU

政策研究领域:能源经济、能源政策、能源管理

涉及学科:经济学、管理学

智库类型:高校智库

法人信息:事业单位法人

法人代表:朱崇实

组织机构代码:B3695219－3

智库负责人:林伯强

管理团队:林伯强

首席专家:林伯强

全职研究员数:9 人

兼职研究员数:13 人

行政职员数:2 人

2016 年度预算:400 万元

智库荣誉:福建省社会科学优秀成果奖、2015 年度能源软科学研究优秀成果奖、

厦门市社会科学优秀成果奖

代表性成果：

图书：《2006中国能源发展报告》(ISBN 978-7-5026-2483-5)、《中国能源价格改革》(ISBN 978-7-0305-2432-4)、《能源金融》(ISBN 978-7-3022-5732-5)、《高级能源经济学》(ISBN 978-7-5095-1609-6)

论文：林伯强、孙传旺，《如何在保障中国经济增长前提下完成碳减排目标》，《中国社会科学》，2011(1)；林伯强、刘畅，《中国能源补贴改革与有效能源补贴》，《中国社会科学》，2016(10)；林伯强、杜克锐，《要素市场扭曲对能源效率的影响》，《经济研究》，2013(9)

品牌活动：《中国能源发展报告》发布会暨能源与环境经济学研讨会、《经济研究》中国能源与环境经济学者论坛

274 湘潭大学地方立法与区域社会治理研究中心

英文名称：Local Legislation and Social Governance Research Center, Xiangtan University

智库地址：湖南省湘潭市雨湖区湘潭大学

邮编：411105

办公电话：010-58298336

成立时间：2016年1月

机构宗旨：立足湖南、服务湖南、为湖南省法治建设和社会治理服务

政策研究领域：地方立法研究、法治反腐研究、网络空间治理与数据权利研究、区域社会治理与矛盾纠纷化解研究、法治建设评价研究、中非交流法律保障

涉及学科：法学

智库类型:高校智库

法人信息:湘潭大学

法人代表:周益春

智库负责人:廖永安

管理团队:廖永安、肖冬梅、吴勇、欧爱民、刘友华、洪永红

首席专家:廖永安

全职研究员数:5 人

兼职研究员数:23 人

行政职员数:1 人

2016 年度预算:50 万元

智库荣誉:湖南省哲学社会科学优秀科研成果一等奖

代表性成果:《益阳市安化黑茶文化遗产保护条例(专家建议稿)》、《湘潭市历史建筑保护条例(专家建议稿)》

275 湘潭大学公共管理与区域经济发展研究中心

英文名称: Public Administration and Regional Economic Development Research Center of Xiangtan University

智库地址:湖南省湘潭市雨湖区羊牯塘街道湘潭大学

邮编:411105

办公电话:0731-8298357

传真:0731-8298357

成立时间:2007 年 12 月

官方网址:http://glxy.xtu.edu.cn/

机构宗旨：立足湖南、服务湖南，为湖南省经济社会发展服务

研究领域：公共管理与区域社会治理、新型城镇化与中国农村发展、长株潭城市群规划与区域发展、信息资源管理与智慧城市规划、红色旅游资源开发与区域规划

涉及学科：公共管理、应用经济学、理论经济学、工商管理、旅游管理、统计学

智库类型：高校智库

法人信息：湘潭大学

法人代表：周益春

智库负责人：刘长庚

管理团队：盛明科、谭九生、韩雷、楚尔鸣、江剑平、罗泽意

首席专家：刘长庚、盛明科、颜佳华、阎友兵

全职研究员数：42 人

兼职研究员数：16 人

行政职员数：1 人

2016 年度预算：150 万元

智库荣誉：教育部高等学校科学研究优秀成果奖二等奖、教育部高等学校科学研究优秀成果奖三等奖、湖南省哲学社会科学优秀科研成果一等奖、湖南省哲学社会科学优秀科研成果二等奖、湖南省哲学社会科学优秀科研成果三等奖

代表性成果：《创新我国县级政府管理模式的若干政策建议》、《以改革为动力跨越"中等收入陷阱"》

品牌活动：公共管理高层论坛、区域经济与社会发展高峰论坛

276 湘潭大学毛泽东思想研究中心

英文名称：The Studying Center of Mao Zedong Thought，Xiangtan University

智库地址：湖南省湘潭市湘潭大学

邮编：411105

办公电话：0731－58293097

传真：0731－58293097

成立时间：2004 年 11 月

官方网址：http://www.xdmyzx.cn/index.asp

机构宗旨：回溯党的历史、探讨前沿问题、服务国家战略、建设特色智库

政策研究领域：党的意识形态政策、思想政治教育政策、党的建设政策、中国特色哲学社会科学体系建设政策

涉及学科：马克思主义中国化研究、党的建设、思想政治建设、党史

智库类型：高校智库

法人信息：湘潭大学

法人代表：周益春

组织机构代码：44487503－5

智库负责人：李佑新

管理团队：黄显中、唐正芒、张海燕、陈龙

首席专家：李佑新

全职研究员数：8 人

兼职研究员数：7 人

行政职员数：1 人

2016 年度预算：36 万元

智库荣誉：教育部高等学校科学研究优秀成果（人文社会科学）二等奖，湖南省哲学社会科学优秀成果一、二等奖，中国马克思主义基金会优秀成果二等奖

代表性成果：《建议多措并举整合开发区域红色文化遗产资源》（2016 年 6 月被中共中央办公厅《观点摘编》综合采用）、《深刻把握红色文化内涵从六个方面抓好红

色文化传承》(2017 年 8 月被中共中央办公厅《观点摘编》综合采用)

品牌活动:全国毛泽东论坛

277 湘潭大学政府绩效评估与管理创新研究中心

英文名称: Government Performance Evaluation and Management Innovation Research Center of Xiangtan University

智库地址:湖南省湘潭市雨湖区羊牯塘街道湘潭大学

邮编:411105

办公电话:0731－8298357

传真:0731－8298357

成立时间:2008 年 11 月

官方网址:http://glxy. xtu. edu. cn/

机构宗旨:立足湖南,辐射中部,为湖南省政府绩效管理与公共管理发展服务

政策研究领域:政府绩效评估理论、地方政府绩效评估、医疗卫生政策、交通政策、生态治理政策与评价、社会治理与社会政策

涉及学科:公共管理

智库类型:高校智库

法人信息:湘潭大学

法人代表:周益春

智库负责人:彭国甫

管理团队:彭国甫、盛明科、梁丽芝、邹凯、肖湘雄、董石桃、龙朝阳、鄢洪涛、刘超、唐斌

首席专家:彭国甫、盛明科

全职研究员数：35 人

兼职研究员数：12 人

行政职员数：1 人

2016 年度预算：80 万元

智库荣誉：教育部高等学校科学研究优秀成果奖二等奖、教育部高等学校科学研究优秀成果奖三等奖、湖南省哲学社会科学优秀科研成果特别奖、湖南省哲学社会科学优秀科研成果一等奖、湖南省哲学社会科学优秀科研成果三等奖

代表性成果：

图书：《服务型政府绩效评估体系与制度安排研究》（ISBN 978 - 7 - 8112 - 8088 - 3）

文件：《中共岳阳县委岳阳县人民政府关于开展政府绩效评估工作的意见》

品牌活动：政府绩效评估高层论坛

278 湘潭大学中国共产党革命精神与文化资源研究中心

英文名称：Research Center of Revolutionary Spirit and Cultural Resources of the Communist Party of China

智库地址：湖南省湘潭市湘潭大学

邮编：411105

办公电话：0731 - 58293097

传真：0731 - 58293097

成立时间：2014 年 11 月

官方网址：http://www.xdmyzx.cn/index.asp

机构宗旨：回溯党的历史、探讨前沿问题、服务国家战略、建设特色智库

政策研究领域：党的意识形态政策、思想政治教育政策、党的建设政策、中国特色哲学社会科学体系建设政策

涉及学科：马克思主义中国化研究、党的建设、思想政治建设、党史

智库类型：高校智库

法人信息：湘潭大学

法人代表：周益春

组织机构代码：44487503－5

智库负责人：李佑新

管理团队：黄显中、唐正芒、张海燕、陈龙

首席专家：李佑新

全职研究员数：8 人

兼职研究员数：7 人

行政职员数：1 人

2016 年度预算：36 万元

智库荣誉：教育部高等学校科学研究优秀成果（人文社会科学）二等奖，湖南省哲学社会科学优秀成果一、二等奖，中国马克思主义基金会优秀成果二等奖

代表性成果：《建议多措并举整合开发区域红色文化遗产资源》（2016 年 6 月被中共中央办公厅《观点摘编》综合采用）、《深刻把握红色文化内涵从六个方面抓好红色文化传承》（2017 年 8 月被中共中央办公厅《观点摘编》综合采用）

品牌活动：全国毛泽东论坛

279 延边大学朝鲜半岛研究院

英文名称：Institute of Korean Peninsula Studies，Yanbian University

智库地址:吉林省延边朝鲜族自治州延吉市公园路977号

邮编:133002

办公电话:0433-2732181

传真:0433-2436571

成立时间:2014年11月

官方网址:http://ikps.ybu.edu.cn/

微信公众号:ybu_ikps

机构宗旨:紧紧围绕我国社会经济发展过程中的重大需求,深入研究朝鲜半岛的重大理论问题和现实问题,拓展对朝鲜半岛的政治、经济、历史与社会发展领域的跨学科综合研究,建成国内一流、国际上具有重大学术影响力的朝鲜半岛研究机构,构筑国家制定有关战略与政策以及开展国际合作与公共外交的重要学术平台

政策研究领域:外交政策、民族政策、司法政策、安全政策、财政政策、对外贸易政策、文化政策

涉及学科:经济学、法学、文学、历史学、哲学

智库类型:高校智库

智库负责人:朴灿奎

首席专家:李文、朴灿奎、徐东日、金强一

全职研究员数:12人

兼职研究员数:26人

行政职员数:10人

2016年度预算:80万元

代表性成果(图书):《中韩两国竞争法比较研究》(ISBN 978-7-5620-4053-8)、《来华朝鲜人离散文学研究》(ISBN 978-7-5634-3717-7)、《朝鲜韩国法研究》(ISBN 978-7-5118-8141-0)

品牌活动:图们江论坛、朝鲜半岛论坛

280 盐城师范学院沿海发展智库

英文名称: Think Tank of Coastal Development, Yancheng Teachers University

智库地址:江苏省盐城市希望大道南路 2 号

邮编:224051

办公电话:0515－88233887

传真:0515－88213020

成立时间:2007 年 8 月

官方网址:http://www.yctc.edu.cn/

机构宗旨:致力于江苏乃至全国沿海发展的重大理论与实践问题研究,促进沿海区域以创新、协调、绿色、开放和共享发展为目标,以实施江苏沿海发展战略为重点,以服务江苏省委省政府和沿海各市党委政府科学决策为导向,努力整合国内外、省内外政、产、学、研的各方力量,打造国内有影响、省内达一流的决策咨询智库

政策研究领域:产业政策、资源政策、环境政策、海洋政策

涉及学科:经济学、管理学、理学

智库类型:高校智库

智库层次:江苏省重点培育智库

管理团队:王晓辉、王荣飞、黄强、张凤林、赵庆新、林一峰(主任)、戴斌荣(副主任)、邓东升(副主任)、施一生(办公室主任)、刘玉忠(办公室副主任)、崔刚

首席专家:徐山瀑

智库荣誉:江苏省哲学社会科学优秀成果奖二等奖(省部级)、江苏省哲学社会科学优秀成果奖三等奖(省部级)、江苏省哲学社会科学优秀成果奖三等奖(省部级)

代表性成果:

图书:《江苏农民就地市民化论》(ISBN 978－7－5136－3039－9)、《江苏沿海港

口、产业、城镇联动发展研究》(ISBN 978-7-0303-9851-2)、《沿海发展研究》(ISBN 987-7-5097-8200-2)

论文:《江苏盐城沿海滩涂湿地资源开发中生态补偿问题研究》、《沿海经济低谷港口、城镇、产业联动发展研究述评》

品牌活动:泛黄海中日韩产学官大学校长论坛

281 燕山大学河北省公共政策评估研究中心

英文名称: Hebei Provincial Public Policy Evaluation and Research Center, Yanshan University

智库地址:河北省秦皇岛市河北大街西段438号燕山大学文法学院

邮编:066004

办公电话:0335-8047122

传真:0335-8047122

成立时间:2011年10月

官方网址:http://www.ysu.edu.cn/

微信公众号:hebggzc

机构宗旨:建设成为机制创新、管理创新、平台创新和运行创新的智库;建设成为河北公共政策的思想库、资源库和分析库;立足河北、面向全国、走向世界,建设成为具有重要影响力的新型智库

涉及学科:哲学、法学、教育学、经济学、管理学、医学、历史学、艺术学、文学、工学、理学、农学、军事学

智库类型:高校智库

法人信息:燕山大学

法人代表：刘宏民

组织机构代码：40246855－4

智库负责人：刘邦凡

管理团队：孟卫东（主任）、孔祥东（副主任）、盛婉玉（副主任）、黄晟（副主任）、袁旭梅（秘书长）、刘邦凡（首席专家）、张雅君（办公室主任）、彭建交（实验室主任）、赵南南（实验员）、姜学永（实验员）、潘蕾（科研秘书）、张瑾（科研秘书）、赵兴华（教学秘书）、杨帆（行政秘书）

首席专家：刘邦凡

全职研究员数：143 人

兼职研究员数：112 人

行政职员数：8 人

2016 年度预算：45 万元

智库荣誉：河北省政府决策科学成果奖一等奖（省部级）、河北省社会科学优秀成果奖一等奖（省部级）、河北省社会科学基金项目优秀成果奖一等奖（省部级）

代表性成果：

项目：《河北省社会京津冀区域经济一体化战略与推进河北沿海地区发展对策研究》（主持人：刘邦凡）、《我国现代服务业发展与就业关系研究》（主持人：刘邦凡）

图书：《中国推类逻辑对中国古代科学之影响》（ISBN 978－7－2061－0148－9）、《中国社会科学研究论丛》（ISBN 978－7－5100－7088－4）

品牌活动：智启雄安雄安新区公共政策智库论坛、河北省社会科学博士论坛

282 云南财经大学公共政策研究中心

英文名称:Center for Advanced Study of Public Policy, Yunnan University of Finance and Economics

智库地址:云南省昆明市龙泉路 237 号云南财经大学博远楼 509

邮编:650221

办公电话:0871 - 65024092

传真:0871 - 65024092

成立时间:2007 年 3 月

官方网址:http://xy. ynufe. edu. cn/yjjd/index. html

机构宗旨:直陈时政、思辨笃行;以财政与公共治理理论为基础,研究制定公共领域的政策制度,主要面向地方政府服务

政策研究领域:中央与地方事权划分及中央转移支付制度、绩效理念下地方财政预算管理体系与制度、地方税收征收与税收机制设计、地方基本公共服务供给机制与绩效评价、地方政府债务与财政安全监测预警

涉及学科:财政学

智库类型:高校智库

法人代表:伏润民

组织机构代码:43120336 - 0

智库负责人:伏润民

管理团队:伏润民、王敏、缪小林、杨雅琴、薛军、张彰、常斌

首席专家:伏润民

全职研究员数:6 人

兼职研究员数:5 人

行政职员数:1 人

2016 年度预算：80 万元

代表性成果(论文)：张彰，《城镇化进程中地方财政收入模式扭曲成因挖掘》，《理论与改革》，2015(2)；常斌，《中国省际间义务教育发展差异及解释研究》，《财政研究》，2015(4)；张彰，《城市化进程中失地农民基本公共服务保障的财政压力估算》，《当代经济管理》，2015(7)

品牌活动：财税与公共政策论坛——名家讲座、学生财税论坛

283 云南财经大学印度洋地区研究中心

英文名称：Research Institute for Indian Ocean Economics，Yunnan University of Finance and Economics

智库地址：云南省昆明市五华区龙泉路 237 号

邮编：650221

办公电话：0871－65149631

传真：0871－65148371

成立时间：2011 年 8 月

官方网址：http://www.cnriio.com/

微信公众号：yufe-riio

机构宗旨：致力于面向印度洋地区的理论与实践的战略研究与政策研究，产生一批高水平的理论和实用研究成果

政策研究领域：外交政策、安全政策

涉及学科：经济学、法学

智库类型：高校智库

法人信息：云南财经大学

法人代表：伏润民

组织机构代码：43120336－0

智库负责人：朱翠萍

管理团队：朱翠萍、汪戎

首席专家：汪戎、朱翠萍

全职研究员数：7 人

兼职研究员数：24 人

行政职员数：3 人

2016 年度预算：300 万元

智库荣誉：中联部“一带一路”智库联盟成员理事单位、教育部“国别与区域研究”培育基地、云南省“2011 协同创新中心”

代表性成果：

图书：《印度洋地区发展报告》（ISBN 978－7－5097－5704－5）、《印度洋地区研究丛书》（ISBN 978－7－5097－6122－9）

期刊：《印度洋经济体研究》（ISSN 2095－7653，CN 53－1227/F）

品牌活动：《中国与印度洋地区共同发展》国际学术研讨会、中印智库论坛

284 云南财经大学云南省防灾减灾智库

英文名称：Yunnan Think Tank on Disaster Prevention and Mitigation，Yunnan University of Finance and Economics

智库地址：云南省昆明市五华区龙泉路 237 号云南财经大学成蹊楼

邮编：650000

办公电话：0871－65114896、0871－64586579

传真:0871－64587948

成立时间:2015 年 1 月

官方网址:http://www.ynufe.edu.cn/pub/jzfx/

微信公众号:云南省防灾减灾新型智库

机构宗旨:资政启民、服务社会

政策研究领域:以“巨灾风险管理研究中心”为依托,以“云南省高校巨灾风险评估科技创新团队”为支撑,以人才建设为中心,以推动团队建设为核心,以完善国家特别是云南省防灾减灾体系建设为目标,围绕国家和云南防灾减灾体系建设的重大问题实现智库在战略研究上彰显“云南意识”,在社会引领上凸现“云南情怀”,在防灾减灾政策建言上形成“云南方案”,促进灾害经济学与保险学科发展

涉及学科:巨灾风险评估技术、精算、地震风险管理、巨灾保险等

智库类型:高校智库

智库负责人:钱振伟

管理团队:云南省高校巨灾风险评估科技创新团队

首席专家:钱振伟

全职研究员数:7 人

兼职研究员数:18 人

行政职员数:2 人

2016 年度预算:20 万元

品牌活动:中国灾害风险管理国际论坛

285 云南大学边疆民族问题智库

英文名称: Frontier Ethnic Problems Think-tank of Yunnan University

智库地址:云南省昆明市翠湖北路 2 号

邮编:650091

办公电话:0871－65031748

传真:0871－65031748

成立时间:2015 年 1 月

微信公众号:人类学之滇

机构宗旨:调查研究边疆民族问题及其解决思路和对策,为边疆民族地区的稳定与发展提供决策咨询服务

政策研究领域:民族问题、公共政策

涉及学科:民族学、社会学、政治学

法人信息:云南大学

智库层次:高校智库

智库负责人:何明

首席专家:何明

全职研究员数:5 人

兼职研究员数:15 人

行政职员数:1 人

2016 年度预算:20 万元

代表性成果:《处理好边疆治理四个关系》(《环球时报》2015 年 9 月 17 日发表,《新华文摘》2015 年第 24 期全文转载)

286 云南大学缅甸研究院

英文名称：Institute of Myanmar Studies，Yunnan University

智库地址：云南省昆明市五华区翠湖北路 2 号云南大学映秋院

邮编：650091

办公电话：0871－65032067

传真：0871－65033130

成立时间：2011 年 12 月

官方网址：http://www.ims.ynu.edu.cn/

微信公众号：云南大学缅甸研究院

机构宗旨：致力于成为中国最权威的缅甸问题决策咨询研究和学术研究机构

政策研究领域：缅甸政治、缅甸经济、缅甸历史、缅甸民族、中缅关系

涉及学科：政治学、经济学、历史学、社会统计学

智库类型：高校智库

智库层次：教育部区域国别备案中心

法人信息：云南大学

法人代表：林文勋

组织机构代码：43120326－4

智库负责人：李晨阳

管理团队：云南大学缅甸研究院专职人员

首席专家：李晨阳

全职研究员数：15 人

兼职研究员数：22 人

行政职员数：3 人

2016 年度预算:200 万元

代表性成果(图书):《缅甸国情报告》蓝皮书(ISBN 978-7-5097-6148-9)

品牌活动:年度缅甸形势研讨会

287 云南大学文化发展研究院

英文名称: Culture Development Institute of Yunnan University

智库地址:云南省昆明市五华区翠湖北路 3 号

邮编:650091

办公电话:0871-63101956

传真:0871-63101956

成立时间:2003 年 10 月

官方网址:http://www.whcy.ynu.edu.cn/

微信公众号:云大文化产业研究

机构宗旨:战略咨询服务、高端人才培养、产业理论研究

政策研究领域:文化产业、公共文化服务

涉及学科:文化学、管理学、经济学、民族学

智库类型:高校智库

智库层次:国家文化产业研究中心、云南省省级重点培育智库

法人信息:云南大学

法人代表:林文勋

智库负责人:李炎

管理团队:云南大学文化产业研究院

首席专家:李炎、林艺、范建华

全职研究员数：16 人

兼职研究员数：23 人

行政职员数：2 人

2016 年度预算：20 万元

代表性成果：

图书：《中国区域文化产业研究》(ISBN 978 - 7 - 2221 - 1543 - 9)

基金项目："云南建设中国面向南亚东南亚人文交流中心对策研究"(2016 年)

品牌活动："丝路两端：文化经济学术研讨会"、"一带一路"与大国文化建设高层学术研讨会、"翠湖文化论坛"

288 云南大学周边外交研究中心

英文名称：Center for China's Neighbor Diplomacy Studies，Yunnan University

智库地址：云南省昆明市翠湖北路 2 号云南大学映秋院

邮编：650091

办公电话：0871 - 65033130

传真：0871 - 65034082

成立时间：2015 年 1 月

官方网址：http://www.ccnds.ynu.edu.cn/

微信公众号：周边外交研究

机构宗旨：以"聚焦周边、开拓创新、开放联合、服务决策"为指导思想，力争发挥"战略研究、政策建言、公共外交、人才培养"的智库作用

政策研究领域：周边外交、周边安全、国际问题

涉及学科：国际关系、国际政治、外交学、世界经济、世界民族与民族问题

智库类型：高校智库

法人信息：云南大学

法人代表：林文勋

组织机构代码：43120326 - 4

智库负责人：卢光盛

首席专家：卢光盛

全职研究员数：26 人

兼职研究员数：25 人

行政职员数：3 人

2016 年度预算：80 万元

代表性成果：

基金项目：《"一带一路"视野下的跨界民族及边疆治理国际经验比较研究》(2016 年，刘稚)、《中东古地图中的中国与中国南海研究》(2017 年，姚继德)、《东南亚恐怖主义新态势及其对我国的影响及对策研究》(2017 年，卢先盛)

图书：《大湄公河次区域合作发展报告》(ISBN 978 - 7 - 5097 - 9743 - 3)、《印度国情报告》(ISBN 978 - 7 - 5097 - 5809 - 0)

品牌活动：周边外交讲坛、西南论坛

289 浙江大学创新管理与持续竞争力研究中心

英文名称：National Institute for Innovation Management, Zhejiang University

智库地址：浙江省杭州市西湖区余杭塘路 866 号浙江大学紫金港校区管理学院 1101

邮编：310058

办公电话:0571－88206889

成立时间:2005年

官方网址:http://niim.zju.edu.cn/

微信公众号:浙江大学创新管理基地

政策研究领域:企业技术创新管理、科技创新战略

涉及学科:管理科学与工程(国家重点)、工商管理(省重点)、创业管理、技术与创新管理、公共管理(省重点)

法人信息:浙江大学

法人代表:吴朝晖

组织机构代码:47009501－6

智库负责人:吴晓波

管理团队:吴晓波

首席专家:吴晓波

全职研究员数:18人

兼职研究员数:27人

行政职员数:2人

2016年度预算:200万元

代表性成果(图书):《创新管理与持续竞争力丛书》(ISBN 978－7－0304－0915－7)、《浙江省创新型经济蓝皮书》(ISBN 978－7－8949－0334－1)

品牌活动:国际会议(GMC、CICALICS、ISMOT)

290 浙江大学非传统安全与和平发展研究中心

英文名称: Center for Non-Traditional Security and Peaceful Development

Studies，Zhejiang University

智库地址：浙江省杭州市余杭塘路866号

邮编：310058

办公电话：0571－88208518

传真：0571－88208518

成立时间：2006年11月

官方网址：http://www.nts.zju.edu.cn/

机构宗旨：致力于为各领域的专家学者搭建一个学科群大交叉的平台，进行交叉性的合作研究

政策研究领域：安全政策

涉及学科：公共管理、行政管理、国际关系

智库类型：高校智库

法人信息：浙江大学

智库负责人：余潇枫

首席专家：余潇枫

全职研究员数：9人

兼职研究员数：20人

行政职员数：2人

2016年度预算：120万元

代表性成果：

图书：《中国非传统安全研究报告》（ISBN 978－7－5097－4523－6）

论文：《从分轨到并轨：中国社会养老保险制度的顶层设计》

品牌活动：东盟地区论坛犯罪分子跨境流动管理研讨会

291 浙江大学公共政策研究院

英文名称:Public Policy Research Institute of Zhejiang University

智库地址:杭州市浙江大学紫金港校区蒙民伟楼322

邮编:310058

办公电话:0571-88206853、0571-88206582

传真:0571-88206853

成立时间:2008年9月

官方网址:http://www.ggzc.zju.edu.cn/

微信公众号:ippzjsggzcyjy

微博:浙江省公共政策研究院

机构宗旨:加强我国、我省公共政策研究及应用,推动浙江大学公共政策的研究,提升公共政策参谋水平

政策研究领域:区域发展与产业发展规划、经济转型升级、政府管理创新、城市化发展与新农村建设、对外经济、劳动与社会保障、金融政策与地方金融、财税体制改革、政府绩效评估、平安浙江研究、危机管理与应对等

涉及学科:经济学、公共管理

智库类型:高校智库

法人信息:浙江大学

法人代表:姚先国

组织机构代码:67959215-2

智库负责人:姚先国

管理团队:姚先国、金雪军、包迪鸿、蔡宁、李金珊、徐伟红、钱雪亚、范柏乃、徐林

首席专家:姚先国、金雪军、蓝蔚青、包迪鸿、蔡宁、李金珊、徐伟红、钱雪亚、范柏

乃、徐林

全职研究员数:5 人

兼职研究员数:2 人

行政职员数:4 人

2016 年度预算:400 万元

智库荣誉:2015 年度全国社科联创建新型智库先进单位

代表性成果:

内刊:《公共政策内参》

图书:《平安中国的浙江实践》(ISBN 978 - 7 - 2130 - 7966 - 5)

品牌活动:转型发展论坛

292 浙江大学民营经济研究中心

英文名称: Center for Research of Private Economy, Zhejiang University

智库地址:浙江省杭州市西湖区浙大路 38 号

邮编:310027

办公电话:0571 - 87952835

传真:0571 - 87952835

成立时间:2002 年 9 月

官方网址:http://crpe.zju.edu.cn/

机构宗旨:剖析我国民营企业的成长规律和经营方略,提升中国民营经济问题的理论与实务研究水平,为公众、企业界和政府部门提供最优质的研究成果和决策分析服务

政策研究领域:产业政策、消费政策

涉及学科:经济学

智库类型:高校智库

法人信息:浙江大学

智库负责人:史晋川

管理团队:史晋川、金祥荣、王志凯、张自斌

首席专家:史晋川、金祥荣、赵伟、陈凌、汪炜

全职研究员数:20 人

兼职研究员数:15 人

行政职员数:6 人

2016 年度预算:260 万元

代表性成果(图书):《中国民营经济发展报告》(ISBN 978-7-5058-5330-0)、《制度变迁与经济发展:温州模式研究》(ISBN 978-7-3080-2992-6)、《民营经济与制度创新:台州现象研究》(ISBN 978-7-3080-3677-1)

293 浙江大学"一带一路"合作与发展协同创新中心

英文名称: The Collaborative Innovation Center for the Belt and Road Initiative, Zhejiang University

智库地址:浙江省杭州市西湖区余杭塘路 866 号浙江大学紫金港校区西三 B 栋社会科学研究院

邮编:310058

办公电话:0571-88208799

传真:0571-88981089

成立时间:2014 年 12 月

官方网址:http://cbri.zju.edu.cn/

机构宗旨：按照“全球视野、国家智库”的基本定位，依据“需求导向、实体架构、开放运行、创新引领”的原则，建设“‘一带一路’战略研究”国家智库，全面提升人才培养、学术研究、社会服务、文化传承创新的整体水平和能力

政策研究领域：司法政策、金融政策、文化政策

涉及学科：法学、经济学、历史学

智库类型：高校智库

智库层次：浙江省“2011 协同创新中心”

管理团队：宋周莺(秘书长)、袁旭阳(副秘书长)、高月(副秘书长)、朴光姬(副秘书长)、刘国祥(副秘书长)、李晨阳(副秘书长)、聂丹(副秘书长)、曾江宁(副秘书长)、于军(副秘书长)、张先堂(副秘书长)、罗卫东(轮值主任)、王博(轮值主任)、刘卫东(轮值主任)、袁清(秘书长)、王周谊(秘书长)

首席专家：王贵国、荣新江、陆大道、林建华、丁仲礼

代表性成果(图书)：《“一带一路”一百问》(ISBN 978-7-3081-5033-0)、《敦煌经学文献论稿》(ISBN 978-7-3081-5710-0)

品牌活动：第三届中国周边语言文化论坛、南亚法律论坛

294 浙江大学中国科教战略研究院

英文名称：Institute of China's Science, Technology and Education Policy, Zhejiang University

智库地址：浙江省杭州市浙江大学紫金港校区图书信息中心 C 楼 1201 室

邮编：310058

办公电话：0571-88206674

传真：0571-88981232

成立时间:2013 年 1 月

官方网址:http://www.icstep.zju.edu.cn/

微信公众号:RIDS-ZJU(战略启真)

机构宗旨:以"全球视野、国家智库、浙大战略"为定位,打造战略高端智库,为国家创新驱动发展和浙江大学改革创新服务

政策研究领域:大学发展战略、科教管理、工程教育

涉及学科:教育学、管理学

智库类型:高校智库

智库层次:教育部战略研究基地、工程院工程教育重点研究基地

智库负责人:邹晓东

管理团队:胡旭阳、徐小洲、刘继荣、魏江、李铭霞、张炜

首席专家:邹晓东、徐小洲、魏江

全职研究员数:15 人

兼职研究员数:8 人

行政职员数:10 人

2016 年度预算:300 万元

智库荣誉:中国高等教育学会第一届、第三届"浙江省优秀教育研究机构"

代表性成果(图书):《科教发展评论》(ISBN 978-7-3081-3088-2)、《国际工程教育前沿与进展》(ISBN 978-7-3080-5944-2)、《工程教育基础》(ISBN 978-7-0404-1296-3)

品牌活动:"中国高等教育学会工程教育专业委员会年度会议"、"浙江大学发展战略研究咨询会议"、"浙江大学科教发展战略研讨会"

295 浙江大学中国农村发展研究院

智库地址：杭州市西湖区余杭塘路866号浙大紫金港校区

邮编：310027

电话：0571－88981522

传真：0571－88981522

成立时间：1999年10月

官方网址：http://www.card.zju.edu.cn/index.do

微信公众号：浙大卡特三农智库

机构宗旨：面向农村、发展农业、造福农民

研究领域：城乡建设政策

涉及学科：农林经济管理

智库类型：高校智库

智库负责人：黄祖辉

首席专家：黄祖辉

全职研究员数：35人

兼职研究员数：67人

行政职员数：5人

2016年度预算：750万元

智库荣誉：教育部首批人文社会科学重点研究基地(优秀)，入选首批高校高端智库联盟成员单位

代表性成果：《重视城市化对新农村建设的引领和两者的互动共进》(2011年1月被中央政治局常委批示)、“绿色发展、兴农强县、生态富民的科学跨越之路——西部四川蒲江发展县域经济的启示”报告(被中央政治局常委批示)、《我国土地利用和

耕地保护中的若干矛盾与对策》(2011 年 11 月被中央政治局常委批示)、《新型农业经营体系构建亟需相关制度创新》(2013 年被中央政治局常委批示)、打赢我国"十三五"扶贫攻坚战的对策建议(2016 年 3 月被中央政治局委员批示)

品牌活动:中国农产品区域公用品牌价值评估、中国茶叶(区域、企业)品牌价值评估

296 浙江大学中国西部发展研究院(浙江大学区域协调发展研究中心)★

英文名称: China Academy of West Region Development, Zhejiang University

智库地址:浙江省杭州市浙江大学紫金港校区中国西部发展研究院大楼 14、15 楼

邮编:310058

办公电话:0571-88981422、0571-88273009

传真:0571-88981422

成立时间:2006 年 10 月

官方网址:http://www.cawd.zju.edu.cn/

微信公众号:zjucawd_2006

机构宗旨:服务国家"一带一路"建设、深入实施西部大开发战略、促进区域协调发展

政策研究领域:意识形态政策、人口政策、社会保障政策、城乡建设政策、能源政策、产业政策、服务业政策、高等教育政策、基础教育政策、文化政策

涉及学科:经济学、教育学、法学、历史学

智库类型:高校智库

智库层次:国家高端智库建设培育单位

法人信息:浙江大学

法人代表:吴朝晖

组织机构代码:47009501－6

智库负责人:周谷平

首席专家:史晋川、姚先国、陆大道

全职研究员数:30 人

兼职研究员数:45 人

行政职员数:13 人

2016 年度预算:1 200 万元

智库荣誉:国家西部大开发突出贡献集体

代表性成果:

内刊:《成果要报》、《工作简报》

项目:《海丝指数》、《"一带一路"建设重大问题研究》、《"一带一路"建设实施合理路径研究》、《"一带一路"空间信息走廊政策研究》、《"一带一路"与教育国际化》

品牌活动:2016 中国(义乌)丝绸之路经济带城市国际论坛、中外校长论坛

297 浙江农林大学中国农民发展研究中心

英文名称: Center for China Farmers' Development, Zhejiang A&F University

智库地址:浙江省临安衣锦街 252 号

邮编:311300

办公电话:0571－63741865

传真:0571－63741865

成立时间:2012 年 6 月

官方网址:http://ccfd. zafu. edu. cn/

微信公众号:CCFD_NMFZ

机构宗旨:为农民谋发展、为农民达心声、为农民著历史

政策研究领域:农业农村经济现代化与农民发展、农村社会发展与农民权益、城镇化与农民全面发展

涉及学科:农林经济管理、环境与资源保护法、马克思主义理论、社会学、生态学、文化学等

智库类型:高校智库

智库负责人:顾益康、金佩华

管理团队:余康、吴伟光、李勇华、高君、王成军等

首席专家:顾益康、赵兴泉

全职研究员数:8 人

兼职研究员数:33 人

行政职员数:3 人

2016 年度预算:300 万元

智库荣誉:"农村产权制度改革研究"农业部软科学优秀成果一等奖

代表性成果(图书):《千村故事》(ISBN 978－7－5161－8525－4)

品牌活动:中国农民发展论坛

298 浙江师范大学非洲研究院

英文名称: Institute of African Studies, Zhejiang Normal University

智库地址:浙江省金华市迎宾大道 688 号浙江师范大学

邮编：321004

办公电话：0579－82286091

传真：0579－82286091

成立时间：2007年9月

官方网址：http://ias.zjnu.cn/

微信公众号：IASZJNU

机构宗旨：以“当代非洲发展问题”与“新时期中非合作关系”为重点研究领域，深入开展基础理论与应用对策研究

智库类型：高校智库

法人信息：浙江师范大学

管理团队：刘鸿武、万秀兰、王珩、王锟、刘云、许慧霞、陈明昆、舒展、舒运国、楼世洲

全职研究员数：45人

兼职研究员数：29人

行政职员数：6人

2016年度预算：500万元

智库荣誉：中国侨界（创新团队）贡献

代表性成果（图书）：《非洲研究》（ISBN 978－7－5161－7190－5）

品牌活动：中非智库论坛

299 中国传媒大学国家传播创新研究中心

英文名称：National Center for Radio and Television Studies，CUC

智库地址：北京市朝阳区定福庄东街1号中国传媒大学

邮编:100024

办公电话:010－65779313

传真:010－65779313

成立时间:2000年年初

官方网址:http://rirt.cuc.edu.cn/

微信公众号:cucnccis

机构宗旨:集科学研究、人才培养、学术交流、情报资料和咨询服务于一体,聚焦于“国家传播”,将主攻方向确定为“以主流媒体为主体的中国国家传播能力建设研究”

政策研究领域:新闻政策、广播电视政策

涉及学科:新闻学、传播学

智库类型:高校智库

智库荣誉:教育部人文社科重点研究基地

智库负责人:胡正荣

管理团队:胡正荣、龙耘、李继东、唐晓芬

首席专家:胡正荣

代表性成果(图书):《全球传媒产业发展报告》(ISBN 978－7－5097－6955－3)、《新媒体前沿》(ISBN 978－7－5097－5415－3)、《新媒体前沿发展报告》(ISBN 978－7－5097－8792－2)、《中国国际传播发展报告》(ISBN 978－7－5201－0021－2)、《融合与创新:“一带一路”软力量建设研究》(ISBN 978－7－5657－1972－1)、《媒介研究》(电子杂志)

品牌活动:中国传播论坛、国际联合暑期班(International Joint Summer School)

300 中国传媒大学首都传媒经济研究基地

英文名称: The Capital's Research Base of Media Economy(BJ Media)

智库地址:北京市朝阳区定福庄东街 1 号中国传媒大学 45 号楼 509

邮编:100024

办公电话:010－65783987

成立时间:2004 年 9 月

官方网址:http://bjmedia.cuc.edu.cn

微信公众号:BJmedia2004

机构宗旨:把握首都传媒产业的发展趋势,与首都各传媒单位和相关传媒研究机构建立积极合作,打造“传媒经济科研平台”和“传媒产业资讯平台”,为首都传媒产业的发展提供研究、咨询,为政府主管部门的决策和政策制定提供智力支持和理论参考

政策研究领域:互联网管理政策、广播电视政策、文化政策、市场政策、消费政策、新闻政策、媒体融合相关政策等

涉及学科:传播学、广告学、网络与新媒体、广播电视学、编辑出版

智库类型:高校智库

智库层次:首批北京市哲学社会科学优秀研究基地之一

智库负责人:丁俊杰

管理团队:王昕、董俊祺、刘佳佳、王墨雨、董新周

首席专家:黄升民

全职研究员数:19 人

兼职研究员数:7 人

行政职员数:5 人

2016 年度预算:652 万元

智库荣誉:第十三届全国广播电视学术论文评选一等奖、中国高等院校影视学会第八届“学会奖”(论文类)二等奖、全国新闻传播学优秀论文奖、第四届中国“星光奖”电视文艺优秀评论奖二等奖、中国高等院校影视学会第九届“学会奖”(论文类)一等奖

301 中国海洋大学海洋发展研究院

智库地址:山东省青岛市鱼山路5号中国海洋大学海洋发展研究院

邮编:266003

成立时间:2004年12月

机构宗旨:营造一个开放、充满活力的学术氛围,组建文理交叉的高水平创新团队,包括基础理论、宏观战略、决策咨询等多领域、多层次的海洋发展研究

政策研究领域:海洋政策

智库类型:高校智库

法人信息:中国海洋大学

智库层次:教育部人文社会科学重点研究基地

代表性成果(图书):《山东省滨海旅游及旅游业》(ISBN 978-7-5027-6104-7)、《海洋环境的法律保护研究》(ISBN 978-7-8106-7648-2)、《海域使用管理的理论与实践》(ISBN 978-7-8106-7644-1)

品牌活动:中国海洋产业发展研讨会、第三届和第四届海洋发展论坛、海洋渔业经济论坛、海洋强国论坛

302 中国海洋大学日本研究中心

英文名称:Center for Japanese Studies, Ocean University of China

智库地址:山东省青岛市崂山区松岭路 238 号中国海洋大学

邮编:266100

办公电话:0532 - 66787078

传真:0532 - 66787078

成立时间:2010 年 5 月

微信公众号:海大日本研究中心

机构宗旨:全面研究日本问题和中日关系,重点建设具有“海洋”和“区域”特色的国内外知名的日本研究智库,为推进中国的日本研究做贡献

政策研究领域:日本海洋战略、中日海洋关系;日本政治、经济、社会、文化等

涉及学科:历史学、文化学、民俗学、语言学、文学、政治学、经济学、管理学

智库类型:高校智库

法人信息:中国海洋大学

法人代表:于志刚

智库负责人:修斌

管理团队:修斌、赵成国、管颖、宋宁而、王新艳

首席专家:修斌

全职研究员数:7 人

兼职研究员数:23 人

行政职员数:2 人

2016 年度预算:50 万元

代表性成果(图书):《日本海洋战略研究》(ISBN 978 - 7 - 5161 - 8758 - 6)、《琉

球史论》(ISBN 978 - 7 - 1011 - 1984 - 8)、《海大日本研究》(ISBN 978 - 7 - 8112 - 5999 - 5)

303 中国海洋大学中国企业营运资金管理研究中心

英文名称: China Business Working Capital Management Research Center, OUC

智库地址:山东省青岛市崂山区松岭路 238 号中国海洋大学

邮编:266100

办公电话:0532 - 66782890、0532 - 66782150

传真:0532 - 66782890

成立时间:2009 年 8 月

官方网址:http://www2.ouc.edu.cn/bwcm/index.htm

微信公众号:bwcmcenter

微博:企业营运资金管理研究中心

机构宗旨:推动政产学研协同创新,打造我国资金管理领域的学术高地和权威智库

政策研究领域:金融政策、产业政策、财政政策

涉及学科:管理学、经济学

智库类型:高校智库

法人信息:中国海洋大学

法人代表:于志刚

组织机构代码:42740388 - 8

智库负责人:王竹泉

管理团队:王竹泉、孙建强、纪建悦

首席专家:王竹泉

全职研究员数:73 人

兼职研究员数:20 人

行政职员数:2 人

2016 年度预算:270 万元

智库荣誉:全国会计领军人才合作研究基地、省级投资者教育基地

代表性成果:

图书:《营运资金管理发展报告系列丛书》(ISBN 978-7-5095-5746-4)

论文:王竹泉,《中国上市公司营运资金管理调查》,《会计研究》,2014(12)

品牌活动:全国性的营运资金管理高峰论坛、混合所有制与资本管理高峰论坛

304 中国科学技术大学安徽大数据应用协同创新中心

英文名称:Anhui Province Key Laboratory of Big Data Analysis and Application, University of Science and Technology of China

智库地址:安徽省合肥市蜀山区励学路与寰宇北路交叉口东北 150 米

邮编:230031

办公电话:0551-63601558

官方网址:http://bigdata.ustc.edu.cn/

机构宗旨:围绕大数据分析与应用方向,建立大数据产学研合作平台,在科研平台、产业平台和数据平台三个方面都拥有良好的科研和产业环境

智库类型:高校智库

智库负责人:陈恩红

管理团队:陈恩红、陈发来、谭昶、毛四方

智库荣誉:国家科学技术进步二等奖

代表性成果:智能语音交互关键技术及应用开发平台

305 中国科学技术大学安徽省科技创新与区域发展研究中心

智库地址:安徽省合肥市蜀山区金寨路 96 号

邮编:230031

关系信息:中国科学技术大学

政策研究领域:市场政策、科技政策

智库类型:高校智库

智库层次:安徽省重点智库

306 中国民航大学临空经济研究中心

英文名称:Institute of Airport Economics, Civil Aviation University of China

智库地址:天津市东丽区中国民航大学南教四 507

邮编:300300

办公电话:022-24092833

传真:022-24092833

成立时间:2006 年 3 月 6 日

官方网址:中国临空经济网(http://www.ae-cn.com/)

微信公众号:临空经济研究中心

机构宗旨:加强与国内临空经济领域研究机构合作,打造国内顶尖临空经济研究平台,成为推动我国临空经济发展的持续动力

政策研究领域:临空经济发展规划及对策研究、航空产业发展及对策研究、航空物流与自由贸易区机场片区研究、多机场区域的航空交通一体化研究涉及学科

智库类型:高校智库

组织机构代码:40135953－2

智库负责人:曹允春(教授)

管理团队:曹允春(教授)、李艳华(教授)、欧阳杰(教授)、李艳伟(副教授)、沈丹阳(讲师)

首席专家: John Kasarda(约翰·卡萨达)

全职研究员数:15人

兼职研究员数:9人

行政职员数:3人

2016年度预算:230万元

智库荣誉:2015年在第八届中国临空经济论坛获得"中国临空经济最佳咨询规划机构"

代表性成果(图书):《临空经济理论与实践探索》(ISBN 978－7－5017－7589－7)、《临空经济—速度经济时代的增长空间》(ISBN 978－7－5058－8445－8),*Aerotropolis: The Way We'll Live Next*(ISBN 978－0－1410－3522－2)

307 中国农业大学国际发展研究中心

英文名称：Research Center for International Development，China Agricultural University

智库地址：北京市海淀区清华东路17号民主楼241（东区）

邮编：100083

办公电话：010－62737745

传真：010－62737725

成立时间：1994年

官方网址：http://rcid.cau.edu.cn/

微信公众号：idt2015（国际发展时报）

机构宗旨：运用中国视角探讨国际发展问题，提供一个分享国际发展领域相关理论与实践关系以及国际发展动态的开放平台

政策研究领域：国际发展、对外援助、南南合作

涉及学科：管理学、社会学

智库类型：高校智库

智库负责人：李小云

全职研究员数：16人

代表性成果（图书）：《国际发展援助—援助有效性和全球发展框》（ISBN 978－7－5012－5095－0）、《国际发展援助—中国的对外援助》（ISBN 978－7－5012－5091－2）、《国际发展援助：发达国家的对外援助》（ISBN 978－7－5012－4445－4）

308 中国农业大学国家农业农村发展研究院

智库地址:北京市海淀区清华东路 17 号

邮编:100083

办公电话:010 - 62738709

传真:010 - 62738709

成立时间:2016 年 12 月

机构宗旨:服务国家农业农村发展,进一步整合全校多学科综合研究的优势,发挥学校在农业科技领域和农业政策领域的学科优势和研究力量

智库类型:高校智库

309 中国农业大学中国土地政策与法律研究中心

英文名称: Center for Land Policy and Law, China Agricultural University

智库地址:北京市海淀区圆明园西路 2 号中国农业大学(西区)资源与环境学院(四区 113)

邮编:100193

办公电话:010 - 62734069、010 - 62732176

传真:010 - 62732176

成立时间:2014 年 9 月

官方网址:http://clpl.cau.edu.cn/

微信公众号:土地学人

机构宗旨:围绕社会发展中涉及的土地问题,从全局性和战略性方向开展理论和

应用研究;围绕土地政策、土地法律、土地制度、人地关系等土地问题

政策研究领域:土地经济与政策

涉及学科:管理学

智库类型:高校智库

法人信息:中国农业大学

法人代表:孙其信

智库负责人:王健

管理团队:王健、朱道林

首席专家:朱道林

全职研究员数:6 人

兼职研究员数:20 人

行政职员数:2 人

310 中国人民大学重阳金融研究院

英文名称: Chongyang Institute for Financial Studies,Renmin University of China

智库地址:北京市海淀区中关村大街 59 号文化大厦 6 层

邮编:100872

办公电话:010 - 62516805

传真:010 - 62516305

成立时间:2013 年 1 月

官方网址:http://www. rdcy. org/index. php

微信公众号:rdcy2013

微博:人大重阳

机构宗旨：把脉金融、钻研学术、关注现实、建言国家、服务大众

政策研究领域：全球治理、一带一路、大国关系、绿色金融、宏观经济、智库建设

涉及学科：金融、经济学、国际关系等

智库类型：高校智库

法人信息：中国人民大学

法人代表：刘伟

组织机构代码：40000243－5

智库负责人：王文

管理团队：王文、王利明、裘国根、刘元春、郭庆旺、胡海滨、贾晋京、杨清清、庄雪娇、陈晓晨

全职研究员数：19 人

兼职研究员数：96 人

行政职员数：13 人

2016 年度预算：2 500 万元

智库荣誉：2014 全球顶级智库 150 强（国际）、2015 全球顶级智库 150 强（国际）、影响中国 2016 年度智库（中央级）、2016 全球顶级智库 150 强（国际）

311 中国人民大学国家发展与战略研究院★★

英文名称：National Academy of Development and Strategy，RUC

智库地址：北京市海淀区中关村大街 59 号中国人民大学崇德西楼 8 层

邮编：100872

办公电话：010－62515049、010－62510639、010－62510329

传真：010－62511246

成立时间:2013 年 6 月

官方网址:http://nads.ruc.edu.cn/

微信公众号:人大国发院

微博:人大国发院(腾讯微博)

机构宗旨:致力于发展成为具有国际影响力的中国特色新型智库,服务于国家发展战略与社会进步

政策研究领域:以"国家治理现代化"为特色研究领域,细分为"经济治理与经济发展"、"政治治理与法治建设"、"社会治理与社会创新"三大核心研究领域

涉及学科:经济学、法学、社会学、政治学、新闻传播学、公共管理、国际关系

智库类型:高校智库

智库层次:首批国家高端智库建设试点单位

法人信息:中国人民大学

法人代表:刘伟

组织机构代码:40000243 - 5

智库负责人:刘元春

管理团队:刘元春、靳诺、刘伟、刘元春、杨光斌、聂辉华、王莉丽、伍聪

首席专家:刘伟

全职研究员数:5 人

兼职研究员数:200 人

行政职员数:15 人

2016 年度预算:2 500 万元

智库荣誉:2016 年度腾讯财经——最具价值智囊号、2016 年度智库报告研究先进单位等

代表性成果:

报告:《中国僵尸企业研究报告——现状、原因和对策》(国家智库报告 2016 -

44）

图书：《我国货币政策体系与传导机制研究》（ISBN 978－7－5141－5787－1）、《供给侧结构性改革的理论逻辑及实施路径》（ISBN 978－7－5161－8063－1）、《习近平的国家治理现代化思想——中国文明基体论的延续》（ISBN 978－7－5161－6944－5）

品牌活动：中国宏观经济论坛、中美公共外交论坛

312 中国人民大学民商事法律科学研究中心

英文名称：The Research Center of Civil and Commercial Jurisprudence of Renmin University of China

智库地址：北京市海淀区中关村大街59号中国人民大学明德法学楼

邮编：100872

办公电话：010－82509219

传真：010－82509219

成立时间：2000年9月

官方网址：http://www.civillaw.com.cn/

微博：中国民商法律网官博（新浪微博、腾讯微博）

机构宗旨：推动中国民商法走向世界，打造中国民商法治建设的智库，为国家的立法和司法服务

政策研究领域：金融政策、司法政策、社会保障政策、环境政策、医疗卫生政策、消费政策、食品政策、互联网管理政策

涉及学科：法学

智库类型：高校智库

法人信息：中国人民大学

法人代表:刘伟

组织机构代码:40000243-5

智库负责人:杨立新

管理团队:杨立新、姚辉、姚欢庆、高圣平

首席专家:杨立新、王利明

全职研究员数:23人

兼职研究员数:30人

行政职员数:2人

2016年度预算:160万元

智库荣誉:教育部高等学校科学研究优秀成果奖(人文社会科学)、中华优秀出版物奖、北京市哲学社会科学优秀成果奖、北京市教育教学成果奖、全国法学教材与科研成果奖(司法部)、中国法学优秀成果奖、钱端升法学研究成果奖

代表性成果:

图书:《中国特色社会主义民法学》(全六卷)、《人格权法论》(ISBN 978-7-3001-3645-5)、《民法原理与民法学方法》(ISBN 978-7-5118-0008-4)、《侵权责任构成要件研究》(ISBN 978-7-5036-7130-2)

论文:高圣平,《农地金融化的法律困境及出路》,《中国社会科学》,2014(08);杨立新,《我国老年监护制度的立法突破及相关问题》,《法学研究》,2013(02);杨立新,《后让与担保:一个正在形成的习惯法担保物权》,《中国法学》,2013(03)

品牌活动:法官与学者对话论坛、民商法前言论坛

313 中国人民大学人口与发展研究中心

英文名称: Center for Population and Development Studies Center, Renmin University of China

智库地址:北京海淀区中关村大街59号中国人民大学

邮编:100872

办公电话:010－62514984

传真:010－62515213

成立时间:2000年1月

官方网址:http://pdsc. ruc. edu. cn/

机构宗旨:旨在建成科学研究与社会服务，理论研究与应用研究，以及开阔世界视野和发展地方特色，努力打造国内领先、国际一流，且具有高质量、高水平的学术创新和高效决策咨询机构

政策研究领域:人口政策、生育政策、社会保障政策、人口老龄政策、和睦家庭政策、移民政策、环境与可持续政策、公共卫生政策

涉及学科:人口学、社会学、人口老龄化、公共管理学、公共卫生学、资源与环境学

智库类型:高校智库

智库层次:中国高校人文社会科学重点研究基地

法人信息:中国人民大学

法人代表:刘伟

组织机构代码:40000243－5

智库负责人:翟振武

管理团队:翟振武、杜鹏、刘爽、段成荣、杨菊华、陈卫、杜本峰、和红、张耀军

首席专家:翟振武

全职研究员数:11人

兼职研究员数:7人

合作伙伴:10人

行政职员数:1人

2016 年度预算:120 万元

2017 年度预算:200 万元

智库荣誉:2014 年全国技术人员先进集体、第三届中国出版图书奖、第九届北京社会科学哲学研究杰出成就奖

314 中国人民大学社会转型与社会治理协同创新中心

智库地址:北京市海淀区中关村大街 59 号明德主楼 13 层

成立时间:2012 年 9 月

机构宗旨:旨在有效汇聚创新资源和创新要素,联合国内外高校、科研、政府等机构开展协同攻关,推进人口与劳动力、社会保障、社会冲突治理、舆情民意、宗教事务管理等国家重大理论与现实问题的研究,提升高等学校人才、学科、科研三位一体的创新能力

政策研究领域:城乡建设政策、财政政策、社会保障政策

智库类型:高校智库

法人信息:中国人民大学

首席专家:袁卫

315 中国人民大学刑事法律科学研究中心

英文名称: The Research Center of Criminal Justice at Renmin University of China

智库地址:北京市海淀区中关村大街 59 号中国人民大学明德法学楼

邮编：100872

办公电话：010－82509256

传真：010－82509256

成立时间：1999 年 11 月

官方网址：http://www.criminallaw.com.cn/

微信公众号：中国人民大学刑事法律科学研究中心

机构宗旨：推动刑事法教学及科研

政策研究领域：刑事法领域

涉及学科：刑事实体法、刑事程序与刑事证据法、刑事侦查与刑事物证技术、刑事法律史

智库类型：高校智库

智库层次：教育部人文社科（法学）重点研究基地

法人信息：中国人民大学

法人代表：刘伟

组织机构代码：40000243－5

智库负责人：时延安

管理团队：田宏杰、刘品新、刘计划、赵晓耕、时延安

首席专家：刘明祥

全职研究员数：26 人

兼职研究员数：56 人

行政职员数：1 人

2016 年度预算：197 万元

智库荣誉：国家社会科学基金项目优秀成果二等奖、第二届全国法学教材与科研成果一等奖

代表性成果（图书）：《中华人民共和国刑法的孕育诞生和发展完善》（ISBN 978－

7－3011－9952－7）

品牌活动：互联网刑事法制高峰论坛、中英刑事司法论坛

316 中国人民大学中国财政金融政策研究中心

英文名称：China Financial Policy Research Center，Renmin University of China

智库地址：北京市海淀区中关村大街59号中国人民大学

邮编：100872

办公电话：010－82509289

传真：010－82509289

成立时间：1999年12月

官方网址：http://frc.ruc.edu.cn/

机构宗旨：推动中国财政金融基础教育与前沿理论的发展，逐步建成具有重要国际影响力的财政金融政策研究基地、学术交流基地和人才培养基地

政策研究领域：财政、金融

涉及学科：财政学、金融学

智库类型：高校智库

法人信息：中国人民大学

法人代表：刘伟

智库负责人：瞿强

管理团队：瞿强、郭颖、李继红

首席专家：吴晓求、郭庆旺、张杰、汪昌云、瞿强、岳希明等

全职研究员数：15人

兼职研究员数：22人

行政职员数:2 人

2016 年度预算:100 万元

智库荣誉:教育部高等学校科学研究优秀成果一等奖、二等奖

代表性成果(图书):《全球经济调整中的中国经济增长与宏观调控体系研究》(7卷本)(ISBN 978-7-5058-7596-8)、《中国资本市场研究年度报告》(ISBN 978-7-3002-2743-6)、《积极财政政策效果及淡出策略研究》(ISBN 978-7-3000-7807-6)

品牌活动:黄达—蒙代尔讲座

317 中国政法大学法治政府研究院

英文名称: School of Law-Based Government, CUPL

智库地址:北京市海淀区西土城路 25 号

邮编:100088

办公电话:010-58908371

传真:010-58908232

成立时间:2005 年

官方网址:http://fzzfyjy.cupl.edu.cn/、http://en.fzzfyjy.cupl.edu.cn/

微信公众号:法治政府研究院

微博:中国政法大学法治政府研究院(腾讯微博)

机构宗旨:培养和造就高素质的宪法和行政法杰出人才,充分发挥宪法和行政法学科人才库的作用,努力建设本学科领域全国种类齐全、设备先进的现代化图书资料库,建成全国宪法和行政法学研究的信息交流中心

政策研究领域:司法政策

涉及学科:法学

智库类型:高校智库

智库层次:北京市哲学社会科学重点研究基地

法人信息:中国政法大学

法人代表:黄进

组织机构代码:40000111－7

智库负责人:王敬波

管理团队:王敬波、应松年、马怀德、张莉、郝倩、王青斌、林鸿潮、赵鹏、曹鎏、林华

首席专家:应松年、马怀德

全职研究员数:10 人

兼职研究员数:59 人

行政职员数:3 人

2016 年度预算:30 万元

智库荣誉:2015 年被北京市社科规划办及北京市教委评为优秀研究基地

代表性成果:

图书:《中国法治政府评估报告 2016》(ISBN 978－7－5097－9896－6)、《中国法治政府发展报告 2016》(ISBN 978－7－5201－0533－0)、《行政法》(ISBN 978－7－3011－6287－3)

论文:马怀德,《行政审批制度改革的成效、问题与建议》,《国家行政学院学报》,2016(3);应松年,《基本建成法治政府的若干重要问题》,《国家行政学院学报》,2016(4);应松年,《创新推进政务公开的制度机制》,《领导科学》,2017(3)

品牌活动:法治政府论坛

318 中国政法大学人权研究院★

英文名称：Institution for Human Rights at China University of Political Science and Law (CUPL)

智库地址：北京市海淀区西土城路 25 号中国政法大学研究生院科研楼

邮编：100088

办公电话：010— 58908276

成立时间：2011 年 12 月 15 日

关系信息：隶属于中国政法大学

官方网址：http://rqyjy. cupl. edu. cn/index. htm

机构宗旨：秉承宽容、平等、独立、负责、团结、协作、严谨、创新、奉献、进取等理念，致力于促进中国人权事业发展，努力促进国内人权理论的创新、人权教育的推广、人权知识的普及、人权意识的提高、人权制度的健全、人权文化的建立、人权状况的改善和人权事业的发展

涉及学科：法学

智库类型：高校智库

智库层次：国家高端智库建设培育单位

智库负责人：黄进

管理团队：吴培培、李若愚、闫姿含

全职研究员数：12 人

兼职研究员数：39 人

行政职员数：3 人

代表性成果(图书)：《国家人权机构研究》(ISBN 978 - 7 - 5620 - 3709 - 5)、《人权知识妇女权利读本》(ISBN 978 - 7 - 5667 - 0079 - 7)

319 中国政法大学司法文明协同创新中心

英文名称：Collaborative Innovation Center of Judicial Civilization of China, University of Political Science and Law

智库地址：北京市海淀区西土城路 25 号中国政法大学综合科研楼

邮编：100088

办公电话：010－58908031

成立时间：2013 年 4 月

官方网址：http://www.cicjc.com.cn/zh

机构宗旨：推进国家司法文明建设，提升中国司法文明在当代世界文明体系中的认同度和话语权，使中华民族跻身世界司法文明先进行列

政策研究领域：司法政策

智库类型：高校智库

法人代表：张文显

智库负责人：张文显

代表性成果(图书)：《公司法学》(ISBN 978－7－5620－6089－5)、《检察视野中的司法改革》(ISBN 978－7－5102－0465－4)、《刑事诉讼法新论》(ISBN 978－7－3080－8204－4)、《我国反腐败机制完善与联合国反腐败措施》(ISBN 978－7－8110－9742－9)

品牌活动：第二届中国大学智库论坛

320 中国政法大学中国行政体制改革研究会

英文名称:China Society of Administrative Reform,CSOAR

智库地址:北京市海淀区长春桥路 6 号国家行政学院中国行政体制改革研究会

邮编:100089

办公电话:010 - 68928963、010 - 68929913

传真:010 - 68922692

成立时间:2010 年 4 月

官方网址:http://www.csoar.org.cn/index.html

机构宗旨:研究行政体制改革和政府管理创新理论与实践问题,为建立完善的中国特色社会主义行政体制、提高政府建设科学化水平、建设服务型现代化政府提供理论支撑与决策咨询服务

政策研究领域:社会保障政策、司法政策

涉及学科:法学、管理学

智库类型:高校智库

法人代表:魏礼群

组织机构代码:50002180 - 1

智库负责人:魏礼群

管理团队:魏礼群、周文彰、唐铁汉、王金祥、郭树清、王会生、迟福林、潘刚、董克用、刘峰、汪玉凯

全职研究员数:606 人

兼职研究员数:12 人

行政职员数:11 人

代表性成果:

图书:《中国改革与发展热点问题研究(2017)》(ISBN 978-7-1001-2823-0)、《中国改革与发展热点问题研究(2016)》(ISBN 978-7-1001-1848-4)、《序言集》(ISBN 978-7-5171-1941-8)

论文:王君琦,《大部门制改革需稳步推进》,《前线》,2013(4);郭卫民、刘为民,《我国行政体制内卷化倾向浅析》,《国家行政学院学报》,2011(6);马宝成,《民主监督:农村基层民主的新生长点》,《国家行政学院学报》,2011(6);王海峰,《地方公共服务型政府构建中公民参与的困境及对策》,《行政管理改革》,2012(2);丁元竹,《当前加强和创新社会管理面临的十大问题》,《行政管理改革》,2012(1)

品牌活动:中国行政改革论坛

321 中南财经政法大学产业升级与区域金融湖北省协同创新中心

英文名称:Collaborative Innovation Center of Industrial Upgrading and Regional Finance(Hubei)

智库地址:湖北省武汉市东湖高新技术开发区南湖大道 182 号中南财经政法大学文泉楼

邮编:430073

办公电话:027-88386955

传真:027-88386955

成立时间:2014 年 5 月

官方网址:http://ciciurf.znufe.edu.cn/

微信公众号:ciciurf

微博:湖北省金融协创中心

机构宗旨：实现各协同单位资源的跨高校、跨领域、跨企业等的自由流动；创造以经济学、法学、管理学、社会学诸学科交融为特点，以区域金融改革与创新为重点的标志性成果；培养一批具有国际水平的金融管理高层次人才

政策研究领域：金融政策、产业政策、市场政策

涉及学科：经济学、法学、管理学、教育学

智库类型：高校智库

智库层次：省级智库建设试点单位

法人信息：中南财经政法大学

法人代表：杨灿明

组织机构代码：42000469-X

智库负责人：朱新蓉

管理团队：朱新蓉、李志生、黄孝武、周先平、李春涛、吕勇斌、冀志斌

首席专家：朱新蓉、张中华、卢现祥、张龙平、赵新泉、张敬东、何德旭、黄宪、唐齐鸣、米建国

全职研究员数：45 人

兼职研究员数：30 人

行政职员数：5 人

2016 年度预算：300 万元

品牌活动：互联网金融与人才需求论坛

322 中南财经政法大学城乡社区社会管理湖北省协同创新中心

英文名称：The Co-Innovation Center for Social Management of Urban and Rural

Communities in Hubei Province

智库地址：湖北省武汉市南湖大道182号中南财经政法大学文沁楼

邮编：430073

办公电话：027－88387563

传真：027－88387863

成立时间：2012年10月

官方网址：http://www.smjic.org/

微信公众号：smjic_org(城乡治理创新微参考)

微博：中南大城乡社区社会管理协创中心

其他社交媒体：创业与就业研究中心(http://www.cncees.com/)、湖北养老服务信息网(http://www.hb-pension.com/)

机构宗旨：开展政、产、学、研、企五位一体协同攻关，构建城乡社区社会管理创新的“智库”、“人才库”、“思想库”和“信息库”，推进城乡社区社会管理“三大创新”；促进城乡社区社会管理实现“三大转变”；探索构建社区社会管理“一本四化”新体系，推进城乡社区社会管理创新

政策研究领域：社会治理、社会保障、就业创业、医疗卫生、城乡社区建设、民政政策等

涉及学科：管理学、经济学、社会学

智库类型：高校智库

智库层次：中共湖北省委改革智库

智库负责人：赵曼

管理团队：赵曼、吕国营、李波、蒋天文、李莉

首席专家：赵曼

全职研究员数：66人

兼职研究员数：121人

行政职员数:25 人

2016 年度预算:300 万元

智库荣誉:多项成果获湖北省社会科学优秀成果三等奖、2016 民政政策理论研究一等奖等奖项

品牌活动:晓南湖论坛、名家讲坛

323 中南财经政法大学法治发展与司法改革研究中心（暨湖北法治发展战略研究院）

英文名称:Center for the Development of Rule of Law and Judicial Reform Research of Zhongnan University of Economics and Law

智库地址:湖北省武汉市东湖高新技术开发区南湖大道特一号

邮编:430073

办公电话:027 - 87107128

传真:027 - 87108590

成立时间:2012 年 7 月

官方网址:http://fa-ce.znufe.edu.cn/

微信公众号:湖北法治发展战略研究院

机构宗旨:着力创新教学科研体制机制,建设一流新型法治智库,为中央和地方立法、决策提供高质量的咨询服务和可操作性的研究成果,为法治中国建设建言献策

政策研究领域:司法政策

涉及学科:法学、经济学、管理学

智库类型:高校智库

法人信息:中南财经政法大学

法人代表:徐汉明

组织机构代码:05262314－6

智库负责人:徐汉明

首席专家:李仁真、姚莉、吴汉东、徐汉明、杨灿明、齐文远、方世荣、汪习根、杨宗辉、赵曼等74名

全职研究员数:8人

兼职研究员数:122人

行政职员数:14人

2016年度预算:600万元

智库荣誉:2013年成功获批教育部社会治理法治创新团队

代表性成果(论文):徐汉明,《论法治建设指标体系的特性与功能》,《法学评论》,2016(1);詹建红、张威,《我国侦查权的程序性控制》,《法学研究》,2015(3);汪习根,《"二战"后发展权的兴起与实现》,《人权》,2015(4);徐汉明,《论司法权和司法行政事务管理权的分离》,《中国法学》,2015(4);徐汉明、张乐,《大数据时代惩治与预防网络金融犯罪的若干思考》,《经济社会体制比较》,2015(3);詹建红,《程序性救济的制度模式及改造》,《中国法学》,2015(3)

品牌活动:长江(国际)论坛

324 中南财经政法大学知识产权研究中心

英文名称: Center for Studies of Intellectual Property Rights, Zhongnan University of Economics and Law

智库地址:湖北省武汉市东湖新技术开发区南湖大道182号

邮编:430073

办公电话:027－88386157

传真:027－88386364

成立时间:1988 年

官方网址:http://www.iprcn.com/

微信公众号:中南大知识产权研究中心

机构宗旨:开展与官、产、学、研、企紧密结合的创新,集中精干力量、打造学术精品,着力提升中心在理论创新、人才培养、社会服务和国际交流合作方面的能力,全力打造知识产权国家智库

政策研究领域:知识产权国家战略、司法政策、产业政策、互联网管理政策、对外贸易政策

涉及学科:法学、管理学、经济学

智库类型:高校智库

智库层次:教育部人文社会科学重点研究基地

法人代表:杨灿明

组织机构代码:42000469-X

智库负责人:曹新明

管理团队:曹新明、吴汉东、朱雪忠、赵家仪、李明德

首席专家:吴汉东

全职研究员数:23 人

兼职研究员数:192 人

行政职员数:5 人

2016 年度预算:356 万元

代表性成果:

项目:《科学发展观统领下的知识产权战略实施研究》(主持人:吴汉东、朱雪忠)

图书:《企事业单位管理人员知识产权读本》(ISBN 978－7－0100－6861－9)、

《中国知识产权制度评价与立法建议》(ISBN 978-7-8019-8843-0)、《知识产权多维度解读》(ISBN 978-7-3011-3282-1)

论文:吴汉东,《民法法典化运动中的知识产权法》,《中国法学》,2016(4);熊琦,《著作权法定许可制度溯源与移植反思》,《法学》,2015(5);王笑冰,《关联性要素与地理标志法的构造》,《法学研究》,2015(3)

品牌活动:知识产权南湖论坛

325 中南财经政法大学中国收入分配研究中心

英文名称:China's Income Distribution Research Center, Zhongnan University of Economics and Law

智库地址:湖北省武汉市东湖高新技术开发区南湖大道 182 号

邮编:430073

办公电话:027-88986475、027-88386486

传真:027-88386537

成立时间:2010 年 11 月

官方网址:http://idrc.znufe.edu.cn/

机构宗旨:旨在将中国收入分配研究中心建设成为具有国际水准的收入分配研究中心和创新人才培养基地,推进我国收入分配的理论与实践研究的深入开展

政策研究领域:财政政策

涉及学科:经济学

智库类型:高校智库

法人信息:中南财经政法大学

法人代表:杨灿明

组织机构代码:42000469-X

智库负责人:杨灿明

管理团队:杨灿明、孙群力、鲁元平

首席专家:杨灿明、赵曼、陈志勇、向书坚、朱新蓉、卢现祥

全职研究员数:27 人

兼职研究员数:7 人

行政职员数:2 人

2016 年度预算:80 万元

代表性成果:

项目:《县域义务教育校际均衡、经费需求与财政保障机制研究》(项目号:71473273;主持人:李祥云)、《渐进式延迟退休年龄的经济效应及其政策选择——基于 OLG 结构的一般均衡模型》(项目号:71403296;主持人:鲁元平)、《收入不平等代际传递:估计偏误、传递机制与干预仿真》(项目号:71403297;主持人:亓寿伟)

图书:《中国居民收入与财富调查报告(2016 年)》(ISBN 978 - 7 - 5141 - 7919 - 4)

论文:杨灿明、詹新宇,《中国宏观税负政策偏向的经济波动效应》,《中国社会科学》,2016(4);张忠任,《劳动生产率与价值量关系的微观法则与宏观特征》,《政治经济学评论》,2011(2);张忠任,《基于价值"差异性"理论的人力资本认识及其现实意义》,《财经问题研究》,2011(11)

品牌活动:中国收入分配研究中心年度基地联席会议暨收入与财富分配研讨会

326 中南大学地方治理研究院

英文名称: Institute for Local Governance of Central South University

智库地址：湖南省长沙市岳麓区麓山南路 932 号中南大学本部公共管理学院

邮编：410083

办公电话：0731－82656611

传真：0731－82656611

成立时间：2015 年 10 月

官方网址：http://ilg. csu. edu. cn/index. htm

微信公众号：地方治理智库

机构宗旨：服务于地方治理现代化实际要求和面临的重大问题，产生高质量、高水平的研究成果和咨询报告，培养一流的公共管理人才，为实现国家治理体系和治理能力的现代化提供有力的决策参考和理论支撑

政策研究领域：农业政策、财政政策、劳动政策、人口政策、社会保障政策、住房政策、文化政策、城乡建设政策

涉及学科：管理学、经济学、哲学、法学

智库类型：高校智库

法人信息：中南大学

法人代表：田红旗

智库负责人：彭忠益

管理团队：彭忠益、许源源、吴晓林、胡春艳

首席专家：彭忠益

全职研究员数：17 人

行政职员数：2 人

2016 年度预算：100 万元

代表性成果：

论文：彭忠益、粟多树，《政策认同：基于我国社会利益多元化视角的分析》，《学术论坛》，2015(1)；许源源、王通，《信任视角下社会组织认同的反思与建构》，《中国行政

管理》,2016(11);许源源、王通,《公共物品供给中的合作与责任:政府与社会组织》,《马克思主义与现实》,2015(2)

图书:《房权政治:中国城市社区的业主维权》(ISBN 978-7-5117-3099-2)、《公务员问责制度研究》(ISBN 978-7-5096-4655-7)

品牌活动:全国风险与治理高端论坛、城市与地方治理研讨会、中国地方治理评估报告研讨会

327 中南大学金属资源战略研究院

英文名称: Institute of Metal Resources Strategy Central South University

智库地址:湖南省长沙市麓山南路932号中南大学米塔尔楼227

邮编:410083

办公电话:0731-88830228

传真:0731-88830228

成立时间:2012年11月

官方网址:http://imrs.csu.edu.cn/index.html

微信公众号:资源战略

机构宗旨:进一步深化国际交流合作机制改革,吸纳海外智库专家,优化人才队伍,与实际部门开展合作研究,提高研究工作的针对性、实效性,拓宽成果应用转化渠道,努力建成金属资源战略领域的国家级新型智库

政策研究领域:产业政策、资源政策、安全政策、环境政策、金融政策

涉及学科:经济学、法学、管理学、工学

智库类型:高校智库

智库负责人:黄健柏

管理团队：朱学红、王昶、熊勇清、钟美瑞、危平

首席专家：黄健柏

全职研究员数：48 人

行政职员数：9 人

2016 年度预算：120 万元

代表性成果(报告)：《新技术革命和产业变革背景下推动我国制造业转型升级的思路建议》

328 中南大学两型社会与生态文明协同创新中心

英文名称：Collaborative Innovation Center for Resource Conserving & Environment-friendly Soceity and Ecological Civilization

智库地址：湖南省长沙市两型社会与生态文明协同创新中心

邮编：410012

办公电话：0731－8887744

成立时间：2013 年 10 月

政策研究领域：资源政策、能源政策、环境政策、消费政策、文化政策

涉及学科：经济学、法学、教育学、管理学

智库类型：高校智库

首席专家：陈晓红

329 中南大学社会稳定风险研究评估中心

英文名称：Center for Social Stability Risk Assessment of Central South University

智库地址：湖南省长沙市岳麓区麓山南路932号中南大学升华楼

邮编：410083

办公电话：0731-88877582

传真：0731-88877582

成立时间：2013年3月8日

官方网址：http://cssra.csu.edu.cn/

微信公众号：csu-cssra

机构宗旨：立足客观调查、践行公正评价、促进社会和谐发展

政策研究领域：公共安全、社会影响评价、公共政策评估

涉及学科：管理学、社会学、政治学、法学、安全科学等

智库类型：高校智库

法人信息：中南大学

法人代表：田红旗

智库负责人：冯周卓

管理团队：左高山、冯周卓、张桂蓉、许源源、吴晓林、徐选华、吴超

首席专家：高山

全职研究员数：15人

兼职研究员数：12人

行政职员数：2人

2016年度预算：100万元

代表性成果：《中国应急教育与校园安全发展报告》（ISBN 978-7-0304-

8057 - 6)、《大学学科文化管理研究》(ISBN 978 - 7 - 5161 - 8821 - 7)、《敌人论》(ISBN 978 - 7 - 3002 - 2570 - 8)

品牌活动：“社会风险与校园治理”高端论坛

330 中南大学“统一战线参政议政工作室”

英文名称：Political Consultations Office of United Front Department，CSU

智库地址：湖南省长沙市岳麓区中南大学法学院

邮编：410012

办公电话：0731 - 88879701

传真：0731 - 88660219

成立时间：2015 年 5 月

官方网址：http://tzb.csu.edu.cn/

其他社交媒体：参政议政工作室　QQ1368400952

机构宗旨：工作室围绕各级人大及其常委会的立法工作、各级政协的政治协商等各项工作，着眼于统一战线与立法工作的理论研究，服务于中南大学人大代表、政协委员的提案、议案和反映社情民意等工作，帮助人大代表、政协委员更好的建言献策

涉及学科：宪法、行政法等

智库类型：高校智库

法人信息：中南大学

法人代表：田红旗

智库负责人：龙大为

管理团队：龙大为、李科伦、陈云良、周刚志、孔勤根、淡兴文

首席专家：周刚志

全职研究员数:16 人

兼职研究员数:59 人

行政职员数:4 人

2016 年度预算:215 万元

智库荣誉:2016 年中南大学“统一战线参政议政工作室”获得湖南省统战工作“创新成果奖”

代表性成果:《统战与立法工作动态》

331 中南大学应用伦理学研究中心

英文名称: Applied Ethics Research Center of CSU

办公电话:13787106163

成立时间:2003 年

政策研究领域:公共政策

智库类型:高校智库

全职研究员数:18 人

兼职研究员数:6 人

行政人员数:3 人

2016 年度预算:50 万元

代表性成果(图书):《伦理学与公共事务》(ISBN 978 - 7 - 3012 - 4232 - 2)、《中南大学伦理学研究书系》(ISBN 978 - 7 - 5355 - 8579 - 0)、《政治与社会哲学丛书》(ISBN 978 - 7 - 5667 - 1252 - 3)

品牌活动:中国青年伦理学论坛

332 中南大学知识产权研究院

英文名称：Intellectual Property Research Institute of Central South University

智库地址：湖南省长沙市岳麓区麓山南路605中南大学南校区

邮编：410012

办公电话：0731－88660480

传真：073188660219

成立时间：2011年4月

官方网址：http://law.csu.edu.cn/zscq/Main1.aspx

微信公众号：hnipzk

机构宗旨：发挥湖南知识产权智力资源优势，打造民智荟萃、理论与实务互动的知识产权交流平台，为知识产权强省建设出力，为国家创新驱动发展护航

政策研究领域：知识产权转化运用、知识产权行政与司法保护

涉及学科：法学

智库类型：高校智库

法人代表：何炼红

智库负责人：何炼红

管理团队：肖祥清、蒋建湘、何炼红

首席专家：何炼红

全职研究员数：28人

兼职研究员数：27人

行政职员数：3人

2016年度预算：200万元

代表性成果：研究院专家主持起草了《湖南省专利条例》等地方性立法的专家建

议稿，主持完成的《湖南省专利条例》立法研究成果荣获第十二届湖南省社会科学优秀成果奖；“专利纠纷行政调解协议司法确认制度”被《专利法》第四次修订（送审稿）第61条所采纳；研究成果《专利纠纷行政调解协议司法确认的理论和实践》荣获“第八届全国知识产权（专利）优秀调研报告暨优秀软科学研究成果”奖；研究院与湖南省知识产权局、湖南法院系统共同探索完成的重大成果“湖南专利纠纷行政调解协议司法确认改革打造专利纠纷多元化解全国样板”成功入选“2016年度湖南省最具影响力十大法治事件”

品牌活动：湖南省高校知识产权保护志愿者联盟

333 中南大学中国村落文化研究中心

英文名称：Research Center of Chinese Culture, Central South University

智库地址：湖南省长沙市岳麓区麓山南路932号中南大学校本部物理楼五楼

邮编：410006

办公电话：0731-88877027、0731-88877670

传真：0731-88877027

成立时间：2016年4月

官方网址：http://village.csu.edu.cn/

微信公众号：csuvillage

机构宗旨：把中国传统村落文化的研究，引入了国内人文学科研究的殿堂；为弘扬祖国优秀文化和社会主义核心价值观，为祖国文化大发展、大繁荣做出了重要贡献

政策研究领域：宗教政策、民族政策、文化政策、农业政策

涉及学科：哲学、历史学、文学、艺术学

智库类型：高校智库

法人信息：中南大学校长田红旗

法人代表：田红旗

组织机构代码：44880512－2

智库负责人：胡彬彬

管理团队：中国村落文化研究中心

首席专家：胡彬彬

全职研究员数：10 人

兼职研究员数：4 人

行政职员数：6 人

代表性成果：

文章：胡彬彬，《"精准扶贫"理念需精准理解》，《光明日报》，2016－12－18(006)；胡彬彬、吴灿，《湖南江永勾蓝瑶寨水龙祠壁画释读》，《世界宗教研究》，2016(04)；胡彬彬，《"江河流域"传统村落文化保护现状与建议》，《光明日报》，2015－04－02(007)

图书：《长江流域民俗文化与艺术遗存》(ISBN 978－7－5667－0376－7)

334 中南大学中国文化法研究中心

英文名称：China Center for Cultural Law Research of Central South University

智库地址：湖南省长沙市中南大学岳麓区南路山路 605 号

邮编：410083

办公电话：0731－88879701

成立时间：2016 年 4 月

官方网址：http://www.2016ccl.com/

微信公众号：whfzhqy

机构宗旨：旨在成为文化法研究高层次、国际声誉的文化法研究基地；致力于提供一批具有创新性、可行性的文化智库报告和科研成果，力争成为民族文化建设和法治建设的一流智库

政策研究领域：文化法律基础理论、文化遗产法、公共文化服务法、与文化产业相关的法律

涉及学科：法学

智库类型：高校智库

法人信息：中南大学

法人代表：田红旗

智库负责人：周刚志

首席专家：周刚志

全职研究员数：12 人

兼职研究员数：7 人

行政职员数：12 人

2016 年度预算：50 万元

品牌活动：文化赋权论坛、文化法与非物质文化遗产法暑期课程

335 中山大学国家治理研究院

英文名称：Institute of State Governance，Sun Yat-sen University

邮编：510275

办公电话：020－84112320

成立时间：2014 年 2 月

官方网址：http：//isg. sysu. edu. cn/

微信公众号:中山大学国家治理研究院

机构宗旨:建设数据平台和调查中心,为战略分析与决策分析提供的数据支撑;针对重大问题与前瞻性问题开展扎实研究,提交和发布独立的研究报告以及系列指数;以“小机构、大网络”的机制形成结构合理、多元创新的智库研究队伍

政策研究领域:外交政策、财政政策

涉及学科:法学、公共政策学

智库类型:高校智库

智库负责人:马骏

管理团队:马骏、倪星、申曙光、梁玉成、古孟璇、冯巧娟、蔡潇男

首席专家:蔡禾、蔡彦敏、郝元涛、黄瑶、李新春、梁玉成、刘恒、马骏、倪星、申曙光、王曦、肖滨、张志安

全职研究员数:30 人

行政职员数:7 人

代表性成果:网络舆情大数据与互联网治理研究、2015“中国劳动力动态调查”数据开发计划、2015 年度全国廉情评估调查、广东地方治理经验研究

336 中山大学南海战略研究院

英文名称:Institute of South China Sea Strategic Studies, Sun Yat-sen University

智库地址:广东省广州市海珠区新港西路 135 号中山大学文科楼 8 楼

邮编:510275

办公电话:020－84111121

传真:020－84110855

成立时间:2015 年 6 月

官方网址:http://iais.sysu.edu.cn/

微信公众号:ZDNHYJ

机构宗旨:以南海问题研究为切入点,延展至环南海周边国家的国情、外交政策研究;为党和国家在环南海事务上提供科学客观的决策建议

政策研究领域:外交政策、国防政策、军事政策、海洋政策、文化政策

涉及学科:法学、历史学、经济学

智库类型:高校智库

管理团队:马骏、袁丁、王学东

全职研究员数:13 人

337 中山大学粤港澳发展研究院★★

英文名称: Institute of Guangdong, Hong Kong and Macao Development Studies, Sun Yat-sen University

智库地址:广东省广州市新港西路 135 号中山大学文科楼

邮编:510275

办公电话:020 - 84110605、020 - 84111250

成立时间:2015 年 6 月

官方网址:http://ygafz.sysu.edu.cn/DataBases/Index.aspx

机构宗旨:围绕港澳发展动态、港澳治理粤港澳合作发展等重大问题,以一流的决策研究成果,服务于党和政府的重大决策需求

政策研究领域:港澳治理、粤港澳合作发展

涉及学科:经济学、法学、政治学、社会学、公共管理、新闻传播

智库类型:高校智库

智库层次:首批国家高端智库建设试点单位

智库负责人:陈春声

管理团队:陈春声、陈广汉、何俊志、张志安、袁旭阳、张光南、曹旭东

首席专家:陈广汉、肖滨

全职研究员数:73 人

代表性成果:

论文:刘祖云、钱红丽,《澳门社会和谐状况测评及其对策探讨》,《中南民族大学学报(人文社会科学版)》,2017,37(02);毛艳华、刘小飞,《"自由行"政策对澳门经济影响的评价》,《旅游学刊》,2016,31(12);刘祖云、徐欢,《澳门社会的阶层结构探微》,《中南民族大学学报(人文社会科学版)》,2016,36(06)

刊物:《当代港澳研究》、《粤港澳研究》(内刊)

338 中央财经大学公共采购研究所

智库地址:北京市海淀区学院南路 39 号

关系信息:中央财经大学

政策研究领域:金融政策、市场政策

智库类型:高校智库

339 中央财经大学绿色金融国际研究院

英文名称:International Institute of Green Finance, CUFE

智库地址:北京市海淀区学院南路 39 号

邮编:100081

办公电话:010 - 62288768

传真:010 - 62288768

成立时间:2011 年 9 月

官方网址:http://iigf. cufe. edu. cn/index/index. html

微信公众号:绿金院、绿金委

机构宗旨:绿色共赢、协同创新、服务社会

政策研究领域:金融政策

涉及学科:经济学

智库类型:高校智库

智库负责人:史建平

管理团队:史建平、王林晶、胡晓斌、袁竞、安秀梅、安宜

首席专家:石玉坤、孙瑾、许寅硕、王鑫、王海婷、刘铁芳、徐洪峰、崔兴奎、崔莹、丛海涛、石英哲

全职研究员数:17 人

代表性成果:《中资海外投融资的环境和社会风险管理》、《国际油价深度调整综合分析》、《关于构建绿色金融体系的指导意见》、《2016 中国气候融资报告》

340 中央财经大学首都互联网经济发展研究基地

英文名称:China Center for Internet Economy Research, Central University of Finance and Economics

邮编:100081

办公电话:010 - 62289263

传真:010－62289263

成立时间:2014 年 6 月

官方网址:http://cufe.edu.cn/

机构宗旨:秉承“开放、平等、协同、共享、创新”的互联网精神，汇聚校内外各方研究力量，打破职务、职称、学历的层次限制，积极组建协作、共享的跨学科研究团队

政策研究领域:电子商务政策、互联金融政策、互联网管理政策、网络安全政策

涉及学科:经济学、管理学

智库类型:高校智库

法人信息:中央财经大学

法人代表:王瑶琪

智库负责人:孙宝文

管理团队:孙宝文、何毅

首席专家:孙宝文

全职研究员数:15 人

兼职研究员数:30 人

行政职员数:2 人

2016 年度预算:300 万元

智库荣誉:2015 中国电子商务创新发展峰会颁发的“最具影响力研究机构奖”

代表性成果(项目):《电子商务发展趋势及对内外贸易发展的影响机制研究》(项目号:14JZD019;主持人:孙宝文)、《转型发展新阶段中国经济增长动力研究》(项目号:14ZDB120;主持人:陈斌开)

341 中央财经大学中国财政发展协同创新中心

英文名称：Center for China Fiscal Development，Central University of Finance and Economics

智库地址：北京市海淀区学院南路 39 号

邮编：100081

成立时间：2012 年 9 月

官方网址：http://icfd.cufe.edu.cn/picture/html/picture/list.html

机构宗旨：旨在拓展世界财政发展的“中国模式”，最终全面形成关于中国财政发展与改革的财政道路自信、财政理论自信和财政制度自信，形成财政理论的中国学派，建成具有重大国际影响力的财经智库

政策研究领域：财政政策

智库类型：高校智库

智库负责人：李俊生

管理团队：李俊生、马海涛

代表性成果：

论文：李俊生、姚东旻，《互联网搜索服务的性质与其市场供给方式初探——基于新市场财政学的分析》，《管理世界》，2016(08)

图书：《经济统计学前沿系列 · 中国地区能源利用效率：统计测度与实证研究》(赵楠、李江华)(ISBN 978-7-5037-7399-0)

342 中央财经大学中国银行业研究中心

英文名称:Research Center for China's Banking Industy, Central University of Finance and Economics

智库地址:北京市海淀区学院南路39号中央财经大学

邮编:100081

办公电话:010-62288607

成立时间:2005年2月

官方网址:http://sf.cufe.edu.cn/

机构宗旨:以高等院校、金融机构和国家宏观部门的专家、教授为依托,以银行业产业发展、银行管理理论与实务为主要研究对象,开展智库研究和智库活动

政策研究领域:财政政策

涉及学科:经济学

智库类型:高校智库

管理团队:郭田勇、王广谦、姚遂、贺强、李健、史建平、张礼卿、韩复龄、张碧琼、魏建华、杜惠芬、李建军、马丽娟、郭田勇、贾玉革、陈颖、应展宇、刘向丽、谭小芬、王辉、李宪铎

全职研究员数:70人

兼职研究员数:71人

行政职员数:6人

代表性成果:

项目:市场情绪与资产价格行为:基于经理人情绪指标构建的研究(主持人:姜富伟)、资本管制、宏观审慎监管与国际资本流动管理——基于双重金融市场不完备性视角(主持人:苟琴)、汇率变动与出口企业产品升级——基于中国微观企业数据的视角(主持人:王雅琦)

图书:《大宗商品资产战略配置模型研究》(ISBN 978-7-5141-7841-8)

五

军队智库

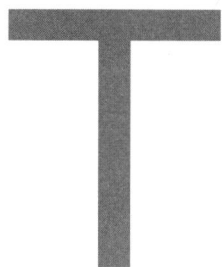

1 北京系统工程研究所

英文名称: Beijing System Engineering Research Institute

智库地址:北京市北四环健翔桥以北 200 米

邮编:100101

政策研究领域:军事政策

智库类型:军队智库

2 国防科学技术大学国防科技与军民融合研究中心

英文名称: Research Center for Defense Technology and Civil Military Integration of National University of Defense Technology

智库地址:湖南省长沙市开福区德雅路

邮编:410073

成立时间:2012 年 10 月

关系信息:隶属于国防科学技术大学

政策研究领域:国防政策、军事政策

智库类型:军队智库

3 国防科学技术大学国防科技战略研究中心

英文名称: National Defense Science and Technology Strategy Research Center of

National University of Defense Technology

智库地址:湖南省长沙市开福区德雅路

邮编:410073

关系信息:隶属于国防科学技术大学

政策研究领域:科技政策、国防政策

智库类型:军队智库

4 国防科学技术大学国际问题研究中心

英文名称: International Studies Center of National University of Defense Technology

智库地址:湖南省长沙市开福区德雅路

邮编:410073

办公电话:0731－84579144

传真:0731－84579145

电子邮箱:macenter@163. com

成立时间:2013 年 10 月

关系信息:隶属于国防科学技术大学

微信公众号:gjaqpl

机构宗旨:以国家核心安全需求为导向,围绕国家和军队建设中事关国家安全和发展利益的重大理论和现实问题,按照“入主流、有特色、创品牌”的总体要求开展研究

政策研究领域:外交政策、国防政策、军事政策

涉及学科:哲学、法学、历史学、军事学、管理学

智库类型：军队智库

首席专家：马建光

全职研究员数：10 人

兼职研究员数：20 人

行政职员数：1 人

2016 年度预算：50 万元

代表性成果（图书）：《国际安全评论》（第一辑）（ISBN 978－7－5097－5561－7）、《国际安全评论》（第二辑）（ISBN 978－7－5097－9547－7）

5 中国人民解放军国防大学★★

英文名称：National Defence University of People's Liberation Army，NDU，PLA

智库地址：北京市海淀区红山口甲 3 号

邮编：100091

办公电话：010－66769773

电子邮箱：ndu@cids.cn、mail@cdsndu.org

传真：010－66769777

成立时间：1985 年 12 月

关系信息：隶属于中国人民解放军国防大学

官方网址：http://www.cdsndu.org/html_ch/to_index_.html

政策研究领域：战役指挥、军事思想和军事理论、国防研究等

涉及学科：军事学

智库类型：军队智库

智库层次：首批国家高端智库建设试点单位

智库负责人：郑和

管理团队：郑和（校长）、吴杰明（政委）、周爱民（副校长）、王希明（政治工作部主任）、郑云华（教育训练部部长）

全职研究员数：430 人

6 中国人民解放军军事科学院★★

英文名称：Academy of Military Sciences，PLA，China

智库地址：北京市海淀区厢红旗东门外甲 1 号

邮编：100089

成立时间：1958 年 03 月

关系信息：隶属于中国共产党中央军事委员会

官方网址：http://www.ams.ac.cn/

机构宗旨：坚定信念，心系军科，求实创新，安贫乐道，团结和谐

政策研究领域：军事政策、国防政策、安全政策

涉及学科：军事学

智库类型：军队智库

智库层次：首批国家高端智库建设试点单位

智库负责人：杨学军

管理团队：杨学军（院长）、贺福初（副院长）、方向（政治委员）

代表性成果：

图书：《中国人民解放军军史（共 6 册）》（ISBN 978－7－8023－7381－5）、《战后世界局部战争史》（ISBN 978－7－8023－7678－6）、《世界军事革命史》（ISNB 978－

7 - 8023- 7597 - 0)

期刊：《中国军事科学》(ISSN 1002 - 4492,CN 11 - 1722/E)、《国防》(ISSN 1002 - 4484,CN 11 - 2770/E)《外国军事学术》(ISSN 1002 - 4506,CN 11 - 1634/E)

六

科研院所智库

1 北京科学学研究中心

英文名称: Beijing Research Center for Science of Science

智库地址:北京市海淀区西三环北路27号

邮编:100089

办公电话:010－63529882

成立时间:1984年

关系信息:隶属于北京市科学技术研究院

官方网址:http://www.bjss.org.cn/

微信公众号:science-of-science(科学学)

机构宗旨:建设成为研究水平一流,咨询服务一流,聚集人才一流,管理机制一流,国际化发展一流的国内一流高端智库

研究领域:科技战略与政策、科技统计调查和分析、科技促进城市现代化领域

涉及学科:管理学、经济学

智库类型:科研院所智库

智库层次:北京市高端智库建设首批试点单位

法人信息:北京科学学研究中心

法人代表:张士运

组织机构代码:40068580－3

智库负责人:张士运

管理团队:张士运(主任)、王文(中心书记)、伊彤(副主任)、王海芸(副主任)

首席专家:王文、王海芸、李海丽、张士运、张国会、姜念云、类淑霞、贾品荣、张士运

全职研究员数:53人

兼职研究员数：15 人

行政职员数：5 人

2016 年度预算：3 747 万元

智库荣誉：《北京地区企业技术创新与转移的特点、问题与对策研究》荣获"新常态下转型经济、创新驱动研讨会暨第三届中国特色产学研合作高峰论坛"二等奖

代表性成果：《中关村示范区文化科技融合企业认定政策研究》受中央政治局常委批示；中心发布"区域科技与社会发展指数"；参与起草《北京加强全国科技创新中心建设总体方案》；参与起草《北京市进一步完善财政科研项目和经费管理的若干政策措施》；参与起草《北京系统推进全面创新改革试验 加快建设建设全国科技创新中心方案》

图书：《众创空间：互联网思维下的创新创业升级版》（ISBN 978 - 7 - 5304 - 8570 - 5）

报告：《"十三五"时期北京市建设全国科技创新中心的战略措施》、《北京市"十三五"时期中关村示范区发展建设规划研究》

品牌活动：科技创新中心国际论坛、北京地区科技统计调查、北京市科技计划项目成果转化情况跟踪调查、全国科技创新中心培训

2 国家测绘地理信息局测绘发展研究中心

英文名称：Surveying and Mapping Development Research Center，NASG

智库地址：北京市海淀区莲花池西路 28 号中国测绘

邮编：100830

办公电话：010 - 63881526

传真：010 - 63881541

成立时间:2016 年 9 月

关系信息:隶属于国家测绘地理信息局

官方网址:http://fazhan.sbsm.gov.cn/

微信公众号:chfzyjzx

微博:测绘发展研究

机构宗旨:负责组织实施测绘发展战略、改革等重大政策方面的研究工作;承担测绘事业发展中长期规划和重要专项规划制定的前期性工作;研究和整理国内外测绘及相关领域发展状况及重要信息,并提出意见和建议;受国家测绘局委托,承担基础设施建设项目和测绘工程项目立项建议、评估、咨询和可行性研究工作

政策研究领域:测绘地理信息

涉及学科:测绘地理信息、计算机、经济、社会

智库类型:科研院所智库

法人代表:陈常松

组织机构代码:717815768

智库负责人:陈常松

全职研究员数:27 人

行政职员数:4 人

2016 年度预算:718 万元

智库荣誉:获测绘科技进步一等奖 1 项、二等奖 6 项、三等奖 6 项,首届全国信息化研究成果优秀奖 1 项

代表性成果:

战略系列:中国测绘事业发展战略研究报告、测绘发展战略研究报告

蓝皮书系列:测绘蓝皮书(2009、2010)、测绘地理信息蓝皮书(2011、2012、2013、2014、2015、2016)

国外系列:国外测绘地理信息战略与规划选编(2016)、美国测绘发展战略与地理

信息产品介绍、国外测绘地理信息规划选编

辅导读本系列：《全国基础测绘中长期规划纲要（2015 - 2030 年）》辅导读本、《国务院办公厅关于促进地理信息产业发展的意见》辅导读本、《国务院关于加强测绘工作的意见》辅导读本

3 湖南省农村发展研究院

英文名称：Rural Developmeng Research Instute Of Hunan

智库地址：湖南省长沙市开福区浏河村巷 37 号湖南省社科院办公楼 708 室

邮编：410003

办公电话：0731 - 84210181

传真：0731 - 84210181

成立时间：2011 年 3 月

关系信息：隶属于湖南省农业委员会

官方网址：http://www.zgxcfx.com/

微信公众号：zgxcfx

微博：中国乡村发现（腾讯微博）

机构宗旨：以科学发展观为指导，以湖南的农村发展为己任，当好省委、省政府农村工作的"思想库"和"智囊团"，通过开展农村的理论研究、决策咨询、学术交流、人才培训、技术推广、文化传播以及宣传策划等业务，探索建立一条以工带农、以城带乡，城乡一体的湖南农村发展路径，转变湖南的农业发展方式，加快推进湖南的农业现代化进程

政策研究领域：农业政策、城乡建设政策

涉及学科：农学、经济学、法学、管理学

智库类型:科研院所智库

法人信息:民非

法人代表:陆福兴

组织机构代码:52430000567668044L

智库负责人:陆福兴

管理团队:陆福兴(院长)、刘祚祥(副院长)、陈明飞(副院长)、邝奕轩(秘书长)

首席专家:陈文胜(首席专家)

全职研究员数:9 人

兼职研究员数:21 人

行政职员数:8 人

2016 年度预算:200 万元

智库荣誉:《中国乡村发现》荣获省优秀社科普及读物奖、《新型农民能力培养》(陈文胜)荣获省社科优秀成果三等奖、《湖湘三农论坛》荣获省哲学社科优秀成果特别奖

代表性成果:

图书:"新型农民能力培养"丛书(陈文胜)、"农民十万个怎么做"丛书、《农村人才开发之道》(ISBN 978－7－5150－0226－2)、《农村低碳发展之路》(ISBN 978－7－5150－0227－9)、《新时期农村干部培训教材》(陈文胜)、"新农民书架"系列(陈文胜)

报告:《湖南城乡一体化发展报告》、《湖南县域发展研究报告》

品牌活动:湖湘三农论坛、湖湘烟草论坛、中国乡村发现 QQ 论坛

4 江苏省科学技术情报研究所（江苏省科学技术发展战略研究院）

英文名称：Jiangsu Information Institute Of Science And Technology Jiangsu Science and Technology Development Strategy Research Institute

智库地址：江苏省南京市玄武区龙蟠路171号

邮编：210042

办公电话：025－85410374、025－85410448

传真：025－85410374

成立时间：1960年5月

关系信息：隶属于江苏省科学技术厅

官方网址：http://www.jssti.net/

机构宗旨：开展科技信息研究、促进科技发展

政策研究领域：科技政策、产业政策、高端制造业政策

涉及学科：经济学、理学、工学、管理学

智库类型：科研院所智库

法人信息：江苏省科学技术情报研究所

法人代表：李敏

组织机构代码：12320000466002892F

智库负责人：孙斌

管理团队：孙斌（党委书记）、严军（主任）、张玉赋（主任）、皮宗平（主任）、金福兰（副所长）

首席专家：孙斌

全职研究员数：137人

行政职员数：30 人

2016 年度预算：4 300 万

智库荣誉：NSTL 南京服务站优秀服务三等奖（省部级）、省级机关江苏省青年文明号（省部级）、省级机关青年文明号（市厅级）

代表性成果：江苏省“十三五”科技创新规划、苏南自主创新示范区发展规划研究、创新型省份评价指标研究、江苏建设“全球有影响力的产业科技创新中心”的战略路径与对策

5 江苏省苏科创新战略研究院

英文名称：Jiangsu Suke Academy of Innovation Strategy

智库地址：江苏省南京市建邺区梦都大街 50 号科技工作者活动中心

邮编：210019

办公电话：025－68155912

成立时间：2016 年 9 月

关系信息：隶属于江苏省科学技术协会

官方网址：http://sinnovate.cn:8005/

微信公众号：苏科创新战略研究

机构宗旨：立足江苏服务全国放眼世界

政策研究领域：创新发展战略、科技政策与创新政策评估、创新文化与科学文化、科技环境与人才、科技创新决策咨询等

涉及学科：社会学、经济学、政治学、地理学

智库类型：科研院所智库

智库层次：省级重点培育智库

法人信息:江苏省苏科创新战略研究院

法人代表:陈雯

组织机构代码:52320000MJ5525091G

智库负责人:陈雯

管理团队:王玥

首席专家:陈骏、张建云、黄维

全职研究员数:1 人

兼职研究员数:23 人

行政职员数:1 人

2016 年度预算:100 万元

代表性成果:相关内参报告《关于扬子江城市群建设的思考和建议》、《我省科教优势更好的转化为发展优势的建议》获省委主要领导批示

品牌活动:举行苏科创新战略研究院成立仪式暨长三角区域科技协同创新高端论坛

6 江西省科学院科技战略研究所

英文名称: Jiangxi Academy of Sciences Institute of Science & Technology Strategy

智库地址:江西省南昌市昌东大道 7777 号

邮编:330096

办公电话:0791－88170239

传真:0791－88170939

成立时间:2013 年 12 月

关系信息：隶属于江西省科学院

官方网址：http://www.jxas.ac.cn/

机构宗旨：秉持建设一流"科技智库"的理念，面向科技决策一线、面向科技创新一线、面向区域发展一线，为全省各级政府、企业、科研院所、高等院校等社会各界提供科技战略研究、科技咨询、科技查新及专利价值分析等科技服务

政策研究领域：科技战略研究、科技决策咨询、科技信息服务与知识产权服务

涉及学科：经济、生态、材料、能源、化工、环境、生物、知识产权专利等

智库类型：科研院所智库

法人代表：邹慧

组织机构代码：12360000491012777N

智库负责人：邹慧

管理团队：科技政策研究室、产业情报研究室、知识产权研究室

全职研究员数：18 人

兼职研究员数：29 人

行政职员数：6 人

2016 年度预算：743.96 万元

智库荣誉：获江西省社会科学优秀成果奖二等 1 项、三等奖 2 项

代表性成果(报告)：《2015 年度江西省县域科技创新能力评价报告》、《创新驱动发展动态》、《鄱阳湖流域综合管理战略分析报告》、《做大做强江西省 LED 产业分析报告》、《江西省重金属污染状况及对策分析》、《全国地方科学院科技竞争力分析》、《江西省制造业走向智能化的对策研究》、《江西省绿色建筑发展对策研究》、《"污水共治"行动战略分析报告》

品牌活动：第六届中国湖泊论坛、世界生命湖泊科学应用与信息共享平台、全国科学院联盟文献情报分会理事会会议、中国科学院在赣台站院地合作战略研讨会

7 联合国教科文组织国际工程教育中心

英文名称:International Engineering Education Center, United Nations Educational, Scientific and Cultural Organization

智库地址:北京市联合国教科文组织国际工程教育中心

成立时间:2015 年 11 月

关系信息:隶属于联合国教科文组织

官方网址:http://www. ibe. unesco. org/

政策研究领域:基础教育政策、高等教育政策

涉及学科:教育学

智库类型:科研院所智库

8 辽宁省科学技术情报研究所科技发展战略研究中心

英文名称:Research Center of Science and Technology for Development

办公电话:024 - 83186023

成立时间:1975 年

关系信息:隶属于辽宁省科学技术情报研究所

机构宗旨:参与科技发展规划和重点行业发展规划的研究和制定,为全省科技发展战略、规划和计划的制定、实施与评价提供服务;围绕全省科技发展的热点、难点问题,对国内外科技政策进行跟踪,开展科技管理问题专题调研,为政府部门及创新主体提供公益性科技政策和科技战略决策支持服务;重点围绕全省战略性新兴产业及重点产业,进行产业科技发展动态跟踪,开展技术预测与评价,为政府、企业、行业协

会等提供决策咨询服务;开展科技决策理论创新、思想创新和软科学研究方法创新等方面的学术研究

政策研究领域:科技创新

智库类型:科研院所智库

全职研究员数:12 人

兼职研究员数:1 人

2016 年度预算:70 万—80 万元

9 青岛市科学技术发展战略研究院(青岛市科学技术信息研究院)

英文名称: Qingdao Institute of Science and Technology Development Strategy

智库地址:青岛市市南区龙口路 40 号

邮编:266003

办公电话:0532-82863926

传真:0532-82864205

成立时间:1960 年

关系信息:隶属于青岛市科学技术局

官方网址:http://www.0532st.net/

机构宗旨:开展科技发展重大战略前瞻性与综合性研究、政策理论研究;中长期科技发展需求研究,技术开展预测;高新技术产业关键技术选择、重点领域和主导产业技术发展趋势研究;国内外科技发展动态,重大科技问题决策咨询

政策研究领域:科技政策、产业政策

涉及学科:管理学、经济学

智库类型:科研院所智库

智库层次:省级科技思想库研究基地、市级新型智库试点单位、市级科技创新智库专家工作站

法人代表:谭思明

智库负责人:谭思明

管理团队:谭思明

首席专家:谭思明

全职研究员数:43 人

行政职员数:14 人

2016 年度预算:1 236.79 万元

智库荣誉:省科技进步三等奖、市科技进步二等奖、市社会科学优秀成果二等奖、省政府优秀调研成果二等奖、省软科学成果一等奖、省科技情报成果一等奖、驻青高校创新能力情况分析——获得 2013 年度山东软科学优秀成果奖三等奖、青岛市低碳经济发展路径选择与对策研究——获得 2013 年度山东软科学优秀成果三等奖、关于建立机器人专业孵化器、研发服务平台,推动我市机器人产业发展的对策建议——获得 2013 年度山东软科学优秀成果二等奖、海洋高端产业全球创新资源分布路线图——获得 2013 年度山东软科学优秀成果一等奖

代表性成果(图书):《青岛市科技发展战略研究报告》(ISBN 978-7-5670-0584-6)、《海洋高端产业全球创新资源分布路线图研究》(ISBN 978-7-5670-0163-3)、《世界海洋能专利分析报告》(ISBN 978-7-8112-5736-6)、《青岛市"十三五"重点产业创新路线图》(ISBN 978-7-5670-1150-2)、《青岛城市创新指数报告》(ISBN 978-7-5670-1152-6)

10 山东省科技发展战略研究所

英文名称: Institute of Science and Technology for Development of Shandong

智库地址: 山东省济南市历下区经十路东首科院路 19 号

邮编: 250014

办公电话: 0531－82605984

传真: 0531－82605984

成立时间: 1984 年 6 月

关系信息: 隶属于山东省科学院

官方网址: http://www.zhanlue.net/zh-cn/

机构宗旨: 从事科技发展战略、规划、管理的调查研究与预测，提出对策方案，为政府、社会提供决策信息和依据

政策研究领域: 科技政策、产业政策

涉及学科: 经济学、管理学

智库类型: 科研院所智库

法人信息: 山东省科技发展战略研究所

法人代表: 郭益灵

组织机构代码: 12370000495571744B

智库负责人: 郭益灵

管理团队: 10 人

首席专家: 陈江

全职研究员数: 37 人

兼职研究员数: 3 人

行政职员数: 10 人

2016年度预算：506万元

智库荣誉：山东省科技进步奖、省软科学优秀成果奖

代表性成果(图书)：《山东省经济与资源环境协调发展研究》(ISBN 978-7-5607-4085-0)、《技术市场发展的理论与实践》(ISBN 978-7-2090-8853-4)、《南四湖流域经济与水环境协调发展研究》(ISBN 978-7-5607-4907-5)、《创新型省份研究》(ISBN 978-7-5647-0700-2)、《科技发展战略研究》(ISBN 978-7-5607-3195-7)

品牌活动：山东科技智库论坛

11 上海科学技术政策研究所

英文名称：Shanghai Institute of Science & Technology Policy (Shanghai Institute of Science & Technology Management)

智库地址：上海市嘉定区城中路37号

邮编：201800

办公电话：021-39188056

传真：021-69983055

成立时间：1987年1月

关系信息：隶属于上海科技管理干部学院

官方网址：http://www.sistp.org.cn/

微信公众号：区域创新评论

机构宗旨：秉承"开明睿智、大气谦和"的发展理念，努力建成全国知名上海科技政策智库，为政府决策提供科学依据，为干部培训提供智力支撑，为科技发展提供思想智慧

政策研究领域:创新管理、科技人才、区域创新

涉及学科:科学学与科技管理

智库类型:科研院所智库

法人信息:上海科技管理干部学院

法人代表:王建平

组织机构代码:12310000425029589J

智库负责人:杨耀武

管理团队:杨耀武、顾玲琍、张晓青、张骅、王晓燕

首席专家:杨耀武

全职研究员数:15 人

兼职研究员数:10 人

行政职员数:3 人

2016 年度预算:895 万元

智库荣誉:上海市政协优秀提案奖、SORSA 智库系列资助项目一等奖(协会/学会)、SORSA 智库系列资助项目二等奖(协会/学会)、上海市科技进步二等奖、上海市科技进步三等奖、上海市领导科学学会论文一等奖、"创新驱动与人力资源战略"获论文二等奖(市厅级)

代表性成果(图书):《上海科技人才发展研究报告 2016》(王建平)(ISBN 978-7-3131-5924-3)

品牌活动:长三角区域创新政策论坛、"全国区域创新学术研讨会"、2016 科技智库核心能力建设研修班、《科技智库影响力评价及国际化发展》研讨会、第十二届中国科技政策与管理学术年会"全国区域创新学术研讨会"分论坛

12 上海市科学学研究所

英文名称: Shanghai Institute for Science of Science

智库地址:上海市中山西路 1525 号技贸大厦 10 - 11 楼

邮编:200235

办公电话:021 - 64381056

传真:021 - 64381056

成立时间:1980 年 1 月

关系信息:隶属于上海市科学技术委员会

官方网址:http://www.siss.sh.cn/

微信公众号:science-pie、world-science

机构宗旨:坚持需求导向、问题导向、应用导向,聚焦科技创新战略、公共政策和产业技术创新等领域,软硬结合、研咨一体,致力于打造专业化、平台型、有特色的高水平科技创新智库。政策研究领域:科技政策、财政政策、金融政策、产业政策、人口政策、其他

涉及学科:哲学、经济学、法学、理学、工学、管理学

智库类型:科研院所智库

法人代表:骆大进

智库负责人:骆大进

管理团队:骆大进(所长)、张聪慧(副所长)、李万(副所长)

全职研究员数:19 人

兼职研究员数:4 人

代表性成果(图书、期刊):《世界科学》(ISSN 11 - 2836,CN 1003 - 1162/N)、《需求侧创新政策》(经济合作与发展组著,ISBN 978 - 7 - 5478 - 1877 - 0)、《促进上海创

新生态系统发展的研究》(ISBN 978-7-5478-2687-4)《上海科技发展重点领域技术预见研究报告》(ISBN 978-7-5478-2549-5)

品牌活动:科学创新规划研究方法研讨会

13 首都科技发展战略研究院

英文名称: Capital Institute of Science and Technology Development Strategy

智库地址:北京市朝阳区东三环中路63号富力中心

邮编:100022

办公电话:010-59037392

传真:010-59037391

成立时间:2011年8月

官方网址:http://www.cistds.org/

微信公众号:cistds

机构宗旨:坚持和强化首都全国政治中心、文化中心、国际交往中心、科技创新中心的核心功能,深入实施人文北京、科技北京、绿色北京战略,努力把北京建设成为国际一流的和谐宜居之都

政策研究领域:绿色发展、创新创业

涉及学科:经济学

智库类型:科研院所智库

法人代表:关成华

组织机构代码:52110000MJ0159029B

智库负责人:关成华

管理团队:关成华、颜振军、赵峥、陈瑾

首席专家：关成华、颜振军、赵峥、白英、袁祥飞、刘杨、陈浩、林卫斌、潘浩然

全职研究员数：14 人

兼职研究员数：18 人

行政职员数：4 人

2016 年度预算：100 万元

代表性成果：《首都科技创新发展报告》(2012—2016)、《中国绿色发展指数报告》(2015—2016)、《2014—2015 城市绿色发展·科技战略研究报告》(ISBN 978-7-3031-9075-1)、《电子政务下我国政府信息公开理发问题研究》、《大数据视阈下的治理创新》、《首都"创新人"大数据研究报告》、《前海区域合作模式研究》、《基于全国科技创新中心功能的监测指标体系研究》、《创新驱动发展监测指标评价体系研究》、《基于互联网+思维的政府科技治理体系现代化和科技治理能力现代化研究》

品牌活动：中国绿色发展论坛、首科新年论坛、创新发展论坛

14 天津市科学学研究所

智库地址：天津市河东区新开路 138 号

邮编：300011

办公电话：022-24324863

传真：022-24324835

成立时间：1983 年

关系信息：隶属于天津市科学技术委员会

官方网址：http://www.tidi.org/

微信公众号：海河创新智库(TIDI_1983)

机构宗旨：为天津市科技经济发展发挥高端科技智库的战略引领和决策支撑作用

政策研究领域：创新战略与政策、产业发展规划、区域发展规划、园区发展规划、人才发展研究、知识产权及大众创业万众创新等

涉及学科：科技政策、管理学

智库类型：科研院所智库

法人信息：天津市科学学研究所

法人代表：李春成

组织机构代码：12120000401200441E

智库负责人：李春成

管理团队：唐家龙、包英姿

首席专家：李春成

全职研究人员数：32 人

兼职研究人员数：10 人

行政职员数：8 人

2016 年度预算：1 670.5 万元

智库荣誉：获天津市优秀调研成果奖 19 项，全国知识产权（专利）优秀调研报告暨优秀软科学成果奖 3 项，行政科研成果奖 4 项，2011、2013 年被中小企业协会评为“科技型中小企业服务之星”等

代表性成果：

图书：《天津市人才发展报告》（蓝皮书）、《天津市知识产权保护白皮书》、《天津科技志鉴》

内部刊物：《科技战略研究报告》

品牌活动：科技智库沙龙、自创区行、知识产权和创新大讲堂

15 西部资源环境与区域发展智库

英文名称: Western China Thinktank on Resources,Environment and Development

智库地址:兰州市天水中路8号

邮编:730000

办公电话:0931-8273628

传真:0931-8273628

成立时间:2015年12月

关系信息:隶属于中国科学院兰州文献情报中心

官方网址:http://www.llas.cas.cn/

微信公众号:资源环境科学信息中心、全球变化研究信息中心

微博:西部资源环境与区域发展智库

其他社交媒体:凤凰号(资源环境科学信息中心、全球变化研究信息中心)

机构宗旨:面向西部资源环境与区域经济社会发展问题开展战略研究、决策咨询、规划编制、第三方评估和公共科学普及等工作为国家、地方政府、科研机构及企业决策、区域生态文明建设和产业发展等提供智力支撑

政策研究领域:资源环境、区域发展、科技政策

涉及学科:资源科学、环境科学、地理学

智库类型:科研院所智库

法人信息:中国科学院资源环境科学信息中心

法人代表:曲建升

组织机构代码:12100000438003142A

智库负责人:曲建升

管理团队:安培浚、王金平、李燕

首席专家：程国栋、赖远明、陈发虎、王涛、董晨钟、王福生、王旭东、高世铭

全职研究员数：60 人

兼职研究员数：44 人

行政职员数：6 人

2016 年度预算：1 600 万元

智库荣誉：省部级以上奖励获得者 26 项

代表性成果(图书)：《创新集群建设的理论与实践》(ISBN 978－7－0303－3708－5)、《地球科学新的研究机遇》(ISBN 978－7－0304－2130－2)、《地球科学资助战略与发展态势》(ISBN 978－7－0304－6144－5)、《未来地球计划初步设计》(ISBN 978－7－0304－3046－5)、《地球起源和演化：变化行星的研究问题》(ISBN 978－7－0302－8818－9)

品牌活动：环境与发展智库论坛、环境与发展智库专家报告、环境与发展科普活动

16 冶金工业经济发展研究中心

英文名称：China Steel Development & Research Institute

智库地址：北京市东四西大街 46 号

邮编：100711

办公电话：010－65133819

传真：010－65133819

成立时间：1979 年 9 月

关系信息：隶属于中国钢铁工业协会

官方网址：http://www.csdri.com.cn/

机构宗旨:钢铁产业发展研究咨询,包括从事钢铁产业经济、产业组织、产业结构、产业政策、产业投资等领域研究工作;钢铁企业发展研究咨询,包括钢铁企业发展战略与管控;钢铁企业财务研究咨询,包括企业成本与技术经济、竞争力与商务模式等方面研究工作

涉及学科:经济学

智库类型:科研院所智库

智库负责人:石洪卫

管理团队:石洪卫(主任)、马双来(副主任)、郑玉春(副主任)

17 浙江省科技信息研究院(浙江省科技发展战略研究院)

智库地址:浙江省杭州市环城西路 33 号

邮编:310006

办公电话:0571-85158525

传真:0571-85158525

成立时间:2012 年 1 月

官方网址:http://www.istiz.org.cn/

机构宗旨:坚持面向政府决策部门和企业创新主体,不断拓展业务范围和渠道,形成信息资源建设与服务、战略研究与决策支持服务、科技咨询与评估、信息网络技术服务、科技宣传服务及政务公益服务等六大业务体系,构建了数据—信息—知识—智慧一体化创新活动

政策研究领域:科技政策

智库类型:科研院所智库

法人代表：袁继新

智库负责人：袁继新

管理团队：袁继新（院长）、应向伟（党委书记）、胡芒谷（副书记）、吕国昌（副院长）、严伟（副院长）、刘君（副院长）

全职研究员数：115 人

兼职研究员数：44 人

18 中国电子信息产业发展研究院

智库地址：北京市海淀区紫竹院路 66 号赛迪大厦

邮编：100846

办公电话：010－68200552

传真：010－68200534

成立时间：2000 年 10 月

关系信息：隶属于工业和信息化部

官方网址：http://www.ccidwise.com/

微信公众号：ccidthinktank

机构宗旨：致力于面向政府、面向企业、面向社会提供研究咨询、评测认证、媒体传播与技术研发等专业服务，形成了政府决策与软科学研究、传媒与网络服务、咨询与外包服务、评测与认证服务、软件开发与信息技术服务五业并举发展的业务格局

政策研究领域：市场政策、司法政策、网络安全政策、互联网管理政策、服务业政策、农业政策、工业政策、财政政策、药品政策

涉及学科：经济学、法学、管理学

智库类型：科研院所智库

法人代表：卢山

智库负责人：卢山

首席专家：宋显珠、王鹏、樊会文、刘文强、朱森第、胥和平、金碚、顾强

全职研究员数：244 人

兼职研究员数：3 人

行政职员数：27 人

2016 年度预算：6 500 万元

智库荣誉：中国电子学会科学技术奖三等奖、2014 年度电子行业优秀工程咨询成果奖三等奖、2014 年度电子行业优秀工程咨询成果奖二等奖、2014 年度中国通信学会科学技术奖二等奖、2016 年度电子行业优秀工程咨询成果奖一等奖、2016 年度电子行业优秀工程咨询成果奖二等奖、2016 年度电子行业优秀工程咨询成果奖三等奖

19 中国工程院★★

英文名称：Chinese Academy of Engineering

智库地址：北京市西城区冰窖口胡同 2 号

邮编：100088

办公电话：010－59300000

传真：010－59300001

成立时间：1994 年 6 月

官方网址：http://www.cae.cn/

机构宗旨：创新引领、国家倚重、社会信任、国际知名

政策研究领域：工程科学技术发展战略与应用

智库类型:科研院所智库

智库层次:首批国家高端智库建设试点单位

智库负责人:周济

管理团队:周济(院长)、李晓红(党委书记)、赵宪庚(副院长)、樊代明(副院长)、陈左宁(副院长)、徐德龙(副院长)、刘旭(副院长)

全职研究员数:152 人

兼职研究员数:132 人

行政职员数:37 人

2016 年度预算:52 987.68 万元

20 中国管理科学研究院专家咨询委员会

英文名称: Advisory Committee for China Academy of Management Science

智库地址:北京市海淀区万寿路甲 12 号 D 座六层

邮编:100036

办公电话:010－51658384

传真:010－56195705

成立时间:1989 年 6 月

关系信息:隶属于中国管理科学研究院

官方网址:http://www.cmas.org.cn/

微信公众号:ACCAMS

机构宗旨:就政府和企业的发展中存在的问题提出建议;向国家有关部门就当前行业发展的热点、难点问题提供决策咨询服务;应相关部门邀请审议有关文件出台前的咨询评议;对政府和企事业单位发展战略、规划和政策措施开展研究,提出意见与

建议；参与跨领域、跨部门、跨层级、跨学科重大管理项目的研究与发展方案论证等相关工作

政策研究领域：司法政策、安全政策、互联网管理政策、农业政策、工业政策、林业政策、产业政策、金融政策、市场政策、就业政策、消费政策、对外贸易政策、资源政策、医疗卫生政策、服务业政策、能源政策、意识形态政策、健康政策、基础教育政策、高等教育政策、环境政策、文化政策

涉及学科：哲学、教育学、管理学、经济学

智库类型：科研院所智库

法人代表：卢继传

智库负责人：卢继传

管理团队：卢继传（主任）、胡锦澜（常务副主任）、蒋国华（副主任）、解艾兰（副主任）、郑理（副主任）、杨宗兰（副主任）、窦中达（副主任）、曾爱平（副主任）、吴兴杰（副主任）

全职研究员数：35 人

兼职研究员数：5 人

行政职员数：16 人

品牌活动：首届中国管理智库专家峰会、三农战略理论及新农业与新农村协调发展模式研讨会

21 中国航空工程科技发展战略研究院

智库地址：北京市海淀区学院路 37 号

邮编：100083

办公电话：010 - 82317114

成立时间：2011 年 12 月

关系信息：隶属于北京航空航天大学

机构宗旨：进一步促进航空工业化与信息化融合，进而延伸为整个大工业和通信业服务，支撑和引领我国航空工业，为我国早日迈入世界先进做出实质性的贡献

政策研究领域：国防政策、科技政策

涉及学科：工学

智库类型：科研院所智库

22 中国航天工程科技发展战略研究院

英文名称：China Aerospace Engineering Science and Technology Development Strategy Research Institute

智库地址：北京市中国航天工程科技发展战略研究院

邮编：100048

办公电话：010－68372200

传真：010－68373599

成立时间：2011 年 12 月

官方网址：http://www.caest.com.cn/

机构宗旨：以科学发展为主题，以支撑经济发展方式转变为主线，创新驱动、服务航天、服务社会、服务决策，发挥新型国家级智库作用，支撑航天和经济社会发展

政策研究领域：国防政策、科技政策

涉及学科：工学

智库类型：科研院所智库

智库负责人：雷凡培

全职研究员数:55 人

23 中国环境科学研究院

英文名称:Chinese Research Academy of Environmental Sciences

智库地址:北京市朝阳区

邮编:100012

办公电话:010－8491513

传真:010－8491519

成立时间:1978 年 12 月

关系信息:隶属于中华人民共和国环境保护部

官方网址:http://www.craes.cn/

机构宗旨:研究环境标准,促进环境保护事业发展

政策研究领域:资源政策、环境政策、能源政策、海洋政策

涉及学科:经济学、管理学

智库类型:科研院所智库

智库负责人:李海生

管理团队:李海生(院长)、陈斌(党委书记;副院长)、舒俭民(副院长)、郑丙辉(副院长)、宋永会(副院长)、李发生(总工程师)、王志斌(党副委书记:纪委书记)

首席专家:吴丰昌(副总工程师)、孟凡(副总工程师)、白志鹏(副总工程师)、鲍晓峰(副总工程师)、王圣瑞(水环境研究所副所长、湖泊创新基地负责人)、雷坤宋永会(副院长)、席北斗、张林波(生态所所长)、李俊生、王琪(环境工程技术研究所所长)、周岳溪、张凡、张金良、乔琦、刘征涛、高庆先、李发生(总工程师)

全职研究员数:23 人

行政职员数:8 人

智库荣誉:国家科学技术进步奖

24 中国科协创新战略研究院

英文名称:National Academy of Innovation Strategy

智库地址:北京市海淀区复兴路 3 号中国科技会堂 C 座 3 层

邮编:100863

办公电话:010－68788116

成立时间:2015 年 8 月

关系信息:隶属于科技部

官方网址:http://www.nais.com.cn/

机构宗旨:保持并发展同国内外相关研究机构和组织的联系，开展广泛的交流与合作，坚持探索创新，努力发挥“思想库”和“智囊团”的作用，不断提供对科技、经济和社会发展有一定现实性、前瞻性和可操作性的研究和咨询报告，逐步发展成为一流的综合性的调查研究、政策研究和咨询机构

政策研究领域:科技政策

智库类型:科研院所智库

智库负责人:罗晖

管理团队:罗晖(院长)、周文标(党委书记)、周大亚(副院长)、阮草(副院长)、张藜(副院长)、陈锐(副院长)、王宏伟(党委委员)、赵文武(党委委员)、郝茜(纪委委员)

全职研究员数:40 人

行政职员数:6 人

25 中国科学技术发展战略研究院★

英文名称:China Academy of Science and Technology Development Strategy

智库地址:北京市海淀区玉渊潭南路8号

邮编:100038

办公电话:010-58884543

成立时间:2007年12月

关系信息:隶属于科技部

官方网址:http://www.casted.org.cn/

机构宗旨:致力于服务国家科技事业,建设具有国际视野、开放竞争、水平一流的思想库、智囊团的国家科学技术发展战略研究机构

政策研究领域:科技战略、科技政策、科技体制、科技预测、科技评价、科技管理

智库类型:科研院所智库

智库层次:国家高端智库建设培育单位

法人代表:胡志坚

智库负责人:胡志坚

26 中国科学技术信息研究所

英文名称:Institute of Scientific and Technical Information of China

智库地址:北京市中国科学技术信息研究所

邮编:100038

办公电话:010－58882033

传真:010－58882590

成立时间:1956 年 10 月

关系信息:隶属于科技部

官方网址:http://www.istic.ac.cn/

机构宗旨:开放、包容、创新、进取

政策研究领域:科技政策

涉及学科:管理学

智库类型:科研院所智库

法人信息:戴国强

法人代表:戴国强

智库负责人:戴国强

管理团队:戴国强、赵志耕、郭铁成、刘琦岩、孙成显、袁伟

全职研究员数:71 人

兼职研究员数:10 人

智库荣誉:国家科技进步奖一等奖 2 次、二等奖 4 次、三等奖 3 次等

代表性成果:《科技参考》(内参)、《国际科学技术发展报告》、《中国高技术产业发展报告》、《中国科技期刊评价报告》

品牌活动:中国科技期刊评价发布会、中国软科学学会年会、中国科学技术情报学会年会

27 中国科学院★★

英文名称: Chinese Academy of Sciences

智库地址:北京市三里河路52号

邮编:100864

办公电话:010-68597114

成立时间:1949年11月

关系信息:国务院

官方网址:http://www.cas.cn/

微博:中科院之声

机构宗旨:以高度的责任感和紧迫感、自觉性和坚定性,贯彻“立足当前,着眼未来,既面向国家重大需求做出创新贡献,又面向世界科技前沿追求学术卓越,以深化改革促进创新发展,以重点突破带动整体跨越”的指导思想,前瞻谋划,系统设计,积极思变,主动改革,以点带面,蹄疾步稳,努力实现“四个率先”的目标

智库类型:科研院所智库

智库层次:首批国家高端智库试点单位

智库负责人:白春礼

管理团队:白春礼(院长)、刘伟平(副院长)、张杰(副院长)、丁仲礼(副院长)、张亚平(副院长)、王恩哥(副院长)、相里斌(副院长)、张涛(副院长)、孙也刚(纪检组组长)、邓麦村(党组成员)、何岩(党组成员)、邓勇(副秘书长)、汪克强(副秘书长)

28 中国科学院科技战略咨询研究院

英文名称:Institutes of Science and Development,Chinese Academy of Sciences

智库地址:北京市海淀区中关村北一条15号

邮编:100190

办公电话:010-59358613

传真:010－59358608

成立时间:2016年10月

关系信息:隶属于中国科学院

官方网址:http://www.casaid.cn/

微信公众号:战略与政策论坛

机构宗旨:中国科学院学部发挥国家科学技术方面最高咨询机构作用的研究和支撑机构，是中国科学院率先建成国家高水平科技智库的重要载体和综合集成平台，并集成中国科学院院内外以及国内外优势力量建设创新研究院

政策研究领域:科技发展战略研究、科技和创新政策研究、生态文明和可持续发展战略研究、定量预测与预见分析、科技战略情报和数据平台

涉及学科:管理学、情报学、应用数学等

智库类型:科研院所智库

法人信息:中国科学院科技战略咨询研究院

法人代表:潘教峰

组织机构代码:110108400012457

智库负责人:潘教峰

管理团队:潘教峰、穆荣平、王毅、张凤、樊杰、刘清、刘春杰等院领导班子成员。联合办公室、人事教育处、财务资产处、科技管理处、对外交流合作处、信息网络与传播中心、重大任务集成部等管理支撑部门

首席专家:潘教峰

全职研究员数:161人

兼职研究员数:32人

行政职员数:20人

2016年度预算:1.07亿元

代表性成果:《创新2050:科学技术与中国的未来(中英文)》、《科技发展新态势

与面向2020年的战略选择》、《科学发展报告》(1997—2017)、《高技术发展报告》(2000—2017)、《中国可持续发展战略报告》(1999—2017)、《研究前沿》(2014—2017)

品牌活动:智库大讲堂、年度研究前沿发布

29 中国科学院预测科学研究中心

智库地址:北京市海淀区中关村东路55号

邮编:100190

办公电话:010-82541846

成立时间:2006年2月

关系信息:隶属于中国科学院数学与系统科学研究院

官方网址:http://cefs.amss.cas.cn/

机构宗旨:以中国经济与社会发展中的重要问题预测为主要研究对象,为中央领导和政府进行重大决策提供有科学依据的建议和资料;通过解决实际重要预测问题发展出新的预测科学理论、方法和技术,做出原创性的重要成果,推动和发展预测科学

政策研究领域:科技政策

涉及学科:理学

智库类型:科研院所智库

智库负责人:汪寿阳

管理团队:汪寿阳、黄季焜、魏一鸣、杨晓光、刘秀丽、王珏

30 中国信息通信研究院

英文名称: China Academy of Information and Communications Technology

智库地址:北京市海淀区花园北路52号中国信息通信研究院(原工信部电信研究院)

邮编:100191

办公电话:010-62305764

传真:010-62304980

成立时间:1957年1月

关系信息:隶属于工业和信息化部部属单位

官方网址:http://www.caict.ac.cn/

微信公众号:CATRCATR

微博:中国信息通信研究院CAI

机构宗旨:中国信通院秉持"国家高端专业智库、行业创新发展平台"的宗旨定位和"厚德实学兴业致远"的文化价值理念

政策研究领域:信息通信产业政策、网络安全政策、互联网管理政策、高端制造业政策

涉及学科:经济学、工学、管理学

智库类型:科研院所智库

法人信息:事业单位

法人代表:刘多

组织机构代码:12100000400009442Y

智库负责人:刘多

管理团队:刘多(院长、党委副书记)、李勇(党委书记、副院长)、谢毅(副院长)、乔

发民（党委副书记）、张延川（副院长）、余晓晖（总工程师）、王志勤（副院长）、王晓丽（纪委书记）

首席专家：余晓晖（总工程师）、蒋林涛（科技委主任）、陈金桥（副总工程师）、王育民（副总工程师）、续合元（副总工程师）、王爱华（副总工程师）

全职研究员数：1 624 人

兼职研究员数：50 人

行政职员数：234 人

智库荣誉：国家科技进步特等奖、国家科学技术进步奖、国家技术发明奖、中国通信学会科学技术奖、中国电子学会科学技术奖、中国通信标准化协会科学技术奖、中国标准创新贡献奖

代表性成果：《中国信息产业“十五”发展规划》（ISBN 978－7－1150－9687－6）

《网络安全产业白皮书》、《车联网网络安全产业白皮书》、《互联网法律白皮书》、《物联网白皮书》、《大数据白皮书》、《中国数字经济发展白皮书》、《电信大数据应用白皮书》

《国务院关于积极推进“互联网＋”行动指导意见》（国发〔2015〕40 号）

《国务院关于印发〈中国制造 2025〉的通知》（国发〔2015〕28 号）

《国务院关于印发“宽带中国”战略及实施方案的通知》（国发〔2013〕31 号）

《国务院关于印发促进大数据发展行动纲要的通知》（国发〔2015〕50 号）

《促进大数据发展三年工作方案（2016—2018）年》（发改办高技〔2016〕1360 号）

《关于促进分享经济发展的指导性意见》（发改高技〔2017〕1245 号）

品牌活动：国际 ICT 产业创新与知识产权保护高峰论坛、中国互联网企业发展论坛、中国—东盟信息通信发展研讨会、中国（广州）国际智慧城市论坛、第三届中国互联网发展论坛

31 中国信息与电子工程科技发展战略研究中心

智库地址：北京市西城区冰窖口胡同2号

邮编：100088

办公电话：010－59300000

传真：010－59300001

成立时间：2015年11月

关系信息：隶属于中国工程院

机构宗旨：为我国信息与电子工程科技及战略性新兴产业发展的重大发展战略、重大工程科技问题、重大产业政策等相关问题开展战略性咨询研究，充分发挥工程院作为国家工程科技思想库的作用，为支撑国家经济社会发展的重大决策服务，推动信息与电子事业发展及工程科技基础研究和应用研究有效结合、前沿高新技术融合创新，并为培养具有战略意识和全球视野的信息与电子工程领军人才构建成长平台

政策研究领域：发展战略、工程科技问题、产业政策

涉及学科：工学

智库类型：科研院所智库

法人代表：周济

智库负责人：吴曼青

管理团队：吴曼青（中心主任）、曹淑敏（中心副主任）

32 中国艺术研究院文化发展战略研究中心

英文名称：Chinese National Academy of Arts

智库地址：北京市朝阳区惠新北里甲一号

邮编：100029

办公电话：010－64972725

成立时间：2005 年 11 月

官方网址：http://www.zgysyjy.org.cn/

机构宗旨：以艺术科研为中心，以人才建设为基础，坚持以人为本的科学发展观，努力奋斗，逐步形成艺术科研、艺术创作、艺术教育三足鼎立的发展格局，努力把我院办成全国一流、世界知名的艺术科研中心、艺术教育中心和国际艺术交流中心

政策研究领域：文化政策、广播电视政策

涉及学科：文学、历史学

智库类型：科研院所智库

智库负责人：李树峰

管理团队：李树峰（主任）、郑长铃（副主任）、沙蕙（副主任）

全职研究员数：15 人

T

七

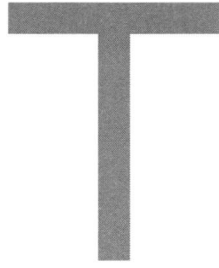

企业智库

1 阿里研究院

英文名称:AliResearch

智库地址:北京市朝阳区望京东园四区 9 号楼阿里中心

邮编:100102

办公电话:0571 - 85022088 - 10062

成立时间:2007 年 4 月

关系信息:隶属于阿里巴巴集团

官方网址:http://www.aliresearch.com/

微信公众号:aliresearch

微博:阿里研究院(腾讯微博)

机构宗旨:洞察数据共创新知

政策研究领域:信息经济、新商业文明、DT 范式研究;模式创新研究,如 C2B 商业模式、未来组织模式;产业互联网化研究,如电商物流、农村电商;互联网治理、网规、电商立法等

智库类型:企业智库

智库负责人:高红冰

管理团队:高红冰

全职研究员数:22 人

兼职研究员数:30 人

行政职员数:2 人

代表性成果(图书):《互联网+:从 IT 到 DT》(ISBN 978 - 7 - 1114 - 9950 - 3)、《新经济崛起》(ISBN 978 - 7 - 1115 - 4641 - 2)

品牌活动:新经济智库大会、淘宝村大会、农产品电商峰会、县域电商峰会

2 电力规划设计总院

英文名称: Electric Power Planning & Engineering Institute

智库地址:北京市西城区安德路 65 号

邮编:100120

办公电话:010－58388791

传真:010－82086966

成立时间:1975 年

关系信息:隶属于中国能源建设集团有限公司

官方网址:http://www.eppei.com/

微信公众号:eppei-china

机构宗旨:高端咨询助推能源行业发展

政策研究领域:能源电力

涉及学科:动力、机械、电气、电力电子、自动化、管理

智库类型:企业智库

法人代表:谢秋野

组织机构代码:40000448－1

智库负责人:谢秋野

首席专家:谢秋野

全职研究员数:219 人

兼职研究员数:291 人

行政职员数:51 人

2016 年度预算:2 185 万元

代表性成果:国家能源“十三五”发展规划、电力“十三五”发展规划、“一带一路”

能源国际合作专项规划以及能源电力体制改革等

品牌活动:《中国能源发展报告 2016》发布会、《中国电力发展报告 2016》发布会

3 国网能源研究院

英文名称: State Grid Energy Research Institute

智库地址:北京市昌平区北七家镇未来科学城滨河大道 18 号"国家电网公司"园区

邮编:102209

办公电话:010－66603900

传真:010－66603901

成立时间:2009 年

关系信息:隶属于国家电网公司

官方网址:http://www.sgeri.sgcc.com.cn/

微信公众号:国网能源研究院

机构宗旨:坚决贯彻落实中央决策部署和国家电网公司部署,以高端智库建设为主线,坚持"突出特色、创新驱动、开放合作、质量取胜、品牌引领"的理念,不断提升政策研究能力、决策咨询实力和科学发展水平,为政府政策制定和行业发展提供智力支撑和咨询服务

政策研究领域:能源电力发展与能源经济研究、能源体制机制与政策研究、电网发展与管理决策支撑研究、企业发展与管理决策支撑研究 4 大研究领域,覆盖了能源电力发展战略与规划、企业发展战略与规划等 30 个专业研究方向

智库类型:企业智库

法人信息:张运洲

法人代表:张运洲

组织机构代码:91110000717825595Q

智库负责人:张运洲

管理团队:张运洲(院长、党委副书记)、王广辉(党委书记、副院长)、蒋莉萍(副院长)、柴高峰(副院长、党委委员)、李伟阳(副院长、党委委员)、李连存(党委委员、纪委书记、工会主席)、张全(总工程师)、王耀华(副院长)、牛忠宝(副局级调研员)

首席专家:冯庆东、李有华、贾德香、单葆国、张勇

全职研究员数:197 人

兼职研究员数:9 人

行政职员数:50 人

2016 年度预算:3.635 4 亿元

智库荣誉:拥有国家发改委工程咨询单位甲级资格,获批"国家高新技术企业"资格认定,是世界银行、亚洲银行注册咨询单位,入选成为国家能源局第一批研究咨询基地

代表性成果(图书):基础研究年度报告(每年 10 部)、《中国非化石能源发展目标及其实现路径》(张运洲等著)(ISBN 978 - 7 - 5123 - 4191 - 3)、《综合资源战略规划与需求侧管理——理论方法与实践》(胡兆光等著)(ISBN 978 - 7 - 5083 - 6726 - 2)、《电力供需模拟实验——基于智能工程的软科学实验室》(胡兆光,单葆国)(ISBN 978 - 7 - 5083 - 8394 - 1)、《中国电力需求展望——基于电力供需研究实验室模拟实验》(胡兆光等著)(ISBN 978 - 7 - 5123 - 1014 - 8)、《2050 中国经济发展与电力需求探索》(胡兆光)(ISBN 978 - 7 - 5123 - 1683 - 6)、《电力经济学引论》(胡兆光)(ISBN 978 - 7 - 3023 - 146)、《输配电价理论与实务》(李英)(ISBN 978 - 7 -5123 - 2153 - 3)、《电力发展规划研究与实践探索》(王信茂)(ISBN 978 - 7 - 5123 - 2726 - 9)、《风电与电网协调发展综合解决策略——国际经验和中国实践》(ISBN 978 - 7 - 5123 - 2209 - 7)、《智能电力》(ISBN 978 - 7 - 5123 - 2567 - 8)、《重塑电力市场》(ISBN 978 -

7－1115－6936－7)

品牌活动:基础研究年度报告发布会、"能源·电力·发展"论坛

4 苏宁金融研究院

英文名称:Suning Institute of Finance

智库地址:江苏省南京市玄武区苏宁大道1号苏宁金融研究院

邮编:210000

办公电话:025－66996699－888635

传真:025－66996699

成立时间:2015年11月28日

关系信息:隶属于苏宁金融集团

官方网址:htttp://sif. suning. comwealth. suning. com/moneymessage

微信公号:SuningWealthInsights(苏宁财富资讯)微博:新浪微博-苏宁金融

APP:苏宁金融

机构宗旨:积极传递苏宁金融智慧,致力于打造成为在金融科技、消费金融、贸易金融、互联网金融、产业金融、长江经济带、宏观经济等领域具有重要影响力的一流金融研究机构

政策研究领域:互联网管理政策、金融科技政策、区域协调发展政策、新产业政策、财政金融政策、房地产政策

涉及学科:理论经济学、应用经济学、信息与通信工程、计算机科学与技术、城乡规划学、管理科学与工程等

智库类型:企业智库

法人信息:苏宁金融服务(上海)有限公司南京分公司

法人代表：杨兴菊

组织机构代码：91320102MA1MQC169R(1/1)

智库负责人：黄金老

管理团队：黄志龙、薛洪言

首席专家：黄金老

全职研究员数：20 人

兼职研究员数：8 人

行政职员数：3 人

2016 年度预算：1 000 万元

代表性成果（图书）：《中国互联网金融发展新思路》(ISBN 978－7－5654－2970－5)

品牌活动：江苏普惠金融发展论坛、产融结合新机遇、前瞻·新聚焦新趋势新未来"高峰论坛等

5 腾云智库

英文名称：Tengyun Think Tank

智库地址：北京市海淀区北四环西路 66 号中国技术交易大厦

邮编：100080

办公电话：010－82155610

传真：010－82155610

成立时间：2011 年 6 月

关系信息：隶属于腾讯研究院互联网与社会研究中心

官方网址：http://tengyun.tencent.com/

微信公号：腾云

微博：腾云智库

机构宗旨：以连接集聚创新，以研究推动行动与改变

涉及学科：社会学、传播学、经济学、法学、互联网

智库类型：企业智库

智库负责人：岳淼、王晓冰

管理团队：周南谊、毛晓芳、樊杰、刘杰、张弛、朱妍桥

首席专家：段永朝、刘慈欣、吴晓波、罗振宇、罗家德，周汉华、朱恒源等

全职研究员数：8 人

兼职研究员数：20 人

行政职员数：2 人

代表性成果：《腾云》杂志、《第九区》MOOK 编撰

品牌活动："腾云下午茶"、"腾云计划"

6 中国石油经济技术研究院★★

英文名称：Economics & Technology Research Institute, CNPC

智库地址：北京市西城区六铺炕街 6 号

邮编：100724

办公电话：010－62065270

关系信息：隶属于中国石油集团

官方网址：http://etri.cnpc.com.cn/

机构宗旨：为国家制定油气战略提供信息依据和对策建议，为中国石油集团谋划长远发展战略、把握国内外市场环境、确定技术发展选项

政策研究领域:资源政策

涉及学科:经济学

智库类型:企业智库

智库层次:首批国家高端智库建设试点单位

法人代表:李建青

智库负责人:李建青

7 中信改革发展研究基金会★

英文名称:CITIC Foundation for Reform and Development Studies

智库地址:北京市朝阳区新源南路 6 号京城大厦 A 座 502

邮编:100027

办公电话:010 - 59661639

传真:010 - 59660068

成立时间:2014 年 8 月

关系信息:隶属于中信集团

官方网址:http://www. citicfoundation. org/

机构宗旨:积极配合党和国家重大决策和部署,围绕社会科学各领域重大问题特别是中国特色社会主义发展道路和发展模式等深入开展专题研究,切实发挥带动效应,有效引导群众思想

政策研究领域:经济政策、社会政策、国际政策

涉及学科:文学、史学、哲学、经济学、管理学、政治学、法学、社会学、新闻传播学、战略和国际学

智库类型:企业智库

智库层次：国家高端智库建设培育单位

智库负责人：郭克彤

管理团队：孔丹（理事长）、居民伟（副理事长）、浦坚（副理事长）、郭克彤（秘书长）、高粱（副秘书长）、王湘穗（副秘书长）

代表性成果（文章）：《走向成熟的大国法治——记中信改革发展研究基金会第9次青年学会座谈会》、《从总统大选看美国的变化以及对世界格局的影响》、《理论与实践并重国家基层治理渐入佳境》

品牌活动：“中国道路”论坛、“中国道路”系列讲座、中信学人茶叙

T

八

社会智库

1 北京国观智库投资有限公司

英文名称: Grandview Insttutton, Beijing

智库地址:北京市海淀区中关村南大街12号中国农业科学院科海福林大厦6层602

邮编:100081

办公电话:010－62151016

传真:010－62158609

成立时间:2013年5月

官方网址:http://www.grandviewcn.com/

微信公众号:grandviewcn

机构宗旨:致力于中国的安全、繁荣和稳定

政策研究领域:产业政策、对外贸易政策、民族政策、宗教政策、外交政策、海洋政策、“一带一路”政策

涉及学科:经济学、法学、历史学、哲学

智库类型:社会智库

法人信息:北京国观投资有限责任公司

法人代表:任力波

组织机构代码:911101050696287366

智库负责人:任力波

管理团队:任力波、陈亮、席宁

首席专家:张蕴岭、葛剑雄、马大正、李国强、王言彬、刘伟、李伟、邴正、张秀明、朱维群、林家礼、周秋麟、王晓惠、王殿昌、傅崐成、梁仕荣、秦玉才

全职研究员数:25人

兼职研究员数:62 人

行政职员数:3 人

2016 年度预算:700 万元

代表性成果:《对外投资新空间——一带一路国别投资价值排行榜》(钟飞腾)(ISBN 978 - 7 - 5097 - 7080 - 1)、《中国海洋强国战略提出后的国际智库舆情研究》(内部出版)(以近 50 家国际智库的文章观点为对象,系统研究了"十八大"提出的"海洋强国"战略后,探讨了中国海洋战略国际舆情环境的内容、特征与本质,并揭露了国际舆论作为权力战术的手段和目的,为中国认清舆论本质、增强舆论战术、改善舆论环境寻得落脚点)

品牌活动:国观智库 2016(首届)边疆论坛、国观智库—东盟智库对话会

2 北京国际城市发展研究院

英文名称: International Institute for Urban Development, Beijing

智库地址:北京市朝阳区金台西路 2 号 3 号楼

邮编:100026

办公电话:010 - 85993596

传真:010 - 85995641

成立时间:2001 年 11 月

机构宗旨:以城市价值链理论为指导,以发现城市价值为目标,围绕城市发展全过程,开展城市决策与预测研究,建立全球化学习网络,实施城市战略设计和行动计划,并以此为基础,构建对 21 世纪中国城市发展产生积极影响和推动作用的决策咨询体系

政策研究领域:产业政策、人口政策、社会保障政策、文化政策、统战政策

涉及学科:经济学、管理学

智库类型:社会智库

法人代表:连玉明

组织机构代码:600072761

智库负责人:连玉明

管理团队:连玉明、朱颖慧、武建忠、刘俊华、金峰、张涛

首席专家:王珏

全职研究员数:8 人

品牌活动:IUD 发起成立的“中国城市论坛”和“MCA 国际城市管理实验室”在国内外享有较高的知名度

3 北京市长城企业战略研究所

英文名称:Beijing Greatwall Enterprise Institute

智库地址:北京市朝阳区北辰东路 8 号北京国际会议中心东配楼 2 层

邮编:100101

办公电话:010 - 82000976

传真:010 - 82000980

成立时间:1993 年 8 月

官方网址:http://www.gei.com.cn/

微信公众号:GEI-Consultants、长城智库、德禄洞见

微博:长城战略咨询

APP:GEI-KMP

其他社交媒体:长城战略咨询今日头条

机构宗旨：立足于对中国市场的专业研究，在长期咨询实践的基础上，形成了以企业—产业—区域的业务轴心和创新创业咨询、社交化与知识管理咨询、循环经济咨询、国际化咨询的特色业务

政策研究领域：产业政策、服务业政策、科技政策

涉及学科：经济学、管理学

智库类型：社会智库

法人信息：北京市长城企业战略研究所

法人代表：王德禄

组织机构代码：521100007629512674

智库负责人：王德禄

管理团队：武文生、陈文丰

首席专家：王德禄

全职研究员数：267 人

兼职研究员数：25 人

行政职员数：30 人

2016 年度预算：3 468.4 万元

智库荣誉：北京市社会组织示范基地（省部级）、2012 年自主创新杰出贡献奖（省部级）

代表性成果：《2016 中国独角兽企业发展报告》（年度系列报告）、《国家高新区瞪羚企业发展报告（2016）》（作为新经济的典型代表，瞪羚企业的发展对推动转变经济发展方式，实施创新驱动发展战略具有十分重要的意义和作用）

4 察哈尔学会

英文名称:The Charhar Institute

智库地址:北京市海淀区上庄镇长乐村甲 1 号适园

邮编:100048

办公电话:010 - 58367839

传真:010 - 58382526

成立时间:2009 年 10 月

官方网址:http://www.charhar.org.cn/

微信公众号:charhar

博客:察哈尔学会

机构宗旨:为政府的重大外交决策提供政策建议和创新思想,影响政策和舆论;协助决策者增强对国际发展趋势的理解,有效地应对不断变化的国际关系,增强世界各国之间的互相理解,加强在政治、经济和社会问题上的国际对话与合作

政策研究领域:外交政策

涉及学科:管理学、经济学

智库类型:社会智库

法人代表:韩继德

组织机构代码:69587422 - 1

智库负责人:韩方明

管理团队:张国斌、周虎城、王冲、马文生、张忠义

首席专家:于洪君

全职研究员数:4 人

兼职研究员数:150 人

行政职员数：2 人

2016 年度预算：500 万元

智库荣誉：中国公共外交协会常务理事单位

代表性成果（期刊）：《公共外交季刊》（ISSN 10－1134，CN 2095－6010/D）

品牌活动：察哈尔公共外交年会、察哈尔和平对话、察哈尔圆桌、察哈尔大讲堂等

5 长江教育研究院

英文名称：Changjiang Educatian Research Institute

智库地址：湖北省武汉市雄楚大街 268 号湖北出版文化城 B 座 7 层

邮编：430070

办公电话：027－87679927

传真：027－87679937

成立时间：2006 年 12 月

官方网址：http://www.cjjy.com.cn/

微信公众号：CERI－2006

APP：微学堂、多多社区、教学大师、《生命安全教育》和《心理健康教育》课程数字支撑平台、综合素质评价应用平台

机构宗旨：民间立场、建设态度、专业视野、全球视野、中国立场、专业能力、实践导向

政策研究领域：教育政策、教育管理、基础教育、高等教育、职业教育、教师教育、民办教育、学前教育、艺术教育、特殊教育、教育信息化、课程教材、教育评价

涉及学科：教育学、法学、经济学

智库类型：社会智库

智库负责人:周洪宇

管理团队:周洪宇、马敏、余学敏、邱菊生、彭南生、万智、方向荣、方平、陈冬新、何静、范正田、雷万鹏、申国昌、刘来兵、付睿

首席专家:周洪宇

全职研究员数:36 人

兼职研究员数:265 人

行政职员数:8 人

2016 年度预算:600 万元

智库荣誉:湖北省十大教育图书奖(省部级)、湖北省教育建言卓越贡献奖(省部级)、湖北省杰出智库奖(省部级)、湖北省优秀教育团队(省部级)、湖北省教育智库突出贡献奖(省部级)

代表性成果:

报告:《2017 年:以五大发展理念制定十三五教育发展规划》(包括年度主题与年度综述两大部分,其中上编是年度主题,主要由年度综述、聚焦热点、教育大事记、重要文献组成)

图书:"教育智库与教育治理研究"丛书(国内第一套针对教育智库与教育治理研究的研究性系列著作,具有首创性、开拓性、前沿性,与国际学术界、出版界基本同步)

品牌活动:"教育智库与教育治理高峰论坛"、长江教育论坛、教育智库与教育治理 50 人圆桌论坛

6 长沙市现代产业发展研究会

英文名称:Institute of Industry Development Research, Changsha

智库地址:湖南省长沙市天心区富景园

邮编:410075

办公电话:15974180045

成立时间:2013 年 8 月

微信公众号:星创同行

机构宗旨:服务地方政府、引导产业发展、提供智力和人才保障

政策研究领域:产业发展与政策;创新创业;国企改革

涉及学科:产业经济学、工商管理

智库类型:社会智库

法人信息:长沙市现代产业发展研究会

法人代表:周文辉

组织机构代码:M4043010402230000D

智库负责人:李明辉

管理团队:由中南大学、湖南大学、湖南师范大学等高校老师组成的团队进行管理

首席专家:吴金明

全职研究员数:11 人

兼职研究员数:35 人

行政职员数:5 人

2016 年度预算:117.8 万元

智库荣誉:省部级奖 4 项

代表性成果:《湖南省新型工业化"十三五"发展规划》、《长沙市创新创业》白皮书、《湖南省新型工业化示范基地》白皮书

7 重庆市生产力发展中心

英文名称: Chongqing Center for Productivity Development

智库地址:重庆市渝北区黄山大道中段 68 号 32 幢

邮编:401120

办公电话:023－63051518、023－67687060

传真:023－63051518

成立时间:2013 年 6 月

官方网址:http://www.cqcpd.org/

机构宗旨:坚持中国特色社会主义理论,深入研究重庆经济社会发展,积极开展国内及国际经济交流,面向政府、企业及社会各界,提供智力支持和咨询服务,为促进重庆生产力发展做贡献

政策研究领域:发展战略、宏观经济、区域经济、产业经济、开放与口岸经济、城乡发展规划与建设、开发区(园区建设)、公共服务政策、国企改革、民营经济发展、企业经营管理等

涉及学科:马克思主义、中国特色社会主义理论体系、理论经济学(人类经济学、社会经济学、科学经济学)、应用经济学(国民经济学、区域经济学、产业经济学、国际贸易学、劳动经济学、国防经济)、工商管理(企业管理、旅游管理、技术经济及管理)、农林经济管理、公共管理(行政管理、教育经济与管理、社会保障、土地资源管理)

智库类型:社会智库

智库层次:重庆市重点试点、示范社会智库

法人信息:重庆市生产力发展中心

法人代表:严晓光

组织机构代码:51500000068265283U

智库负责人：童小平、严晓光

管理团队：严晓光、马明媛、王明瑛、童昌蓉、蒋玲、李小东、龚敏、李佳

首席专家：吴家农、童小平、尹明善、张卫国、张波、易小光、马述林、周林军、张巍、李敬

全职研究员数：10 人

兼职研究员数：421 人

行政职员数：10 人

2016 年度预算：2 250 万元

代表性成果：重庆市生产力发展中心和重庆市企业家联合会共同发布了《重庆企业发展环境指数报告》

品牌活动：重庆经济年会、经济圆桌会议、企业沙龙

8 重庆智库

英文名称：Chongqing Think-Tank Institution

智库地址：重庆市江北区建新北路 38 号世纪英皇南塔 20F

邮编：400020

办公电话：023 - 88950088

传真：023 - 88950016

成立时间：2013 年 8 月

官方网址：http://www.cqti.org.cn/

机构宗旨：以“决策显微镜、战略风向标”为理念，以公共政策、战略规划为研究主轴

政策研究领域：公共政策、战略规划

涉及学科：经济学、管理学、社会学

智库类型：社会智库

智库层次：重庆市重点社会智库建设试点

法人信息：重庆市智库发展研究会

法人代表：王佳宁

组织机构代码：51500000075683432R

智库负责人：王佳宁

管理团队：何培育、黄庆华、冯吉光

首席专家：王佳宁、蔡永飞、陈伟光、丛屹、胡敏、孔祥智、李建伟、于立、张琦、钟开斌

全职研究员数：15 人

兼职研究员数：60 人

行政职员数：5 人

2016 年度预算：300 万元

智库荣誉：全国社科联创建新型智库先进单位（2015 年度、2016 年度）

代表性成果：

图书：《大国论衡：中国经济社会转型的若干节点》（王佳宁）（ISBN 978－7－2290－9526－0）、《潮起巴渝：西部大开发重庆剪影》（王佳宁）（ISBN 978－7－5203－0112－1）

研究报告：《长江经济带战略实施三周年总报告》

品牌活动：智库重庆论坛

9 东中西部区域发展和改革研究院

英文名称：China Region Development & Reform Institute China Region Development & Reform Institute(CRDRI)

智库地址：北京市朝阳门外大街3号山水国际广场E座

邮编：100020

办公电话：010－65524405

传真：010－65524405

成立时间：2002年9月

微信公众号：NANSHUFANG

微博：公学网、国家智库

机构宗旨：从学术、政策和战略角度围绕以国家需求和基础研究作为项目研究的“软实力”，突出科学性、战略性、全局性、综合性、系统性、前瞻性、实践性的主题，通过“研究、交流、服务、直谏”，为国家发展和各级政府企业的提供科学决策服务

政策研究领域：政治和社会、经济、科技和教育、区域发展、宗教、民族和文化、国防与外交等

涉及学科：经济学、政治学、法学、财政学、金融学、管理学、行政学、教育学、军事学、文化学、国际关系学、外交学、医学、宗教学、传媒学等

智库类型：社会智库

法人信息：社会团体法人

法人代表：杨华山

组织机构代码：511000005000145560

智库负责人：于今

管理团队：于今、于青山、王亚

首席专家：于今、朱晓中、赵磊、任玉岭、纪明葵、厉无畏、王怀超、徐光裕、贾庆国、卫兴华、胡乃武、曹洪欣、方宁、黄维、胡正荣、高培勇、顾行发、宫玉振、刘春成、卢秋田、李曙光、刘书瀚、毛宗福、闪淳昌、史金波、王名、彭近新、文仲慧、徐以骅、徐旭、肖金成、苑利、于宁、张景安、赵磊、张维为、朱少平、朱成虎

全职研究员数：7 人

兼职研究员数：210 人

行政职员数：20 人

2016 年度预算：500 万元

智库荣誉：中共中央对外联络部"一带一路"智库联盟理事单位、联合国开发计划署战略合作伙伴、中央外事办指定对外合作对话的参与机构

代表性成果：

图书：《科学发展观系列丛书》(俞吾金)(ISBN 978-7-5366-9635-8)、《五个统筹系列丛书》(ISBN 978-7-8009-8479-2)、《大国前途》(于今)(ISBN 978-7-5117-2559-2)

学术期刊：《中国智库》、《国家智库》

品牌活动："智库筑基'中国梦'"系列主题研讨会、中国发展百人奖、中国智库国际学术研讨会(2013、2015)

10 广东亚太创新经济研究院

英文名称：Asia-Pacific Innovation Economic Research Institute of Guangdong

智库地址：广州市天河区珠江西路 5 号广州国际金融中心 3511-3512 室

邮编：510063

办公电话：020-87350999

传真:020-87353488

成立时间:2013 年 11 月

官方网址:http://www.gder.org/

微信公众号:GDAPER

机构宗旨:产业智库,创新先锋

政策研究领域:轨道经济、航空经济、航运经济、新一代信息技术、先进制造、低碳环保、健康产业、商务服务、文化旅游

涉及学科:产业经济、区域经济、城市规划、金融学等

智库类型:社会智库

法人代表:董小麟

组织机构代码:52440000084458675W

智库负责人:李志坚

管理团队:李志坚、刘江华、张丽娟

首席专家:董小麟、郑天祥、徐印州、骆雪超、罗秀豪、李新家

全职研究员数:25 人

兼职研究员数:10 人

行政职员数:5 人

智库荣誉:2016 年度全国社科联先进学会、中国"一带一路联盟理事单位"、广东省决策咨询研究基地、广东省民办非企业 4A 等级

品牌活动:首届城市国际化论坛、广州全球城市建设研讨会等

11 广东中策知识产权研究院

英文名称: China Strategy Institute for Intellectual Property Guangdong

ZHONGCE Intellectual Property Research Institute

智库地址：广东省广州市开发区科学城科学大道 241 号总部经济区 A4 栋 10 层

邮编：510520

办公电话：020－37882561

传真：020－37882561

成立时间：2014 年 10 月

官方网址：http://www.ipzhc.com/

微信公众号：zhc-IPinfo

机构宗旨：从事知识产权政策研究、知识产权战略制定、知识产权高端培训、知识产权咨询、知识产权运营、知识产权国际交流等

政策研究领域：文化政策、司法政策、产业政策、科技政策

涉及学科：法学、管理学

智库类型：社会智库

法人信息：张驰

法人代表：张驰

组织机构代码：32101868－2

智库负责人：张驰

管理团队：赵家仪、张驰、陈婷

首席专家：吴汉东

全职研究员数：10 人

兼职研究员数：20 人

行政职员数：1 人

2016 年度预算：400 万元

智库荣誉：2015 年，"广东中策知识产权研究院在穗落户，志在建成国内知识产权高端智库"入选广州市年度知识产权十大事件

代表性成果：

百强榜系列：《2014 中国企业专利技术百强榜》、《2016 年中策—中国企业专利技术创新百强榜》、《2017 年中策—中国企业专利创新百强榜》（年度全国榜）、《广西企业专利技术创新 100 强》（区域榜）、《广东省企业专利创新百强榜》（区域榜）、《海南省企业专利技术创新 50 强》（区域榜）等

智库研究系列："知识产权十三五规划"、"省部知识产权会商"等战略规划研究类；"中国—东盟知识产权国际交流合作中心建设总体规划"、"广东省知识产权服务业集聚中心建设总体规划"等功能规划设计类；"知识产权区域布局"、"知识产权创新指标体系研究"等创新类；"知识产权强国、强省建设专项"、"进出口专利执法"、"知识产权服务业发展情况调研"等专题类项目

品牌活动：知识产权珠江论坛

12 海国图智研究院

英文名称：Intellisia Institute

智库地址：广东省广州市天河区潭村路马赛国际商务中心 2709 室

邮编：510000

办公电话：020－37276476

传真：020－37276476

成立时间：2015 年 8 月

官方网址：http://www.intellisia.org/

微信公众号：haitunews

微博：海国图智

机构宗旨：强化、传递中国声音，为中国公众提供经济、社会和安全福利努力打造

更公平、繁荣、合作的国际关系智力平台

政策研究领域：外交政策、安全政策、民族政策、国防政策、网络安全政策、互联网管理政策、军事政策、宗教政策、对外贸易政策、海洋政策、环境政策、港澳台政策、意识形态政策、文化政策、社会建设与社会政策

涉及学科：法学、经济学、历史学、军事学、管理学、理学

智库类型：社会智库

法人信息：海国图智（深圳）

法人代表：蔡平莉

组织机构代码：349956750

智库负责人：陈定定

管理团队：陈定定（院长）、王建伟（副院长）、侯颖（助理院长）、王悠（助理）、邱小鹃（助理）、温馨（助理）、田豆（助理）、谢嘉婷（助理）、何明泽（助理）、孟维瞻（助理）、林小云（助理）、郑汶珠（助理）、祖梓文（助理）、丁梦（助理）、王聪（助理）、许彤辉（助理）、段绍毅（助理）、鹿琦（助理）、司海永（研究员）

首席专家：陈定定

全职研究员数：6 人

兼职研究员数：30 人

行政职员数：13 人

2016 年度预算：300 万元

代表性成果：《中美问题周报》、《“一带一路”健康医疗动态汇编》、《中新关系半月刊》、《丝路研究动态》

品牌活动：“中国外交与智库创新”学术研讨会、华侨华人与“一带一路”国际学术研讨会、第四届岭南国际关系论坛、“中美关系与全球治理”国际学术研讨会、2017“国际关系风险预测”学术研讨会、“中新关系研究项目”启动仪式暨“中新关系”座谈会、“一带一路”中的能源与环境新趋势学术研讨会“习特会”、“中国与美国的观点研讨

会”、“中国崛起与世界领导力的转变”研讨会、“大选后的中美关系：中国的看法”报告会、“八十年代中国政治学的重建”讲座、“中国当代公共卫生治理”讲座、“川普治下的美国政军关系”讲座、“新兴大国的地位选择：中国、巴西、印度的国际战略等之比较”讲座、“‘一带一路’能源问题”讲座、“The Politics of Nation-Building：Making Co-Nationals，Refugees，and Minorities”讲座、“‘一带一路’与地区合作”座谈会

13 海南亚太观察研究院

英文名称：Hainan Institute for World Watch

智库地址：海南省海口市人民大道 70－3 海南亚太观察研究院

邮编：570000

办公电话：0898－66272452

传真：0898－31568221

官方网址：http://www.hniww.cn/

机构宗旨：服务国家战略，服务公共利益

政策研究领域：外交政策、财政政策、金融政策、海洋政策、文化政策

智库类型：社会智库

法人代表：肖策能

14 蓝迪国际智库

英文名称：Research and Development International，Chinese Academy of Social Sciences

智库地址:北京市东城区张自忠路3号东院中国社会科学院亚太与全球战略研究院

邮编:100007

成立时间:2015年4月

官方网址:http://www.rdi.org.cn/

机构宗旨:以问题导向、需要导向和项目导向为原则,在智库研究、国际合作以及促进"一带一路"建设等方面开展工作

涉及学科:国际关系、国际经济

智库类型:社会智库

首席专家:赵白鸽

管理团队:王镭、王灵桂

首席专家:王伟光、蔡昉、赵白鸽

兼职研究员数:3人

行政研究员数:10人

2016年度预算:600万元

智库荣誉:2016年度"一带一路"优秀智库、"一带一路"智库合作联盟理事单位、丝路产业与金融国际联盟理事会长单位

代表性成果(图书):《探索新型智库发展之路——蓝迪国际智库报告(2015)》(ISBN 978-7-5161-8674-9)、《助力中国企业走向"一带一路"——蓝迪国际智库报告(2016)》(ISBN 978-7-5161-9971-8)、《"一带一路"——新型全球化新长征》(ISBN 978-7-5203-0325-5)

品牌活动:"丝绸之路经济带"新疆克拉玛依论坛

15 辽宁省软科学研究会

英文名称: The Association of Soft Science Research of Liaoning

智库地址:辽宁省沈阳市和平区三好街 24 号

邮编:110004

办公电话:024 - 23983298

传真:024 - 23983298

成立时间:1993 年 5 月

机构宗旨:以实现决策科学化、民主化和管理现代化为宗旨,以推动经济、科技、社会的持续协调发展为目标

政策研究领域:科技政策、工业政策、产业政策、高端制造业政策、服务业政策、社会建设与社会政策

涉及学科:经济学、管理学

智库类型:社会智库

法人信息:社团独立法人

法人代表:金珠

组织机构代码:51210000781607576P

智库负责人:金珠

全职研究员数:15 人

兼职研究员数:77 人

行政职员数:5 人

2016 年度预算:40 万

代表性成果:《科技促进战略性新兴产业发展研究》、《提高辽宁省科技创新能力对策研究》

16 盘古智库（北京）信息咨询有限公司

英文名称：The Pangoal Institution

智库地址：北京市海淀区北辛村甲53号盘古香山书院盘古智库

邮编：100093

办公电话：010－82597716

传真：010－82593219

成立时间：2013年12月

官方网址：http://www.pangoal.cn/index.php

微信公众号：pangoalzhiku

微博：盘古智库

APP：盘古智库

政策研究领域：全球治理、"一带一路"、宏观经济、创新驱动

涉及学科：国际关系、宏观经济和金融、创新创业

智库类型：社会智库

智库层次：国内"一带一路"重点智库、金砖国家智库理事单位、"一带一路"智库合作联盟理事单位

法人信息：易鹏

法人代表：易鹏

组织机构代码：08548644－0

智库负责人：易鹏

管理团队：易鹏、于洪君、陈秋霖、周晓光、王栋、景桦、王贺娟

首席专家：易鹏

全职研究员数：20人

兼职研究员数:260 人

行政职员数:5 人

2016 年度预算:1 000 万元

智库荣誉:在发改委国家信息中心发布的《"一带一路"大数据报告》中,盘古智库被评为国内"一带一路"重点智库、中共中央对外联络部金砖国家智库理事单位、中共中央对外联络部"一带一路"智库合作联盟理事单位

代表性成果(报告):《盘古智库"发现印度"系列报告》、《"一带一路"国际合作精华 30 问》、《全球宏观经济研究季报》、《中国宏观经济研究季报》、《宏观经济周报》

品牌活动:盘古智库"共享·创新"香山全球智库论坛、盘古智库中欧关系高峰对话、盘古智库"2016 金砖机制与全球治理论坛"、盘古智库举办中美经贸高峰对话、盘古智库"一带一路"与中欧经贸合作高峰论坛、盘古智库"东盟共同体建设与中国—东盟关系研讨会"、盘古智库"中国在国际关系中的作用:'一带一路'倡议"高层会议

17 全球化智库(中国与全球化智库)

英文名称: Center for China & Globalization

智库地址:北京市朝阳区光华路 7 号汉威大厦 15B5

邮编:100004

办公电话:010 - 65611038

传真:010 - 65611040

成立时间:2008 年

官方网址:http://www. ccg. org. cn/

微信公众号:globalthinktank、chinatalents、huiyaowang

微博:中国与全球化智库

其他社交媒体：https://www.linkedin.com/company-beta/7439095/、Twitter：ccg_org、Facebook：CCGthinktank

机构宗旨：用全球视野，为中国建言；以世界眼光，为中国献策

政策研究领域：经济政策、人才政策、企业全球政策、文化政策、外交政策

涉及学科：经济、社会、管理、外交、人文

智库类型：社会智库

智库层次：省部级重点培育智库/省级优先发展智库

法人信息：社会团体法人

法人代表：王辉耀

组织机构代码：53110000MJ0176822R

智库负责人：王辉耀

管理团队：王辉耀、苗绿、王欣、刘科、汤敏、刘延宁、崔大伟、郑巧英、李卫锋、刘宇、唐蓓洁、郑金连、陈亮、栾丽、董庆前、许海玉、董慧、聂立高、李庆、于蔚蔚、刘云帆、支宏越、赵映曦

首席专家：王辉耀

全职研究员数：102 人

兼职研究员数：126 人

行政职员数：16 人

2016 年度预算：3 500 万元

智库荣誉：发改委国家信息中心《"一带一路"大数据报告》中，CCG 入选国内"一带一路"重点智库，《完善我国人才引进政策的建议》被全国政协办公厅评为 2014—2015 年度全国政协优秀社情民意信息

代表性成果：

蓝皮书：企业国际化蓝皮书——《中国企业全球化报告》(2014—2016)、国际人才蓝皮书——《中国留学发展报告》(2012—2016)、《中国国际移民报告》(2012、2014、

2015)、《中国海归发展报告》(2012、2013 等)

图书:《大转向:谁将推动新一波全球化》(ISBN 978-7-5060-6008-0)、《全球化VS逆全球化》(ISBN 978-7-5060-9505-1)、《大国背后的"第四力量"》(ISBN 978-7-5086-6712-6)、《世界华商发展报告(2017)》(ISBN 978-7-5113-6691-7)

品牌活动:中国与全球化圆桌论坛(2015、2016、2017)、中国企业全球化论坛(2014、2015、2016)、全球化企业发展中国论坛(2016)、欧美同学会北京论坛暨中国留学人员创新创业论坛、"一带一路系列研讨会"、"全球化与逆全球化"系列研讨会、CCG 智库圆桌会

18 上海春秋发展战略研究院

英文名称: Chunqiu Institute for Development and Strategic Studies

智库地址:上海市长宁区番禺路 300 弄 3 号 B 座

邮编:200052

办公电话:021-62802030

成立时间:2014 年 9 月

官方网址:http://www.sssa.org.cn/cqfz1.htm

机构宗旨:以符合国家和社会的公共利益为准则,提供咨询服务,出版参考型论文、专题研究报告、专著,举办各种论坛、学术培训项目等,为推进中国社会建设,研究中国经济发展模式、国际关系战略等重大领域课题,服务于国家和社会政策研究领域:外交政策、民族政策、国防政策、安全政策、军事政策、财政政策、金融政策

涉及学科:政治学、社会学、经济学、法学

智库类型:社会智库

法人代表:金仲伟

组织机构代码:310569606

智库负责人:张维为

管理团队:金仲伟、梁顺龙

首席专家:张维为、金仲伟、冯绍雷、曹锦清、李世默、沙烨、寒竹、文扬、陈平、宋鲁郑、郑若麟、潘小瓅

全职研究员数:11 人

兼职研究员数:5 人

行政职员数:3 人

2016 年度预算:190 万元

19 上海福卡经济预测研究所有限公司

英文名称:Shanghai FC Institute of Economic Forecast Co. Ltd

智库地址:上海市广东路 689 号 27 楼

邮编:200001

办公电话:021－6310066

传真:021－63410069

成立时间:1996 年 7 月

官方网址:http://www.forecast.org.cn/

微信公众号:福卡智库

微博:福卡智库

机构宗旨:二十余年来,福卡智库坚持"客观、冷静、中性、实证、有效"的科研原则,形成了福卡内参、福卡咨询、福卡论坛三大业务板块;致力于为商界、政界提供科学理性、富于前瞻性和可操作性的智力服务

政策研究领域：经济政策、产业政策、市场政策、消费政策

涉及学科：经济学、管理学

智库类型：社会智库

法人信息：91310101132268260C

法人代表：王德培

组织机构代码：13226826－0

智库负责人：王德培

管理团队：陈晓理、杨勇武、吴红霞、杨金廷、孙晓莉、邵克佑

首席专家：王德培

全职研究员数：32 人

兼职研究员数：6 人

行政职员数：7 人

2016 年度预算：1 400 万元

代表性成果：《福卡分析》、《敏感报告》

品牌活动：福卡智库论坛、福卡趋势论坛

调研考察：中澳经济趋势论坛

20 上海华夏社会发展研究院

英文名称：Shanghai Academy of Huaxia Social Development Research

智库地址：上海市浦东新区浦建路 1288 弄

邮编：201204

办公电话：021－50454706

成立时间：1994 年 12 月

官方网址：http://www.huaxia.org.cn/index.htm

机构宗旨：使执政党的任务能真正落实到基层社区，使社区老百姓能感觉到党的温暖、党的先进性；通过社区这一载体的建设与管理，完善社会管理，促进上海经济与社会的发展

政策研究领域：网络安全政策、互联网管理政策、就业政策、资源政策、市场政策、劳动政策、人口政策、社会保障政策、住房政策、城乡建设政策、文化政策

智库类型：社会智库

法人信息：华东理工大学

法人代表：鲍宗豪

智库负责人：鲍宗豪

代表性成果：《全国文明城市测评体系》、《当代中国沿海城市开发区发展趋势研究》、《浦东新区城镇建设与江镇发展模式研究》

21 上海金融与法律研究院

英文名称：Shanghai Institute of Finance and Law (SIFL)

智库地址：上海市浦东新区民生路1299号丁香国际商业中心西塔702室

邮编：200135

办公电话：021－68545701

成立时间：2002年10月

官方网址：http://www.sifl.org.cn/

微信公众号：SIFL2002

微博：上海金融与法律研究院

机构宗旨：立足于以金融和法律为视角关注变化中的中国与世界，倡导法治的市

场经济，致力于为转型社会提供有效的解决方案，以专业分析影响公共决策，推动社会进步

政策研究领域：司法政策、金融政策

智库类型：社会智库

法人信息：上海金融与法律研究院

法人代表：柳志伟

智库负责人：李步云

管理团队：房四海、傅蔚冈、高利民、胡颖廉、李学尧、聂日明、宋华琳、肖国兴、周子衡、朱芒

研究员数：49 人

代表性成果：

刊物：《思想库报告》、《陆家嘴评论》、《规制》、*SIFL Weekly*

图书：《规划为什么会失败》(兰德尔·奥图尔)(ISBN 978-7-5426-5373-4)、《交通困局》(兰德尔·奥图尔)(ISBN 978-7-5426-5375-8)、《奔向城市：寻找增长的动力》(聂日明)(ISBN 978-7-5086-6370-8)、《财政联邦主义下的交通设施投融资：以美国明尼苏达州为例》(赵志荣)(ISBN 978-7-5432-2575-6)、《法治新理念：李步云访谈录》(李步云)(ISBN 978-7-0101-4825-0)、《地方政府融资及其风险管理的国际经验——以韩国为例》(黄懿杰、何帆)(ISBN 978-7-5432-2564-0)

22 上海新金融研究院

英文名称：Shanghai Finance Institute

智库地址：上海市上海黄浦区北京东路 280 号 701 室

邮编:200002

办公电话:021－33023250

成立时间:2011年7月

官方网址:http://www.sfi.org.cn/

机构宗旨:探索国际金融发展新趋势,求解国内金融发展新问题,支持上海国际金融中心建设

政策研究领域:金融政策

涉及学科:经济学

智库类型:社会智库

法人代表:钱颖一

智库负责人:钱颖一

管理团队:钱颖一、钟伟、王海明

全职研究员数:12人

代表性成果:《共享经济模式下智慧银行体系构建》,通过深度融合AI(HI)(人工智能、人类智能),不断完善"云＋端"扁平式双层架构体系和八大智能平台,形成垂直整合、横向延伸的开放生态圈,使金融服务更灵动、更安全和更智能;《金融科技发展的国际经验和中国政策取向》从国家资产负债比看,中国的债务风险总体是可控的

23 深圳创新发展研究院(深圳市现代创新发展基金会)

英文名称: Shenzhen Innovation and Development Institute

智库地址:广东省深圳市福田保税区桃花路1号国际互联网金融创业中心7楼

邮编:518038

办公电话:0755－88302511

传真:0755－88308875

成立时间:2013 年 7 月

官方网址:http://www.cxsz.org/

微信公众号:深圳创新发展研究院(SZIDIORG)

机构宗旨:立足深圳,面向全国,放眼全球,致力于中国改革创新的重大理论和实践问题的研究,推动深圳乃至全国的改革创新,为党和政府决策提供参考和咨询

政策研究领域:国企改革、区域经济、社会保障政策、住房政策、社会建设与社会政策、产业政策、财政政策

涉及学科:经济学、政治学、社会学

智库类型:社会智库

智库负责人:张思平

管理团队:张思平、毛振华、唐惠建、南岭

首席专家:包雅军、蔡霞、党国英、邓聿文、贡森、李强、郭万达、孔泾源、李萌、祁述裕、徐昕、许耀桐、王小鲁、张燕生

全职研究员数:30 人

兼职研究员数:15 人

代表性成果:《中国改革报告》系列由一个总报告和十一个分报告构成,既延续了“既定的总报告＋十大领域分报告”的框架结构,又针对全年的热点问题新增了一个专题:供给侧结构性改革报告,充分体现出改革年度报告与时俱进、点面结合、突出重点的创新特色

《共享深圳报告》是深圳创新发展研究院组织发起的针对深圳发展长远性、战略性、方向性、理念性重大问题的年度研究课题

品牌活动:大梅沙论坛、智库报告厅、深港合作圆桌会议

24 丝绸之路经济带发展研究院

英文名称:Institute of Skill Road Studies,Northwest University

智库地址:陕西省西安市西沣路兴隆段 266 号

邮编:710069

成立时间:2014 年 1 月

机构宗旨:以国家"丝绸之路经济带"发展战略构想为指导,在理论研究、应用研究和决策咨询等方面不断协同创新,努力为经济带的区域经济社会发展做出应有贡献

政策研究领域:外交政策、金融政策

智库类型:社会智库

法人代表:郭立宏

智库负责人:郭立宏

管理团队:"丝绸之路战略研究中心"、"丝绸之路文化遗产研究中心"、"丝绸之路社会经济发展研究中心"、"丝绸之路国际关系研究中心"、"丝绸之路文明交往研究中心"、"丝绸之路数字化研究中心"等虚体研究机构;"院办公室"、"项目管理办公室"、"信息交流中心"等行政事务机构

首席专家:岳钰(艺术家)、王建新(考古学家)、白永秀(经济家)

全职研究员数:12 人

兼职研究员数:18 人

行政职员数:5 人

25 万博新经济研究院

英文名称：Wanb Institute

智库地址：北京市西城区车公庄大街9号五栋大楼B2座303室

邮编：100044

办公电话：010－88312800

传真：010－88312689

成立时间：2014年8月

官方网址：http://www.wanb.org.cn/

微信公众号：wanbyanjiu

机构宗旨：独立、专业、可操作、富有建设性

政策研究领域：市场政策、产业政策、金融政策、住房政策、高端制造业政策、财政政策、就业政策、消费政策、资源政策、能源政策、交通政策、医疗卫生政策、基础教育政策、高等教育政策、城乡建设政策

涉及学科：经济学、教育学、管理学

智库类型：社会智库

法人代表：滕泰

智库负责人：滕泰

管理团队：滕泰（院长）、王自强（专题部总监）、刘哲（院长助理）、张海冰（院长助理）、王娇（运营总监）、赵静

首席专家：滕泰（院长）

全职研究员数：6人

行政职员数：14人

代表性成果（图书）：《民富论—新供给主义百年强国路》（滕泰）（ISBN 978－7－

5060－6596－2)、《软财富》(滕泰)(ISBN 978－7－8076－9777－0)、《供给侧改革下一步怎么办》(滕泰)(ISBN 978－7－5060－9309－5)、《新财富论一新供给主义富民强国论》(滕泰)(ISBN 978－7－1222－6531－9)、《供给侧的觉醒一从财富原点再出发》(滕泰)(ISBN 978－7－1222－6445－9)、《大周期》(滕泰)(ISBN 978－7－2120－6028－2)

报刊:《供给侧改革研究》(月报)

26 一带一路百人论坛

英文名称:One Belt One Road 100

智库地址:北京市海淀区大有庄 100 号中共中央党校

邮编:100091

办公电话:010－62806527

成立时间:2015 年 5 月

关系信息:中共中央党校

官方网址:http://www.obor100.com/

微信公号:一带一路百人论坛

其他社交媒体(QQ):“一带一路百人论坛”

机构宗旨:打造“一带一路”的“网络型智库”,努力避免“一带一路”主体资源的碎片化,推动实现国内“四大主体资源”的联动效应,为“一带一路”建设提供源源不断的智力支持,推动“一带一路”早期成果与标志性项目落地

涉及学科:国际政治、国际关系、外交学、社会学、经济学、传播学、语言学

智库类型:社会智库

智库负责人:赵磊

首席专家：周洪波、陈平、陈喆、曹红辉、方晋、许维鸿、于今、易鹏、柯银斌、王文、马晓霖、于运全、赵可金、王义桅、赵明昊

全职研究员数：5 人

兼职研究员数：100 人

行政职员数：2 人

2016 年度预算：50 万

代表性成果：《"一带一路"年度报告》、《文化经济学的"一带一路"》、《"一带一路"：中国的文明型崛起》、《中国与"一带一路"沿线国家产业合作白皮书》、《丝路瞭望》

品牌活动："一带一路"百人论坛年会、"一带一路"百人论坛专家高峰论坛

27 知远战略与防务研究所

英文名称：Knowfar Institute for Strategic and Defence Studies

智库地址：江苏省江阴市长江路 777 号东方广场 1 号楼 819 室

邮编：214433

办公电话：0510 - 86403040

传真：0510 - 86403040

成立时间：2013 年 4 月

官方网址：http://www.knowfar.org.cn/

微信公众号：knowfar2014

机构宗旨：知远战略与防务研究所是一家独立的战略与防务研究机构，本着"独立、客观、慎思、明辨"的宗旨，着眼于长远性、战略性问题的深入研究，为国家有关机构及决策者提供独立、客观的战略与政策建议

政策研究领域：国防政策

涉及学科：军事学

智库类型：社会智库

法人信息：李健

法人代表：李健

组织机构代码：50935142－8

智库负责人：李健

管理团队：李健、汪川、周国庆、曹文博、武彬彬、蔡丛华

首席专家：李健

全职研究员数：26 人

兼职研究员数：32 人

行政职员数：6 人

2016 年度预算：500 万元

代表性成果：

图书：“知远外军研究”丛书

报告：《战略不确定性：战术层网络空间作战思考》

品牌活动：知远防务论坛

28 中国国际经济交流中心★★

英文名称：China Center for International Economic Exchanges

智库地址：北京市西城区永定门内大街 5 号

邮编：100050

办公电话：010－83362137

传真:010－83362128

成立时间:2009 年 3 月

官方网址:http://www.cciee.org.cn/

机构宗旨:服务国家发展、增进人民福祉、促进交流合作

政策研究领域:经济、金融、战略、贸易、能源、社会

涉及学科:经济学、管理学

智库类型:社会智库

智库层次:首批国家高端智库建设试点单位

法人代表:曾培炎

智库负责人:曾培炎

管理团队:张晓强、魏建国、张大卫、陈文玲、张小冲、郭丽、吴越涛

首席专家:曾培炎、魏礼群、张晓强、魏建国、张大卫、陈文玲、王晓涛、朱之鑫、刘世锦、李荣融、张国宝、郑新立、赵进军、聂振邦、戴相龙、李德水、刘克崮、黄海、林兆木、张卓元、王一鸣、白津夫、宋群、汪同三、张蕴岭、张燕生、张永军、徐洪才

全职研究员数:49 人

兼职研究员数:70 人

行政研究员数:29 人

2016 年度预算:1 620 万元

代表性成果(图书):《国际经济分析与展望》(ISBN 978－7－5201－0380－0)、《中国经济分析与展望》(ISBN 978－7－5097－7157－0)、《未来十年中美经贸关系》(ISBN 978－7－5136－4164－7)、《美国全球战略调整与布局》(ISBN 978－7－5136－4351－1)、《重塑金砖国家合作发展新优势》(ISBN 978－7－5136－4804－2)、《互联网革命与中国业态变革》(ISBN 978－7－5136－4245－3)

品牌活动:全球智库峰会(已举办五届)、中美工商领袖和前高官对话(已举办九轮)、中国经济年会、中欧二轨对话、中日二轨对话、承办“一带一路”国际合作高

峰论坛——“智库交流”平行主题会议、经济每月谈(已举办 99 期)、世界经济季度谈

29 中国(海南)改革发展研究院

英文名称: China Institute for Reform and Development

智库地址:海南省海口市长滨路东四街 1 号中国(海南)改革发展研究院

邮编:570311

办公电话:898－66189065

传真:898－66258777

成立时间:1991 年 11 月

官方网址:http://www.cird.org.cn/

机构宗旨:立足海南,面向全国,走向世界

政策研究领域:财政政策、市场政策、海洋政策

涉及学科:经济学、历史学、管理学

智库类型:社会智库

法人代表:迟福林

智库负责人:迟福林

管理团队:迟福林(院长)、王梦奎(主任)、张卓元(中国社会科学院学部委员)、刘世锦(副主任)

首席专家:迟福林

全职研究员数:200 余人

行政职员数:32 人

代表性成果(图书):《转型闯关——“十三五”:结构性改革历史挑战》(迟福林)

(ISBN 978-7-5008-6316-8)、《赢在转折点:中国经济转型大趋势》(迟福林)(ISBN 978-7-3081-6109-1)、《改革大考——经济转型与结构性改革》(迟福林)(ISBN 978-7-5193-0124-8)

30 中国金融四十人论坛

英文名称: China Finance 40 Forum

智库地址:北京市西城区金融大街33号通泰大厦

邮编:100035

办公电话:010-88088160

成立时间:2008年4月

官方网址:http://www.cf40.org.cn/

微信公众号:CHINAFINANCE40FORUM

微博:中国金融四十人论坛

机构宗旨:以前瞻视野和探索精神,致力于夯实中国金融学术基础,研究金融领域前沿课题,推动中国金融业改革与发展

政策研究领域:金融政策

涉及学科:经济学

智库类型:社会智库

智库负责人:陈元

管理团队:陈元(主席)、谢平(副主席)、黄益平(副院长)、李伏安(监事长)、王海明(秘书处)

全职研究员数:40人

兼职研究员数:25人

行政职员数:43 人

代表性成果(图书):《新金融评论》(ISBN 978-7-5049-6654-4)、《中国金融租赁制度研究》(ISBN 978-7-5049-8642-9)、《中国金融改革报告(2016)——人民币国际化的成本收益分析》(ISBN 978-7-5049-8924-6)、《大国对话——中美经济学家纵论经济新格局》(ISBN 978-7-5086-6219-0)

31 中国经济体制改革研究会

英文名称: China Society of Economic Reform

智库地址:北京市中国经济体制改革研究会

邮编:100081

办公电话:010-62124700

传真:010-62124700

成立时间:1983 年

官方网址:http://www.cser.org.cn/about/7.aspx

机构宗旨:坚持面向经济体制改革实践,为经济体制改革服务,坚持解放思想、实事求是、理论与实践相结合的原则,贯彻"百花齐放、百家争鸣"的方针,力倡尊重实践、大胆探索、勇于创新的精神,为推进改革事业积极举办多种形式的调查、研讨、交流活动

政策研究领域:财政政策

涉及学科:经济学

智库类型:社会智库

智库负责人:彭森

管理团队:彭森、迟福林、陈立、石小敏、张昌鸣、樊纲、李罗力、王德培、马役军、张思平、李铁、王战、孔泾源、曹文炼、刘浩、于利中、周林生、刘万玲

全职研究员数：6 人

兼职研究员数：19 人

代表性成果：《经济十八讲》(ISBN 978-7-5060-9208-1)、《新常态下的区域经济大变局》(ISBN 978-7-3081-5250-1)、《有效市场和有为政府》(ISBN 978-7-5049-8386-2)

32 中国领导科学研究会

智库地址：北京市中国领导科学研究会

邮编：10091

办公电话：010-62809114

成立时间：2003 年 8 月

官方网址：http://www.cnleaders.net/

机构宗旨：在中国共产党的领导下，以马列主义、毛泽东思想、邓小平理论和"三个代表"重要思想为指导，贯彻落实科学发展观，遵循自愿的原则，团结全国各地热心于领导科学研究的理论工作者和领导科学的实践者，积极开展理论研究、学术交流和咨询服务，为提高领导水平和领导能力，实现领导工作科学化、现代化、高效化做出贡献

涉及学科：管理学

智库类型：社会智库

智库负责人：张伯里

管理团队：张伯里（会长）、杨利民（交通部纪检组原组长）、许志功（国防大学原副校长）、程天权（中国人民大学原党委书记）、白占群（中共中央党校校刊社原社长）、蔡力峰（湖南省人大原副主任）、刘峰（国家行政学院政治学教研部主任）、奚洁人（中国

浦东干部学院原常务副院长）、吴江（中国人事科学研究院党委书记、院长）、李锡炎（中共四川省委党校原常务副校长）、周海江（国家工商联副主席、红豆集团党委书记、总裁）、丁士峰（国防大学军职教授）、刘鼎新（海南省军区政委）、李新泰（中共山东省委党校原常务副校长）、王民忠（中共北京市委党校常务副校长）、刘兰芬（中共黑龙江省委党校教授）、周振国（湖北高校领导科学研究会副会长兼秘书长）

全职研究员数：45 人

兼职研究员数：18 人

行政职员数：42 人

代表性成果（图书）：《求是先锋》（ISBN 978－7－5073－2663－5）

33 中国南海研究院★

英文名称：National Institute for South Sea Studies

智库地址：海南省海口市海口市美兰区江东一横路 5 号

邮编：571100

办公电话：0898－65342360

传真：0893－65333304

成立时间：1996 年

官方网址：http://www.nanhai.org.cn/

机构宗旨：开展以南海为专门研究对象的研究活动并从事相关学术交流

政策研究领域：国防政策、安全政策、外交政策

涉及学科：历史学、管理学、军事学

智库类型：社会智库

智库层次：国家高端智库建设培育单位

智库负责人:吴士存

管理团队:吴士存(院长)、奚劲(副院长)

全职研究员数:24 人

兼职研究员数:20 人

行政职员数:8 人

代表性成果(图书):《南沙争端的起源与发展》(ISBN 978-7-5136-2422-0)、《南海评论》(ISBN 978-7-3051-8354-6)

报告:《2014 年南海地区形势评估报告》

34 中国企业改革与发展研究会

英文名称: China Enterprise Reform and Development Society

智库地址:北京市中国企业改革与发展研究会

邮编:100036

办公电话:010-68139008、010-68139016

传真:010-68139020

成立时间:1991 年 11 月

官方网址:http://www.cerds.cn/

机构宗旨:努力建设成为一个既与国际化接轨又立足中国本土社会经济体制转型实情,既具有博大包容精神又强调独特开拓创新,既推动学术思想出新又注重服务实效,既遵守普世规则又符合不同文化和新型制度的高层次合作、服务、交流平台,以精益求精的精神为各类组织和个人提供优质服务

政策研究领域:市场政策

涉及学科:经济学

智库类型:社会智库

智库负责人:宋志平

管理团队:宋志平(会长)、厉以宁、邵宁、任洪斌、熊群力、宋鑫、刘明忠、梁稳根、蔡洪滨、刘玉廷、刘纪鹏、孙立、张杰、马正武、郑昌泓、李兆廷、张学信、徐和谊、佘鲁林、曹江林、洪崎、张宗言、白津夫、张宇、徐传谌、赵杰、耿清智

全职研究员数:64 人

行政职员数:27 人

代表性成果:《推动中国制造与中国服务双融双赢》、《从联通方案看央企混改从“单兵种”到“集团军”》,通过引入具有协同效应和领先优势的战略投资者,让我国基础电信企业从“单兵种”模式和“一股独大”,向“集团军”模式和“产权多元化”升级转型

品牌活动:G20 经济发展形势与政策展望

35 中国丝路智谷研究院

英文名称: China Silk Road iValley Research Institute

智库地址:中国广东省广州市越秀区东山口署前二街九号

邮编:510000

办公电话:020 - 37639353

传真:020 - 37639353

成立时间:2016 年 8 月

微信公众号:siluzhigu

机构宗旨:致力为推动“中国梦”、推动“一带一路”建设,推进国家参与完善和制定国际经济组织、国际金融体系治理和顶层设计

政策研究领域：一带一路、宏观经济、国际关系、粤港澳大湾区、文化创意产业、教育产业、金融科技

涉及学科：经济学、金融学、文化遗产研究、教育产业研究、金融科技研究

智库类型：社会智库

智库层次：中国智库综合排名第八位、资源效能排序第六位，国内"一带一路"研究最佳智库之一

法人信息：丝路智谷有限公司

法人代表：梁海明

组织机构代码：91440300MA5DHNH018

智库负责人：梁海明

管理团队：梁海明、冯达旋

首席专家：梁海明、冯达旋、陈平、白津夫、范以锦、景朝阳、林恒毅、孙海潮、于洪君、周汉民、肖胜方、洪为民、刘金山、孟刚

全职研究员数：13 人

兼职研究员数：20 人

行政职员数：8 人

2016 年度预算：200 万元

智库荣誉：被中央政府推进"一带一路"建设工作领导小组办公室、国家信息中心"一带一路"大数据中心推出的"一带一路"大数据报告列为国内"一带一路"研究最佳智库之一

代表性成果（图书）：《从沪港通到深港通：互联互通与香港新机遇》（ISBN 978 - 9 - 6293 - 7301 - 6）、《中国股市新机遇》（ISBN 978 - 7 - 5504 - 2869 - 0）

品牌活动：2017 年 8 月在缅甸仰光举行"一带一路"论坛，2017 年 6 月新加坡在举行主题为"China and the World ：Transformation form Ancient to Modern Silk Road"的论坛

36 中国行政体制改革研究会

英文名称:China Society of Administrative Reform (CSOAR)

智库地址:北京市海淀区长春桥路 6 号国家行政学院

邮编:100089

办公电话:010－68929913

传真:010－68922692

成立时间:2010 年 4 月

官方网址:http://www.csoar.org.cn/

机构宗旨:以马克思列宁主义、毛泽东思想、邓小平理论、“三个代表”重要思想、科学发展观为指导,深入学习贯彻习近平总书记系列重要讲话精神,围绕党和国家中心任务,深入研究行政体制改革和政府管理创新方面重大理论和实践问题,为建立完善的中国特色社会主义行政管理体制,提高政府建设科学化、现代化水平,建设法治政府、创新政府、服务型政府提供智力支持

政策研究领域:行政体制改革、政府管理创新以及经济管理、社会管理、文化管理、生态管理体制和政策

涉及学科:公共管理、公共政策、经济学、政治学、社会学、法学、应急管理

智库类型:社会智库

法人信息:中国行政体制改革研究会

法人代表:王满传

组织机构代码:51100000500021801E

智库负责人:马建堂

管理团队:魏礼群、王满传、王露、冯俏彬

首席专家:魏礼群、刘峰、许耀桐、胡建森、王满传等

全职研究员数:10 人

兼职研究员数:100 人

行政职员数:15 人

2016 年度预算:800 万

智库荣誉:联合国经社理事会特别咨商地位

代表性成果:中国行政体制改革蓝皮书系列、社会体制改革蓝皮书系列、中国改革与发展热点问题研究系列、行政体制改革论、“四个全面”:新布局新境界,大数据领导干部读本、《行政改革内参》

品牌活动:中国行政改革论坛、中国年度行政体制改革专题研讨会、中国年度改革与发展热点问题研讨会、大数据时代政府治理创新专题研讨会等

37 中智科学技术评价研究中心

英文名称:China Instiute of Science and Technology Evaluation

智库地址:北京市西城区三里河三区 52 号楼

邮编:100045

办公电话:010 - 57510368

成立时间:2015 年 12 月

官方网址:http://ciste.cn/

微信公众号:中智评价

机构宗旨:以建设高水平的中国特色新型社会智库为目标,以推进国家科技创新体系建立和发展、促进国家科技事业持续健康发展为中心工作,深入展开科学技术评价的理论和实践研究,及时向党和国家以及各级部门提供建议咨询,积极争取与我国国际经济地位相适应的科学技术评价“话语权”

政策研究领域：安全政策、网络安全政策、互联网管理政策、农业政策、工业政策、林业政策、水利政策、产业政策、财政政策、金融政策、市场政策、资源政策、服务业政策、高端制造业政策、社会保障政策、能源政策、劳动政策、基础教育政策、环境政策、科技政策、出版政策、城乡建设政策

涉及学科：经济学、文学、理学、工学、农学、管理学、艺术学

智库类型：社会智库

法人信息：李闽榕

组织机构代码：52100000717841501J

智库负责人：李闽榕

管理团队：李建平、李闽榕、李向军、高燕京、赵林如、黄茂兴、聂秀东、王斯敏、从政、王绯、王元丰、王平生、王宏伟、王晓红、苏宏文、李平、李军军、李河新、吴昌权、初德和、张明伟、张雁、陈天利、陈彬、陈福敏、范德尚、罗绍彦、金寿平、周小亮、郑帅、郑燕康、赵新力、胡朱琦、俞建群、夏文勇、耿清智、倪鹏飞、徐东华、梁萍、焦捷、谢寿光、蔡军、刘杰

首席专家：韩俊、潘岳、李川、李春林、郭书林、卢中原、张晓林、郑燕康、张钹、谢安华、李平、谢寿光、徐东华

全职研究员数：30 人

兼职研究员数：20 人

行政职员数：20 人

2016 年度预算：500 万元

智库荣誉：第七届“优秀皮书奖”一等奖（省部级）

代表性成果：《中国省域经济综合竞争力发展报告》（ISBN 978－7－5097－8769－4）、《全球环境竞争力报告（2015）》（ISBN 978－7－5097－8271－2）、《中国可持续发展遥感监测报告（2016）》（ISBN 978－7－5201－0240－7）、《世界茶业发展报告（2017）》（ISBN 978－7－5201－0325－1）、《二十国集团（G20）国家创新竞争力发展

报告》(ISBN 978-7-5201-1077-8)、《世界创新竞争力发展报告》(ISBN 978-7-5201-1335-9)

品牌活动:第六届两岸竞争力高层论坛、全国科技评估机构协作发展研讨会、第十七次全国皮书年会、T20创新研讨会

38 综合开发研究院(中国·深圳)★★

英文名称: China Development Institute

智库地址:广东省深圳市银湖路金湖一街CDI大厦

邮编:518029

办公电话:0755-82847878

传真:0755-82410997

成立时间:1989年2月

官方网址:http://www.cdi.com.cn/

微信公众号:综合开发研究院

机构宗旨:根据国家经济、社会发展和改革开放的需要,致力于为中国各级政府和国内外企业提供具有前瞻性、创新性和实操性的研究咨询服务

政策研究领域:农业政策、工业政策、产业政策、财政政策、市场政策、消费政策、服务业政策、高端制造业政策、金融政策、社会保障政策、人口政策、能源政策、住房政策、海洋政策、交通政策、城乡建设政策、港澳台政策、对外贸易政策、医疗卫生政策、就业政策、水利政策、资源政策、劳动政策、环境政策、基础教育政策、科技政策

涉及学科:经济学、哲学、工学、管理学、历史学、教育学

智库类型:社会智库

智库层次:首批国家高端智库建设试点单位

法人代表:樊纲

智库负责人:樊纲

管理团队:樊纲(院长)、郭万达(副院长)、曲建(副院长)、武良成(副院长)、冯苏宝(副主任)

全职研究员数:97 人

行政职员数:5 人

代表性成果:《中国开放褐皮书(2014 - 2015):中国对外直接投资元年》(ISBN 978 - 7 - 5136 - 3996 - 5)、《“十三五”规划与中国经济长期发展》(ISBN 978 - 7 - 5136 - 3999 - 6)、《中美经济再平衡——基于产业政策的视角分析》(ISBN 978 - 7 - 5136 - 3266 - 9)

T

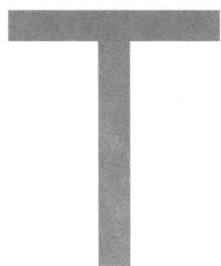

九 媒体智库

1 第一财经研究院

英文名称：YICAI Research Institute

智库地址：上海市静安区成都北路 333 号招商局广场东楼 17 楼

邮编：200040

成立时间：2007 年 7 月

关系信息：隶属于上海第一财经传媒有限公司

官方网址：http://www.cbnri.org/

机构宗旨：致力于改善经济政策

政策研究领域：外交政策、财政政策、金融政策、能源政策、市场政策

涉及学科：经济学、军事学、法学、文学

智库类型：媒体智库

智库负责人：杨燕青

智库团队：杨燕青（院长）、林纯洁（副院长）、薛凯琳（主任助理）

全职研究员数：19 人

代表性成果：

报告：“G20 与中国”专题解读系列：《中国与 G20》（ISBN 978-7-1191-0318-1）、《全球气候治理的中国行动》（ISBN 978-7-1191-0345-7）、《亚投行的愿景与治理》（ISBN 978-7-1191-0354-9）、《中国特色大国外交与“一带一路”》（ISBN 978-7-1191-0358-7）、《绿色金融》（ISBN 978-7-1191-0336-5）、《B20 与基础设施投资》（ISBN 978-7-1191-0370-9）、《中国经济新常态与供给侧结构性改革》（ISBN 978-7-1191-0378-5）、《国际货币体系改革与 SDR》（ISBN 978-7-1191-0325-9）、《B20 与全球贸易投资》（ISBN 978-7-1191-0391-4）（每册以中文、英文、法文、西班牙文、俄文、阿拉伯文、德文、日文、韩文共 9 个文种形式出版）

图书:《中国金融风险与稳定报告(2017)》(ISBN 978-7-5049-9048-8)、《寻找经济小糖人》(ISBN 978-7-3081-6117-6)、《如何做大国:世界秩序与中国角色》(ISBN 978-7-5086-5822-3)、《中国绿色金融发展与案例研究》(ISBN 978-7-5049-8451-7)、《持久战新论:新常态下的中国增长战略》(ISBN 978-7-5086-6713-3)、《资本主义国家金融制度丛书》(ISBN 978-7-1001-2186-6)

品牌活动:金融管理日趋复杂的金融系统研讨会(《中国金融风险与稳定报告(CFRSR)2017 发布会》)、中国金融问题研讨会、"经济转型与资本市场发展"金融论坛、2017 新消费论坛、金融与发展论坛、2016 世纪中国论坛——供给侧结构性改革与中国经济长期增长

2 封面智库

英文名称:Cover Institute

智库地址:四川省成都市红星中路二段 70 号

邮编:610000

办公电话:028-86969058

成立时间:2016 年 5 月

关系信息:隶属于四川日报报业集团

微信公众号:fengmianzhiku

APP:封面新闻

机构宗旨:以"一带一路"和长江经济带战略发展为主题的综合研究平台,旨在集聚全球权威学者、政府、官员的智库网络

政策研究领域:新闻政策、网络安全政策、互联网管理政策、产业政策、市场政策、金融政策、服务业政策、文化政策

涉及学科:经济学、法学、工学、管理学

智库类型:媒体智库

管理团队:李鹏

首席专家:唐绪军、喻国明、陈昌凤、张志安

全职研究员数:21 人

行政职员数:4 人

代表性成果(报告):封面智库基于封面大数据打造“封面指数”,发布“‘一带一路’投资指数报告”、企业“走出去”舆情报告等综合性年度报告;出品互联网金融、券商、能源、汽车等行业年度指数

品牌活动:“一带一路”主题论坛:针对国家宏观战略、国际关系、区域经济、产业经济中的焦点问题,发起主题论坛、闭门会进行交流探讨,例如就经济、环境、互联网+、新媒体研究等相关课题开展沟通与交流

“封面思享”+沙龙:发轫于封面智库政商学合作平台。研讨成果将通过内参方式呈递主政方审读,并加以精细制作,使精良的思想转化为公开报告,奉献于社会各界有智之士

智库专访:由封面智库精心打造的专栏式访谈项目,聚焦于国家战略、国际关系、经济政策、区域发展及社会热点,对话最具权威性的发言人,汲取智慧,精准传播,大众分享

封面大讲堂:以“联接思想、传播智识”为价值基点,旨在为公众与智客搭建高附加值共享平台服务的系列公益性沙龙项目,构架凝练、内容多元,通过多样化的传播产品,最终达成思想传播与价值分享的目标

3 凤凰国际智库

智库地址:北京市朝阳区望京中轻大厦 A 座 10 层

邮编:100020

办公电话:010－60676604

成立时间:2015 年 09 月

官方网址:http://pit.ifeng.com/

机构宗旨:集中优势资源重点打造的互联网＋智库,致力于成为“思想市场领导者”,使智库与政府、企业之间达成协作共赢

政策研究领域:国际关系、国际局势的研判、企业国际化服务

智库类型:媒体智库

智库负责人:刘爽

管理团队:刘爽(理事长)、李亚(副理事长)、邹明(主任)

全职研究员数:19 人

行政职员数:12 人

代表性成果:“大国小鲜”(凤凰网国际智库全新打造独家高端访谈类视频节目,与大咖面对面,聚焦国际政治问题、经济大势)、“战略家”(国内外顶尖学者,主谈战略问题,以推动国家、企业大战略的可持续发展)、“先行军”(本邀请相关专家、企业人士、海外华人共同围绕企业国际化问题进行案例讨论和战略思考)、“凤凰策”(凤凰网国际智库线下活动产品,是实现观点碰撞和产学研融合的大平台)

品牌活动:凤凰国际论坛、与世界对话——凤凰国际论坛

4 光明日报文化产业研究中心

英文名称:Research Center of Cultural and Creative Industry at Guangming Daily

智库地址:北京市东城区珠市口东大街5号

邮编:100062

办公电话:010－67078570

传真:01067078571

成立时间:2011年5月

关系信息:隶属于光明日报社

官方网址:http://www.gmw.cn/

微信公号:光明文化产业

机构宗旨:光明日报文化产业研究中心在中宣部和上级主管部门指导下,依托光明日报在文化领域的社会影响力和特色优势、资源优势,联合文化、广电、新闻出版和国家统计局等政府部门、大专院校、科研单位、学术机构以及文化产业领域重要企业,以国家产业政策为基本指南,建立起一个以调查、研究、发布、决策建议一体化的产、学、研相结合的开放式研究平台,与国内相关院校、科研机构及产业实体开展战略合作,成为国家级文化产业研究基地,并进而建立为我国文化建设提供决策依据的文化产业数据库与智库

政策研究领域:文化产业

智库类型:媒体智库

法人信息:光明日报社

法人代表:张政

智库负责人:童怀、张玉玲

管理团队:温源、李慧、鲁元珍、杨雪丹

首席专家：高书生、祁述裕、陈少峰、魏鹏举、齐勇峰

全职研究员数：3 人

兼职研究员数：45 人

行政职员数：3 人

2016 年度预算：100 万

品牌活动：“中国文化产业年度人物”推选、“中国文化企业 30 强”发布

5 光明智库

英文名称：Guangming Thinktank

智库地址：中国北京东城区珠市口东大街五号

邮编：100062

办公电话：010－67078979

传真：010－67078648

成立时间：2015 年 5 月

关系信息：隶属于光明日报社

官方网址：http://www.gmw.cn/

微信公号：光明智库

APP：光明智库

机构宗旨：建设专业高端的思想理论媒体智库，彰显以思想性学术性见长、紧密联系各界知识分子的鲜明特色，充分发挥资源丰富、渠道畅通、接触广泛、公信力强的传统优势，突出问题导向，凝练主攻方向，打造具有高端水准、光明特色、咨政情怀、国际视野的新型专业化媒体智库。力求在咨政研究上精准发力、务实管用。以思想观念现实映射、热点舆情动态追踪、意识形态安全防范、社会思潮趋势研判、文化理论建

设发展等关系国家上层建筑的重大现实问题为主要研究领域，兼顾经济社会发展中其他重要问题

主要目标：做“智库之中的智库”，为各类智库搭建传播平台，报道其思想产品、先进理念与咨政成果；做“智库之上的智库”，汇聚各智库研究力量为党和政府决策提供咨询产品；做“智库之后的智库”，智库建设和报社内容生产供给侧结构性改革、媒体融合发展并举共进，促进智库产品深度开发，使专家资源、思想产品成为光明日报提升核心竞争力的力量之源。

政策研究领域：文化政策、经济政策、科技政策、法律政策、外交政策等

涉及学科：哲学、经济学、社会学、传播学、公共管理、统计学等

智库类型：媒体智库

法人信息：光明日报

法人代表：张政

组织机构代码：12100000400018883D

智库负责人：张政

管理团队：李春林、陆先高、李向军、薄洁萍、王斯敏、曲一琳、贾宇等

首席专家：魏礼群

全职研究员数：3 人

兼职研究员数：200 余人

行政职员数：8 人

2017 年度预算：200 万

代表性成果：光明日报《智库》周刊（截至 2017 年 10 月底已出版 148 期）、“中国智库索引”CTTI（与南京大学联合开发）、《2015 中国智库年度发展报告》《2016 中国智库年度发展报告》、中国智库月度大事记、国家高端智库建设发展报告等

品牌活动：“中国智库治理论坛”（年度）、中国智库影响力年度十大评选、中国特色新型智库建设高端论坛（年度，与中国浦东干部学院合办）、“一带一路”光明谈系列视频访谈、京师中国传媒智库发布平台（与北京师范大学新闻传播学院合办）等

6 广州日报数据和数字化研究院

英文名称：Guangzhou Daily Data & Digit Institute

智库地址：广东省广州市广州大学城国家 IC 基地 415

邮编：510006

办公电话：020－31146618

传真：020－31146618

成立时间：2015 年 12 月

关系信息：隶属于广州日报报业集团

官方网址：http://www.gzgddi.com/

微信公众号：gzgddi

机构宗旨：以数据挖掘、分析以及数字新闻传播和新型智库构建为主要业务，以构建中国南方有重要影响力的新型智库和具有传播力数字传媒为目标，努力打造中国大数据分析与数字新闻传播第一平台，覆盖若干领域的顶级智库

政策研究领域：司法政策、就业政策、交通政策、社会保障政策、基础教育政策、医疗卫生政策、健康政策、高等教育政策、新闻政策、文化政策、科技政策

涉及学科：经济学、法学、教育学

智库类型：媒体智库

法人代表：刘旦

组织机构代码：MJK91501－1

智库负责人：刘旦

管理团队：徐静、王鹤、陈杰、刘晓星、刘旦

首席专家：张志安、赵淦森

全职研究员数：15 人

兼职研究员数：8 人

行政职员数：3 人

代表性成果(报告)：《粤港澳大湾区协同创新发展报告(2017)》，主要反映粤港澳大湾区 11 座城市的创新能力和创新协同能力，聚焦发明专利、PCT 专利、施引专利、同族专利等 4 大评价指标，通过统计分析，对粤港澳大湾区创新能力展开剖析

《广州商事登记主体报告(2017)》(商事登记主体数量代表着一个地区经济发展水平，商事主体登记数量的增减反映地区经济活跃情况)，商事主体登记产业比反映该地区产业发展情况

《广东高校校园招聘分析报告》，以广东十几高校就业指导中心网站数据为基础，整理广东高校举行大型宣讲会企业的相关数据和信息，用大数据思维来剖析在粤校园招聘企业的人才需求，为求职毕业生进行招聘就业指南分析

《2017 广州日报大学一流学科排行榜》，以成果为导向，通过科学研究指数、人才培养指数、学科声誉指数和二次评估指数四个维度，对 575 所大学的 53 个学科进行科学评价，并进行排行

品牌活动：科技公益大讲坛

7 经济日报社中国经济趋势研究院

英文名称：China Economic Trends Research Institute

智库地址：北京市西城区白纸坊东街 2 号经济日报社

邮编：100054

传真：010 - 58392840

成立时间：2015 年 9 月

关系信息：隶属于经济日报社

官方网址:http://www.ftrend.com.cn/

APP:趋势财富、中国经济、中经趋势

机构宗旨:致力于对中国经济趋势的研究和经济预期的分析,融合传统数据直采与互联网大数据技术,打造多元化指数产品,同时充分利用媒体平台和渠道优势,积极有效地整合各种社会智力资源,为地方政府、行业组织、领军企业以及社会团体提供定制化信息产品服务,为中央领导提供有价值的决策建议

政策研究领域:财富管理领域、投融资领域、农业领域

涉及学科:经济学

智库类型:媒体智库

智库负责人:孙世芳

管理团队:16 人

全职职员数:16 人

代表性成果:《产业中国》、《2016 年上半年中国产业运行分析》、“中经产业景气指数”、“经济日报—中国邮政储蓄银行小微企业指数”、“中国农业经济景气指数”、中国家庭财富调查报告(系列)、中国创业企业调查报告(系列)、新型农业经营主体调查报告(系列)

8 瞭望智库

英文名称:Liaowang Institute

智库地址:北京市东城区永定门西滨河路 8 号中海地产广场东塔 16 层

邮编:100010

关系信息:隶属于新华社

办公电话:010－58392817

成立时间：2013 年 6 月

官方网址：http://www.lwinst.com/

APP：瞭望智库

机构宗旨：紧扣“国家政策研究、评估和执行反馈”这一核心业务定位，利用新华社内外智力资源，连接全球主要智库，服务中央决策和新华社调查研究，发挥政治建言、理论创新、舆论引导、社会服务、公共外交等功能，在社会上形成广泛的知名度和影响力

研究政策领域：财政政策、金融政策、城乡建设政策、其他

涉及学科：经济学、管理学

智库类型：媒体智库

智库层次：新华社国家高端智库公共政策研究中心

代表性成果

期刊：《瞭望》(ISSN 11－1276，CN 102－5723)、《财经国家周刊》(ISSN 1674－8212，CN 11－5891/F、《环球》(CN 11－1273/D)

图书：《瞭望东方周刊》(ISBN 977－1－6725－8803－5)

9 南方舆情数据研究院

英文名称：Nanfang Media Think Tank

智库地址：广东省广州市广州大道中 289 号南方传媒大厦 2 号楼 14 楼

邮编：510601

办公电话：020－83000163

传真：020－83003175

成立时间：2014 年 6 月

微信公众号:南方舆情数据研究院

APP:舆堂

机构宗旨:致力于建设成为南方特点的中国特色新型智库,通过大数据采集与深度挖掘,还原社会真实意见构成,洞悉舆情事件发展规律与趋势,提供应对引导建议,助推数据治理和精准服务

政策研究领域:治理现代化、舆情应对与研判、新闻政策

涉及学科:管理学、新闻学、传播学

智库类型:媒体智库

法人信息:南方报业传媒集团下属机构

法人代表:曹轲

组织机构代码:56456737 - 9

智库负责人:刘红兵

管理团队:曹轲、戴学东、林鑫、洪丹、吴娴、杨丽娟、罗生

首席专家:俞可平、郑永年、周宏仁

全职研究员数:50 人

兼职研究员数:200 人

行政职员数:4 人

2016 年度预算:60 万元

代表性成果(图书):《粤治撷英—治理现代化的广东探索》(ISBN 978 - 7 - 5491 - 1606 - 5)、《粤治新篇——政府治理能力现代化的广东实践(2013 - 2014)》(ISBN 978 - 7 - 0101 - 4579 - 2)、《从 1 到 π——大数据与治理现代化》(ISBN 978 - 7 - 5491 - 1605 - 8)

10 南风窗传媒智库

英文名称：South Reviews Media Institute

智库地址：广东省广州市南风窗传媒智库

邮编：510635

办公电话：020－61036188－8088

传真：020－61036198

成立时间：2015 年 9 月

关系信息：隶属于南风窗杂志社

官方网址：http://www.nfcmag.com/

微博：南风窗、南风窗传媒智库、调研中国

微信公众号：南风窗、南风窗传媒智库、一城千寻

APP：调研中国

其他社交媒体：“一城千寻”微信公众号

机构宗旨：秉承“思想创造价值”的理念，研究中国政经走势、区域发展、城市竞争力与传播等课题，为政府部门提供决策参考，为政府、企业和社会机构提供定制出版、课题研究等高端智力服务

政策研究领域：政经走势、区域发展、城市竞争力与传播研究

涉及学科：新闻传播学、社会科学、经济学

智库类型：媒体智库

智库层次：广州市新型智库试点单位、广州市政府重点扶持的六家新型智库之一、广东省新媒体示范基地、华南智库联盟成员

法人信息：南风窗杂志社

法人代表：李桂文

组织机构代码:55349468－7

智库负责人:李龙

管理团队:文芳、赵义、谢奕秋、李少威、陈可珺、钟璐珊

首席专家:秦朔

全职研究员数:3 人

兼职研究员数:20 人以上

行政职员数:3 人

2016 年度预算:500 万元

代表性成果:“调研中国”项目成功运作 13 年,出具数千份调研报告;南风窗“为了公共利益”人物和社会组织年度排行榜;承接国家新闻出版广电总局重点课题《新形势下报刊行政管理创新研究》

图书:《公考热点面对面》(ISBN 978－7－1112－7962－4)、《中国这十年》(ISBN 978－7－5360－6813－1)、《未来已来》、《花城花语》

品牌活动:“为了公共利益”年度人物、全球思想家论坛、广州城市竞争力与传播学会活动

11 人民网新媒体智库

英文名称: People's Daily Online New Media Institute

智库地址:北京市朝阳区金台西路 2 号人民日报社新媒体大楼 17 层

邮编:100733

办公电话:010－65363361、010－65363364

传真:010－65363199

成立时间:2015 年 12 月

关系信息:隶属于人民网股份有限公司

官方网址:http://www.peopleyun.cn/

微信公众号:yuqingpeople(人民网舆情监测中心)、athinktank(新策论)

微博:人民网舆情监测室

机构宗旨:利用先进的大数据分析技术,推出集数据科研和咨询服务于一体的全新服务,全力打造新媒体时代的新型智库

政策研究领域:互联网与国家治理重大课题调研、突发公共事件危机应对、政治传播绩效指标体系、国际舆论场、"一带一路"等领域研究

涉及学科:新闻传播学、管理学、舆论学、国际关系

智库类型:媒体智库

法人代表:董盟君

组织机构代码:911101056851283564

智库负责人:董盟君

管理团队:罗华(主任)、董盟君(副主任)、祝华新(秘书长)、刘鹏飞(副秘书长)

首席专家:祝华新(人民网舆情监测室秘书长,《网络舆情》杂志执行总编辑,中央网信办网研中心特约研究员,国务院新闻办新闻发布培训主体班授课老师,北京大学、清华大学、浙江大学新闻传播专业硕导,高级记者)

全职研究员数:32 人

兼职研究员数:6 人

行政职员数:6 人

2016 年度预算:100 万元

代表性成果(报告):《2016 年社会治理舆情报告》,报告分析了 2016 年我国社会治理舆情的总体特征与发展态势,绘制了 2016 年社会治理舆情人文地图,并依据对 400 多个舆情案例的数据分析,编制了"2016 年社会治理舆情传播热度排行榜"和"2016 年社会治理舆情处置效度排行榜"

《2016年中国媒体融合传播指数报告》，报告通过案例分析和理论总结，对本年度蓝皮书覆盖时段（2015年11月1日至2016年10月31日）内每月热度排名前50的600件舆情热点事件进行分析，刻画出过去一年的互联网舆论压力状况

《2017上半年舆情分析报告》，报告显示：2017年上半年，互联网上热点话题丰富，舆情热度高位运行，但网络态势总体平稳向好，主旋律突出，正能量充沛

品牌活动：

研讨会：电商精准扶贫研讨会、“一带一路”对外传播研讨会

论坛：首届全国互联网智库峰会暨第四届网络舆情论坛、“人民云”政务管理创新论坛、2017媒体融合发展论坛

12 盛京汇智库

英文名称：Shengjinghui Think Tank

智库地址：辽宁省沈阳市沈河区北三经街67号

邮编：110014

办公电话：024－22690260、024－22690169

传真：024－22821116

成立时间：2016年5月

关系信息：隶属于沈阳盛京汇企业家服务中心

微信公众号：盛京汇智库

机构宗旨：立足沈阳、面向辽宁、放眼东北，服务振兴

政策研究领域：产业政策、市场政策、资源政策、科技政策、环境政策、社会建设与社会政策

涉及学科：经济学、公共关系学、新闻学

智库类型：媒体智库

智库层次：沈阳市新型智库

法人信息：沈阳盛京汇企业家服务中心

法人代表：张春风

组织机构代码：MJ285125－4

智库负责人：张春风

管理团队：张春风、兰宝刚、王岩、赵秉新、李培成

首席专家：张春风、兰宝刚

全职研究员数：6 人

兼职研究员数：20 人

行政职员数：2 人

2016 年度预算：30 万元

代表性成果（图书）：《共创沈阳营商环境新生态》，指出营商环境是生产力、创造力、驱动力，更是衡量一个城市核心竞争力和发展潜力的重要标志，是企业发展的战略性需求，是城市经济和社会可持续发展的基础条件。因此，向为沈阳振兴奋斗着的各界人士发出倡议

《沈阳打造国际化营商环境的调查报告》，旨在找准新一轮振兴发展的突破口和切入点，摸清持续优化营商环境的方法和路径——沈阳从内因着眼着手着力，用环境建设的扎实行动、有力举措，构筑振兴新优势，释放发展新活力

品牌活动：

研讨会：2017 盛京汇银企服务平台建设研讨会

论坛：盛京汇年会暨"共创沈阳营商环境新生态"高峰论坛、金融驱动与产业升级高峰论坛

13 新华通讯社★★

英文名称：Xinhua News Agency

智库地址：北京市西城区宣武门西大街 57 号

邮编：100803

办公电话：010－63071114

成立时间：1931 年 11 月

关系信息：隶属于国务院

官方网址：http://203.192.6.89/xhs/xhsjj.htm

机构宗旨：旨在由面向媒体为主向直接面向终端受众拓展、由立足国内为主向有重点地更大范围参与国际竞争拓展，向着中国特色社会主义世界性现代国家通讯社和国际一流的现代全媒体机构加速迈进

政策研究领域：新闻政策、文化政策、出版政策、广播电视政策

涉及学科：新闻学、传播学等

智库类型：媒体智库

智库层次：首批国家高端智库试点单位

智库负责人：蔡名照

管理团队：蔡名照（院长）、何平（总编辑）、刘思扬（副社长）、周宗敏（副总编辑）、刘正荣（副社长兼秘书长）、张宿堂（副社长）

代表性成果（期刊）：《新华每日电讯》（ISSN D1312，CN 11－0209）、《经济参考报》（CN 11－0047）、《中国证券报》（CN 11－0207）、《现代快报》（CN 32－0104）、《国际先驱导报》（ISSN 11－0049，CN 6886）、《半月谈》（ISSN 11－1271，CN 1002－7335/D）

索引（按拼音）

C

D

F

G

H

J

K

L

Z

图书在版编目(CIP)数据

中国智库索引 / 李刚，王斯敏，丁炫凯主编. — 南京：南京大学出版社，2018.1
ISBN 978-7-305-19563-1

Ⅰ.①中… Ⅱ.①李… ②王… ③丁… Ⅲ.①咨询机构—介绍—中国 Ⅳ.①C932.82

中国版本图书馆 CIP 数据核字(2017)第 274158 号

出版发行 南京大学出版社
社　　址 南京市汉口路 22 号　　　　邮　编 210093
出 版 人 金鑫荣

书　　名 中国智库索引
主　　编 李　刚　王斯敏　丁炫凯
责任编辑 许敏敏　张　静

照　　排 南京南琳图文制作有限公司
印　　刷 江苏苏中印刷有限公司
开　　本 718×1000　1/16　印张 47.75　字数 693 千
版　　次 2018 年 1 月第 1 版　2018 年 1 月第 1 次印刷
ISBN 978-7-305-19563-1
定　　价 788.00 元

网址：http://www.njupco.com
官方微博：http://weibo.com/njupco
官方微信号：njupress
销售咨询热线：(025) 83594756
